현장
검증
우리
역사

현장검증 **우리역사**

초판 1쇄 인쇄 2010년 1월 12일
초판 1쇄 발행 2010년 1월 20일

지은이 임기환 송찬섭 김태웅 전명혁 최규진
펴낸이 이영선
펴낸곳 서해문집
주　간 강영선
편집장 김선정
편　집 김문정 김계옥 이윤희 임경훈 성연이 최미소
디자인 오성희 당승근 김아영
마케팅 김일신 박성욱
관　리 박정래 손미경

출판등록 1989년 3월 16일 (제406-2005-000047호)
주　소 경기도 파주시 교하읍 문발리 파주출판도시 498-7
전　화 (031)955-7470 | **팩스** (031)955-7469
홈페이지 www.booksea.co.kr | **이메일** shmj21@hanmail.net

ISBN 978-89-7483-411-1 03910

이 도서의 국립중앙도서관 출판시도서목록(CIP)은 e-CIP 홈페이지(http://www.nl.go.kr/ecip)에서
이용하실 수 있습니다.(CIP제어번호: CIP2009004055)

_ 사진을 제공해 주시고 게재를 허락해 주신 강동욱, 김기삼, 김남숙(시인), 김영순, 박민주, 이상기, 하정희, 노무현
　(http://blog.naver.com/hotaru13) 님께 감사드립니다.
_ 시(또는 글)의 게재를 허락해 주신 김준태, 문병란, 백무산, 이영진 님, 그리고 '제민일보'에 감사드립니다.
_ 그 외 저작물은 한국문예학술저작권협회 및 3·15의거기념사업회, 광주학생독립운동기념관, 민주화운동기념사업회,
　한국학중앙연구원(한국향토문화전자대전), 경향신문사와 합법적 절차를 거쳐 계약 또는 승인 하에 게재하였습니다.
_ 일부 저작권자를 찾지 못한 저작물에 대해서는 저작권자가 확인되는 대로 적합한 절차를 거치도록 하겠습니다.

서해역사책방 26)

현장 검증 우리 역사

일상의 공간에서 **건져올린** 뜻밖의 **한국사**

임기환·송찬섭·김태웅·전명혁·최규진 공저

서해문집

삶의 현장에서 걷어 올린 역사의 진실

오늘 우리가 살고 있는 삶의 터에는 멀리는 수십, 수백만 년에서부터 가까이는 지금 이 순간에 이르기까지 역사의 숨결이 겹겹이 간직되어 있다. 그런 까닭에 어느 곳을 가도 역사의 현장이 아닌 곳이 없다.

역사는 꾸며 낸 이야기가 아니라 '지나간 현재'이며, 모든 역사에는 현장이 있기 마련이다. 따라서 현장을 더듬으며 역사를 찾으려고 힘써야 마땅하다. 그럼에도 실제 서술된 역사에서 현장을 고려하지 않거나 무시하는 경우가 적지 않다. 이 책은 좀 더 많은 역사의 현장을 되도록 쉽게 독자에게 전달하기 위해 쓰여졌다. 한 발짝 딛는 곳 모두가 역사의 현장이었지만, 수많은 현장을 이 책에 다 담기는 어렵고 역사적으로 중요한 곳, 새롭게 그 가치와 의의를 부여해야 할 곳 등을 중심으로 엮었다.

이 책은 방송통신대학교 문화교양학과에서 강의 교재로 만든 《역사의 현장을 찾아서》를 쉽게 풀어쓰고 다듬은 것이다. 이러한 주제로 강의를 구성한 것은 현장을 생생하게 보여 주고 학생들이 스스로 역사를 찾아 나서기를 바라는 마음 때문이었다. 더 거슬러 올라가면 10여 년 전 방송대학 TV에서 〈지도로 본 한국근현대사〉 특집 프로그램을 만든 적이 있었다. 그 뒤 시대를 넓혀 우리 역사에서 중요한 사건을, 지도를 보여 주며 생생한 현장감을 담아 엮어 보려 했지만, 아쉽게도 고대사 작업에 그치고 말았다. 이러한 경험을 밑바탕 삼아 이 책에서는 '역사의 현장'을 더 의미 있게 재현하고 싶었다.

그러나 역사의 현장을 책에서 구현하는 데는 많은 어려움이 따랐다. 어떤 형식으로 구성할 것이며, 내용은 어떻게 채울 것인가. 어떻게 하면 뜻깊은 현장을 풍부하게 보여 줄 수 있을까…

이 책은 우리 역사에서 중요한 사건을 다루었다. 따라서 유물이나 유적이 많은 곳보다는 밖으로 드러나지는 않지만 역사의 큰 뼈대나 흐름을 찾을 수 있는 곳을 대상으로 하였다. 이를 기준으로 하여 건국의 현장, 전쟁의 현장, 민중운동의 현장, 독립운동의 현장, 격동의 현장 등 다섯 가지 주제를 선택하였다.

먼저 건국은 그 자체로 하나의 큰 사건이면서 새로운 사회로 나아가는 과정이므로 그 의미가 매우 크다. 고대 초기의 수많은 소국을 제외하면 삼국이 형성된 뒤부터는 건국이 그리 많지 않았다. 건국의 시점과 주체, 그리고 역사적 맥락이 중요하지만, 이러한 것들은 압축되어 도읍을 설정하는 과정에서 구체화되었다. 이 책에서는 고구려, 신라, 백제, 조선, 대한제국 등을 다루었다. 고려가 빠진 것은 고려의 도읍이었던 개성을 아직도 자유롭게 오갈 수 없는 한계 때문이다.

전쟁도 커다란 역사의 흐름에서 빠뜨릴 수 없다. 삼국통일전쟁을 비롯하여 고려, 조선 시기의 한가운데서 일어나 국토와 인민을 초토화했던 몽골전쟁과 임진왜란, 그리고 근대로 가는 길목에서 제국주의 국가에 침략을 당한 두 번의 양요를 통해 다급하고 험난했던 시절과 그곳에서 힘들게 버텨 왔던 사람들을 불러내고자 하였다. 전쟁이라는 특수한 상황에서 더욱 중요한 지형과 전술 등도 좀 더 상세하게 알아보았다.

민중운동의 현장을 찾는 일은 이 책의 특징을 가장 잘 보여 준다. 다른 어떤 주제보다 그 흔적이 제대로 남아 있지 않는 곳에서 우리 역사의 커다란 흐름을 찾아보려는 뜻이 담겨 있다. 1862년 삼남 지방을 휩쓸었던 농민항쟁지 가운데 가장 대표적인 진주, 1894년 갑오농민전쟁의 중심지 고부, 일제시기 농민운동에서 중요한 사건이 일어난 작은 섬 암태도, 그리고 현대사에서 노동운동의 기폭제가 된 전태일이 일하고 끝내 분신했던 평화시장 등을 다루고 있다. 이곳들은 별다른 자취가 남아 있지 않더라도 역사의 현장이 될 수 있음을 보여 준다.

독립운동의 경우, 해외에서 일어난 사건을 다루지 않았기 때문에 상당히 제한적이다. 또한 독립운동은 민중운동으로 분류할 수도 있지만, 일본을 상대로 직접 운동을 벌였다는 차별성이 있다. 수많은 의병전쟁 가운데 현장이 가장 잘 드러나는 쌍산의병을 다루었다. 일제시기 3대 민족운동이라고 할 수 있는 3·1운동, 6·10만세운동, 광주학생운동을 서술하면서 3·1운동은 안성이라는 대표 지역을, 6·10만세운동과 광주학생운동은 최초 발생 지역을 다루었다.

격동의 현장은 해방 이후 우리 사회에 큰 변화를 몰고 왔던 제주 4·3항쟁, 4월혁명, 광주민중항쟁, 1987년 6월항쟁을 다루었다. 4·3항쟁과 광주민중항쟁은 역사의 현장 바로 그곳에서, 그리고 전국으로 퍼져 나간 4월혁명과 6월항쟁은 각각 마산과 서울을 중심으로 살펴보았다.

다섯 주제 모두가 따로 책으로 만들 수 있는 묵직한 주제이지만, 역사의 현장을 두루 알게 하려는 뜻에서 한꺼번에 다루었다.

이 책은 역사유적지 기행이라기보다는 직접 현장을 접함으로써 역사를 바로 보는 시각을 기르는 데 목적을 두었다. 따라서 먼저 역사의 현장에 대한 종합적이고 체계적인 이해를 돕고자 하였다. 이를테면 한 사건과 관련된 지역의 역사, 지리, 문화 등을 알고, 이를 통해 사건을 더 구체적으로 설명하려고 하였다. 역사의 현장은 단순히 지난날 큰 사건이 일어났던 장소에 그치지 않기에 사건에 대한 평가나 오늘날의 의미도 함께 살펴보려고 하였다. 이와 관련된 기념조형물에 대한 설명도 덧붙였다. 기념조형물은 역사적 사건에 대한 당대와 뒷날 사람들의 기억, 곧 사건에 대한 형상화의 과정과 실태를 반영하고 있기 때문이다.

이 책이 우리 역사에 대한 관심을 높이고 역사의 현장을 사랑하게 하는 계기가 되었으면 좋겠다. 나아가 이 책에서 다루고 있는 현장뿐 아니라 다른 관련 현장을 찾으면서 스스로 역사를 몸으로 느끼려는 노력을 기울인다면 더욱 깊이 있는 역사의식을 가질 수 있을 것이다.

책을 만드는 데 어려움이 적지 않았다. 무엇보다도 공간을 따라 직접 현장을 찾아다닐 때와 달리 사건을 정리할 때는 시간을 따라가야만 역사적 의미를 짚어 나갈 수 있기에, 역사적 공간과 현실적 공간 사이에 간극이 생길 수밖에 없었다. 이를 보완하려고 노력하였지만, 여전히 아쉬움이 남아 있다는 것을 고백하지 않을 수 없다. 앞으로 이런 문제를 어떻게 해결할 것인지 좀 더 고민할 것이다.

'좌도우사左圖右史'라는 말이 있다. 역사책을 읽으면서 지도를 옆에 두고 책에 나오는 곳을 하나하나 확인한다면 더욱 잘 이해할 수 있을 것이다. 나아가 가끔 그 현장을 찾아가 그때 그곳의 상황을 그려 보고, "나라면 그때 무엇을 했을까?" 하고 한번 상상해 보는 것도 좋을 것이다. 역사의 현장을 더듬어 보는 것은 지금 이곳의 역사를 되새김하는 일이기도 하다. 현장이라는 고리를 통해 과거의 역사와 현재는 그렇게 서로 대화를 나눈다.

2009년 11월 필자들의 뜻을 모아 송찬섭 씀

차례

삶의 현장에서 걷어 올린 역사의 진실 · 4

1 건국의 현장

고구려, 웅장한 역사가 시작되다 · 15
압록강변의 맥족과 예족 15 | 주몽, 졸본에서 고구려를 세우다 19 | 고구려의 두 번째 수도, 국내성 23 | 태조왕에 관한 비밀과 고구려의 성장 28 | 고구려, 영화로운 역사의 큰 줄기 32

백제는 마한을 누르고, 신라는 진한에서 일어나다 · 35
백제와 신라 건국의 뿌리, 삼한 35 | 온조와 비류 형제, 백제를 세우다 37 | 서울, 백제가 숨어 있는 도시 41 | 경주, 유이민들의 종착지 46 | 3인의 신라 시조—박혁거세, 김알지, 석탈해 48 | 시대를 풍미한 왕조의 자취 54

서울, 600년 역사의 시작 · 57
고려말 정국 변화에서 조선 건국까지 57 | 새 나라에는 새 수도가 필요하다 61 | 천도와 환도, 그리고 재천도 64 | 용이 내리고 범이 쭈그려 앉은 도시, 한양 68 | 600년 도읍의 흔적이 사라져 가는 서울 73

대한제국의 성립과 경운궁 · 77
제국으로 가는 길목에서 77 | 서구 열강, 조선에 눈독을 들이다 81 | 환구단에서 황제의 나라를 선언하다 87 | 경운궁의 아침은 밝았는데… 97

2 전쟁의 현장

멸망과 통일의 기로, 황산벌과 매초성 · 103
격변의 7세기 동아시아 103 | 황산벌에 스러진 백제인의 충정 105 | 나당 전쟁 109 | 최후의 결전—매초성 전투와 기벌포 전투 113 | 삼국통일전쟁의 의미 118

몽골에 맞선 고려의 민중 · 121

중앙아시아의 초원에서 일어난 몽골 121 | 몽골의 말발굽 아래 내던져진 백성, 그리고 구주성 123 | 처인성에서 최강의 몽골군을 격파하다 128 | 송문주의 전술이 죽주성에서 빛을 발하다 133 | 믿음과 단결의 승리, 충주성 전투 135 | 40년 전쟁의 끝, 강화도 139

조선 최대의 사건, 임진왜란 · 143

16세기 조선과 일본 143 | 거제 동쪽 해안에서 바다 싸움이 시작되다 145 | 위대한 승리, 한산도 앞바다 싸움 152 | 어두운 기억, 장문포 왜성과 칠천량 싸움 155 | 바다를 둘러싼 영예와 치욕의 현장, 거제 160

서양 오랑캐, 강화에 총을 들이대다 · 163

서구 자본주의 열강이 조선을 넘보다 163 | 갑곶에 나타난 오랑캐 167 | 불타는 강화유수부-병인양요 170 | 초지진에 잠깐 내걸린 성조기-신미양요 173 | 강화도의 파고는 점점 높아지는데… 180

3 민중운동의 현장

1862년 진주, 농민의 분노가 폭발하다 · 187

전국에서 일어난 농민항쟁 187 | 내평촌 박수익의 집, 농민들이 모의를 하다 190 | 잇따라 농민집회를 열다 193 | 진주성에 울려 퍼진 함성 197 | 고을 토호들도 두려움에 떨다 200 | 농민항쟁의 기억을 되살리는 첫걸음 203

고부, 변혁의 들불로 타오르다 · 207

폭풍 전야 207 | 고부 농민들, 드디어 일어서다 208 | 민란에서 전쟁으로 217 | 새야 새야 파랑새야 225

작은 섬 암태도의 저항 · 231

암태도 사람들 231 | "소작료를 내려 주시오!" 233 | 작은 섬 암태도의 소작쟁의가 육지로 번지다 235 | 대지로 요를 삼고 창공으로 이불을 삼아 238 | 마침내 승리하다 241

평화시장에 타오른 불꽃, 전태일 · 245

내 죽음을 헛되이 말라! 245 | 전태일, 노동자가 되다 249 | 바보를 면하려는 이들의 모임, 바보회 251 | 평화시장의 어린 동심 곁으로 255 | 못다 굴린 덩이를 위하여 258

4 | 독립운동의 현장

유생과 머슴새가 쌍봉을 날다 · 265

다가오는 외세의 칼날과 호남의 농민들 265 | 쌍산에서 일어난 거사 267 | 쌍산의소와 머슴새 안규홍의 만남 272 | 일본군에 유격전으로 맞서다 274 | 동소산의 머슴새, 잠들지 말라 279

안성, 3 · 1운동의 기억 · 283

창살 없는 감옥을 벗어나기 위해 283 | 안성에서 일어난 만세운동 285 | 하늘을 울리는 함성 289 | 하나가 된 원곡면과 양성면 농민들 292 | 일제의 가혹한 탄압과 꺾이지 않는 독립의지 296 | 타오르는 민중시위의 현장, 만세고개 301

'빼앗긴 들', 서울의 6 · 10만세운동 · 305

다시 타오른 만세운동 305 | 일제의 검거 바람과 탄압 속에서 308 | 6월 10일, "대한 독립만세"를 소리 높여 외칠 것 311 | 죽은 왕을 위한 싸움이 아니었다 314 | 3 · 1운동과는 다른 '제2의 만세운동' 317

학생운동의 고향, 1929년 광주 · 321

광주만이 아닌, 광주학생운동 321 | 변화하는 학생운동과 비밀결사 성진회 324 | "센징노

쿠세니(조선놈 주제에)" 326 | 광주의 불씨, 전국으로 번지다 331 | 1930년대를 연 광주학생운동 334

5 격동의 현장

학살과 항쟁의 섬 제주—4·3항쟁 · 339
분단의 길목에서 타오르는 봉화 339 | 제주 역사의 앞마당, 관덕정 344 | 어둠에 묻힌 학살, 다랑쉬굴 348 | 덕구! 덕구! 이덕구! 352 | 여러 할아버지의 한 자손, 백조일손지묘 356 | 그토록 잔인한 세월 358

4월혁명과 마산 · 361
백만 학도여, 피가 있거든 일어서라! 361 | 베꼬니아의 꽃잎이 흩뿌려진 마산—제1차 항쟁 363 | 참혹한 주검에 다시 들끓는 마산—제2차 항쟁 368 | 4월혁명의 계승과 민주주의 373

죽음을 넘어 어둠을 넘어 우뚝 선 '해방광주' · 377
현대사의 분수령, 광주민중항쟁 377 | 타오르는 항쟁의 불씨, 전남대 정문 379 | 가자, 도청으로! 383 | 광주 밖에서 일어난 광주민중항쟁 388 | 묻어 둔 광주, 살아오는 광주—구묘역과 신묘역 391 | '해방광주'는 무엇을 남겼는가 394

6월항쟁의 구심, 명동성당 · 399
80년 광주항쟁에서 87년 6월항쟁으로 399 | 거대한 민중의 저항, '6·10국민대회' 403 | 명동성당 농성투쟁 405 | 전국으로 확대된 6월항쟁—'최루탄 추방대회'와 '국민평화대행진' 408 | 정치적 민주화를 향한 민중의 소리 412

참고문헌 · 414
찾아보기 · 422

1 건국의 현장

고구려, 웅장한 역사가 시작되다
백제는 마한을 누르고, 신라는 진한에서 일어나다
서울, 600년 역사의 시작
대한제국의 성립과 경운궁

역사의 현장 오녀산성(중국 랴오닝성 환렌시)
환도산성, 국내성, 광개토대왕릉비(중국 지린성 지안시)

고구려의 건국 시조로 알려진 주몽왕이 처음 도읍한 졸본은, 명확하지는 않지만 중국 랴오닝성[遼寧省]의 환렌시[桓仁市] 일대에 있었던 것으로 추측된다. 이 일대에는 고구려 초기의 고분인 돌무지무덤이 많이 있어, 초기 도읍지임을 충분히 예상할 수 있다. 그러나 이곳에 도읍해 있던 기간은 그리 길지 않았다. 고구려는 곧 국내성으로 도읍을 옮겼다. 국내성은 고구려의 유적이 가장 풍부하게 남아 있는 곳으로 지금의 중국 지린성[吉林省] 지안시[集安市] 지역이다. 졸본도, 국내성도 현재는 모두 중국 땅이다. 중국은 고구려사를 중국사의 일부로 편입시키고 있으며, 그 논거를 마련하기 위해 얼마 전 환렌, 지안의 고구려 유적을 유네스코 세계문화유산으로 등재하였다. 그러나 고구려 건국의 주체, 건국 과정과 문화 기반을 살펴보면, 고구려사는 한국사와 연관성이 뚜렷하다.

고구려, 웅장한 역사가 시작되다

압록강변의 맥족과 예족

고구려 건국신화를 보면, 부여에서 남하한 주몽이 졸본에 이르러 나라를 세우고 고구려라 이름지은 것으로 되어 있다. 《삼국사기》〈고구려본기〉에 전하는 건국신화의 한 대목을 들어 보자.

> 주몽이 무리와 함께 졸본천卒本川에 이르렀다. 그 토양이 기름지고 아름다우며, 산하가 험하고 견고한 것을 보고 마침내 도읍하려고 하였으나, 궁실을 지을 겨를이 없었으므로 다만 비류수沸流水 가에 초막을 짓고 살았다. 나라 이름을 고구려高句麗라 하고 그로 말미암아 고高로써 성을 삼았다. 이때 주몽의 나이가 22세였다. 이 해는 한나라 효원제 건소建昭 2년(기원전 37), 신라 시조 혁거세 21년 갑신년이었다. 사방에서 듣고 와서 따르는 자가 많았다.

위 건국신화에 따르면, 기원전 37년에 주몽이 고구려를 '건국'한 것으로 되어 있다. 그런데 왕건이나 이성계가 군신의 추대를 받아 왕위에 오르면서 고려나 조선왕조가 역사에 등장하듯이, 과연 고구려도 그렇게 건국되었을까? 그런 의례적인 절차가 없지는 않았다고 하더라도, 나라의 기반이 없는 상태에서 어느 날 갑자기 고구려라는 나라가 등장할 수 있었을까? 그렇지는 않았을 것이다. 우리가 아는 고구려가 역사에 등장하기 이전에, 적어도 그런 나라를 세울 수 있는 사회 기반이 먼저 마련되어 있지 않으면 안 된다.

고구려를 세운 족속은 압록강 중류 유역에 거주했던 맥貊족이다. 맥족은 기원전 4~3세기 즈음부터 이 지역에 거주하였는데, 돌무지무덤(적석총)이라는 독특한 무덤을 만들었기에 주위의 다른 족속과 구분되었다. 그 뒤 고구려가 나라의 기반을 갖추는 과정에서 부여夫餘 방면에서 이주해 온 일부 예濊족이 합쳐져 고구려인을 이루었다.

고구려가 처음 일어난 곳은 압록강 중류의 독로강禿魯江과 혼강渾江 유역이다. 이 지역은 지리적으로 깊은 계곡과 산이 많은 반면 너른 들은 없고, 다만 하천을 따라 크고 작은 충적평야가 형성되어 있다. 물줄기가 합류하는 곳에는 좁고 긴 충적평원 여러 개가 합쳐져 넓은 분지를 이루며, 강이 만곡하는 곳에도 비교적 넓은 충적평원이 발달되어 있다. 고구려의 수도가 자리했던 환런시桓仁市와 지안시集安市의 입지가 그러하다. 또 이 지역은 기후가 중국 동북지방에서 가장 온난하며 강수량이 풍부하여 사람이 살기에 좋은 환경을 가지고 있다. 그래서 초기부터 농경과 가축 사육이 발달하였으며 사냥이나 물고기잡이도 중요한 생산 기반이었다.

무엇보다 중요한 사실은 이 지역이 교통의 중심지라는 점이다. 동쪽으로는 개마고원을 넘어 동해안으로 이어져 있고, 서쪽으로는 소자하와 태자하를 거쳐 랴오둥 방면으로 나아갈 수 있다. 북쪽으로는 혼강을 거슬러 올라가 용강산맥을 넘어 송화강 유역으로 연결되고, 남쪽으로는 압록강과 청천강을 거쳐 한반도의 서북부 일대로 진출할 수 있다. 이러한 지리적 조건과 평야가 부족한 자연 조건은 뒷날 고구려가 정복 활동으로 국가 발전을 모색하는 하나의 요인이 된다.

압록강과 혼강 일대에는 선사시대 때부터 사람들이 살았다. 특히 장차 고구려를 세우게 될 주민들이 청동기 시대에 이미 농경문화를 기반으로 이 지역에 정착하였다. 기원전 4~3세기 즈음부터는 철제 농기구가 널리 보급되기 시작하면서 사회 발전이 더욱 빨라졌다. 또 이 무렵에는 중국 군현과의 교역도 활발하였으니, 명도전 등 중국 화폐가 많이 출

혼강 유역 고구려가 처음 일어난 압록강 중류 지역으로 강을 따라 충적평야가 펼쳐져 있다. (중국 지린성 남부)

토되는 것으로 미루어 알 수 있다.

이러한 가운데 새로운 정치적 움직임이 나타나기 시작하였다. 즉 유력한 세력 집단을 중심으로 계곡이나 하천 유역의 촌락들을 규합한 지역 정치 집단이 형성되었다. 《삼국사기》〈고구려본기〉 초기 기록에 자주 보이는 '나那'가 바로 이 지역 정치 집단이다. '나'는 그 음이 '내內' 또는 '노奴'와 통하고 '천川', '양壤·讓·襄' 등의 뜻으로도 표현되는데, 여진어의 '納(nah, 地)', 만주어의 'na' 등과 서로 통한다. 그 뜻으로 볼 때 '나'는 냇가나 계곡에서 형성된 지역 집단이며, 부족 집단 혹은 시원적인 국가로서 소국小國쯤으로 이해할 수 있다. '나' 집단들 가운데 힘 있는 집단은 주위의 작은 집단을 흡수하여 세력을 확대했으며, '나' 집단들이 서로 연합을 이루기도 하였다.

이 무렵 외부 세력의 침투와 영향도 차츰 커졌다. 기원전 2세기 즈음부터 중국의 한漢나라가 차츰 동방으로 밀려오고 있었으며, 한반도의 위만조선 역시 세력을 팽창시키고 있었다. 이러한 외부 자극으로 압록강 중류 지역에 있는 정치 집단들 사이에 연합의 기운이 높아졌다. 기원전 128년 즈음 고조선에 불만을 품은 예군濊君 남려南閭가 28만여 명을 거느리고 한나라에 투항하였는데, 이는 당시 압록강 일대에서 일어나고 있던 정치적 변화를 잘 보여 준다. 물론 이 28만 명의 집단은 강력한 결집력을 가지는 하나의 국가라기보다는 각 지역의 정치 집단들이 느슨하게 결합한 연맹체 정도로 볼 수 있다.

예군 남려의 투항을 받은 한나라는 이곳에 창해군滄海郡을 설치하였는데, 도로를 개설하는 데 비용이 많이 들자 기원전 126년에 이를 폐지하였다. 그 뒤 기원전 108년에 한나라는 위만조선을 침략하여 멸망시켜 군현을 설치하였고, 기원전 107년에는 압록강 중류 일대에도 현도군

玄菟郡을 설치하였다. 현도군 아래에는 고구려현高句麗縣을 비롯하여 상은대上殷臺, 서개마西蓋馬 등 3개 현을 두었다.

여기서 주목할 점은, 현도군이 설치되었던 기원전 1세기 무렵에 이미 '고구려'라는 이름이 있었다는 것이다. 물론 이때에 고구려라는 나라가 있었다고 볼 수는 없다. 아직은 이 지역 곳곳에서 다양한 정치 집단이 성립하여 점차 소규모 나라(소국)로 성장해 가는 중에 있었다.

고구려인들은 정치적으로 성장해 나감에 따라 현도군의 지배에 강력하게 저항하였다. 그 결과 현도군은 차츰 랴오둥 지역으로 밀려났다. 기원전 75년에 현도군은 고구려 지역에서 쫓겨나 지금의 영릉, 유하 일대로 그 중심지를 옮겨 갔다.

주몽, 졸본에서 고구려를 세우다

압록강 일대에서 현도군을 몰아낸 뒤 여러 소국은 고구려왕을 대표로 하는 연맹체국가를 이루었다. '고구려高句麗'라는 나라 이름에서 그러한 점을 엿볼 수 있다. 고구려에서 '구려'는 성과 읍락 등을 의미하는 고구려 말 '구루溝婁'와 통하고 '고'는 크다는 뜻의 한자어이므로, 고구려는 '큰 고을' 또는 '큰 성'을 뜻하는 것으로 추정된다. 즉 압록강 일대에서는 '큰 성'으로 불리는 중심적인 정치세력이 등장하고, 이를 구심점으로 나라를 형성할 연맹적 기반이 마련되고 있었던 것이다.

연맹체 내의 주도권을 놓고 나那 집단들은 서로 경쟁하였다. 초기에는 소노消奴 집단이 맹주권을 장악하였다. 그러나 이즈음 고구려 연맹체 내부의 통합력에는 한계가 있었다. 비록 멀리 쫓겨 가긴 했지만, 현도군은 여전히 고구려 각 소국 사회에 영향력을 미치고 있었다. 이에 따라 연맹장으로서 고구려왕의 대표성은 인정되었지만, 고구려 연맹체의 각 정치 집단은 현도군과 개별적인 교섭 관계를 맺고 있었다. 심지어 서기 10년 즈음에는 신新나라 왕망이 북방 유목 종족을 공격하기 위해 고구려 군사를 강제 동원할 정도였다.

이 무렵 주몽 집단이 부여 지역에서 이주해 왔으며, 이들은 계루부桂婁部 집단을 구성하여 점차 고구려 연맹체의 주도권을 차지하였다.《삼국사기》〈고구려본기〉건국설화를 보면 부여에서 남하하여 졸본에 도읍한 주몽과 혼강 상류에 있는 비류국沸流國의 송양왕松讓王이 서로 경쟁을 벌이는 장면이 나오는데, 이는 곧 연맹장의 자리를 놓고 '나' 집단 사이에 벌어진 갈등과 충돌을 반영한 것이다. 여기서 송양왕은 특정 개인이라기보다 소노 집단의 대표자를 의미한다. 즉 소노부나 비류국은 주몽이 남하하기 이전에 자리 잡은 토착 집단의 대표 세력이었다. 반면 부여에서 남하한 주몽, 즉 계루부는 이주민 집단의 대표였다. 계루부 집단의 기원에 대해《삼국사기》나 '광개토대왕릉비문' 등에서는 북부여 혹은 동부여에서 갈라져 나왔다고 전한다.

그런데 부여의 중심지라고 추정되는 지금의 중국 지린 지역에서 나타나는 부여의 묘제는 돌널무덤(석관묘)과 널무덤(토광묘)이다. 반면 압록강 중류 지역에서 나타나는 고구려 묘제는 돌무지무덤이다. 이처럼 두 지역 사이에는 묘제상에 상당한 차이가 있다. 만약 부여에서 이주해 온 집단이 이 지역을 정복하여 고구려가 건국되었다면, 마땅히 부여의 묘제인 돌널무덤과 널무덤이 돌무지무덤을 대신하여 압록강 중류 지역에서 집중적으로 나타나야 하는데 그렇지 않다. 이 사실은 다음 두 가지로 해석된다.

우선 주몽 집단이 (북)부여에서 이주해 왔다는 설화가 역사적 사실이 아니라고 해석할 수 있다. 이에 따라 주몽설화는 허구이며 4세기 이후 고구려 왕실이 건국 전승을 만들면서 부여의 동명東明설화를 차용한 것으로 보아야 한다는 주장도 있다. 그런데 《삼국지》〈고구려전〉에는 고구려가 부여의 한 갈래라고 하여, 고구려의 옛 전승이 있음을 전하고 있다. 또 5세기 후반 백제가 북위에 보낸 외교문서에서도 백제와 고구려가 모두 부여에서 기원하였다고 쓰여 있다. 고구려를 구성하는 주민 중에 부여계 유이민이 포함되어 있었음은 사실일 것이다. 그러면 주몽설화의 내용은 어떻게 해석해야 할까?

《삼국사기》〈고구려본기〉에서 주몽이 국가를 세우는 과정을 살펴보면, 정복보다는 이미 자리 잡고 있었던 집단과 서로 융합하면서 세력을 키워 갔음을 알 수 있다. 즉 부여에서 이주해 온 주몽 집단은 압록강 중류 지역에 정주하면서 기존의 '나' 집단들과 서로 융합되어 갔고, 기원 전후에 연맹체의 주도 세력으로 등장한 것이다.

이 시기 중국의 기록을 보면 고구려 군장의 이름이 '추鄒'라고 전하는데, 이 사람이 곧 주몽으로 여겨진다. 주몽설화는 계루부 왕실이 등장하는 과정을 후대 사람들이 압축하여 마치 시조 주몽의 개인적 업적에 의해 고구려가 건국된 것처럼 윤색한 결과물이다. 곧 고구려는 주몽이라는 개인의 신적 권능으로 어느 날 갑자기 건국된 것이 아니라, 이 지역의 토착 주민 집단과 이주민 집단에 의해 오랜 기간에 걸쳐 이루어졌다는 말이다. 그리고 송양 집단에서 주몽 집단으로의 교체, 즉 소노부에서 계루부로의 교체 역시 어디까지나 연맹체장의 교체에 불과하다.

주몽이 고구려를 세운 곳은 졸본으로 전해지는데, 이곳은 지금의 중국 랴오닝성 환런시 일대로 추정된다. 환런시는 압록강의 지류인 혼강

오녀산성 중국 환렌시에 있는 오녀산성은 고구려 건국의 상징적인 유적으로 널리 알려져 있다. (중국 랴오닝성 환렌시)

의 중류 지역으로 소노 집단의 본거지이기도 하다. 이 지역은 강기슭에 평야가 발달하고 토지가 비옥하여 농경에 알맞다. 또 주변의 지형이 험하여 군사적인 방어에 유리할 뿐만 아니라 사방으로 통하는 교통 요충지라는 지리적 조건을 갖추고 있기에, 고구려 초기에 중심지로서 충분히 기능할 수 있었다.

특히 '광개토대왕릉비문'에서 주몽의 건국지로 기술하고 있는 오녀산성五女山城은 고구려 건국의 상징적인 유적이다. 오녀산성은 환렌시의 동북부에 위치해 있는데, 산성의 서·북·동쪽은 깎아지른 듯한 수십 미터의 절벽으로 이루어져 있고 동남쪽에 큰 골짜기가 있다. 험준한 산세와는 달리 산의 정상부에는 남북 1000m, 동서 300m 정도의 제법 널찍한 평지가 있는데, 이곳이 산성의 중심부이다. 여기에 천지天池라고 불리는 저수지와 작은 우물이 있다. 고구려시대의 건물터가 다수 발견되었으며, 고구려의 유물이 많이 출토되어 건국설화의 사실성을 더해 주고 있다. 또 경사가 완만한 동쪽과 동남쪽에는 돌로 성벽을 쌓았는데, 지금도 많은 부분이 남아 있어 고구려의 뛰어난 축성술을 보여 주고 있다. 오녀산성은 2004년 유네스코 세계문화유산으로 등재되면서 복원, 정비되었다.

고구려의 두 번째 수도, 국내성

고구려의 두 번째 수도 국내성은 오늘날까지도 고구려시대의 유적이 가장 풍부하게 남아 있는 중국 지안시 지역이다. 그러면 고구려가 언제 국내성으로 도읍을 옮겼는지가 궁금해지는데, 《삼국사기》〈고구려본기〉에 따르면 유리왕 22년(45)이라고 한다. 하지만 이 기록은 의문의 여지가 많아 그대로 믿기는 어렵다. 그래서 일부 학자들은 산상왕山上王 대인 3세기 초에 비로소 국내성으로 천도했다고 주장하기도 한다. 사실 언제 국내성으로 천도했는지 현재로서는 명확히 알기 어렵지만, 늦어도 1세기 중엽 태조왕 대에는 국내성이 도읍이 되지 않았을까 추정한다.

더욱 중요한 것은 천도의 시기가 아니라 천도의 이유이다. 《삼국사기》〈고구려본기〉는 다음과 같은 사건을 전하고 있다.

유리왕 21년에 제사에 희생물로 쓸 돼지가 도망치자, 담당 관리가 이를 뒤쫓아 국내 위나암에 이르러 잡았다. 그가 돌아와 유리왕에게 보고하기를, "국내 위나암은 산이 험하고 물이 깊으며, 땅이 오곡을 기르기에 알맞고, 사슴과 물고기가 많이 납니다. 그곳으로 도읍을 옮기면 백성에게 크게 이롭고 병란도 면할 수가 있을 것입니다."라고 하였다. 이에 유리왕이 직접 국내 지역을 시찰했고, 이듬해에 수도를 국내로 옮기고 위나암성을 쌓았다.

이 이야기는 아마도 국내성 천도를 합리화하기 위해 꾸며졌을 것이다. 어쨌든 위 이야기에서 농업 생산과 군사 방어 측면에서의 이점이 국내성으로 천도하는 배경이 되었음을 유추해 볼 수 있다. 실제로 지안에 가 보면 이를 실감하게 된다. 만주는 4월 중순에도 쌀쌀하고 산과 들에 전혀 푸른색을 찾아볼 수 없어 마치 황량한 겨울날 같은데, 노령고개를 넘어 지안시에 이르면 갑자기 별천지가 펼쳐진다. 압록강변에 아늑하게 자리 잡은 도시는 온통 푸름과 봄꽃의 향연을 베풀고, 따뜻한 날씨에 생

┼ **국내성** 많이 훼손되었지만, 이곳의 계단식 성벽은 고구려성의 축성법을 잘 보여 주고 있다. (중국 지린성 지안시)

기가 넘쳐흐른다. 왜 졸본에서 국내성으로 도읍을 옮겼는지 쉽게 알 수 있는 대목이다.

한마디로, 국내성은 만주의 다른 어느 곳보다도 살기 좋은 곳이다. 국내 지역의 지리적 조건을 보면, 북으로 방어선의 구실을 하는 노령산맥이 가로놓여 있고, 남으로 수로 교통의 이점을 이용할 수 있는 압록강을 끼고 있으며, 그 사이에 도시가 자리 잡을 수 있는 비교적 비옥한 충적평야가 펼쳐져 있다. 이 일대의 분지는 압록강 중류에 위치한 비교적 큰 평원으로, 동서 길이는 10km, 남북 길이는 약 5km 정도이다. 이곳에는 국내성과 환도성을 비롯하여 1만 2000여 기의 고분이 온 도시 여기저기에 흩어져 있어, 400년 동안 도읍지로서 누린 영화를 전해 주고 있다.

지안에는 2개의 성이 남아 있다. 하나는 압록강변에 있는 평지성인 국내성이고, 또 하나는 험준한 산악지대에 자리 잡은 산성인 환도성이다. 산성은 험준한 지형 때문에 방어에는 유리하나, 아무래도 평상시 거주하기에는 장소도 협소하고 불편하게 마련이다. 반대로 평지성은 거주하기에는 좋으나 방어에 어려움이 많다. 그래서 평상시에는 평지성에 머물다가 전시에는 산성으로 들어가 방어를 하기 위해 산성과 평지성이 결합된 것이다. 이와 같이 평지성과 산성이 하나의 쌍을 이루는 것이 고구려 도성 구조의 특징이다.

먼저 왕성의 기능을 하였을 국내성은 압록강과 그 지류인 통거우강(통구하)이 만나는 곳에 자리 잡고 있다. 성벽은 안팎을 잘 다듬은 돌로 가지런히 쌓았으며, 성의 형태는 방형方形으로 둘레가 2686m에 달한다. 근대 초까지 성벽이 잘 남아 있었는데, 6곳에 성문이 있고 치雉(성벽 밖으로 내어 쌓은 돌출부)와 각루角樓(성벽 위 모서리의 누각) 등의 시설물을 갖추고 있었다. 현재는 원형이 많이 손상되어 성벽의 아랫부분만 일부 남아 있다. 또 성 안에는 왕궁과 관청 등이 있었던 것으로 조사되었다.

국내성에서 북쪽으로 2.5km 정도 가면 환도산성이 있다. 산성의 주위는 산봉우리들이 첩첩이 둘러싸고 있어 대단히 험준하며, 산성의 남쪽 바로 아래에는 퉁거우강이 흐르면서 해자 구실을 한다. 산성의 동쪽에는 퉁거우강을 따라 비교적 넓은 산골짜기가 펼쳐져 있는데, 그 아래에 고구려시대의 수많은 고분이 남아 있다. 산 정상부에는 능선을 따라 축조된 성벽이 넓은 계곡을 둘러싸고 있는데, 성벽의 총길이가 7km 정도 되는 큰 포곡식包谷式 산성이다. 가장 낮은 계곡 입구에 있는 남문이 산성의 정문이다. 성 안에는 매우 넓은 경사면이 펼쳐져 있으며 왕궁터

+ **환도산성의 남문 유적** 산성의 가장 낮은 계곡의 입구에 정문인 남문이 있다. (중국 지린성 지안시)

로 추정되는 건물터가 남아 있다. 환도산성은 성 내부가 널찍하고 출입도 그리 불편하지 않아 평지성이 전란으로 파괴되었을 때에는 상당 기간 왕궁으로 사용되었을 것으로 추정된다.

한편 지안 분지의 동북쪽 끝에는 유명한 장군총과 태왕릉이 남아 있으며, 그 반대쪽 서남단에는 천추총과 서대총이 남아 있다. 그리고 그 안쪽에는 국내성 일대의 도시 유적지를 제외하고는 산자락 아래에 빼곡하게 고구려시대의 크고 작은 고분이 널려 있다. 이렇게 수많은 고분 중에는 초기의 돌무지무덤, 벽화고분으로 대표되는 돌칸흙무덤(석실봉토분) 등이 있어서 국내성에 모여 살았던 고구려 귀족들의 삶의 단편을 전해 준다.

환도산성 아래 무덤 떼와 돌무지무덤 국내성으로 결집된 나那 출신 귀족들의 존재 양태를 보여 준다. (중국 지린성 지안시)

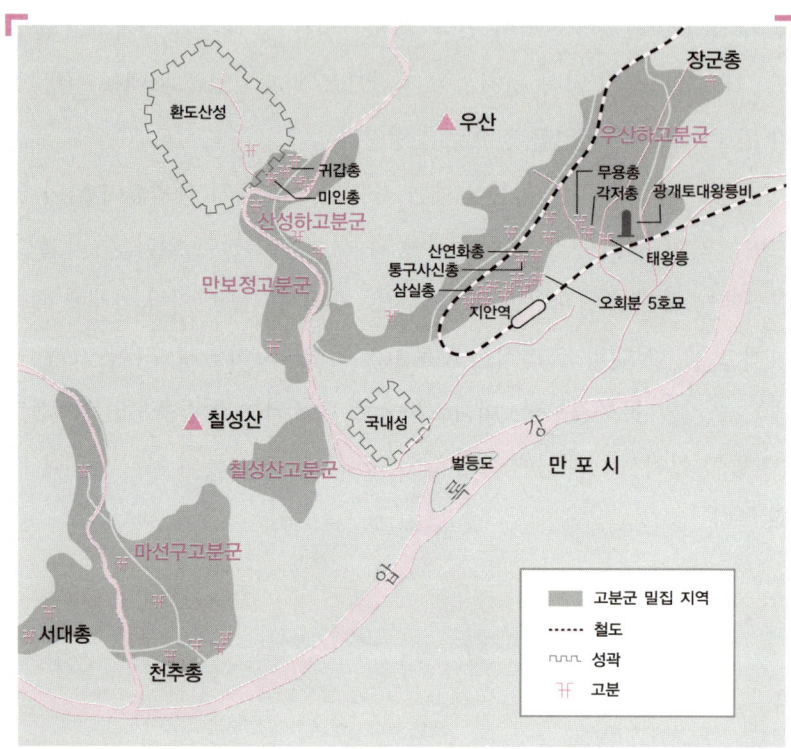

┼ **국내성 부근 유적** 중국 지안시에는 고구려의 400년 도성인 국내성과 환도산성 등 고구려의 유적이 가득하다.

태조왕에 관한 비밀과 고구려의 성장

고구려에는 주몽왕 말고도 시조처럼 불리는 왕이 있다. 바로 태조대왕이다. 태조라는 시호는 보통 왕조를 개창한 왕에게 붙이는 칭호이다. 고구려에는 엄연히 주몽이라는 시조가 있는데 주몽왕 외에 태조왕으로 불린 왕이 있다고 한다면, 이는 현재 《삼국사기》에 전하는 고구려왕계에 어떤 비밀이 숨어 있음을 뜻한다.

사실 태조왕에게는 여러 가지 의문스러운 사항이 있다. 일단 수명부터가 남다르다. 태조왕은 119세까지 살았고, 왕으로서의 재위 기간도 보통 사람의 수명보다 훨씬 긴 94년이다. 그런데 태조왕만이 오래 산 것이 아니라 그의 동생들도 마찬가지이다. 태조왕의 뒤를 이은 동생 차대왕은 76세에 즉위해서 96세 때 정변으로 살해당했고, 차대왕 뒤에는 동생 신대왕이 77세에 왕위에 올라 92세에 사망하였다.

이상한 점은 이것만이 아니다. 태조왕이 왕위에 오른 배경도 석연치 않다. 태조왕 앞의 왕은 모본왕인데 성질이 몹시 포악하였다. 모본왕은 사람을 깔고 베고 누워 있다가 그 사람이 움직이기라도 하면 곧바로 죽이고, 이를 간언하는 신하마저 활로 쏘아 죽이는 등의 행위를 일삼아 백성의 원성을 샀다. 그러나 결국 횡포를 못 견딘 시종의 손에 죽고 말았다. 모본왕에게 아들이 있었음에도 왕위에 오른 것은 태조왕인데, 이는 인품이 훌륭하였기 때문이라고 한다. 하지만 그때 태조왕의 나이가 겨우 일곱 살이라서 어머니가 수렴청정했다고 하니, 이는 타당한 이유가 되기 어렵다. 물론 태조왕의 아버지 재사가 유리왕의 막내아들이었기 때문에 계보상으로는 당당하지만, 여기에도 어딘지 석연치 않은 점이 있다. 이렇게 태조왕의 수명과 즉위 배경 등에는 수상한 점이 한둘이 아니다.

고구려 왕실의 성씨가 해解 씨와 고高 씨의 두 계통이라는 점도 주목할 만하다. 즉 유리왕부터 모본왕까지는 성이 해씨이고, 태조왕부터 고씨라는 기록이 《삼국유사》에 전한다. 성씨가 다르다는 것은 고구려 왕실이 단일 계보가 아니라는 또 다른 증거가 될 수 있다. 그리고 앞서 살펴본 바와 같이 고구려 왕실 소재지가 소노부에서 계루부로 바뀌었다는 기록도 고려해야 할 점이다. 여기서 태조왕도 한때 고구려 왕실의 시조로서 추앙받던 인물이었음을 추정할 수 있다. 즉 주몽의 계보와 태조왕의 계보는 조금은 다른 왕실 계보였을 가능성이 있으며, 고구려 왕실이 주몽계에서 태조왕계로 바뀐 것이다. 그러나 태조왕계가 주몽왕계와 전혀 다른 왕계 같지는 않고, 아마도 주몽의 방계로서 태조왕 때 왕위를 차지한 것이 아닌가 짐작된다.

태조왕이 한동안 고구려 왕실에서 시조로 받들어진 데에는 그만한 역사적 배경이 있다. 단지 혈통의 문제만이 아니라, 고구려가 대체로 태조왕 대에 국가로서의 면모를 일신하였기 때문이다. 즉 고구려는 1세기 중반에서 2세기 초에 이르러 내부의 집권력을 강화하면서 고구려족 전체를 통솔하는 한층 강력한 국가로 발전한 것이다.

고구려왕은 고구려족을 5부部로 나누어 통솔하였다. 5부는 각각 부部 내부의 일에 대해서는 자치권을 가지고 있었으나, 대외적인 무역권과 외교권은 고구려왕이 관장하였다. 고구려의 지배세력 가운데 세력이 큰 자는 대가大加, 세력이 작은 자는 소가小加라고 하였는데, '가加'는 우두머리라는 뜻이다. 이들은 5부를 다스리는 지배세력으로서 세력의 크기에 따라 수천에서 수백에 이르는 가호家戶를 지배하였다. 그런데 고구려왕의 권력이 차츰 커지면서 각 부의 독립성은 그만큼 축소되었다.

왕은 중앙의 관리로 상가相加·대로對盧·패자沛者·고추가告鄒加·주부主簿·우대優台 등을 거느리고, 그 아래에 하급관리로서 사자使者·조의皁衣·선인先人 등을 두었다. 각 부의 대가들도 각자 사자·조의·선인 등의 관리를 별도로 거느리며 부를 다스리고 있었지만, 각 부 관리들의 명단을 왕에게 보고해야 했다. 그만큼 왕권이 강화되었기 때문이다. 국내외의 중요한 나랏일은 각 부의 대가들로 구성된 제가회의諸加會議를 통하여 결정하였다.

태조왕 대에는 이렇게 5부의 조직이 잘 갖추어져 국가의 면모를 새롭게 하였고 국력도 강화되었다. 태조왕이 일명 '국조왕國祖王'으로 불리고 시조왕을 뜻하는 '태조太祖'라는 이름을 갖게 된 연유가 여기에 있는 것으로 추정된다.

고구려가 왕권을 중심으로 지배체제를 정비하고 군사 동원력을 증대하면서 대외적인 정복 활동과 영토 확장도 크게 이루어졌다. 먼저 농산물과 해산물 등 물자가 풍부한 동옥저, 동예 지역을 복속시켜서 고구려 지역의 취약한 경제 기반을 보강하였다. 이를 통해 고구려는 경제적 부를 축적하여 1만여 명에 이르는 지배층 전사 집단을 유지할 수 있었다. 또 중국 군현에 대한 대규모 공격도 조직적, 지속적으로 수행하였다. 특

고구려 고분 벽화 고구려인의 기상과 고구려의 성장을 엿볼 수 있다.

히 초기 고구려의 성장은 중국 군현 세력을 축출하기 위한 투쟁을 통해 이루어졌다고 볼 수 있다.

고구려, 영화로운 역사의 큰 줄기

기원전 1세기 무렵 압록강과 혼강 유역에 거주하던 맥족은 철기 문화를 발전시키고, 주변의 다른 세력과 구분되는 돌무지무덤을 만드는 등 독자적인 문화와 세력 범위를 이루고 있었다. 바로 이들이 새로운 지배자로 등장한 한나라 현도군을 내쫓고 독자적인 국가를 형성하였으니, 그것이 고구려이다.

고구려가 일어난 곳은 비록 평야가 적어 농작물 생산이 부족하였지만, 대신에 사방으로 나아갈 수 있는 교통의 요지여서 그러한 지리적 조건을 활용하여 주변의 여러 집단을 정복함으로써 국가 발전의 기반을 만들어 나갔다. 특히 태조왕 대에는 내부적으로 체제를 정비하여 국가의 기틀을 잡아 나갔으며, 대외적인 팽창 역시 두드러져 고구려가 고구려다운 모습으로 그 존재를 부각시킨 시기이기도 하다. 이렇게 시작된 고구려의 수도 국내성은 400년 남짓 고구려의 도읍지로 번영하면서 역사의 중심지가 되었다.

오늘날 우리는 압록강과 두만강 이북의 땅, 이른바 만주라고 불리는 땅에 짙은 향수를 갖고 있다. 이런 향수를 자극하고 환기시키는 원천은 물론 그 땅에 대한 오랜 역사의 기억이다. 그리고 그중에서도 아마 고구려의 웅장한 역사에 대한 잊지 못할 기억이 중심을 이루고 있다. 지금도 고구려 역사의 자취를 찾아보려는 많은 발걸음이 만주 땅을 향하고 있다. 사실 중국의 지안시, 즉 고구려의 가장 오랜 도읍지 국내성에서 만날 수 있는 고구려의 유적들과 유물들은 그 영화로운 역사의 편린을 보여 주고 있다. 그러나 우리가 고구려 건국의 현장에 가서 만나야 할 것은 과거의 역사에 대한 기억에 한정시켜야 한다. 그 땅에 대한 오늘 우리의 욕망을 역사와 겹쳐 보아서는 곤란하다. 고구려의 역사를 통해 우리가 진정 만나고자 하는 것은 나라를 세우고 가꾸어 간 고구려인들이지, 그 땅은 아니기 때문이다.

역사의 현장　석촌동 백제 고분군, 풍납토성, 몽촌토성(서울특별시 송파구)
　　　　　　　나정, 계림, 오릉, 월성(경북 경주시)

　한반도의 중간 지대인 한강 유역에서 건국의 터를 닦았던 백제는 지금의 서울 지역에 480여 년 동안 도읍하였다. 백제의 도읍지 하면 후기의 수도였던 공주와 부여를 쉬이 떠올리는데, 실제 백제 역사의 3분의 2는 서울 지역을 도읍지로 하였던 시기에 전개되었다.
　그리고 한반도 동남부의 구석진 곳, 한반도의 산줄기와 강줄기를 따라 내려가다 보면 도착하게 되는, 경주는 여러 차례 이주해 온 주민들이 서로 결합하여 세운 나라 신라의 도읍지이다. 그런 까닭에 경주에는 여러 건국 시조들이 제각기 만들어 낸 건국설화의 자취가 곳곳에 남아 있다.

백제는 마한을 누르고, 신라는 진한에서 일어나다

백제와 신라 건국의 뿌리, 삼한

기원전 2세기 말 한반도 중남부 지역에서는 한 차례 큰 파동이 일었다. 이 시기를 전후하여 한반도 서북 지역에 정치적 변동이 있었는데, 이로 인해 많은 유이민이 중남부 지역으로 내려왔을 뿐 아니라 이와 함께 철기문화가 본격적으로 유입된 것이다. 정치적, 문화적 변동 속에서 철기 제작과 교역의 중심지가 곳곳에 새로이 생겨났으며, 이를 중심으로 각지에 새로운 정치 집단이 성립하였다. 이들은 지역별로 크게 마한, 변한, 진한이라는 연맹체를 구성하여 이른바 삼한三韓 사회를 이루었다.

이들 연맹체 가운데 마한은 50여 개의 소국으로, 진한과 변한은 각각 십수 개의 소국으로 구성되어 있었다. 마한의 소국들은 규모가 큰 나라는 1만여 가家, 작은 나라는 수천 개의 가로 이루어져 있었으며, 진한이나 변한 지역보다 인구도 많고 정치적, 문화적 발달 정도도 앞서 있었다. 마한의 소국들 중에는 기원전 3~2세기 즈음부터 금강과 영산강 유역에서 성장한 정치 집단들이 나라로 발전한 경우도 있고, 한강 유역의 백제와 같이 기원 전후에 뒤늦게 성립된 나라도 있었다. 진한과 변한의 소국들은 규모가 큰 것은 4000~5000호, 작은 것은 600~700호로 모두 합해 4만~5만 호 정도였다. 진한과 변한의 나라들은 경상도 지역의 풍부한 철 자원을 기반으로 성장하였다. 각 나라의 정치적 지배자는 신지臣智나 읍차邑次 등으로 불렸으며, 중국 군현으로부터 읍군邑君이나 읍장邑長 등의 관작을 받기도 하였다.

  삼한의 정치권력은 철기 보급 및 농업 생산력의 발전과 밀접한 관계 아래 성장하였다. 삼한의 주된 경제 기반은 농경으로, 벼를 비롯한 오곡五穀을 재배하였다. 여기에 철제 농기구가 보급되면서 농업 생산력과 경작 면적이 크게 늘어났다. 대표적인 철제 농기구로는 가을걷이를 위한 손칼과 낫, 땅을 일구기 위한 따비와 괭이가 있었으며, 철제 도끼가 널리 보급되어 목제 농기구나 생활용품을 효율적으로 제작할 수 있었다. 또 철로 만든 검, 도, 창, 화살촉 등의 무기도 다량으로 생산하였다. 게다가 진한과 변한 지역에는 철 자원이 풍부하여 이를 마한, 동예, 왜, 낙랑군, 대방군 등지로 수출하였다. 철은 각종 교역 활동의 주요 매개물로 사용되었다. 뿐만 아니라 낙랑군을 통해 들어온 중국산 사치품이 촉매제가 되어 삼한을 중심으로 활발한 국제교역이 이루어졌다. 이러한 생산력의 발전과 대외교역의 확대는 삼한의 정치적 발전을 가져오는 중요한 바탕이 되었다.

  2세기 이후 삼한 소국 지배자의 정치권력은 초기 단계에 비해 크게 성장하였다. 또한 각 지역의 소국들 사이에 새로운 결속 관계가 만들어지거나 기존의 결속 관계가 재편되기 시작하였다. 그 결과, 마한 지역에서는 목지국目支國을 맹주로 하는 기존의 연맹체 외에 한강 유역의 백제국을 맹주로 하는 연맹체가 새로이 대두하였다. 또 진한 지역에서는 경주 사로국斯盧國을 맹주로 하는 연맹체가 성립하였으며, 변한의 경우에는 김해의 구야국狗倻國을 맹주로 연맹체를 형성하였다.

온조와 비류 형제, 백제를 세우다

백제의 건국지인 서울 지역은 사방이 산악지대로 둘러싸여 있고, 강이 흘러가는 서쪽에 너른 평야가 펼쳐져 있다. 한강 이남은 충적평야나 낮은 구릉지를 이루어 평탄하고, 하천이 여러 갈래로 흐르고 있어서 어느 모로 보나 농업 생산 기반이 잘 갖추어진 곳이다. 이런 입지 조건으로 인해 신석기시대부터 한강 하류 지역은 두만강 하류, 대동강 하류, 낙동강 하류 지역과 함께 한국 신석기문화의 4대 중심지가 되었다. 게다가 청동기시대에 한강이 남북의 문화가 접촉하는 경계가 되면서 새로이 문화적 중요성도 가지게 되었다.

이러한 역사적 배경 아래 기원전 1세기 말 서울 지역에서 새로운 정치세력이 등장하였다. 백제 건국설화에 보이는 고구려계 유이민인 온조溫祚와 비류沸流 집단이 바로 그 새로운 정치세력이다. 이들 집단은 한강 유역의 비옥한 농업 생산 기반과 철기문화를 바탕으로 그 세력을 확대해 나갔다. 이들이 북쪽에서 남하하여 국가를 세울 수 있었던 것은 앞선 철기문화를 가지고 있고, 또 백제 건국설화에서 보듯이 이미 고구려에서 고대국가를 세우는 과정을 경험한 집단이었기 때문이다.

그런데 백제의 건국에는 다양한 정치 집단이 연관되어 있는 듯하다. 왜냐하면 오늘날 전해지는 백제의 시조 전승에 다양한 계통이 있기 때문이다. 먼저 《삼국사기》〈백제본기〉에는 온조설화와 비류설화가 전해지고 있다. 또《수서隋書》 등 중국 역사책에는 구태仇台를 시조로 전하고 있으며, 《속일본기續日本記》 등 일본 역사책에는 도모都慕를 시조로 하는 설화가 보인다. 즉 현재 전해지고 있는 백제 시조설화는 온조, 비류, 구태, 도모의 네 가지 계통으로 정리할 수 있다. 그리고 이들 시조설화는 그 전승 내용이나 시조의 성격이 서로 다르다. 이렇게 여러 형태의 시조설화가 전해지는 것은 백제를 건국한 주체가 다양한 세력으로 구성되었거나, 그게 아니라면 백제의 발전 과정에서 왕실이 교체되고 시조의식이 변화했음을 뜻한다. 그런데 구태설화와 도모설화는 내용이 매우 소략하므로, 여기서는 온조설화와 비류설화를 중심으로 살펴보려 한다.

먼저, 온조 시조설화의 내용을 살펴보자. 고구려의 시조 주몽은 북부여의 난을 피하여 졸본부여에 와 부여왕의 딸과 결혼하여 왕위를 이었다. 그리고 두 아들을 낳는데, 맏아들이 비류이고 둘째 아들이 온조이다. 그런데 주몽이 북부여에 있을 때 낳은 아들 유류가 와서 태자가 된다. 비류와 온조는 오간, 마려 등 10명의 신하와 백성을 이끌고 남하한다. 한산漢山에 이르러 부아악負兒嶽에 올라가 살 만한 곳을 찾아보았는데, 여기서 비류는 신하들의 만류를 뿌리치고 백성을 나누어 미추홀彌鄒忽에 나라를 세우고, 온조는 한수 남쪽의 위례성慰禮城에 도읍을 정하고 나라를 세워 국호를 십제十濟라 한다. 그런데 미추홀은 땅이 습하고 물이 짜서 편히 살 수 없었기 때문에 비류는 부끄러워하고 후회하다가 죽음을 맞는다. 그 뒤 온조는 '백성들이 즐겨 따랐다[百姓樂從]'고 하여 국호를 백제百濟로 고쳤다.

〈백제본기〉에는 비류 시조설화가 별도로 나타나 있는데, 그 내용은 다음과 같다. 비류왕의 아버지는 우태優台로 북부여왕 해부루의 서손庶孫이고, 어머니는 소서노召西奴로 졸본 사람 연타발의 딸이다. 소서노는 우태에게 시집가서 아들 비류와 온조를 낳는다. 우태가 죽은 뒤 과부 소서노는 부여에서 내려온 주몽과 결혼하고, 주몽이 고구려를 세우는 데 큰 도움을 준다. 그 뒤 주몽은 부여에서 낳은 아들 유류에게 왕위를 물려준다. 이에 비류가 동생 온조에게 말하기를, "처음 대왕이 부여에서 도망하여 오자 우리 어머니께서 재산을 기울여 나라 세우는 것을 도왔다. 이제 대왕이 세상을 떠나시고 나라가 유류에게 속하게 되었으니, 우리는 어머니를 모시고 남쪽으로 가서 따로 나라를 세우자."고 한다. 그리고 드디어 동생과 함께 무리를 거느리고 패수浿水와 대수帶水 두 강을 건너 미추홀에 이르러 살았다.

위 두 설화는 그 내용이 비슷하면서도 구체적인 면에서는 상당한 차이를 드러낸다. 가장 중요한 문제인 건국 시조를 하나는 온조로, 다른 하나는 비류로 전혀 다르게 전하며, 도읍지 역시 서울 위례성과 인천 미추홀로 갈린다. 게다가 각각의 시조 계보도 다르게 나타난다. 즉 온조설화는 '주몽—온조'로, 비류설화는 '해부루—우태—비류'로 이어진다. 이는 온조 집단과 비류 집단이 서로 다른 시조의식과 계보의식을 갖는 별개의 세력임을 뜻한다. 백제 건국을 둘러싼 의문은 여기서 시작된다.

또 다른 차이는 두 사람 사이의 갈등 문제이다. 온조설화에는 비류와 온조의 경쟁 갈등이 나타난 반면에 비류설화에는 양자의 경쟁이 전혀 나타나지 않는다. 아마도 두 설화가 서로 다른 시기에 성립되었기 때문일 것이다. 뿐만 아니라 비류설화에서는 온조설화에는 나타나지 않는 소서노의 존재가 인상적이다. 모계의 역할을 강조하고 있다는 점으로 미루어 비류설화가 더 일찍 형성되었다고 볼 수 있다.

그러면 위 두 설화의 주인공 중에서 누가 진정한 백제의 건국 시조였을까? 그리고 비류와 온조는 정말로 한 형제였을까? 일반적으로 형제 시조설화는 연맹을 결성한 두 세력이 그 연맹관계를 합리화하기 위한 표현이다. 두 집단의 연맹이 언제 이루어졌는지는 알 수 없으나, 처음에는 연맹의 주도권이 비류계에 있었던 것으로 보인다. 이는 두 건국설화 모두에서 비류가 형, 온조가 동생으로 등장하는 것으로 미루어 짐작할 수 있다. 그러다가 비류가 죽은 뒤 그를 따르던 무리가 온조에게 귀부하였다고 한 데서 알 수 있듯이, 세월이 흐르면서 온조계가 비류계를 누르고 주도권을 장악한 것으로 보인다.

그러나 두 집단이 온조 때에 합쳐졌다는 온조설화의 주장을 있는 그대로 다 믿을 수는 없다. 비류를 시조로 하는 독자적인 설화가 후대에까지 남아 있는 것으로 보아 온조계와 비류계는 백제의 지배권을 둘러싼 경쟁에서 상당 기간 거의 대등한 세력을 유지하며 병립하였을 것으로 생각된다. 현재 《삼국사기》에 전하는 백제왕계는 온조계를 중심으로 개작, 정리된 결과일 뿐이다.

또 두 집단의 활동 기반에도 상당한 차이가 있었던 듯하다. 비류계는 미추홀을 중심으로 해상 활동에 주력한 것으로 보인다. 중국에서 낙랑군을 거쳐 한반도 남부와 왜로 이어지는 이때의 해상 교역로를 생각한다면, 백제 초기에 비류계가 주도권을 잡았던 배경이 이해된다. 반면 온조계는 한강 수로를 이용한 내륙 교통로를 통해 성장 기반을 확보한 것으로 보인다. 아마도 비류계에서 온조계로 주도권이 옮겨 간 것은 이러한 세력 기반과도 밀접한 연관이 있을 것이다.

서울, 백제가 숨어 있는 도시

백제 건국설화에는 부여와 고구려 방면에서 한강 유역으로 다수의 주민이 이동하였다는 사실, 그리고 한강 유역에서 여러 집단이 공존하고 있다가 하나의 국가로 통합되었다는 역사적 사실이 반영되어 있다. 이후 백제는 한반도 중부에서 강력한 정치세력으로 급성장하였다. 특히 온조의 위례 집단과 비류의 미추홀 집단의 결합은 그 팽창 속도를 가속화하였다. 본래 온조와 비류 집단이 등장한 기원전 1세기 말에 한강 하류 지역은 마한의 세력권 안에 있었으며, 백제도 마한의 여러 소국 가운데 하나에 불과하였다. 그런 백제가 주변의 여러 소국을 병합하면서 한강 하류 일대 연맹체의 주도 세력으로 성장한 것이다.

백제의 성장 과정은 그 국호에도 잘 반영되어 있다. 기록을 보면 백제는 나라의 이름을 몇 차례 바꾸었으며 여러 가지 별명도 있다. 백제라는 국호의 의미에 대해서는 기록에 따라 설명이 조금씩 다르다. 《삼국사기》에 처음 나오는 백제의 국호는 '십제十濟'인데, 온조왕이 그의 형인 비류가 다스리던 백성을 합쳐 더 큰 나라를 만들 때 비류의 백성들이 모두 즐거워하여 나라 이름을 '백제百濟'로 고쳤다고 한다. 한편 중국의 역사서인 《수서》〈백제전〉에는 처음에 100호戶가 바다를 건너〔百家濟海〕 남하하여 나라를 세웠기 때문에 백제라 하였다고 쓰여 있다. 백제의 국호에 대한 《삼국사기》와 《수서》의 설명 가운데 어느 쪽이 맞는지는 아직 가려내기 어렵다.

한편 3세기 후반에 편찬된 중국의 역사서 《삼국지三國志》에도 마한에 속한 54개 소국의 이름이 열거되어 있는데, 이 가운데 백제국伯濟國이라는 국호가 눈에 띈다. 백제伯濟와 백제百濟는 한자만 약간 다를 뿐 같은

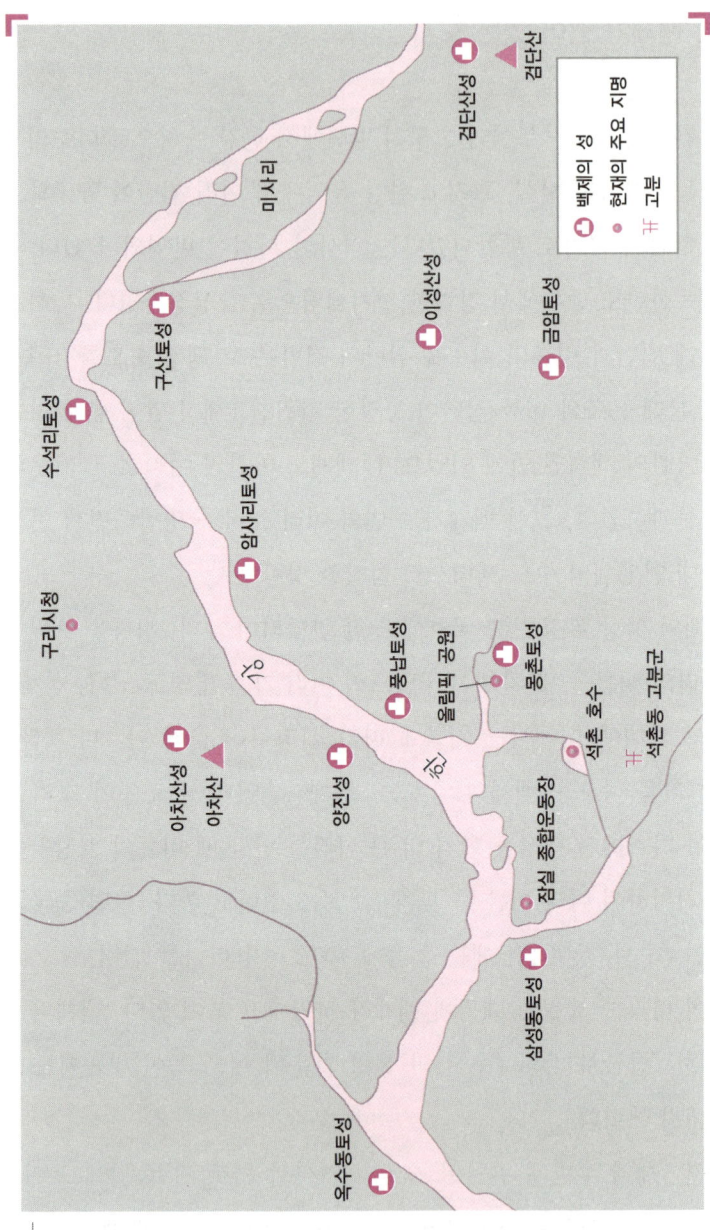

서울의 백제 유적 분포도 풍납토성과 몽촌토성을 중심으로 수도를 방위하기 위한 토성이 곳곳에 분포되어 있다.

+석촌동 백제 초기 돌무지무덤(왼쪽 하단)과 방이동 백제 고분군 (서울특별시 송파구)

음音으로 된 글자이다. 양자의 관계를 봤을 때《삼국지》의 백제국伯濟國을 백제百濟의 초기 단계로 이해하는 것이 보통이다. 그리고 서기 720년에 편찬된 역사서《일본서기日本書紀》에는 '위례국慰禮國'이라는 명칭이 나오는데, 이는 위례성에 도읍한 백제를 가리키는 것으로 생각된다. 고대에는 도시의 명칭을 그대로 나라 이름으로 사용한 예가 적지 않았음을 감안하면, 위례국이라는 이름도 백제라는 국호보다는 앞선 시기의 이름일 가능성이 높다.

백제국이든 위례국이든 십제이든, 서울 지역에는 이들 나라를 세운 흔적이 뚜렷하게 남아 있다. 먼저 백제의 유적 가운데 부여와 고구려 문화적 영향을 받았음을 보여 주는 것으로 한강 유역의 고분군을 들 수 있다. 특히 석촌동과 가락동 일대의 널무덤과 돌무지무덤은 백제의 건국자 집단과 관련이 있는 것으로 알려져 있는데, 근자에 도시 개발 등으로 많은 고분이 파괴되어 정확히 알 수는 없지만 20세기 초까지도 수십 기의 돌무지무덤이 석촌동 일대에 남아 있었다고 한다.

사적 제243호로 지정된 석촌동 3호분과 4호분은 기원 전후에 나타난 고구려의 무덤 형식인 기단식 돌무지무덤이다. 특히 4호분의 축조 방식은 고구려의 돌무지무덤과 연관을 가지고 있으며, 백제 전기에 고구려와 문화 교류가 있었다는 증거로 볼 수 있다. 이 일대 백제 고분군에는 3호분과 같은 대형 왕릉급 고분뿐 아니라 소형 널무덤같이 일반 관리나 평민의 것으로 보이는 고분도 있고, 서로 다른 시기의 무덤들이 중복된 경우도 많이 있어서 상당히 오랫동안 신분을 달리하는 사람들이 동시에 사용한 고분군으로 보인다.

도성 유적으로는 서울시 송파구에 남아 있는 풍납토성風納土城과 몽촌토성夢村土城을 들 수 있다. 《삼국사기》를 보면 백제의 도성으로 위례성

✚ **풍납토성** 한강에 인접한 평지성으로, 1925년 대홍수로 한강물에 휩쓸려 유실된 데다 토성 안에 주택지가 조성되어서 유적의 파괴가 심하다. (서울특별시 송파구 풍납동)

과 한성漢城 등의 이름을 찾을 수 있다. 백제 건국설화에 나오는 초기의 도성, 곧 하남위례성이 정확히 지금의 어디에 있었는지는 분명하지 않지만, 현재 남아 있는 유적 등을 종합할 때 풍납토성이 하남위례성일 개연성이 가장 높다.

풍납토성은 전체 둘레가 3.5km 정도 되는 방형 내지 타원형 평지성으로, 홍수와 도로·주택 건축공사로 대부분이 파괴되어 지금은 동벽과 북벽의 극히 일부분만 남아 있다. 풍납토성은 현재 남아 있는 성벽의 높이가 대체로 10m를 훨씬 넘고 성벽 가장 아랫부분의 폭이 30~40m에 이르는 것으로 보아 백제의 도읍성이라 할 만한 규모이다. 서북쪽으로는 한강 건너편의 아차산성이 올려다보이고, 남쪽으로는 약 750m 정도 가면 몽촌토성이 있고 평지로 이어진다. 몽촌토성을 지나 조금 더 내려가면 3km 이내에 방이동, 가락동, 석촌동 고분군과 만난다.

몽촌토성과 목책 마름모꼴의 평면을 하고 있으며 성벽의 길이가 2285m에 이른다. 이 토성은 남한산에서 뻗어 내려온 나지막한 자연 구릉을 이용하여 만들었다. (서울특별시 송파구 오륜동)

백제가 하남위례성에서 건국을 한 지 얼마 지나지 않은 때부터 《삼국사기》 등의 기록에 백제의 도성으로서 자주 나타나는 이름은 '한성'이다. 백제가 도읍을 옮긴 것인지 아니면 도성의 이름만 중국식으로 바꾼 것인지는 분명하지 않지만, 풍납토성과 무관하다고 보기 어렵다. 그런데 《삼국사기》 〈백제본기〉에 따르면, 한성은 남성南城과 북성北城을 합친 이름이라고 한다. 따라서 북성을 지금의 풍납토성, 남성을 지금의 몽촌토성으로 보아야 한다는 견해가 많은 지지를 얻고 있다. 만약 백제의 한성이 지금의 풍납토성과 몽촌토성을 합한 것이 틀림없다면, 그곳 일대의 지형 조건을 감안할 때 중심 시가지는 풍납토성의 안쪽 또는 그 동쪽 지역에 있었을 것으로 추정된다.

이 밖에 백제 도성의 방위를 위해 강기슭에 쌓은 삼성동토성(강남구 삼성동), 사성蛇城(강동구 하일동 강안 추정), 수석동토성(경기도 남양주시 수석동), 아차성(광진구 광장동) 등이 있다. 이 성들은 백제 도성의 모습을 짐작하게 하는 유적이지만, 애석하게도 지금은 거의 훼손되어 성벽을 찾아보기가 어렵다.

경주, 유이민들의 종착지

한강 유역에서 백제가 건국의 기반을 닦을 무렵, 한반도 동남부에 있는 경주분지에서도 새로운 역사가 준비되고 있었다. 바로 사로국의 등장이었다. 사로국은 신라의 옛 이름이면서 성읍국가인 진한 12국의 하나이다.

신라가 일어난 경주 일대의 자연환경을 보면, 태백산맥의 한 줄기인

동대산맥과 주사산맥이 남북으로 길게 이어지면서 동서의 경계를 이루고, 형산강 구조곡과 영천·경주 간 구조곡이 교차하는 지점에 제법 널찍한 분지가 자리하고 있다. 이 분지는 명활산과 금오산, 옥녀봉, 선도산, 금강산 등이 에워싸고 있어서 아늑하면서도 천연의 요새를 이루고 있다. 도시를 구성하는 물줄기로는 남류하면서 서쪽 경계를 이루는 서천, 중심부를 관통하는 북천, 월성을 싸고도는 남천이 합류하며 형산강을 이루어 영일만으로 흘러들어간다. 이러한 지리적 조건은 제법 비옥한 농경 기반을 제공하여 경주 일대에서는 일찍부터 선사문화가 발전하였다.

경주 지역은 대동강 유역 다음으로 청동기시대 유적이 많이 발굴되는 곳이다. 이는 신라 건국의 토대를 이룬 사로국의 역사적 기반을 보여 주는 증거이기도 하다. 《삼국사기》〈신라본기〉에는 신라가 기원전 57년에 건국되었다고 쓰여 있으나, 사실상 소국이 형성된 것은 이보다 이른 시기였을 것이다. 왜냐하면 이 지역은 청동기문화와 철기문화의 파급이 상당히 빨랐기 때문이다.

한반도 동남부에 자리 잡은 경주 지역은 주민의 이동이나 문화 파급 면에서 종착지나 다름없었다. 실제로 여러 차례에 걸친 주민의 이동으로 정치적, 문화적 변동이 있었다. 가장 먼저 고조선계 이주민들의 유입이 있었다. 기원전 190년경 위만衛滿 세력한테서 내몰린 고조선의 준왕準王이 한반도 남쪽으로 이주할 때 경주 지역에도 고조선계 이주민이 유입된 것으로 보인다. 그 뒤에도 고조선 계통 주민들의 이주는 계속되어서, 기원전 108년에 고조선이 멸망하고 낙랑군이 설치되면서 위만조선계의 이주민들이 대거 남하하였는데 그 일부가 경주 지역으로 들어왔다.

사실 이 무렵에는 경주 일대만이 아니라 경상도 지역 전체에 걸쳐 위만조선 계통의 청동기·철기문화가 널리 유입되었으며, 그 뒤를 이어 한漢 계통의 철기문화가 보급되었다. 그리고 이를 기반으로 소국 등 정치 집단이 곳곳에서 등장하는데, 진한에 속한 대부분의 소국이 이 시기에 형성된 것으로 볼 수 있다.

《삼국사기》〈신라본기〉에 "조선의 유민들이 이 땅에 들어와서 산곡 사이에 분거하여 6촌을 이루어 살았다."라는 기록이 있는데, 이는 바로 고조선계 유이민의 유입을 가리키는 것이다. 경주 지역에 도착한 유이민들은 먼저 자리 잡고 있던 토착 집단들과 제휴하면서 국가를 이루고 차츰 주변 세력까지 통합하였다.

3인의 신라 시조 — 박혁거세, 김알지, 석탈해

신라의 건국설화는 박혁거세설화이다. 그렇지만 이 밖에도 초기 신라에서는 3개 성씨가 번갈아 왕위에 올랐으므로 왕실의 시조설화로서 석탈해설화와 김알지설화도 함께 전하고 있다. 고구려나 백제의 건국설화와는 달리 3개 성씨의 왕실이 등장한다는 점에서 신라의 국가 형성 과정은 남달랐다.

먼저, 박혁거세설화를 살펴보자. 고허촌장 소벌공蘇伐公이 양산楊山 기슭 나정蘿井 옆 수풀 사이에서 말이 엎드려 울고 있기에 가 보니, 말은 보이지 않고 다만 큰 알 하나가 있었다. 그 알을 쪼개어 보니 어린아이가 나오므로 곧 거두어 길렀다. 아이가 10여 세가 되자 장대하여 숙성하니, 6부 사람들이 그를 세워 거서간居西干으로 삼았다. 처음 그 알의 크기가

오릉 신라 시조 박혁거세 거서간과 왕비 알영, 제2대 남해 차차웅, 제3대 유리 이사금, 파사 이사금 등 5인의 능이라 전한다. (경북 경주시 탑동)

박[瓠]만 했기 때문에 성을 박朴이라고 하였다.

석탈해설화의 내용은 다음과 같다. 혁거세왕 때 낯선 배가 하서지촌下西知村 아진포阿珍浦에 이르렀는데, 왕에게 고기를 바치던 노파가 그것을 발견하였다. 배 안에는 커다란 궤가 실려 있었는데, 이를 열자 용모가 단정한 어린아이(탈해) 하나와 일곱 가지 보물, 그리고 노비들이 나왔다. 아이가 말하기를, "나는 용성국龍城國 사람입니다. 나의 아버지 함달파왕含達婆王은 적녀국積女國의 왕녀를 맞이했는데, 7년 뒤에 알을 하나 낳자 불길하다고 해서 배에 실어 보냈습니다. 그 알에서 나온 것이 바로 저입니다."라고 하였다. 그 아이가 산 위에 올라가 살 만한 곳을 찾다가 초승달같이 생긴 곳을 발견하였는데, 바로 호공瓠公의 집이었다. 아이는 숫돌과 숯을 몰래 그 집 마당에 묻어 놓고, 다음 날 찾아가서 원래 대장간을 하던 자기의 조상이 살던 집이라며 땅을 파 대장간이었음을 확인시키고 집을 빼앗았다. 이때 남해왕은 탈해가 지혜로운 사람임을 알아보고 그를 자신의 첫째 딸과 결혼시켰다.

마지막으로, 김알지설화를 보자. 탈해왕 9년 3월에 왕이 월성 서쪽의 시림始林이라는 숲에서 나는 닭 울음소리를 들었다. 날이 밝아 호공을 시켜 숲으로 가 보니, 금색 찬란한 궤짝 하나가 나뭇가지에 걸려 있고 흰 닭이 그 밑에서 울고 있었다. 궤짝을 가져다 열어 보았더니, 놀랍게도 그 속에 아이가 하나 있었는데 용모가 준수하고 범상치 않았다. 왕은 기꺼이 그 아이를 거두어 길렀다. 아이의 이름은 알지閼智라고 하였으며, 금궤에서 태어났다고 하여 성을 김이라 하였다. 그리고 숲의 이름도 시림에서 계림鷄林으로 바꾸었다.

위의 건국설화들에는 신라 건국의 여러 사정, 즉 유이민 세력이 경주에 유입하는 과정이 반영되어 있다. 신라의 왕실을 구성하는 족단으로는 박씨족과 김씨족, 석씨족이 있는데, 이들 3성 족단은 이주민 세력임이 틀림없다. 이들이 경주 지역에 유입되기 전에 먼저 자리 잡은 세력이 있었기 때문이다. 박혁거세가 최초의 지배자로 추대되기 이전에 경주

계림 김씨 왕실이 시조인 김알지가 태어난 곳으로 알려져 있는 숲이다. 13대 미추왕 이후 김씨가 왕위를 독점하면서 시조 탄강지로 숭앙되었다. (경북 경주시 교동)

지역에는 6촌이 있었다. 바로 신라의 모체인 사로국의 6촌, 즉 알천양산촌, 돌산고허촌, 자산진지촌, 무산대수촌, 금산가리촌, 명활산고야촌이 있었다. 이 6촌이 연맹체를 이루어 사로국으로 발전하게 된 계기가 박혁거세로 대표되는 박씨족의 등장이다.

　박씨 족단 다음으로 사로국에 등장하는 것은 탈해로 대표되는 석씨 족단이다. 탈해 집단이 동해안 아진포에 도착한 시기는 기원전 19년(혁거세 39)으로, 이때 사로국의 세력 범위는 지금의 경주 일대를 벗어나지 못하였다. 뚜렷한 정치세력이 존재하지 않았던 동해안 지역에 정착한 탈해 집단은 북방에서 가져온 우수한 철기문화를 바탕으로 그곳에서 세력을 규합하여 사로국의 중심부로 진출하였다. 설화에 따르면, 동해안에 정착하여 세력을 키운 탈해 집단이 사로국의 중심까지 진출하여 혁거세 집단과 함께 지배세력이 될 수 있었던 것은 사로국의 막강한 정치적 실력자였던 호공의 세력 기반을 흡수하였기 때문이다. 호공과 연합한 탈해 집단은 사로국의 유력한 지배 집단으로 등장하여 남해왕 이후에는 남해왕의 아들인 유리에 맞서 왕위 계승권을 가지고 다투었으며, 드디어 유리왕의 뒤를 이어 사로국의 네 번째 왕으로 추대되어 박씨 대신 석씨 왕실을 열었다.

　박씨계, 석씨계와 더불어 사로국의 초기 지배세력인 김씨계의 시조는 알지이다. 알지는 탈해왕 대에 계림에서 신비하게 출생한 설화를 가지고 있는데, 김씨 집단은 박씨 집단이나 석씨 집단보다는 늦게 지배층으로 등장하였다. 그러나 김씨계는 혁거세의 왕비가 된 알영계와 같은 계통으로 보이며, 파사왕과 지마왕의 왕비도 김씨계인 것으로 보아 박씨나 석씨보다 먼저 경주 지역에 자리 잡은 토착 세력으로 짐작된다. 김씨계는 우수한 철기문화를 소유한 박씨 집단과 석씨 집단에 밀려 사로국 초기에 혼인을 통해 근근이 세력을 유지하였다. 그러다 2세기 중엽 이후 대대적인 군사 활동을 통해 얻은 세력을 기반으로 비로소 신라 왕실을 구성하였다.

이러한 왕실의 교체는 신라를 구성하는 세력의 다양성을 보여 줌과 동시에 그 정치적 변천을 드러낸다. 사로국 최초의 지배자인 혁거세의 칭호는 '거서간居西干'이었다. 그 구체적인 어원은 알기 어렵지만, 사로 6촌을 대표하는 부족장의 의미를 가진다. 그 뒤를 이은 남해왕은 '차차웅次次雄'으로 불렸는데, 이는 '무巫'의 뜻을 가지는 칭호로서 그 기능과 성격이 거서간과 다르지 않다. 즉 이 시기 지배자의 칭호는 제정일치 사회의 모습을 보여 준다. 박씨 집단으로 대표되는 사로국 세력은 석탈해와 연합함으로써 울산과 감포 방면으로 세력을 확대하였는데, 이후 더 확대된 연맹체의 정치 기반을 상징하는 지배자의 명칭은 '이사금尼師今'이었다.

신라 초기에 왕의 호칭으로 사용한 거서간, 차차웅, 이사금 등은 그다지 권력자의 의미를 띠지 못했던 데 반하여, 4세기 중엽 내물마립간 때부터 쓰기 시작한 '마립간麻立干'이란 칭호는 '마루'의 지배자 또는 으뜸가는 지배자라는 말뜻 그대로 종전에 비하여 훨씬 강화된 권력자라는 느낌을 준다. 이 시기에는 사로국이 국가적 면모를 일신하여 국가체제를 정비하고 왕권을 한층 강화하였으며, 그 결과 박·석·김의 3성이 교대로 왕위를 계승하는 현상이 없어지고 김씨의 독점적 세습이 이루어지기 시작하였다.

한편 국가체제를 갖추어 가면서 궁성 등 도성의 기반도 마련하였다. 이와 관련하여 《삼국사기》에는 다음과 같은 내용이 있다.

처음 혁거세 21년(기원전 37)에 궁성을 축조하여 이름하기를 금성金城이라 하였다. 파사왕 22년에 금성의 동남쪽에 성을 쌓았으며 월성月城 또는 재성在城이라 불렀다. 또한 신월성新月城 동쪽에는 명활성明活城이 있고 신월성 남쪽에는 남산성南山城이 있다. 시조 이래 금성에 거처하였는데, 후세에 이르러 두 월성에 거처하는 일이 많았다. 그 외에 신월성 북쪽에 만월성滿月城과 북궁北宮을 지었다.

이 중에서 왕성으로 사용된 것은 금성과 월성인데, 현재 위치를 알 수 있는 것은 월성月城이다. 월성은 석씨 왕계를 연 석탈해의 근거지이기도 하다. 금성의 위치에 대해서는 《삼국유사》에 "서남산 기슭에 있는 창림사 터[昌林寺址]에 궁실을 짓고 혁거세와 알영이 즉위 전까지 거주하였다."라고 언급되어 있지만, 아직 그 유지는 확인되지 않았다.

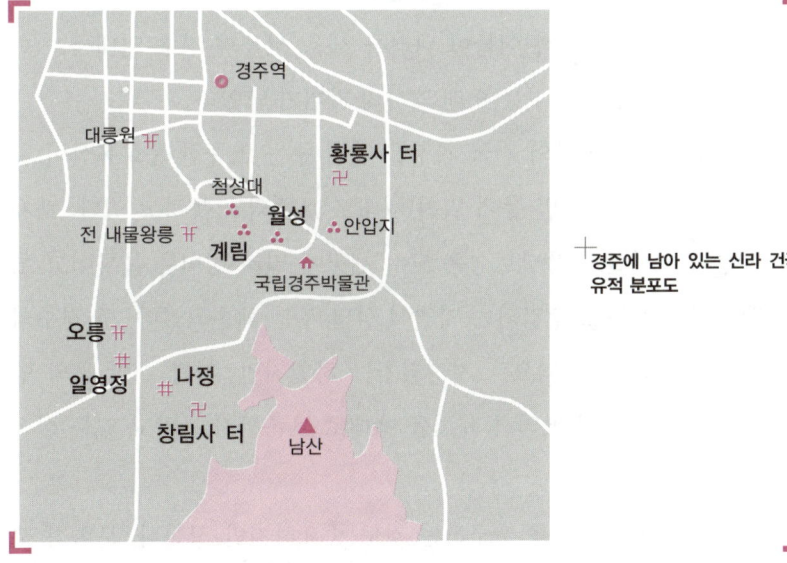

경주에 남아 있는 신라 건국 유적 분포도

시대를 풍미한 왕조의 자취

기원을 전후하여 한반도 중부와 남부에서는 장차 삼국시대를 이끌어 갈 두 주인공, 즉 백제와 신라가 등장한다. 두 나라의 건국은 기원을 전후한 시기에 한반도 일대에 휘몰아친 유이민 파동의 결과였다. 부여족이 고구려로 남하하고, 다시 고구려 세력의 일부가 남하하여 한강 하류 지역에 자리 잡으면서 백제국 또는 위례국으로 불리는 소국을 세웠다. 한편 경주 일대는 유이민이 이동해 오는 종착지로서, 고조선 이래 여러 차례 주민이 이주해 오고 청동기·철기문화가 유입되면서 사로국이 성립되었다. 사로국은 거듭된 유이민 유입으로 박·석·김 3성에 의한 왕위 계승이라는 독특한 역사를 만들어 냈다.

백제와 신라는 처음에는 삼한 일부분을 구성하는 작은 소국으로 출발한다. 하지만 차츰 세력을 키워 백제는 마한을 아우르고, 신라는 진한의 맹주가 되어 각각 한반도 중서부와 동남부를 차지하면서 삼국시대를 연 주인공이 된다. 그 결과 이들이 나라를 세운 서울과 경주 일대에는 한 시대를 풍미한 왕조가 갖는 오랜 역사의 자취가 남았다.

그런데 백제와 신라의 건국 과정을 알려 주는 소중한 문화유산이 몇십 년 동안 계속된 개발 붐에 밀려 제대로 보존되지 못하고 있다. 백제의 발상지인 서울의 풍납토성은 도시 개발에 밀려 성벽은 물론이고 초기 백제의 유적지로 추정되는 지역이 상당 부분 훼손되었다. 또 경주의 경우도 문화재보호구역으로 지정되기는 하였지만, 관광 개발 등의 명목으로 신라 1000년의 역사 유적을 제대로 보존하지 못하고 있는 실정이다.

개발로 물질적 이익을 추구하는 것도 중요하지만 정신적, 문화적 뿌리를 지키는 일은 더 중요하다. 수십 년, 수백 년 뒤에 우리 민족의 정체성을 유지하는 바탕이 되기 때문이다. 그런 이유로 백제와 신라가 세워진 그 건국의 현장을 돌아보기를 권한다.

역사의 현장
무악(서울특별시 서대문구 신촌 일대)
경복궁(종로구 세종로)
창덕궁(종로구 와룡동)
도성의 흔적(남산 타워호텔 옆, 낙산 이대부속병원 옆)
4대문(숭례문, 흥인지문, 숙정문)
종루(종로구 종로2가 보신각)

조선은 이전 왕조와 달리 역성혁명易姓革命을 통해 건국하였기 때문에 국가의 기반을 다지는 과정에서도 이전 왕조와 많은 차이를 보였다. 서울이 수도로 결정되기까지 많은 진통을 겪었고, 고려의 수도였던 개성과 큰 갈등을 보이기도 하였다.

서울은 조선을 이은 대한제국뿐 아니라 나라가 망한 뒤 식민지 조선의 중심이 되었고, 광복 이후에도 대한민국의 수도로서 지금까지 우리 사회의 모든 부문에서 중심지 기능을 하고 있는 곳이다. 그러므로 현재 서울의 역사적, 문화적 토대가 마련되었던 고려 말 조선 초로 돌아가 서울(한양)이 수도로 결정되고 자리 잡기까지의 과정을 살펴보고자 한다.

서울, 600년 역사의 시작

고려말 정국 변화에서 조선 건국까지

고려 말의 정국 변화는 1352년 공민왕의 즉위와 더불어 시작된다. 국제적으로 보면, 이때 중국에서는 통일 왕조인 원의 쇠퇴 기미가 나타났다. 한족이 원의 지배에 반기를 들며 봉기를 한 것이다. 이들 가운데 일부가 원에 밀려 고려를 침입하는 일도 일어났는데, 1359년과 1361년 두 차례에 걸친 '홍건적의 침입'이 그것이다. 홍건적의 침입은 공민왕 초기의 개혁 조치를 후퇴시키고 무장세력이 대두하게 하는 등 고려 말의 정국에도 큰 변화를 야기하였다. 이후 한족은 1368년(공민왕 17)에 주원장을 중심으로 명을 세운다.

공민왕은 이와 같은 국제 정세의 변화를 이용하여 국내 정치 질서를 왕권 중심으로 재편하였다. 즉 1356년(공민왕 5)에 반원정책을 펴면서 그동안 원과 결탁하였던 기철 등 부원세력을 척결하고, 원의 압력에 의해 격하되었던 고려 관제를 복구하였으며, 쌍성총관부 등 원의 지배 아래 있던 옛 고려 영토를 무력으로 회복하였다. 1369년(공민왕 18)에는 그동안 유명무실하였던 성균관을 다시 일으켜 성리학으로 무장된 신흥유신新興儒臣들이 정치적으로 결집할 수 있는 기반을 마련하였으며, 기존의 정치세력과 무관한 신돈을 등용하여 권세가들이 불법적으로 차지한 토지를 본주인에게 돌려주고 노비로 삼았던 양민을 본래의 신분으로 회복시켜 주었다.

이상과 같은 공민왕 대의 변화로 고려 말의 정치 상황도 달라졌다. 우선 대외적으로 한족 국가인 명과의 관계를 중시하는 친명 노선과 원과의 관계 회복을 중시하는 친원 노선이 대립하였다. 그리고 정치세력 사이에서는 원 간섭기의 지배세력인 구세력과 고려 후기의 사회 변화에 힘입어 성장한 신흥유신 사이에 갈등이 전개되는 양상을 띠었다. 공민왕이 죽고 우왕 재위기간(1375~1388)의 정치적 반동기를 거치면서 친원 노선과 친명 노선, 구세력과 신흥유신세력의 갈등이 더욱 고조되었는데, 새롭게 중원의 패자로 등장한 명이 철령 이북 지역에 철령위鐵嶺衛 설치를 요구하면서 최고조에 이른다.

명의 철령위 설치 요구에 맞서 이때의 최고집권자 최영이 내린 결정은 랴오둥 정벌 단행이었다. 최영은 이성계와 조민수를 주축으로 정벌군을 편성하여 출정시켰다. 하지만 네 가지 불가한 이유(4불가론)를 내세우며 랴오둥 출정을 반대하던 이성계 일파는 위화도에서 회군을 결행하였고, 개경으로 돌아와 최영을 유배 보내고 우왕을 몰아내면서 권력을 장악하였다. 이후 이들이 사전私田 혁파를 골자로 하는 전제田制 개혁을 추진하면서 정국은 또 한 차례 소용돌이에 휘말렸다. 전제 개혁을 계기로 신흥유신이 이에 찬성하는 개혁파와 반대하는 온건파로 나뉘고, 온건파는 구세력과 결합하여 개혁파에서 추진하는 전제 개혁에 반대하는 국면이 조성되었다. 그 결과 정치 판도가 변화하였다. '구세력 대 신흥유신'의 정치 판도가 '구세력과 온건파 신흥유신 대 개혁파 신흥유신(신흥사대부)'의 구도로 바뀐 것이다.

결과를 보면 여러 정치적 사건으로 신흥사대부의 정치적 입장이 강화되어 1391년 5월에 새로운 토지제도인 과전법이 시행되었으며, 정몽주의 피살을 기점으로 신흥사대부는 확실하게 정치적 우위를 차지하였다. 이후 1392년 7월 13일 대비(공민왕비 안씨)의 전교에 따라 공양왕을 폐위시키고, 같은 달 17일에 이성계가 개경 수창궁에서 즉위하여 마침내 조선이 건국되기에 이르렀다.

이와 같이 역성혁명을 통해 이루어진 조선 건국은 그 정당성을 둘러싸고 지금까지 많은 논의가 진행되었다. 그런데 여기서 주의해야 할 점이 한 가지 있으니, 주권이 왕에게 있는 왕조시대와 주권이 국민에게 있는 주권재민 시대인 오늘날은 근본적으로 조건이 다르다는 사실이다. 주권재민의 원칙이 확립된 오늘날에는 합법적인 방식에 의거하지 않은 권력 탈취는 그 정당성을 인정받을 수 없다. 그러나 왕조시대에는 역성혁명 방식의 왕조 교체를 인정하지 않으면 한 왕조의 존속만 인정한다는 모순이 생기기 때문에, 역성혁명 자체가 문제되는 것이 아니라 그것을 주도한 세력이 당대의 사회 모순을 해결하고 사회 발전을 이룩했는지 여부가 정당성의 근거가 된다. 그러므로 조선 건국의 정당성을 둘러싼 논의는 건국 주도 세력이 대내외적인 모순을 해결하고 한 단계 발전된 사회를 이룩하기 위해 수행한 활동들을 중심으로 이루어져야 한다.

이런 시각에서 볼 때, 조선 건국 세력이 수행한 과전법科田法과 노비변정奴婢辨正 사업, 그리고 대외안정정책이 주목받는다. 이들은 과전법을 시행하여 '한 토지에서 조세를 8~9차례 거두는' 문제를 해결하고, 병작 행위를 법으로 금지하여 자작농의 육성을 적극적으로 도모하였다. 또 건국 직후부터 몇 차례에 걸쳐 노비변정 사업을 실시하여 고려 말에 권세가와 사원에서 불법으로 차지하였던 양인良人들을 본래의 신분으로 회복시킴으로써, 권세가들의 불법적인 인신 지배를 금지하고 국가 운영의 바탕이 되는 양인을 확보하였다. 더불어 대외적으로 원명 교체에 따른 불안정한 정세와 왜구의 침탈로 피폐해진 민생 문제를 해결하기 위해 사대교린에 입각한 대명외교를 펼쳤다. 이를 통해 대외적인 안정을 기하고, 무력 진압과 적극적인 회유정책을 구사하여 왜구의 침탈을 종식시키는 성과를 거두었다. 나아가 왜구의 침탈로 유린된 삼남지방의

┼ **만월대** 개성 송악산 남쪽 구릉지에 있는 고려의 궁터이다. (황해북도 개성시 송악동)

경지도 개간, 개척하여 세종 대에는 조선시대 최고의 전결수를 확보하였다.

따라서 조선 건국 세력은 그때까지의 대내외적 모순을 해결하고 한 단계 성숙한 사회를 이룩하는 토대를 마련하였기 때문에 그 정당성이 인정된다고 볼 수 있다.

새 나라에는 새 수도가 필요하다

역성혁명에 성공한 태조 이성계는 도읍을 빨리 옮기고 싶었지만, 이를 둘러싼 갈등이 심하였다. 태조는 1392년 7월 개성 수창궁에서 즉위한 지 한 달도 되지 않아 한양으로 도읍을 옮기라고 명령하였다.

그런데 그때까지 한양은 어떤 곳이었을까? 본래 백제가 한강을 근거로 성장했지만, 백제는 훗날 수도를 한강 이남으로 옮겼다. 한때는 고구려가 남하하여 백제를 축출하고 이곳을 남평양이라 불렀으나, 그 뒤 신라가 차지하고는 북한산주를 설치하였으며 통일신라 때는 한주를 설치하였다.

이 지역이 주목받기 시작한 것은 고려 때부터였다. 이때는 양주라고 불렸으며 변두리에 속하였다. 그러나 고려시대에 이르러 불교가 크게 성행하면서 이곳, 특히 삼각산 주변에 많은 절이 생겨나기 시작하였다. 현종은 고려 태조의 재궁을 삼각산 향림사로 옮겼고, 그 뒤 고려의 역대 왕들이 삼각산을 순행하며 여러 절을 돌아다니는 일이 빈번해졌다. 삼각산이 서울의 진산으로 받들어진 것이 이때부터이고, 서울의 중요성도 차츰 부각되었다.

문종 21년(1067)에는 양주라는 이름을 남경으로 고친 다음 유수관을 두고 백성들을 옮겨 살게 하였는데, 남경은 얼마 지나지 않아 폐지되었다. 그러다 고려 숙종 때 김위제가 다시 남경 설치를 건의하여 8년 만에 궁궐을 완공하였다. 이는 수도와 가까워 국왕 순수지로서 이용되었을 것이다.

이 밖에도 고려 말에 천도 논의가 여러 차례 있었고, 실제로 3차에 걸쳐 천도를 결행한 적도 있었다. 1360년(공민왕 9) 11월 임진강 상류에 위치한 장단長湍 천도, 1382년(우왕 8) 9월 한양 천도, 1390년(공양왕 2) 9월 같은 지역인 한양 천도가 그것이다.

고려 말의 세 차례 천도는 농한기에 몇 달 머무르다 다시 개경으로 환도하였다는 점과 원래 수도인 개경의 성곽 수축이 꾸준히 진행되었다는 점에서 천도라기보다는 순주巡駐나 일시적인 이어移御에 가깝다. 그렇지만 우왕 대 이후 실제로 천도한 곳은 한양밖에 없었고, 특히 고려 말 천도 논의 과정에서 한양의 장점으로 이전부터 큰 도시였다는 점과 국토의 중앙에 위치하고 조운 소통에 유리하다는 점 등이 지목되었다는 사실은 조선 건국 이후 천도 논의와 관련하여 주목할 만하다.

천도 논의는 조선 건국 직후부터 태조의 강력한 의지에 의해 진행되었다. 구왕조의 기반을 탈피하여 신생 왕조에 걸맞은 새로운 터전을 마련할 의도에서 진행된 천도 논의에서 첫 번째 대상지로 떠오른 곳은 고려 말부터 주목을 받아 온 한양이었다. 그러나 태조 대의 천도 논의는 여러 요인이 맞물리면서 논의만 무성한 채 지지부진하였다. 천도 자체를 반대한다기보다는 혁명을 한 지 얼마 되지 않은 때에 천도라는 큰 공역을 벌이는 것을 부담스러워한 개국공신들의 비협조, 구왕조의 기반이자 자신들의 터전인 개경에 대해 미련을 버리지 못하는 세가대족世家大族

의 분위기, 고려 말 천도 논의 때는 앞장서서 고려 왕실의 입장을 대변하다 조선 건국 이후 천도 반대로 입장을 바꾼 지리地理 전담 관청인 서운관書雲觀의 결정 번복 등이 그 요인이었다.

그리하여 건국 직후 한양으로 천도하겠다는 태조의 명령은 한양에는 궁궐과 성곽이 갖추어져 있지 않고 백성들의 거처가 마련되지 않았다는 배극렴, 조준 등 개국공신들의 반대로 좌절되었다. 1393년 계룡산 천도 논의는 태조의 현지답사를 계기로 10개월 남짓 도읍 건설을 추진하였지만, 계룡산 지역(신도안, 지금의 충남 계룡시 두마면 일대)이 국토의 중앙에 해당하지 않을뿐더러 풍수 이론에도 맞지 않다는 하륜의 상소에 따라 중지되었다.

지지부진하던 천도 논의는 하륜이 제안한 무악毋岳(서울특별시 신촌 지역) 일대를 태조가 직접 둘러보면서 급속한 추진력을 얻었다. 1394년 8월 8일에 태조는 신하들을 거느리고 무악으로 출발, 11일에 도착하여 무악 일대의 지세를 자세히 살폈다. 이때의 거동은 무악뿐 아니라 다른 여러 지역도 둘러보려던 것으로 11일에 무악, 13일에 한양, 16일에 적성 광실원 동쪽, 17일에 백악 신경, 18일에 도라산 지역을 경유하여 개경으로 돌아오는 일정이었다. 무악이 풍수지리서의 내용에 부합한다고 하륜이 주장하였지만, 궁궐 등 주요 시설물을 배치할 터가 좁다는 현실적인 이유로 무악 천도는 거부되었다.

그러나 이틀 뒤 살펴본 한양에 대해 태조는 세곡을 운반하는 배가 통하고 사방으로 난 거리도 고르니 백성들에게 편리할 것이라는 이유를 대면서 동행한 신하들의 동의를 얻어 사실상 한양을 천도 지역으로 결정하였다. 이후 동행한 신하들이 건의한 적성이나 백악, 도라산 지역도 둘러보았는데, 조운漕運(세곡 운반)이 통하지 않거나 낮고 습한 지역이어서 천도 대상지로 부적합하다는 판정을 내렸다.

천도와 환도, 그리고 재천도

한양 천도는 태조가 개경으로 돌아온 직후 최고위 관청인 도평의사사에서 천도를 요청하는 절차를 거쳐 1394년 8월 24일에 최종 결정되었다. 신하들의 건의를 받아들이는 형식을 취한 이유는 혹 제기될 수도 있는 천도에 따른 불만을 사전에 막기 위해서였다. 이때 도평의사사에서 천도를 요청하며 올린 글을 살펴보면, 고려 말 천도 논의에서 사상적 근거로 중요하게 작용한 풍수지리설은 보이지 않는다. 대신 한양이 국토의 중앙에 위치하고 수레와 배가 통하여 조운에 편리하며 산과 강으로 둘러싸여 방어에 유리하다는 등 수도 입지에 대한 합리적인 인식이 나타

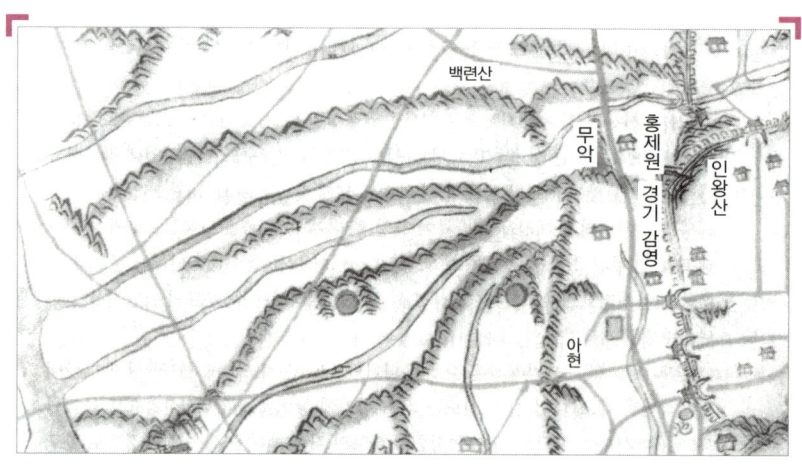

무악 주변도 하륜은 무악을 주산으로 하여 서쪽 평지에 도성을 건설하고자 하였다. (김정호의 〈동여도〉에서)

나고 있어 주목할 만하다. 즉 조선 초에 한양이 수도로 결정된 데에는 서운관 관원 중심의 풍수지리설이 주요한 사상적 배경이었다는 기존의 통설과 달리, 정도전 등 유학자들의 합리적인 지리 인식이 주된 근거로 작용한 것이다.

도평의사사의 건의를 시작으로 천도는 급물살을 타서, 곧바로 신도궁궐조성도감新都宮闕造成都監을 설치하고 담당 관원을 임명하는 등 수도 건설사업에 착수하였다. 그리고 국왕이 거주할 궁궐이 채 완성되지 않은 1394년 10월 25일에 태조가 신하들을 거느리고 개경을 출발하여 28일 한양 객사에 도착함으로써 마침내 태조 대의 한양 천도는 결실을 보게 되었다. 이어 이듬해인 1395년에는 종묘와 경복궁이 완성되고, 1396년부터 도성 조성 공사를 시작하는 등 수도의 기반 시설도 하나하나 구비되었다.

그런데 천도 이후 도시 기반 시설을 갖추어 나가던 1398년(태조 7), 제1차 왕자의 난이 발생하면서 태조 대의 한양 천도는 좌초 위기에 놓인다. 상왕으로 물러난 태조를 대신하여 왕위를 계승한 정종이 한양의 잦은 괴변을 이유로 개경으로 환도해 버린 것이다. 정종의 개경 환도는 한양 천도에 불만을 품었던 관리들과 백성들을 무마하고, 태조가 적극 주도한 한양 천도와 정도전에 의해 건설된 한양 도성을 부정하려는 목적을 담고 있었다.

한편 개경 환도한 이후 제2차 왕자의 난이 일어나 이방원이 세자로 책봉되고 얼마 후 정종은 이방원에게 양위하였으니, 그가 바로 조선 제3대 왕 태종이다. 태종은 한양 재천도를 여러 차례 시도하였는데, 이는 태조의 신임을 받던 정도전과 남은 등을 죽이고 두 차례나 형제간 골육상쟁을 벌이면서 불편해진 태조와의 관계를 개선하고, 왕위 계승의 정

경복궁 근정전 1394년 한양 천도가 결정된 다음 해에 경복궁이 건설되었다. (서울특별시 종로구 세종로)

당성을 뒷받침하려는 목적이었다.

그러나 태종 초반의 관료 구성을 보면, 한양 재천도 시도는 성사되기 어려웠음을 알 수 있다. 태종의 집권 기반 세력은 고려 말 조선 건국에 반대하던 하륜과 권근 등 온건파 신흥유신 계열이었다. 그들 가운데 다수는 조선 건국 이후 새 조정에 출사했지만, 건국 초기에는 개국공신들로부터 견제를 받아 정권의 핵심에서 소외된 상태에 있었다. 온건파 신흥유신 계열 가운데 일부는 태조의 천도 의지에 부합하여 자신의 정치적 지위 향상을 꾀하기도 하였지만, 이는 개인적인 것에 불과할 뿐 정치 세력화와는 거리가 있었다. 이런 상태에 있던 온건파 신흥유신 세력은 조선 건국에 핵심적 역할을 했으면서도 권력에서 비켜나 있던 태종과 결합하였다. 그리고 태종이 두 차례에 걸친 왕자의 난에서 승리를 거두고 왕위에 오르자, 온건파 신흥유신 세력은 권력의 핵심을 차지하기에 이르렀다. 태조 대의 천도 논의에 불만을 품고 있던 세가대족을 포함한 온건파 신흥유신 세력이 권력의 핵심에 포진함에 따라 태종의 한양 재천도 노력은 가시적인 성과를 거두기 어려운 상황에 놓였다.

이에 따라 태종 초반의 재천도 시도는 태조 때보다 더 큰 반대에 부딪혔다. 개경에 궁궐을 다시 짓는 공사가 진행되었으며, 심지어 한양에 있던 종묘를 개경으로 옮기자는 주장도 제기되었다. 또 한때는 중국 주나라의 선례에 따라 한양 재천도 입장과 개경 고수 입장을 절충하여 한양과 개경을 둘 다 수도로 삼는 양경제兩京制를 논의하기도 하는 등 정도定都 문제는 태종 초반에 조정의 주요 관심사였음에도 결론을 내지 못한 채 표류하였다.

그러다 1404년(태종 4) 9월 태상왕 이성계의 적극적인 개입으로 정도 문제가 가닥을 잡기 시작하였다. 양경제 실시 논의를 접한 이성계는 "처음에 내가 한양으로 천도할 때에도 번거로움을 알았지만 개경이 왕씨의 구도舊都여서 그대로 거처할 수 없기 때문에 옮긴 것인데, 지금 왕이 다시 개경에 도읍한다면 이것은 시조始祖의 뜻을 따르는 것이 아니다."라는 강경한 입장을 태종에게 전달하였다. 이때는 세자를 책봉하는 등 왕실이 안정되어 가던 시기였는데 이와 같은 태상왕의 하명이 있자, 태종은 태상왕의 명을 따름으로써 자기 왕위의 정당성을 굳건히 할 목적에서 한양 재천도를 결심하였다.

이즈음 또다시 하륜이 무악 천도 주장을 제기함에 따라 다시 한 번 무악을 둘러보았지만 의견이 엇갈려 결론이 나지 않았다. 결국 태종은 한양 종묘에 들어가 한양, 개경, 무악을 대상으로 점을 쳐서 최종 결론을 내리기로 결정하였다. 완산군 이천우, 좌정승 조준, 대사헌 김희선, 지신사 박석명, 사간 조휴와 함께 종묘에 들어가 동전을 던지는 척전擲錢

방식으로 도읍을 정하기로 한 것이다. 척전 결과 한양이 2길吉 1흉凶, 무악과 개경이 각각 1길 2흉으로 나옴에 따라 한양이 도읍지로 최종 결정되었다.

그러나 한양 재천도 결정 과정을 보면 다분히 의도된 측면이 있다. 무악 일대를 살필 때 서운관 관원 대부분이 도읍지로 타당하다는 의견을 제출했음에도 태조 때와 답변이 달라진 서운관 관원의 논리를 반박한 것이나, 한양 종묘에서 동전을 던져 점치는 방식을 택한 점 등은 태종이 이미 한양 재천도에 대한 결심을 굳힌 상태에서 신하들의 입장을 한양 쪽으로 몰아갔다는 느낌을 주기 때문이다.

이렇게 해서 한양 재천도가 결정되자 태종은 경복궁 동쪽에 이궁離宮을 조성하도록 명하였다. 이듬해인 1405년 10월 19일 이궁인 창덕궁이 완성되었다. 그리고 20일에 태종이 입궁함으로써 한양 재천도는 최종적으로 마무리되었다.

용이 내리고 범이 쭈그려 앉은 도시, 한양

> 북쪽에 화산華山(삼각산)으로 진산을 삼았으니, 용이 내리고 범이 쭈그려 앉은 형세가 있고 남쪽은 한강으로 금대襟帶를 삼았으며, 멀리는 왼쪽으로 대관령을 끌어당기고 오른쪽에는 발해가 둘려서 그 형세가 동방의 제일이요, 정말 산하 요해의 곳이다.
>
> 《동국여지승람》 권1 〈경도〉 상

한양의 자연 지형에 대한 찬양이다. 한양은 풍수지리로 봤을 때도 길지라고 한다. 북쪽의 백악산을 주산主山으로, 삼각산을 조종산祖宗山으로 하고 있으며 동쪽의 낙산과 서쪽의 인왕산은 좌청룡, 우백호에 해당한다. 남쪽의 목멱산은 안산案山, 그 너머 관악산은 조산祖山이다. 청계천은 내수이며 한강은 외수이다. 청계천 물은 동으로 흘렀다가 다시 한강으로 합쳐지면서 서쪽으로 흐르는데, 이는 '산수의 역逆'이라고 하여 풍수에서는 중요 조건으로 친다. 한양은 이런 탁월한 지리적 여건으로 인하여 수도로 건설되기 시작하였다.

조선 건국 세력은 서울을 수도에 걸맞게 계획도시로 건설하고자 하였다. 그들은 서울의 규모를 왕실과 관료층을 비롯한 10만 명의 인구가 거주할 수 있도록 계획하였다. 먼저 서울의 서북쪽에 궁궐 자리를 정한 다음, 이곳을 중심으로 좌측인 연화방에 종묘를 세우고 우측인 인달방에 사직단을 건립하였다. 동시에 왕권의 상징인 경복궁을 세우고 궁궐 담장도 완성하였다. 이후 1405년(태종 5)에 한양으로 재천도하면서 창덕궁을 건립하고 1484년(성종 10)에는 창경궁도 세움으로써, 15세기 한양에는 법궁法宮인 경복궁과 이궁인 창덕궁, 창경궁이 구비되어 조선시대 궁궐 경영 방식인 양궐 체제를 갖추게 된다.

이처럼 종묘와 사직, 궁궐이 완성되자 20만 명의 장정을 동원하여 서울을 둘러싼 4개의 산인 북악산, 인왕산, 목멱산(지금의 남산), 낙산의 정상을 따라 18km에 이르는 도성을 축조하였다. 그런 다음 도성과 외방의 교통을 위해 동서남북에 4개의 큰 문(흥인지문, 돈의문, 숭례문, 숙정문)과 4개의 작은 문(혜화문, 광희문, 소의문, 창의문)을 만들었다. 이렇게 태조 때 처음 만들어지고 이후 1422년(세종 4)과 1705~1706년(숙종 32~33)에 대대적으로 개축된 도성은 조선왕조 500여 년 동안 물리적으로 성 안과 밖을 구분하는 시설물의 기능을 하였다.

+**도성의 성벽** 장충체육관을 돌아 타워호텔로 올라가는 길에는 옛 도성이 잘 남아 있다. 흥해시면興海始面이라고 새겨진 돌이 있어서 여기부터 경상도 흥해군에서 올라온 장정들이 성을 쌓았음을 알려 준다.

성곽은 험한 지역은 돌로, 평탄한 지역은 흙으로 쌓았다. 이때의 흔적을 타워호텔 근처 성벽에서 찾아볼 수 있다. 성벽을 쌓은 돌 가운데에는 여러 가지 글씨가 새겨진 것이 있다. 가령 '곤자육백척崑字六百尺'이라는 글씨를 보면, 천자문으로 구획을 나누어 책임을 맡겼음을 짐작할 수 있다. '흥해시면興海始面', '경주시慶州始' 등의 글자는 담당한 고을의 이름을 새긴 것이다. 현재의 성곽은 1975년에 상당 부분 복원하였다.

사람과 물자의 원활한 소통을 위해 도로를 건설하는 사업도 진행하였다. 흥인지문과 돈의문을 잇는 대로(지금의 종로와 신문로)를 만들고, 경복궁 앞에서 이 대로와 만나는 지점인 황토현까지도 대로(세종로)를 만들었다. 또 종로에 있는 종루부터 숭례문까지도 대로(남대문로)를 닦아 한양의 대로는 전체적으로 T자형을 띠게 되었다. 이상의 대로 외에도 혜화문이나 광희문, 소의문 등으로 연결되는 중로를 만들었으며, 중로와 중로를 연결해 주는 소로도 닦아 한양은 대로, 중로, 소로가 인체의 핏줄처럼 연결되어 있는 도로망을 갖추었다. 도로 양편으로 배수로도 만들어 비가 올 때 도로가 질퍽해지지 않게 하였다.

이렇게 조성된 도로를 바탕으로, 폭이 100m에 달하는 경복궁에서 황토현까지의 대로 좌우편에 의정부와 육조 등 주요 관청을 배치하여 이른바 '육조거리'라고 부를 관청가를 만들었으며, 그 외 관청은 해당 관청의 업무를 수행하기 편리한 장소에 배치하였다. 태종 대에는 국가 소요 물자를 원활하게 조달하고 한양의 백성들에게 생활용품을 공급할 수 있도록 현재의 종로와 남대문로 양편에 시전市廛을 조성하여 상인들에게 임대해 주었다. 또한 시전상인같이 국가에서 공인하는 상인 외에 좌상坐商이나 행상도 허용하여 서민들이 생필품을 확보할 수 있게 하는 데도 유의하였다.

도로 정비와 더불어 치수사업과 다리 조성 작업도 진행하였다. 서울을 북·서·남쪽에서 에워싸고 있는 산에서 흘러내린 물이 합류하여 서울 중심가를 관통하며 동남쪽으로 흐르다가 한강으로 합류하는 자연 하천의 경우, 한양 정도 이전에는 거주 인구가 많지 않았기 때문에 별도의 조치가 없어도 흐름에 문제가 없었다. 그러나 서울이 10만 명 이상 거주하는 도시로 개발되자 사람들이 쏟아 내는 오물을 감당하기 어려웠다. 뿐만 아니라 하천 바닥이 높아 여름철에 장마가 들면 물이 넘쳐흘렀다. 이에 태종 대에 대대적인 하천 정비사업, 즉 준설사업을 통해 하천 양쪽에 제방을 축조하였다. 또한 하천의 남북 또는 동서를 잇기 위해 혜정교, 수표교, 광통교, 장통교 등 수십 개의 다리를 만들어 교통의 편리를 도모하였다.

  수도 한양의 행정을 담당할 관청의 설치와 행정 편제, 행정 계통을 구비하는 작업도 진행되었다. 먼저 수도의 행정을 책임질 최상급 관청으로 한성부漢城府를 설치하고 판한성부사判漢城府事(뒤에 판윤判尹으로 바뀜) 이하 수십 명에 달하는 관원과 아전을 두었으며, 한성부의 격을 높이기 위해 장관인 판한성부사의 품계를 중앙정부의 육조판서와 동급으로 하

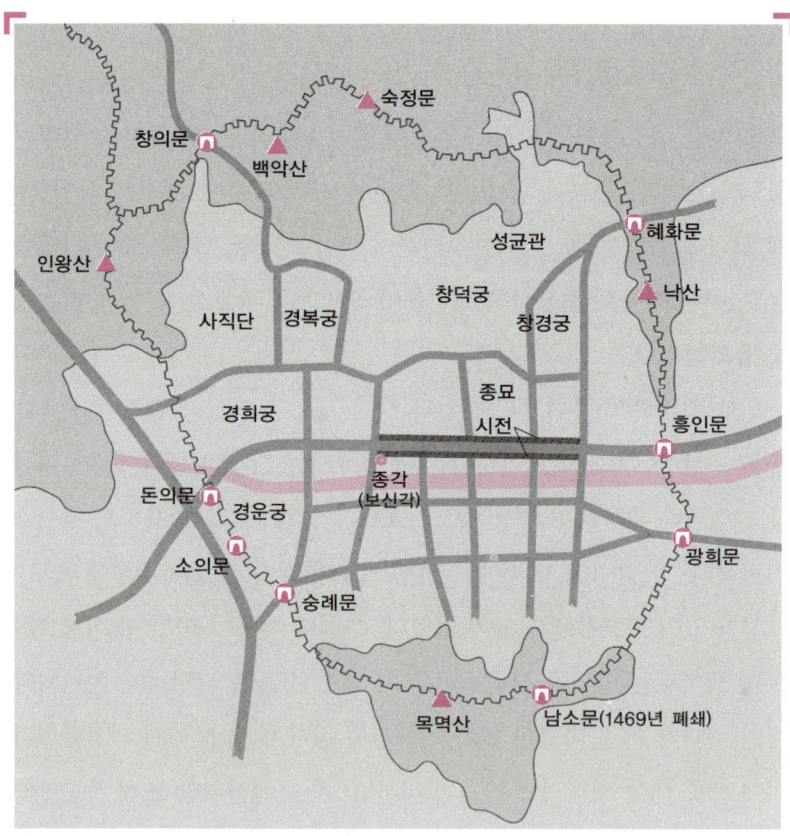

조선시대의 한양 경복궁과 그 앞 육조거리, 도성과 여러 성문, 운종가, 청계천 등이 잘 나타나 있다.

였다. 그리고 한성부 영역을 5개의 부部로 나눈 뒤 각각의 부에 관원과 아전을 배치하여 한성부의 명을 받아 일반 행정을 담당하게 하였다. 5부는 다시 52개의 방坊으로 세분하고 거주민 중에서 관령管領을 선출하여 호구 조사, 도로 관리, 치안 확보 등의 자치행정과 상급 관청의 명령을 해당 방민에게 주지시키는 업무를 맡게 하였으며, 각 방마다 방명표坊名標를 세워 서로의 경계를 분명히 하였다. 이로써 한양은 현재의 '시 - 구 - 동'과 흡사한 '부府 - 부部 - 방坊'으로 이어지는 행정 계통을 갖추었다.

도성 밖 10리에 들어가는 성저십리城底十里 지역은 비록 도성 밖에 해당하지만 한성부 관할 영역에 두어 관리에 주의를 기울였다. 성저십리는 도성을 에워싼 4개 산의 숲을 보호하기 위해 사산금표四山禁標를 세운 곳일 뿐 아니라, 도성에 땔감과 채소류를 공급하는 곳이었다. 또한 전국 각지에서 거둔 전세와 공물을 싣고 오는 배들, 서울 거주 지주들에게 바칠 소작료를 싣고 오는 배들의 종착지였다. 그러므로 한성부에서는 이 성저십리를 원활하게 관리하기 위해 이정里正을 두어 도성 안의 관령과 유사한 업무를 수행하게 하였다.

600년 도읍의 흔적이 사라져 가는 서울

조선 초기 한양의 모습은 그동안 많이 바뀌었다. 우선 조선 후기에 이르러 여러 면에서 변화가 나타났는데, 무엇보다도 행정구역이 바뀌고 도시 공간이 훨씬 넓어졌다. 상업이 발달하면서 도로도 크게 확충되고 새로운 교통로가 만들어지기도 하였다. 특히 한강변은 상업 발달과 더불어 생활 공간으로 이용되면서 취락이 크게 늘어났다. 조선 초기에 한양이 행정도시의 성격을 띠었다면, 후기에 이르러서는 행정과 상업이 두루 발전한 도시로 나아갔다고 할 수 있다. 이렇게 도시의 성격이 바뀌면서 인적 구성도 바뀌어 다양한 부류의 사람들이 거주하게 되었다.

그러나 이 같은 변화는 개항 이후의 변화에 비하면 아무것도 아니다. 개항 이후 한양은 빠르게 근대도시의 모양을 갖추어 갔고, 대한제국 때에는 나름대로 도시 개조사업도 하였다. 일제의 식민통치로 변화의 속도는 더욱 빨라졌다. 하지만 이는 일제의 식민지배를 위한 것이었다. 일제 식민지 기간에 서울은 식민행정적, 군사적인 성격뿐 아니라 자본주의 문화와 상업, 금융, 교육 등을 두루 갖춘 복합도시가 되었다. 그러나 타율적으로 이루어진 급격한 변화 속에서 과거 서울의 역사와 문화가 많이 손상되었다. 여기에 더해 해방 후 일어난 6·25전쟁으로 인한 파괴와 군사 정권 시기의 마구잡이 개발 또한 서울의 모습을 크게 손상시켰다. 그러는 사이에도 서울은 인구, 지리, 기능의 모든 면에서 크게 비대해졌다.

최근에는 '행정수도 이전'과 같이 균형 있는 국가 발전을 도모하려는 사업도 논의되고 있고, '청계천 복원사업'으로 서울의 옛 모습을 다시 살리려는 노력도 있었다. 사실 시간이 흐르고 근대화 과정을 겪으면서 도시의 모습과 기능이 변화하는 것은 당연한 일이다. 그러나 그 변화가 반드시 발전이었는지는 점검해 볼 문제이다. 더욱이 우리나라의 근현대사는 타율과 왜곡으로 점철되어 왔기 때문에 서울에서 제대로 된 전통문화의 흔적을 찾기란 쉽지 않다.

성곽의 경우, 이미 대한제국 때 전찻길을 만든다고 헐기 시작하여 식민지시기를 거치면서 평지 성곽은 거의 찾아볼 수 없게 되었다. 남산과 낙산에 약간의 흔적이 남아 있는 정도이다. 또 4대문과 4소문은 숭례문

(2008년 2월, 화재로 2층짜리 목조 누각이 대부분 타 버리고 현재 복원 공사 중이다)과 홍인지문이 겨우 제자리에 남아 있고, 광희문(동남문)과 창의문(서북문)은 길 한옆으로 비켜 앉아 있으며, 혜화문(동북문)과 숙정문(북대문)은 복원은 하였으나 일반인이 접근할 수 없거나 접근하기 힘든 곳에 있어서 아는 사람이 드물다. 경복궁의 정문인 광화문은 또 어떠한가? 경제 개발을 상징하기 위함이었는지 온통 시멘트를 덧씌워 해괴망측한 모양으로 만들어 놓았다가 지금 다시 옛 모습을 찾아 복원 중에 있다.

600년 이상을 도읍으로서 그 생명을 이어 온 도시 서울. 그러나 지금은 역사적 도시로서의 모습을 찾기가 너무나 힘들다. 역사와 문화의 도시로서 거듭나기 위해 앞으로 서울이 나아가야 할 길은 무엇일까?

역사의 현장
　　　　　　　러시아 옛 공사관(서울특별시 중구 정동)
　　　　　　경운궁(중구 정동, 지금의 덕수궁)
　　　　　경복궁(종로구 세종로)
　　　환구단과 황궁우(중구 소공동)

　서울은 500여 년 동안 나라를 유지해 온 조선왕조의 도읍지이다. 그러나 서울이 한때 황도, 즉 제국의 수도였음을 아는 이는 별로 없다. 그것은 서울에 황도를 세운 대한제국이라는 나라 자체가 오랫동안 잊혀 왔기 때문이다.
　대한제국은 왜 역사의 망각 속에 묻혀 버렸을까. 그것은 일본 제국주의가 그들의 한반도 침략을 정당화하기 위해 대한제국을 무능과 부패, 외세 의존으로 말미암아 망한 나라로 낙인찍었기 때문이다. 그리고 이도 모자라 대한제국 정부가 주권을 지키고 근대화를 이루려 한 노력의 흔적을 모조리 지워 버렸기 때문이다. 조선은 왜 제국이 되고자 하였는가. 그리고 대한제국은 정말 별 볼일 없는 나라였는가. 서울 한복판에 희미하게나마 남아 있는 대한제국의 흔적은 우리에게 그 답을 주고 있다.

대한제국의 성립과 경운궁

제국으로 가는 길목에서

1894년 농민들은 반봉건과 반침략을 기치로 전라도를 비롯하여 충청도, 황해도, 경상도, 강원도 등지에서 봉기하였다. 비록 이들 농민이 꿈꾸던 세상은 일본군의 지원을 받은 개화파 정권의 무력 탄압으로 실현되지 못했지만, 개화파 정권도 개혁을 요구하는 민중의 욕구를 절감한 터라 일부나마 개혁 조치를 단행하였다. 개화파 정권은 군국기무처를 설치하여 1894년 6월(음력)부터 11월에 걸쳐 약 210건에 이르는 개혁안을 처리하였다. 여기에는 조세제도와 재정제도의 개혁을 비롯하여 신분제 폐지, 관리 선발제도 개선 등이 포함되었다.

그러나 일본이 청일전쟁에서 승리를 눈앞에 둔 1894년 11월, 조선에 파견한 일본인 고문관들에 의해 이러한 개혁 조치들이 왜곡되기 시작하

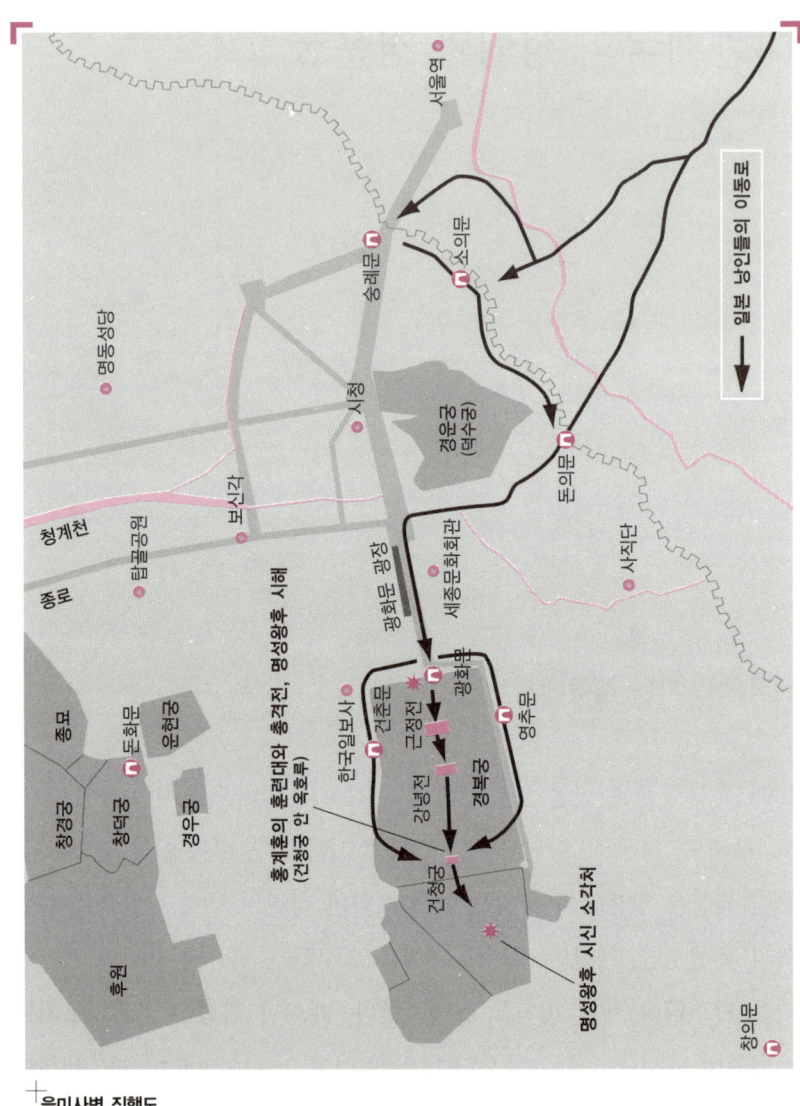

+ 을미사변 진행도

였다. 일본인 고문관들은 박영효 등 친일 개화파를 뒤에서 움직이거나 직접 개입하여 조선 정국을 조종하거나 왕실의 약화를 꾀하였다. 이는 일본이 조선을 독점적으로 지배하고, 왕조국가인 조선의 국권을 무력화하기 위해서였다.

일본은 이러한 작업을 거쳐 1895년 4월, 조선의 '보호국화'를 서둘렀다. 제2차 김홍집 내각은 일본인 고문관의 철저한 통제와 조종을 받고 있었다. 그러나 일본은 1895년 4월 러시아, 프랑스, 독일 세 나라의 간섭으로 중국 침략에 차질을 빚었을뿐더러 조선 정계에서도 영향력이 약화되기 시작한 터였다. 특히 명성왕후 민씨가 러시아를 끌어들이는 가운데 친일 개화파의 영수인 박영효가 쿠데타 혐의로 망명하고 러시아와 가까운 박정양 내각이 출범함으로써 일본이 추진했던 보호국화 작업은 수포로 돌아갔다.

일본은 러시아를 끌어들여 자국을 견제하고 있던 명성왕후 민씨를 없애기로 마음먹었다. 전 주한공사 이노우에가 미리 마련해 둔 명성왕후 시해 지침을 바탕으로, 주한공사 미우라를 비롯한 일본 고위 관계자들이 '여우사냥'이라는 작전계획을 치밀하게 세워 준비를 마쳤다. 1895년 8월 20일, 일본은 자국의 낭인을 동원하고 친일 조선군인을 들러리로 삼아 명성왕후 민씨를 시해하였다. 이들은 시해 증거를 없애기 위해 왕후의 시신을 옥호루 옆에 있는 숲으로 옮긴 뒤 태워 버렸다. 그리고 타다 남은 시신과 재를 모아 우물에 쓸어 넣기도 하고 땅에 묻기도 하였다. '여우사냥'이 끝났을 때는 오전 8시 30분이었다. 을미사변의 전말은 이러하였다.

을미사변을 계기로 조선 정국은 다시 일본의 수중에 떨어졌다. 박정양 내각이 무너지고 김홍집 내각이 들어선 것이다. 김홍집 내각은 단발령을 단행하고 태양력을 채택하는 등 이전의 정책을 밀고 나갔다.

그러나 미국인 교관 다이 장군과 궁성에 있던 러시아인 건축기사 사

옥호루 명성왕후가 시해된 옥호루의 과거 모습과 현재 복원된 모습.

바틴이 현장에서 목격한 명성왕후 시해 광경을《뉴욕 헤럴드》특파원 코커릴에게 폭로하여 을미사변의 진상이 세상에 알려졌다. 이에 평소부터 개화파 정권의 정책에 불만을 품고 있던 양반 유생들이 1896년 1월 (이하 양력) 명성왕후 시해와 단발령을 빌미로 의병을 일으켰다. 그들은 명성왕후의 복수를 앞에 내세우면서 개화파 정권이 개화의 상징으로 강행한 단발령을 일본화로 몰아붙였다. 양반 유생들은 개화정책을 펴 나가는 개화파 정권과 뒤에서 이들을 지원하는 일본을 물리치고 봉건체제로 되돌아가고 싶어 하였다.

 이들 양반 유생의 주도 아래 의병들은 반일을 내세우며 일본 수비대와 거류민을 공격하였고, 단발령과 개화정책을 밀어붙인 개화파 군수와 관찰사도 공격 대상에 포함하였다. 의병운동이 차츰 전국으로 퍼져 나가자 정부는 관군을 파견하여 의병을 무력으로 진압하는 한편, 선유사宣

諭使를 보내어 해산을 종용하였다.

　의병 봉기가 나라 곳곳으로 번지면서 일본의 피해도 커져 갔다. 의병들은 일본이 가설한 전선을 끊고 통신을 방해함으로써 일본군의 작전을 교란하였다. 일본인이 보이기만 하면 살해하고자 할 만큼 일본에 대해 적개심을 보였다. 1896년 2월 5일부터 아관파천이 일어난 11일까지 약 일주일 사이에 36명이나 되는 일본인들이 피살되었다. 이에 일본은 군사시설과 자국민을 보호한다는 구실로 정찰대를 파견하는 등 의병 진압에 끼어들었다.

서구 열강, 조선에 눈독을 들이다

이 무렵 고종 측근들과 친러파 관료, 친미파 관료, 알렌 등 구미 외교관들이 고종을 구미 열강의 공사관으로 피신시키고 개화파 정권을 무너뜨리기로 뜻을 모았다. 이들은 미국인 선교사 언더우드, 다이 장군, 헐버트 등에게서 협조를 얻어 11월 27일 밤 시위대를 동원하여 경복궁의 후원 동문인 춘생문과 북장문을 통해 궁궐에 들어왔다. 그렇게 궁궐을 장악하고 고종을 미국 공사관으로 피신시킨 다음 개화파 정권의 대신들을 살해하려 하였다. 고종도 을미사변으로 신변의 위협을 느끼고 있었으며, 갑오개혁이 왕권을 무력화시키는 데 대해 불만을 품고 탈출할 기회만 엿보고 있던 참이었다. 이 무렵 고종은 일본인들이 자신을 독살할 것이라는 공포에 사로잡혀 눈앞에서 뚜껑을 딴 깡통 연유나 날달걀 말고는 아무것도 먹지 않았다. 선교사 언더우드가에서는 음식을 만들어 놋그릇에 담아 자물쇠를 채워 보내기도 하였다. 고종은 미국 선교사들이

권총을 차고 침소를 지켜 주어야만 겨우 안심할 정도였다. 그래서 미국 공사관으로 피신하려고 시도하기도 하였으나, 군부대신서리 어윤중이 내각에 누설하고 모의에 가담했던 안경수가 외부대신 김윤식에게 알려 준 바람에 불발에 그쳤다. 이로 말미암아 주모자들이 체포되어 임최수와 이도철은 교수형에, 나머지는 종신유형 또는 징역형에 처해졌다. 이를 '춘생문 사건'이라고 부른다.

춘생문 사건이 실패로 돌아갔음에도 친미파들과 친러파들은 고종을 구미 열강의 공사관으로 피난시키려는 계획을 포기하지 않았다. 이들은 국민의 반일 정서가 고조되고, 관군과 일본군이 의병 진압을 위해 지방으로 내려가 서울 방비가 허술해진 틈을 적극 이용하였다. 고종도 이범진을 통해 자신의 불안한 처지와 러시아의 지원을 호소하는 메모를 비밀리에 전하였다. 이어 러시아 공사관으로 피신할 의향이 있음도 전하였다. 안 그래도 일본인들이 조만간 고종을 살해하고 대원군의 손자 이준용을 일본에 유학시키려고 한다는 소문이 나돌던 때였다. 곧 이범진, 심상훈, 이윤용, 이완용 등의 주도 아래 엄상궁을 비롯한 궁관들과 러시아 통역관 김홍륙이 실무를 맡아 고종을 러시아 공사관으로 피신시킬 구체적인 계획이 세워졌다.

1896년 2월 초순 러시아의 군함 2척이 제물포에 들어와 정박하였다. 이어 2월 10일에는 러시아 수병 100여 명이 의병들의 서울 진공에 대비한 공사관 보호를 명분으로 서울에 들어왔다. 마침내 2월 11일 새벽 6시쯤, 고종과 세자는 궁녀가 타는 교자를 타고 건춘문을 나왔다. 궁녀가 타고 나가는 가마는 검문하지 않는 것이 관례였으므로 일이 쉽게 성사되었다. 그리고 1시간 뒤인 7시쯤, 고종과 세자를 태운 교자가 수행원 40여 명과 함께 정동에 있는 러시아 공사관에 도착하였다. 이것이 이른바 아관파천俄館播遷이다. 아관이란 아라사, 곧 러시아 공사관을 말하며, 파천이란 '임금이 도성을 떠나 딴 곳으로 피난' 한다는 뜻이다. 고종은 러시아 공사관에 도착한 뒤 경무관 안환을 불러들여 김홍집을 비롯한 친일 내각 대신들에 대한 포살령을 내리고 새 정부를 발족하였다. 그 결과 친일 개화파 정권이 무너지고 친러 개화파 정권이 들어섰다. 이때 총리대신 김홍집을 비롯하여 친일 내각의 대신들이 대거 살해되었다.

일본은 각지에서 봉기한 의병을 진압하기 위해 지방에 자국 군대를 파견한지라 이런 사태를 맞고도 속수무책이었다. 불리한 국면을 벗어나기 위해 일본이 선택한 방법은 러시아와의 협상이었다. 러시아 역시 다른 구미 열강의 눈치를 보고 있는 상황이었다. 서로 간의 이해가 맞아떨어지자, 1896년 5월 러시아와 일본은 비밀리에 '경성의정서'를 체결하였다. 고종의 환궁을 권고하고 각자의 공사관과 영사관을 지키기 위해

╋ **러시아 공사관** 옛 공사관(1896년)과 보수 공사 중인 현재의 구러시아 공사관 모습.

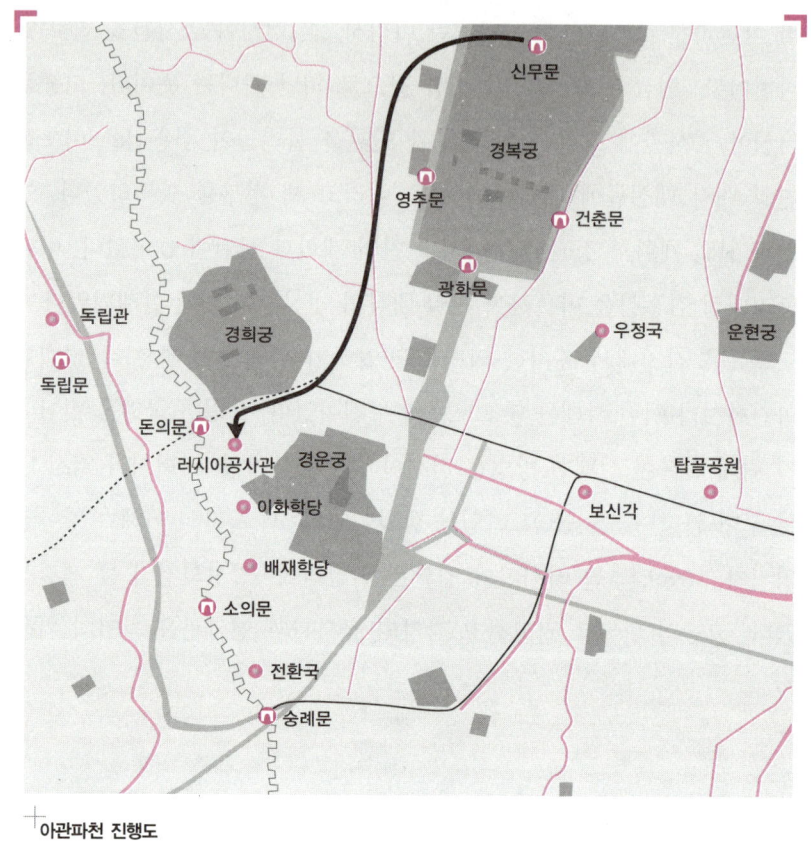
+아관파천 진행도

일정 수의 군인들을 서울에 주둔시키기로 한다는 내용이었다. 이로써 일본은 예전만은 못해도 어느 정도의 영향력을 유지할 수 있었고, 러시아는 한반도에 영향력을 미칠 수 있는 지위를 얻었다.

정부는 러·일 간의 이런 흥정을 모른 채 친일세력을 약화시키기 위해 여러 방면으로 힘을 기울였다. 민영환을 특명전권공사로 임명하여 러시아에 접근하는 한편, 명성왕후의 국장을 명분으로 반일 감정을 드높여 나갔다. 또 백성들의 각종 조세를 탕감해 주라는 윤음綸音을 내려 백성의 지지를 끌어내려 하였다. 정국 운영의 원칙은 옛 제도를 바탕으로 하되 새로운 제도를 덧붙인다는 구본신참舊本新參이었다. 이에 따라 일본의 간섭으로 약화된 왕권을 회복한다는 뜻에서 내각의 호칭을 다시 의정부로 바꾸는 한편, 조세제도와 지방제도의 개혁 등을 지속적으로 추진하였다.

그러나 제국주의 열강은 아관파천을 계기로 주요 자원과 시설물에 대한 권리를 앞 다투어 빼앗아 갔다. 이들은 왕실을 보호해 주겠다고 하면서 경제 이권을 요구하였으며, 왕실은 이들에게 이권을 주는 대신 열강들이 서로 견제하게 하고 이들의 보호를 받아 권력을 유지하려고 하였다. 그런데 열강 가운데 한 나라가 경제 이권을 빼앗아 가면 다른 나라도 '최혜국 조항'을 들어 같은 수준의 이권을 요구하였다.

열강의 이권 침탈은 주로 돈벌이가 되는 광산과 산림을 비롯하여 철도, 해운, 전차, 전기, 전신 등 교통과 통신 부분에 집중되었다. 특히 열을 올린 나라는 러시아와 미국이었다. 러시아는 정치적 영향력을 발판으로 군사고문과 재정고문을 자기 나라 사람으로 앉히고 광산과 산림 등 갖가지 이권을 따내었다. 이 가운데 압록강과 울릉도의 삼림 벌채권 같은 이권은 매우 컸다. 미국도 겉으로는 '정치적 불간섭정책'을 내세우면서 왕실과 가깝게 지내던 선교사들을 앞세워 광산 채굴권을 비롯하여 철도, 전기, 전차, 수도 등 많은 이권을 독차지하였다. 이 가운데 미국이 차지한 평안북도 운산 금광은 조선 전체 금 생산량의 약 4분의 1을 생산하는 '노다지' 금광으로, 연간 수익률이 300퍼센트에 이르렀다. 운산 금광에서 1902년 일본에 수출한 금괴만 해도 130만여 원에 이르고, 1902년부터 1915년 사이에 이곳에서 생산된 금을 환산하면 약 4950만 원이나 된다. 이는 강점 직전 국채보상운동이 일어날 무렵 조선이 일본에 빚진 금액 1300만여 원과 견주어 볼 때 엄청난 액수였다.

　러시아는 친러 정권을 앞세워 조선에 군사교관과 재정고문을 파견하고 차관 제공을 계획하는가 하면, 한러은행 설치와 절영도 조차를 요구하는 등 경제적, 군사적으로 조선을 침략하였다. 이어 1898년 3월에는 청의 뤼순과 다롄을 조차하고 만주 지역의 관세를 높이려 하였다. 러시아가 조선에 이어 만주와 중국에까지 영향력을 넓히자, 이곳에 이해관계를 가지고 있던 다른 열강들과 러시아 사이에 긴장이 조성되었다.

　민중들은 러시아와 미국을 비롯한 서구 열강의 이권 침탈과 내정 간섭에 분노를 터뜨렸다. 특히 친러파 정권을 친일 개화파 정권과 똑같이 여긴 의병들은 고종을 환궁시켜 친러 정권을 무너뜨리고 개혁을 중지시켜야 한다는 보수적인 지배세력의 주장에 적극 동조하였다. 그래서 중앙에서 민영준, 김병시 등 유력 정치인들이 고종의 환궁을 촉구하는 상소운동을 벌이는 것에 발맞추어 무력시위를 통해 환궁운동을 펼쳤다. 의병들의 환궁운동은 아관파천 뒤 고종이 경운궁(지금의 덕수궁)으로 돌아오는 1897년 2월까지 계속되었다. 경기도 광주의 의병들은 고종을 환궁시키려는 목적으로 남한산성을 점령하였고, 이천, 강릉, 감포 등지의 의병들도 중앙의 반러 세력과 연계하여 환궁운동을 벌였다.

　그 무렵 고종도 거처를 러시아 공사관에서 경운궁으로 옮기고자 하였다. 러시아 공사관이 불편하기도 했을 것이고, 경운궁이 경복궁보다 러시아 공사관이나 미국 공사관 등과 가깝고 경내도 넓지 않아 호위하기에 편리하였기 때문이다. 1896년 8월, 왕궁으로 사용하기에는 시설이 부족한 경운궁을 보수하는 작업에 들어갔다. 그리고 1897년 2월 20일, 고종은 비빈과 상궁, 나인 들을 이끌고 공사관을 나와 경운궁으로 옮겨 갔다. 대신들은 경운궁의 대유재에서 임금을 뵙고 축하례를 올렸다. 러시아 공사관으로 옮겨 간 지 꼭 1년 만에 궁궐로 돌아온 것이다.

환구단에서 황제의 나라를 선언하다

환궁 이후 러시아가 군사권, 재정권을 거머쥐고 압박을 가하는 가운데 백성들 사이에서는 자주의식이 더욱 고양되었다. 전직 벼슬아치와 재야 유생 등 지식인들이 여론을 형성하여 상소운동을 벌였다. 유학자 강무형은 이렇게 말하였다.

> 우리나라는 비록 강토가 넓지 못하지만 복희씨伏羲氏와 황제 헌원씨軒轅氏 이후로 5000년간 정통으로 서로 전해 왔기 때문에 예법과 음악, 문물이 진실로 여기에 있습니다. 신 등은 비록 지극히 어리석고 변변치 못한 자라 하더라도 감히 아첨하는 말로 임금 앞에 올릴 수 있겠습니까. 임금을 높이고 나라를 호위하는 충성은 다른 여러 나라 사람들보다 뒤떨어지려고 하지 않습니다. 다른 여러 나라 사람들은 그 임금의 칭호를 높이고 있는데, 유독 우리나라 신하와 백성들은 임금을 높이는 도리를 다하지 않아서야 되겠습니까.

이는 전통적 황제와 국왕의 구별을 부정하고 한 나라의 통치자는 모두 동등한 권한을 행사하며 자주성이 부여된다는 주장이다. 따라서 강무형은 이에 걸맞게 국호와 제호를 제정하고 독자적인 제호를 사용해야 한다고 역설하였다.

고종은 이런 칭제건원稱帝建元 여론에 아주 만족스러워하였다. 그동안 입헌군주제의 옷을 입힌 내각이라는 이름으로 군주권이 제한을 받아 왔다고 여기던 터였기 때문이다. 칭제건원 논의는 대외적으로는 국외주권의 확보를 만방에 과시하고 러시아와 일본 사이에서 중립 의지를 표명하는 한편, 대내적으로는 제한군주론을 배격하면서 국내 주권을 확고히 다지기 위한 방편의 일환이었다.

그러나 칭제건원에 대한 반대 여론도 만만치 않았다. 특히 전통 유림의 반발이 거셌다. 최익현으로 대표되는 이들 유생은 입헌군주제니, 내각제니, 대통령제니 하는 통치제도를 근본적으로 거부하면서 전통적인 군주제를 주장하였다. 그러면서도 국왕을 황제로 부르고 독자적인 연호를 쓰는 데에는 결사반대하였다. 이들은 중국과 조선이 군신 관계에 있음을 전제한 뒤, 이 질서가 무너지면 명분이 문란해진다고 주장하였다. 전통 유림은 수백 년 전에 망해 없어진 명나라를 황제의 나라로 받들며, 이때까지도 숭정崇禎 연호를 고집하고 있었다.

이와 달리, 자주독립을 줄기차게 주장해 온 독립협회 계열 인사들은 침묵으로 일관하였다. 특히 이들의 대변지인《독립신문》은 시정에 대해서는 날카로운 비판을 퍼부으면서도 정작 칭제건원 문제는 다루지 않았다. 독립협회 인사들은 이때의 정부를 껍데기에 불과하다고 여겼기 때문이다. 즉 황제라 부르든, 왕이라 부르든 다른 나라의 꼭두각시임에는 차이가 없다는 생각이었다.

고종은 의정부 의정 심순택과 특진관 조병세 등의 지원을 받고 재야 유생의 지지에 힘입어 칭제건원을 결정하였다. 심순택과 조병세는 고종의 심중을 헤아리고 연달아 이를 건의한 끝에 임금의 결정을 끌어냈다. 의정부에서 먼저 연호를 광무와 경덕으로 올리자, 고종은 8월 14일에 '광무'로 재가하였다. 그리고 바로 다음 날인 1897년 8월 15일에 조칙을 내렸다.

> 나라에서 연호를 정함은 연대를 기록하자는 것이요, 또 천하와 더불어 믿음을 세우는 것이다. 그러므로 반드시 높이 부르고 오래도록 밝혀 보여야 한다. 이는 만대가 흘러도 바꿀 수 없는 법이다.

이에 따라 연호를 건양에서 광무로 바꾸고, 다음 날인 8월 16일 연호 개정을 알리는 환구제를 비롯하여 다양한 행사를 열었다. 먼저 환구단, 사직단, 종묘 등에서 연호를 세운 사실을 고하는 제사를 지냈다. 이때 하늘에 제사 지내는 환구단圜丘壇은 한강가의 들판에 있었다. 중국을 의식하여 기우제를 지내는 남단南壇으로 이름을 바꾸고 이를 방치하였기 때문에 시설이 허술하기 짝이 없었다. 할 수 없이 제단 곁에 임시로 의자를 설치한 뒤 고종의 즉위식을 치렀다.

이어 경운궁 즉조당에서 축하의식을 가졌다. 사실 즉조당은 겨우 수십 명 수용할 수 있을 정도로 좁아서 관리들을 모두 불러 의식을 치를 수는 없었다. 그런 까닭에 고종이 왕위에 오른 1863년의 즉위식보다는 초라했을 테지만 그 기개만은 돋보였다. 더구나 연호 사용은 외국의 승인을 받을 필요가 없다며 외국의 축하 사절을 초대하지 않았다. 그날의 반포문은 이러하였다.

> 우리나라는 하늘의 도움을 받아 거룩한 선대 임금들이 서로 이어 왔으며 조상들의 공덕이 거듭 빛나고 넉넉하게 퍼졌다. 이렇게 큰 터전을 마련하고 이어받아 짐의 몸에 중대하고 어려운 위업을 맡기었도다. … 아아, 시대의 변천에 따라 그에 맞는 정사를 베푸는 데는 새롭게 하는 법이 있어야 한다.

조정에 있는 모든 문무 신하들은 나를 잘 도와 화목한 방책을 생각해 내어 태평성대를 함께 이룩해야 한다. 그로써 하늘의 도움에 보답하고 온 나라를 영원토록 맑게 하리로다. 사방에 널리 선포하여 모두 듣고 알게 하라.

이 진하進賀 행사에서 고종은 "권강權綱을 자주하고 오늘을 참작하고 옛날을 표준으로 한다."는 정치의 대원칙을 밝혔다. '권강을 자주한다'는 말은 외세의 간섭을 배제하고 임금이 권력을 쥐겠다는 뜻이오, '오늘을 참작하고 옛날을 표준으로 한다'는 말은 전부터 표방해 온 '구본신참' 혹은 '신구절충'의 의지와 원칙을 재천명한 것이다.

이어서 그동안 군주권을 제약하려 하던 친일 내각과 일본의 횡포를 지적하였다. 또 황제의 호칭에 걸맞게 왕후를 황후, 세자를 황태자로 부르게 하였다. 이에 따라 '덕을 밝게 베풀어 왕업을 도와 이룩' 하였다는

✝ **경운궁(덕수궁) 즉조당** 고종이 경운궁으로 옮겨 온 뒤 1902년 중화전이 건립될 때까지 정전正殿으로 사용되었다. (서울특별시 중구 정동)

뜻으로 왕후 민씨의 시호를 명성황후라 한 뒤 국장을 서둘렀다. 하지만 아직 고종을 황제라 부르지는 않았다.

한편 고종은 중국 황제만이 하늘에 제사를 올릴 수 있었던 환구단의 축조를 서둘렀다. 이전까지 조선의 국왕은 제후로 취급되어 하늘에 제사를 올릴 수 없었고, 대신 네모나게 쌓은 사직단에서 땅과 곡식의 신에게 제사를 올리는 정도로 만족해야 했다. 그런 점에서 환구단 축조는 대한제국이 황제가 다스리는 제국임을 상징하는 일이었다. 8월 16일에도 연호 개정에 따라 환구제를 지내긴 했지만, 황제의 격식에 걸맞는 환구단은 아직 없었다. 따라서 장차 황제가 되려면 새로운 환구단의 조성이 반드시 필요했던 것이다. 이 일은 장례원경인 김규홍과 김영수 등이 맡아 하였다.

고종의 지시로 김규홍이 지관을 데리고 나가 알맞은 장소를 물색하였다. 김규홍은 남별궁 터가 마땅하다고 보았다. 남별궁의 낡은 건물을 헐어 내고 제단과 새 건물을 지었다. 남별궁은 본디 중국 사신을 접대하거나 숙소로 쓰던 곳인데, 청군이 쫓겨 간 뒤로 오래 비워 두어서 쑥대가 무성하게 자라 있었다. 원구단圜丘壇(환구단을 원구단이라 부르기도 한다)은 '하늘은 둥글고 땅은 네모나다'는 천원지방天圓地方의 음양론에 따라 제천단은 둥글게 만들고 주변의 담은 네모나게 쌓았다. 2년 뒤인 1899년에는 북쪽에 8각의 3층 건물을 지어 천지와 태조의 신위를 모시고 황궁우라 하였다.

1897년 9월 25일, 제천소인 환구단을 설치하기로 결정하였다. 그러나 예상과 달리 황제 즉위는 그렇게 쉬운 일이 아니었다. 오랫동안 중국에 사대의 예를 해 온 인습이 남아 있고, 또 외교상의 문제도 우려되어 황제 즉위식 행사는 계속 미루어졌다. 조야의 전폭적인 지지와 만국공법상의 적법성이 있어야만 실행할 수 있는 일이었다. 따라서 전 민인民人이 추대하는 절차가 필요하였다.

환구단 설치를 결정한 바로 그날, 농상공부 협판 권재형과 외부 협판 유기환이 잇달아 현직 관료로서는 처음으로 고종의 칭제를 강력하게 요청하고 나섰다. 농상공부 협판 권재형의 상소는 다음과 같았다.

> 갑오경장甲午更張 이후부터는 독립하였다는 명색은 있으나 독립하였다는 내용은 없고, 나라의 국시國是가 정하여지지 못하여 백성들의 의혹이 마음 속에 가득 차 있습니다. 이것은 무엇 때문입니까. 우리나라 백성들은 글만 숭상하고 남에게 의존하는 데 버릇되어 멀리로는 2000년, 가까이로는 500년간 중국을 섬겨 오면서 그것을 달게 여겨 고칠 줄을 모릅니다. 한번 자주를 가지고 노는 사람을 보면 대뜸 눈이 휘둥그레 가지고 혀를 빼물고 깜짝 놀라 마지않습니다. 오직 옛날에만 그러하던 것이 아니라 지금도 뒷공론을 하는 사람들이 있으니 그들의 좁은 소견은 괴이할 것이 없습니다. 당장 정사를 바로잡는 방도는 진실로 위엄을 바로잡고 견해를 높임으로써 백성들이 추동되어 추세를 따르게 하는 데 있는 것입니다.

권재형은 '갑오경장 이후 독립이라는 이름은 있으나 독립의 실이 없는 나라'가 되었음을 개탄하고, 자주독립의 실을 거두자고 촉구하는 가운데 반대론자를 비판하였다. 이어서 황제라는 칭호가 중국에서 어떻게 사용되어 왔는지를 역사적으로 검토하고, 나아가 국제법인 만국공법을 해설하고 있는 《공법회통》의 내용을 검토한 결과 우리가 황제를 칭하는 것이 하등 문제될 것이 없다고 밝혔다.

이어 1897년 9월 29일, 716명의 재야 유생들이 만국공법에 따라 고종이 황제의 자리에 오를 것을 강력하게 주장하였다. 이는 이전에는 볼 수 없었던 대규모 집단 상소였다. 이 상소에서는 고종이 자주와 독립의 기초를 다지기 위해 연호를 세우고 조칙을 내린 것은 천명과 인심의 흐름을 따른 유신이라고 평가한 다음, 우리가 황제를 칭할 수 있는 이유로 크게 세 가지를 들었다.

첫째, 우리나라는 역사적으로 중국의 견제로 황제를 칭하지 못했지만, 의관문물은 송나라와 명나라의 유제를 따라서 그 통을 계승하였으므로 마치 독일과 오스트리아가 로마의 정통을 계승한 것과 같다.

둘째, 만국공법에서는 각국의 '독립자주'를 인정하고 있음에도 우리나라는 갑오경장 이후로 독립이라는 이름만 있고, 자주의 실이 없어 국시가 안정되지 못하고 민심이 흔들리고 있다.

셋째, 작은 나라는 황제를 칭할 수 없고 여러 나라를 다스리며 강토가 넓은 나라만이 황제를 칭한다고 하는데, 우리나라는 삼한을 통합한 나라로서 육지의 강토가 4000리요 인구가 2000만을 내려가지 않으므로 황제를 칭할 수 있는 규모를 가지고 있다.

9월 30일에는 심순택, 조병세 등이 백관을 거느리고 고종 앞에 나아가 이를 받아들이라고 건의하였다. 의정 심순택은 "우리나라가 단군, 기자 이래 요순과 삼대의 문물을 계승한 나라로서 천하 문명이 우리에게 있고 제황의 통이 또한 우리에게 있으므로, 독립의 기초를 세우고 자주의 권을 행할 때가 되었다. 그리고 그것이 위로는 하늘과 조종의 뜻이요 아래로는 대소 신민의 희망"이라고 주장하였다.

이후 관료들과 유생들의 상소가 잇달았다. 그러나 고종이 이를 거부하자, 10월 1일에 의정 심순택과 특진관 조병세 등이 다시 관료들을 모두 이끌고 대궐 뜰에 나아가 주청하였다. 10월 3일에는 시전 상인들까지 동참하였다. 이제 고종을 황제로 칭하는 일은 관료들과 유생들의 요구만이 아닌 모든 민인의 소망이었다. 고종은 10여 차례 사양하는 척하다가 이를 받아들였다.

우선 칭제 윤허가 내려진 10월 3일에 황제, 황후, 황태자를 책봉하는 날짜를 10월 12일로 잡았다. 10월 4일에는 황제 즉위에 필요한 도장과 임명장을 만들기 위해 보책조성소寶冊造成所를 설치하였다. 10월 7일에는 경운궁의 중심 전각인 즉조당의 이름을 태극전으로 고쳤다. 대한제국 성립 후에는 태극기가 황제를 상징하는 깃발로 쓰이기도 하였다. 10월 8일에는 사직단의 위판을 태사와 태직으로 각각 격상시켰다. 태극전은 다음 해 2월 13일 중화전으로 다시 개칭되었다. 1902년에는 새로 중화전을 지으면서 태극전을 다시 즉조당으로 불렀다.

10월 11일 오후에는 고종이 세자를 데리고 소공동의 환구단에 가서 고유제에 쓸 희생과 제기를 시찰하는 행사를 가졌다. 여기서 고종은 마침내 심순택, 조병세 등과 담소를 나누면서 새 국호를 정하였다.

> 우리나라는 삼한의 땅으로서 나라의 초기에 천명을 받고 하나의 나라로 통합되었다. 지금 나라의 이름을 대한이라 정한다고 해서 안 될 것이 없다. 또한 일찍이 여러 나라의 문헌에 조선이라 하지 않고 한韓이라고 한 것으로 보아 지난날에 이미 한으로 될 징험이 있어서 오늘이 있기를 기다린 것이니, 널리 알리지 않아도 세상에서는 모두 대한의 국호를 알 것이다.

고종의 이러한 생각에 심순택과 조병세는 적극 찬성하였다. 심순택은 조선이라는 국호가 중국으로부터 책봉을 받은 기자 때 만들어진 것이므로 황제 국가에 어울리지 않는다고 말하였다. '한韓'을 국호로 정한 것은 심순택과 조병세를 비롯한 원로대신들이었고, 고종은 이를 추인한 것이었다. '대大' 자와 '제국帝國'을 나라 이름에 덧붙인 것은 대일본제국 또는 대영제국에서 시사를 받았을 것이다.

황제 즉위식은 제단을 급하게 세운 뒤 10월 12일 새벽 4시와 6시 사이에 치러졌다. 고종은 환구단에 나아가 천신天神인 황천상제皇天上帝와 지신地神인 황지지皇地祇에게 제사를 지낸 뒤, 황제를 상징하는 황금색 의자에 앉아 열두 장 곤룡포를 입고 면류관을 쓰고 옥새를 받았다. 이 의식은 명나라 황제의 즉위식을 따른 것이었다. 이어서 왕후 민씨를 황후로, 왕세자를 황태자로 책봉하였다. 의정부 의정 심순택은 백관을 대표하여 무릎을 꿇고 머리를 세 번 조아렸다. 그런 뒤에 모든 벼슬아치들이 "만세, 만세, 만만세!"를 세 번 불렀다.

환구단에서 경운궁으로 돌아온 황제는 명성왕후의 빈전에 나아가 황후 책봉 사유를 고하는 특별 제사를 지냈다. 이날 밤 서울은 색등불을 집 앞에 달아 장안 길이 대낮처럼 밝았으며, 집집마다 태극기를 걸어 황제 즉위를 경축하였다. 10월 14일자 《독립신문》에 따르면, 서울에는 비가 오고 날씨가 쌀쌀했지만 시민들은 옷이 젖어 추위에 떨면서도 얼굴

╋ **환구단** 고종은 황제 즉위식과 하늘에 지내는 제사를 위해 옛 남별궁 터에 제단을 만들어 조성하였다. 황궁우(왼쪽 건물)는 이후 1899년에 축조되었다.

╋**경운궁 앞** 고종의 황제 즉위를 축하하러 경운궁 앞 대안문으로 민중들이 모여들었다.

에는 즐거운 빛이 가득하였다고 한다.

10월 13일 아침에 황제는 황후의 빈전에서 제사를 드리고, 오전 8시에 태극전으로 나아가 관리들의 축하를 받았다. 황제는 '대한'이라는 국호를 반포하면서 13개조의 대사령을 조칙으로 발표하였다. 그리고 모든 관리의 직위를 한 등급씩 상향하였다.

이후의 모든 조처는 미리 준비한 대로 하나씩 단계를 거쳐 공포하였다. 먼저 임금이 정무를 보는 즉조당을 태극전으로 바꾸고, 태극기를 정식으로 제정하였으며, 즉위일을 계천기원절繼天起源節로 선포하였다. 또 경축 비용으로 5만 원을 지급하였다. 대사령을 내리고 궁중 시위들과 나인들에게 상여금을 지급하였다. 벼슬아치들은 연회를 베풀고 축하의식을 가졌다. 내심 황제 즉위를 바라지 않았던 외국 사절들은 뒤통수를 세게 얻어맞은 꼴이었다. 황제 즉위 사실을 통고하자 각국의 공사, 영사,

교관, 고문, 군인 등 29명이 할 수 없이 경운궁으로 들어와 새 황제를 알현하였다.

경운궁의 아침은 밝았는데…

을미사변과 단발령으로 국민들의 반일 감정이 높아지고 여러 지역에서 항일 의병이 일어나자, 관군과 일본군이 의병 진압을 위해 서울을 떠나 지방으로 파견되었다. 고종은 이 틈에 러시아 공사관으로 처소를 옮겼다. 이것이 이른바 아관파천이다. 그 결과, 김홍집 내각이 무너지고 국왕의 측근들이 권력을 장악하였다.

아관파천 이후 조선 정부는 러시아의 간섭을 받았다. 러시아는 군사고문과 재정고문 등을 파견하여 조선의 내정에 깊이 관여하였다. 그러자 국민들과 대다수 정부 관료들이 러시아의 내정 간섭에 항의하고 국왕의 환궁을 요구함으로써 고종은 1년 뒤에 경운궁으로 돌아왔다.

고종이 경운궁으로 환궁한 뒤, 국가의 위상을 높여야 한다는 분위기가 조성되면서 황제 칭호를 쓰자는 상소가 잇달았다. 이에 고종은 국호를 대한제국, 연호를 광무라 정하고 황제 즉위식을 거행하여 자주국가의 면모를 갖추었다. 또한 경운궁을 보수하여 제국의 궁궐로서 면모를 갖추려 하였다.

그러나 이러한 역사는 제국주의의 침략으로 망각의 늪에 빠져 버렸다. 기억을 지우는 일은 역사 기록에만 국한되지 않았다. 각종 시설물 역시 훼손되고 파괴되었다.

1904년 4월 러일전쟁 직후, 경운궁은 대화재의 참변을 입었다. 이때 황제의 침실인 함녕전을 비롯하여 중화전, 즉조당, 석어당, 경효전 등 중요한 전각들이 순식간에 불타 버렸다. 화재의 원인은 아직도 제대로 알려져 있지 않다. 다만 최근에 발굴된 러시아 측 자료에 따르면, 일본이 고종을 경운궁에서 축출하여 경복궁으로 옮겨 가게 하려고 일부러 저지른 방화였음을 알 수 있다.

이어 1910년 8월, 대한제국을 강점한 일본은 대한제국의 흔적을 본격적으로 지워 나가기 시작하였다. 이때 일제가 제일 먼저 손댄 시설은 대한제국의 상징인 환구단이었다. 1912년에 환구단 건물과 그 터를 조선총독부 소관으로 한 뒤, 1913년에 환구단을 헐어 내고 그 자리에 지상 3층, 지하 1층의 석조로 된 건평 580여 평의 철도호텔을 세웠다. 제국의 황제가 하늘에 제사를 올리던 신성한 곳에다 온갖 잡인들이 여행의 피로를 풀고 가는 호텔을 지은 것이다. 다만 임금들의 신위를 봉안하던 황

환구단의 황궁우 환구의 대한제국을 강점한 일본은 제국의 황제가 하늘에 제사를 올리던 상징적 건물인 환구단을 헐어내고 그 자리에 철도호텔을 세웠다. 현재는 황궁우만이 웨스틴조선호텔 옆에 남아 있다.

궁우 건물이 호텔 후원의 장식물처럼 남아 망국의 흔적을 아는지 모르는지 우두커니 서 있다. 일제는 대한제국의 기억을 송두리째 지우고 남아 있는 흔적마저 서글픈 옛 추억으로 만들어 버린 것이다.

2 전쟁의 현장

- 멸망과 통일의 기로, 황산벌과 매초성
- 몽골에 맞선 고려의 민중
- 조선 최대의 사건, 임진왜란
- 서양 오랑캐, 강화에 총을 들이대다

역사의 현장
- 황산벌(충남 논산군 연산면)
- 기벌포(서천군 장항읍 일대, 금강 하구)
- 매초성(경기도 양주군 대모산성)
- 칠중성(파주시 적성면)

660년, 백제는 순식간에 멸망하였다. 하지만 700년 가까이 이어 온 사직이기에 그 멸망을 온몸으로 지탱코자 한 인물이 없을 리 없다. 백제의 계백이 청사에 충신으로 그 이름을 남겼으니, 그와 신라의 김유신이 마주한 황산벌 전투는 충정이 깃든 역사의 현장으로 길이길이 사람들의 입에 오르내렸다.

고구려와 백제가 역사에서 사라진 뒤, 신라는 한반도에서 최후의 승자를 가리기 위해 당과 전쟁을 벌였다. 백제를 통합한 신라는 고구려 유민들과 더불어 나당전쟁을 승리로 이끄는데, 민족의 존망을 건 이 전쟁이 매초성에서 벌어졌으니, 이 또한 우리 민족사에서 기억해야 할 역사의 현장이라 하겠다.

멸망과 통일의 기로, 황산벌과 매초성

격변의 7세기 동아시아

560년대 이후 신라는 비약적으로 팽창하였다. 고구려와 백제로부터 한강 유역을 빼앗아 한반도 중부 지역을 장악하였으며, 동해안 쪽으로는 함흥 지역까지 진출하였다. 나아가 한강 유역을 기반으로 중국의 왕조와 직접 교류할 수 있는 통로를 확보하여 동아시아 국제 무대에 본격적으로 등장하였다.

그러나 이때부터 삼국통합을 달성하는 660년대까지 약 한 세기 동안 신라는 빼앗긴 땅을 되찾고자 일어선 고구려와 백제의 유민들로부터 끊임없이 공격을 받아 여러 차례 위기에 처하였다. 진평왕 후반기부터 빈번해진 두 나라의 침략은 선덕여왕 즉위 뒤에 한층 거세어졌다. 642년(선덕여왕 11)에는 한강 방면의 거점인 당항성(지금의 경기도 화성시 서신면)이 고구려와 백제 유민들의 합동 공격을 받았다. 이때 낙동강 방면의 거점인 대야성(경남 합천군)을 비롯하여 서부 지역의 요충지 40여 성이 백제군에게 함락되어 신라의 서부 국경선은 합천에서 낙동강 동쪽의 경산 지방까지 밀려났다.

무엇보다 신라를 곤경으로 몰아넣은 것은 고구려에 대한 경계를 푼 백제가 일방적으로 신라를 공격한 일이었다. 신라는 김유신만이 어렵사리 백제군을 막아 내고 있었을 뿐, 계속되는 백제의 공격으로 나라 전체에 위기감이 고조되고 있었다. 다급해진 신라는 김춘추를 고구려에 파견하여 양국 간 전쟁을 중단하자고 요청하기에 이르렀다.

642년 겨울, 김춘추는 고구려를 방문하여 그해에 정권을 장악한 연개소문과 마주하였다. 그러나 연개소문은 죽령 이북의 옛 고구려 땅을 돌려줄 것을 조건으로 내세웠으니, 이는 신라의 제의를 거부하는 것이나 다름없었다. 고구려와의 우호관계 수립에 실패한 신라는 당과의 동맹에 국운을 걸 수밖에 없었고, 648년 김춘추가 당으로 건너가 나당 군사동맹을 맺었다. 결과적으로 신라의 위기가 삼국의 운명을 바꾸는 커다란 전환점이 된 셈이다.

한편 618년에 수의 뒤를 이어 새로이 건국을 한 당의 입장에서도 고구려 정벌은 눈앞의 과제였다. 수가 무너진 뒤 중원의 내란을 틈타 다시 강성해진 주변 국가들을 제압하고, 중원을 중심으로 국제 질서를 정립하는 것이 당의 목표였다. 중국을 재통일한 당은 가장 강력한 도전자인 북방의 돌궐突厥을 제압한 다음, 발길을 돌려 토욕혼(4세기 초 티베트계 유목민이 중국 칭하이 지방에 세운 나라)과 고창국(5~7세기 동투르키스탄의 투르판 분지에 있던 나라)을 정복함으로써 서역에 대한 지배력을 확보하였다. 이제 남은 것은 유독 당에 굴복하지 않는 고구려뿐이었다.

마침내 645년, 당 태종은 고구려 정벌을 위해 대규모 군대를 동원하였다. 하지만 당 태종이 직접 최전선에 나선 첫 고구려 정벌도 랴오둥의 안시성 전투에서 패배하여 실패로 돌아갔다. 이후 당은 여러 차례 군대를 보내 고구려를 침공하였지만 번번이 실패하고 아무런 성과도 거두지 못하였다.

이렇게 이미 여러 차례 고구려 정벌에 실패한 터라 당은 지리적으로 고구려의 배후에 있는 신라를 이용하고자 하였고, 이에 양국의 관계는 급속도로 가까워졌다. 648년에 김춘추는 당으로 건너가서 백제 정벌을 위한 군사적 지원을 요청하였다. 김춘추는 당과의 동맹을 성사시키기 위해 당의 관복을 요청하고, 자신의 아들을 당 조정에서 숙위케 하였으며, 독자적인 연호를 버리고 당의 연호를 사용하는 등 적극적인 중화정책을 추진하였다. 곧 양국의 이해관계가 맞아떨어져 백제와 고구려 정벌을 위한 군사동맹이 체결되었다. 이때 양국 사이에는 백제와 고구려가 멸망하면 대동강 남쪽은 신라가, 북쪽은 당이 차지한다는 밀약이 맺어져 있었다. 이로써 한반도를 둘러싼 동북아시아의 정세는 고구려와 백제가 연결된 남북 진영과 신라와 당이 연결된 동서 진영 사이의 대결 양상으로 바뀌었다.

황산벌에 스러진 백제인의 충정

신라와 당이 군사동맹을 맺은 뒤에도 당은 단독으로 고구려를 공격하였다. 가급적 신라의 힘을 빌리지 않고 고구려를 정벌함으로써 장차 한반도에서 주도권을 독차지하려는 의도에서였다. 그러나 655년부터 659년까지 계속된 고구려 공격에서 별다른 성과를 거두지 못하자 마침내 당도 전략을 바꾸었다. 즉 신라의 후원을 얻기 위해 신라를 위협하고 있는 백제를 먼저 공격하기로 한 것이다. 백제 공략을 우선순위로 결정한 나당연합군은 660년 본격적인 공략에 나섰다.

660년 6월 18일, 당의 소정방은 13만 대군을 거느리고 산둥반도의 라이저우[萊州]를 출발하여 바닷길로 덕물도에 도착하였다. 무열왕은 남천정(지금의 경기도 이천)에 나아가 아들 법민을 보내 당군을 맞이하였다. 여기서 신라와 당군은 7월 10일에 기벌포(금강 하구)에서 군사를 모아 사비성을 공략하기로 약속하였다.

사실 백제에도 이러한 상황을 예상하고 대책을 마련하고자 한 사람들이 있었다. 수년 전 의자왕의 분노를 사서 옥에서 굶어 죽은 충신 성충은 외적의 침공을 예언하고는 글을 올려 기벌포와 탄현을 방어하라고 간언하였으며, 의자왕의 문의를 받은 홍수 역시 같은 계책을 올렸다. 그러나 조정이 갑론을박만 하고 있는 사이에 당과 신라의 연합군은 각각 백강과 탄현을 지나 사비성으로 진격하고 있었다. 의자왕은 부랴부랴 달솔의 벼슬에 있던 장군 계백으로 하여금 신라군을 막게 하였다. 나라의 패망을 미리 짐작한 계백은 출병에 앞서 "살아 적국의 노비가 되기보다 죽는 것이 낫다."고 하며, 처자를 모두 죽이고 전장에 나갔다. 나라의 운명을 짊어진 계백과 5000명의 백제군은 최후의 충정으로 가득하였다.

신라의 김유신은 5만의 군사를 이끌고 진격하여 7월 9일 황산벌(충남 논산군 연산면 일대)에 도착하였다. 이때 이미 계백과 백제군은 지형이 험한 곳을 차지하여 세 군데에 진영을 설치하고 기다리고 있었다. 신라군은 군사를 세 길로 나누어 4번을 싸웠으나 승기를 잡지 못하였다. 신

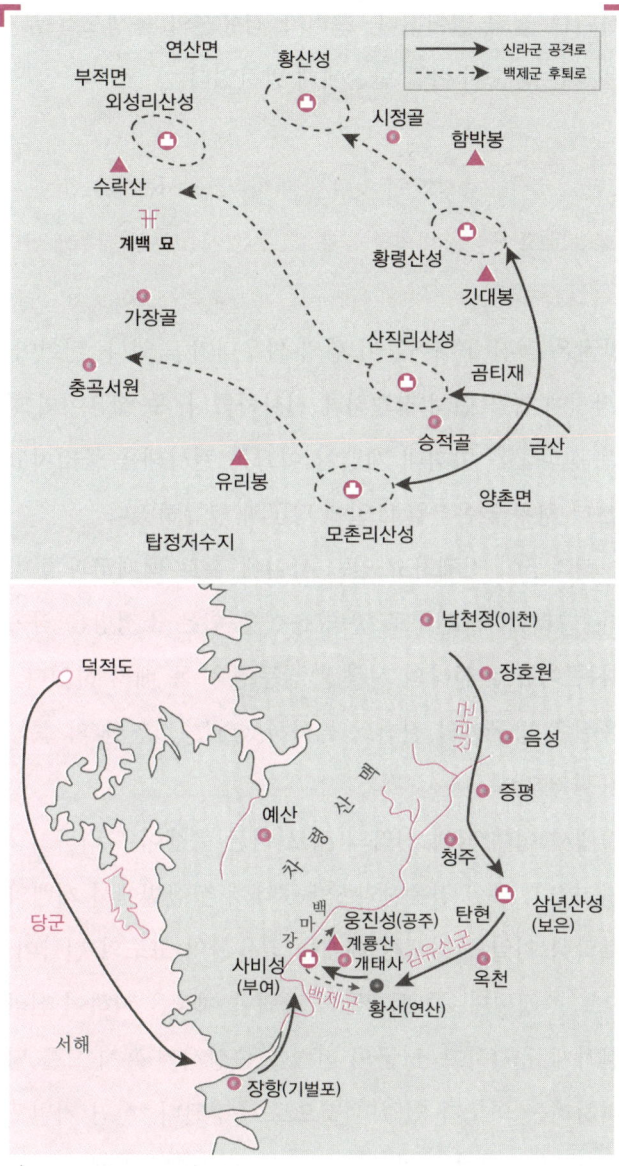

황산벌 전투 전황 황산벌 전투가 벌어진 곳에 대해서는 논란이 있다. 황산성 아래의 벌판이라는 견해가 가장 유력한데(위), 이동 경로를 추정하여 개태사 앞이라는 견해도 있다(아래).

라군의 사기는 점점 떨어졌다. 그러자 김유신의 동생으로 부사령관을 맡고 있던 장군 흠순이 아들 반굴에게 말하였다.

> 신하 된 자로서는 충성만 한 것이 없고 자식으로서는 효도만 한 것이 없다. 위급함을 보고 목숨을 바치면 충과 효, 두 가지 모두를 갖추게 된다.

이에 반굴은 적진에 뛰어들어 힘써 싸우다가 죽었다. 뒤이어 화랑 관창 역시 적진에 몸을 던져 장렬하게 전사하였다. 두 젊은이의 희생에 기세를 올린 신라군은 마침내 계백이 이끄는 결사대를 물리치고 전진하여, 기일보다 하루 늦은 7월 11일에 당군과 합류하였다.

당군은 신라군이 지체하고 있는 사이에 홀로 백제군과 한바탕 전투를 치렀다. 그러나 이 전투로 전력 손실을 입은 소정방은 약속한 날짜를 어겼다는 이유로 신라의 선봉장 김문영을 목 베려 하였다. 이에 분노한 김유신은 당군과의 결전도 불사하겠다는 결연한 의지를 보여 소정방의 기를 꺾었다.

이 사건에서 이미 당과 신라의 서로 다른 속셈이 드러나기 시작하였음을 알 수 있다. 사실 김유신의 5만 군대가 황산벌에서 계백의 5000군사에 가로막혀 기일을 지체한 데에는 김유신의 고도의 전략이 숨어 있었던 것으로 추정된다. 즉 백제군의 강력한 예봉을 피하여 신라군의 전력을 온전하게 유지하고, 당군의 전력을 손상시켜 혹시 모를 당군의 야욕에 대비하려는 의도가 있었던 것으로 추정된다. 한편 기벌포 전투에서 홀로 백제군과 격전을 치른 소정방이 신라군의 지체를 문책한 데에는 당의 우월적 지위와 전쟁의 주역이 자신들이라는 점을 확인시키려는 의도가 있었을 것이다. 이렇게 양국은 백제 정벌에 대한 이해관계가 달랐기 때문에 백제 멸망 뒤에 서로 대립할 수밖에 없었다.

의자왕 집권 후반기에 귀족들이 분열되고 정사가 크게 혼란스러웠던 백제는 결국 나당연합군의 기습 공격에 별다른 저항도 하지 못하고 항복하였다. 하지만 사비성의 항복 뒤 각 지역에서 일어난 부흥군에 의해 백제의 저항은 오히려 치열하게 전개되었다. 대표적인 세력이 임존성을 근거지로 활약한 흑치상지와 주류성의 복신, 도침 등이었다. 이들은 660년 9월 23일 당군이 점령한 사비성을 탈환하기 위해 공격을 감행하였고, 위기에 처한 당군은 신라군의 구원으로 겨우 위기를 넘길 수 있었다. 이후 백제 부흥군은 663년까지 저항하다가 점차 그 세력이 사그라졌다.

나당 전쟁

백제를 멸망시킨 나당연합군은 그 여세를 몰아 고구려 공격에 나섰다. 고구려는 남북 양쪽에서 전개되는 당군의 대대적인 공격을 근근이 물리치고는 있었으나, 전세가 차츰 고구려에 불리하게 돌아가고 있었다. 과거에 수 양제나 당 태종의 고구려 정벌이 실패한 것은 랴오둥 지역에서 긴 보급로를 유지해야 하는 전략상의 약점 때문이었다. 그런데 이제 백제가 멸망하면서 한반도 내에 군사기지를 두게 된 당군은 남쪽에서 평양성을 손쉽게 공격할 수 있었다. 또 신라에서 군량을 공급받음으로써 겨울철 군사작전이 가능해져 장기전을 수행할 수도 있었다. 게다가 랴오둥 지역에 배치되어 있는 고구려의 중요 성들도 점차 무력화되기 시작하였다.

고구려는 이처럼 불리한 정세 속에서 666년, 연개소문의 죽음을 맞았다. 곧이어 그의 아들들 사이에 권력 다툼이 일어나 동생들에게 쫓긴 남생이 당에 투항하였고, 연개소문의 동생 연정토도 신라에 투항하였다. 그러는 사이 많은 귀족과 지방세력이 중앙정부에서 이탈하였다. 지배세력의 이탈은 당과 전쟁을 치르는 고구려에 치명적인 타격을 입혔다.

668년 9월, 드디어 당의 주력 부대는 평양성을 포위하였다. 신라도 김인문에게 군사를 주어 평양성 공격에 합류하게 하였다. 고구려는 마지막 힘을 다하여 나당연합군의 치열한 공격에 1개월 넘게 저항하였으나 더는 버티지 못하고 함락되었다. 보장왕과 4만 호에 이르는 고구려인들이 당으로 끌려가고, 고구려의 옛 땅에는 당의 9도독부가 설치되었다.

660년의 백제 멸망과 668년의 고구려 멸망으로 이어지는 동북아시아의 정세 변동은 결국 신라의 존립을 둘러싼 나당전쟁으로 이어졌다. 20년이 채 안 되는 기간 동안 한반도와 만주 일대에는 엄청난 군사력이 집

중된 전쟁이 계속되었고, 그 과정에서 2개 국가가 멸망하고 대규모의 주민이 이동하는 격변이 일어났다. 이러한 일련의 격랑 속에서, 전쟁에서 패배한 백제 유민들과 고구려 유민들의 생존을 향한 몸부림과, 승자인 신라와 당의 서로 다른 야욕은 국제 정세에 새로운 변화를 불러일으켰다. 그것은 신라와 당 사이의 전쟁이었다.

668년, 나당연합군에 의해 평양성이 함락된 뒤에도 고구려 유민들의 저항은 계속되었다. 669년에 당이 고구려 지역을 분할하여 안동도호부에 예속시킬 때 압록수 이북의 신성, 랴오둥성, 안시성 등 11개 성은 항복하지 않은 상태였고, 압록수 이북에 있는 7개 성의 주민들 역시 도망하였다. 고구려가 멸망한 직후인 668~669년, 고구려 유민들은 직접적인 무력항쟁 외에도 이와 같이 성을 고수하면서 당의 침입을 막거나 당의 지배에 대항하였다. 또 다른 항쟁의 방식은 지역을 이탈하여 신라에 귀부하는 형태였다. 669년에 안승이 4000여 호를 이끌고 신라에 귀부한

고구려 안시성 고구려가 멸망한 뒤에도 그 유민들의 저항은 치열하였는데, 안시성은 랴오둥 지역에서 고구려 부흥운동의 중심지였다. (중국 안시성의 위치는 랴오닝성 창다철도의 하이청 남동쪽에 있는 잉청쯔로 추정된다.)

것이 그 대표적인 예이다.

당은 고구려 유민들의 저항을 무력화하기 위해 669년 4월 유력자를 중심으로 3만 8300호의 대규모 주민을 당으로 사민시키는 강경책을 구사하였다. 이때 안동도호부가 평양에서 랴오둥으로 옮겨졌다.

당의 사민정책에 반발하여 이듬해인 670년 6월에 검모잠이 유민들을 모으고 안승을 왕으로 받들어 한성(지금의 황해도 재령)에서 고구려 재건을 꾀하였다. 이때 검모잠 등은 신라에 사신을 보내 지원을 요청하였고, 신라는 이를 받아들여 같은 해 7월에 안승을 고구려왕으로 책봉하였다. 또 670년에는 신라의 설오유와 고구려의 고연무가 각기 정예군사 1만 명을 거느리고 압록강을 건너 말갈군을 격파하고 돌아왔으며, 671년 7월에는 안시성 일대에서 고구려 유민이 대규모 항쟁을 일으켰다. 이렇듯 670년 한성에서 고구려국이 성립되던 시기를 전후로 하여 고구려 유민, 신라, 당이 서로 얽혀 미묘한 정세 변화가 나타나고 있었다.

신라 역시 당과 군사동맹을 맺었음에도 당의 침략 의도를 충분히 감지하고 있었다. 백제 정벌 초기부터 양국 간에는 군사적 긴장이 조성되고 있었는 데다 당이 백제 멸망 후 노골적으로 점령 의도를 드러냈기 때문이다. 옛 백제 땅에 웅진도독부를 설치함은 물론, 663년에는 신라를 계림대도독부로 하고 신라왕을 계림주대도독에 임명하여 형식적으로나마 신라를 복속시키는 모양을 취하기까지 하였다. 게다가 664년과 665년에 신라 문무왕으로 하여금 웅진도독 부여륭과 동맹을 맺고 서로 침략하지 않을 것을 강요하고는, 이후 노골적으로 백제 유민을 지원하며 백제 지역에서 신라의 세력 확대를 견제하였다. 664년부터는 백제에 머물러 있던 유인원이 왜와 통교하며 신라를 고립시키려 하였다.

백제 유민들의 저항에다 당의 간섭까지 중첩되면서, 신라는 본래의 목적인 백제 지역 장악에 고전을 면치 못하고 있었다. 이에 당의 관심을 고구려 정벌로 돌리기 위한 우회 전략을 구사하기도 하였다. 하지만 아직 고구려 정벌이라는 과제가 남아 있는 상황인지라 양국의 갈등이 표면화되지는 않았다. 그러다 668년, 당과 신라가 고구려를 공격하여 멸망시킨 뒤에는 상황이 달라졌다. 고구려 중앙정부가 붕괴된 뒤에 고구려의 옛 영역에서 유민들이 당을 상대로 계속 항쟁하였는데, 이때 신라는 은근히 고구려 유민들을 지원함으로써 당을 견제하는 한편 백제 지역에 대한 공세를 강화하였다.

최후의 결전 ― 매초성 전투와 기벌포 전투

670년 7월 즈음부터 신라와 당은 백제 부흥군에 대한 입장 차이로 서로 간에 불신이 극도로 높아지다가 마침내 본격적인 나당전쟁이 시작되었다. 신라는 671년에 소부리주所夫里州를 설치함으로써 옛 백제 땅을 거의 다 장악하는 계기를 만들었다. 이제 당과 치러야 할 전쟁의 주 무대는 자연스레 한반도 북부와 중부 지역으로 옮겨졌다. 신라도 이 점을 잘 알아서, 672년에 주장성(지금의 남한산성)을 축조하고 이에 대비하였다.

한편 670년을 전환점으로 신라가 당에 공세를 취한 것은 서역의 정세 변화와도 밀접한 관련이 있는 것으로 보인다. 사실 660년부터 당의 군사력이 한반도로 집중되면서, 빈틈이 생긴 서역에서는 곧바로 당에 맞서기 시작하였다. 660년에는 톈산(천산) 지역에 있던 서돌궐의 여러 부족이 반기를 들었고, 661년에는 철륵鐵勒이 서역에서 당에 도전하였다. 다급해진 당은 662년에 한반도에서 군대를 빼내 설인귀 등을 파견하여 이를 진압하도록 하였다.

그럼에도 불구하고 서역은 당의 통제에서 서서히 벗어나고 있었는데, 그 중심은 토번吐藩이었다. 토번은 663년 이후 토욕혼에 대한 공세에 나섰다. 그러나 당은 토욕혼이 연이어 군사를 요청했음에도 한반도에서 쉽사리 군대를 빼내지 못하였다. 게다가 665년에는 서돌궐도 내분을 청산하고 당으로부터 독립하였다. 랴오둥과 한반도에서 당의 군사작전이 장기화되자, 토번은 669년 9월부터 실크로드 지역에 대한 공세를 전개하여 670년 7월에는 설인귀의 10만 대군을 궤멸시키고 안서安西 4진을 장악하였다. 이렇게 서역에서의 전황이 급박해지자 당의 주력군은 서역으로 이동시켰고, 신라와 고구려 유민들은 대당전쟁에 적극적으로 나설 여유를 가지게 되었다.

670년에 안동도호부를 랴오둥 지역으로 옮긴 뒤 한반도 북부 지역에 대한 지배력이 축소된 당은 서역의 위기를 수습하고 다시 반격에 나섰다. 671년에 당은 랴오둥의 안시성에서 고구려 유민들을 격파하고 한반도로 진공을 시작하였다. 672년 7월에 고간은 1만 군사를, 이근행은 3만 거란병을 거느리고 평양으로 진군하였으며, 계속 남하하여 황해도 일대에서 고구려 유민과 신라 구원군을 패배시켰다. 당군에 밀리던 고구려 유민들은 673년 5월에 호로하(지금의 임진강)에서 이근행의 말갈군과 마지막 결전을 벌였으나 패배하고, 결국 신라로 남하하였다. 670년에 검모잠이 고구려국을 재건한 뒤 4년 동안 지속되었던 고구려 유민의 항쟁은 그렇게 끝이 났다.

674년 이후 한반도 북부 지역이 일시적으로 평온을 되찾자, 당은 랴오둥으로 옮겨 갔던 안동도호부를 다시 평양 일대에 설치한 것으로 보

임진강 유역의 호로고루성 고구려 남진의 거점이자 삼국의 쟁패지이며 나당전쟁의 주요 전선이었다.
(경기도 연천군 장남면)

인다. 그리고 이를 기반으로 신라에 대해 적극적인 공세를 취하여, 675년 2월에 유인궤가 칠중성(경기도 파주시 적성면)을 공격하였다. 이후 당의 공세는 더 거세어졌으나, 오히려 신라군에게 결정적인 승리의 순간이 다가오고 있었다.

9월이 되면서 설인귀는 천성(임진강 하류 지역)을 공격하였고, 동시에 이근행이 20만 대군을 거느리고 남하하였다. 설인귀는 숙위학생(당의 국자감에서 공부하던 신라의 관비 유학생) 풍훈의 아버지 김진주가 처형당한 것을 이용하여 풍훈을 길잡이로 삼아 천성으로 쳐들어 왔다. 신라의 장군 문훈은 이를 격파하여 1400여 명을 목 베고 병선 40여 척을 빼앗았으며 말 1000여 필을 전리품으로 얻었다.

당군의 패전은 여기에 그친 것이 아니었다. 육로로 남하하던 이근행의 20만 대군은 9월 29일 매초성(양주 대모산성 혹은 전곡리토성)에 주둔

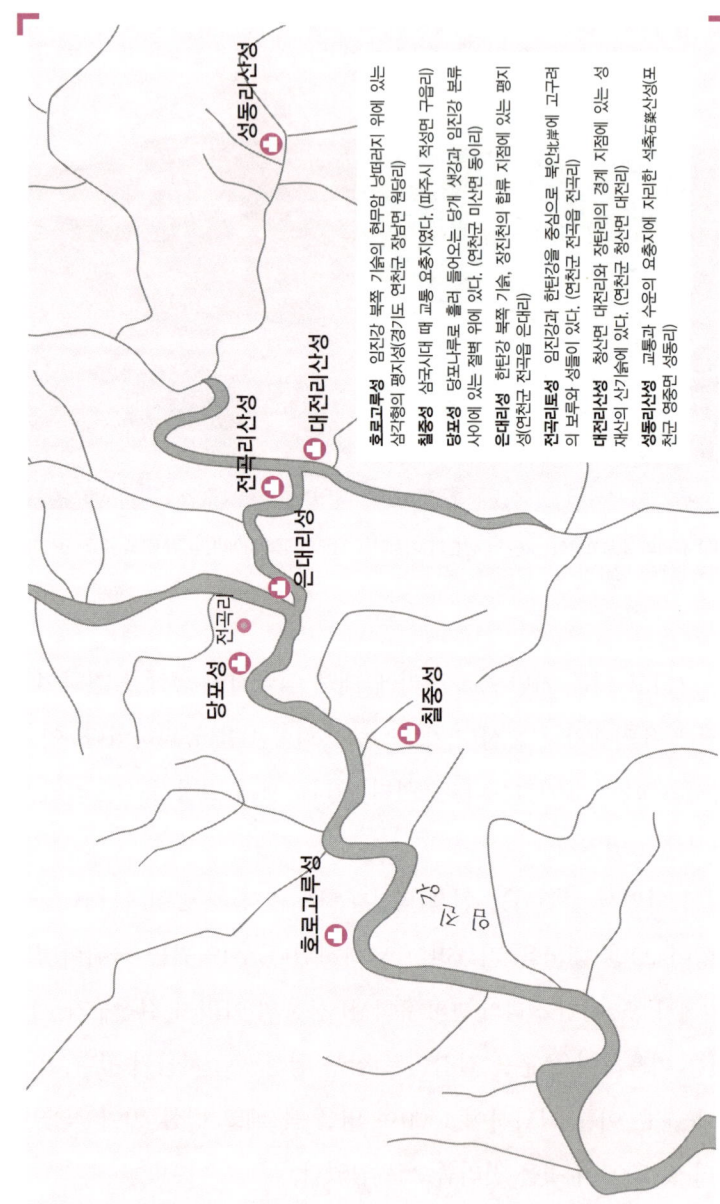

+ **임진강 유역의 주요 성곽들** 임진강 유역에는 백제, 고구려, 신라가 구축한 성곽 등 군사 유적이 집중 분포되어 있다. 바로 이곳에서 신라와 당 사이에 최후의 격전이 벌어졌다.

하였는데, 설인귀가 이끄는 수군이 천성에서 패배한 바람에 군수품 보급 등에 큰 어려움이 생겼다. 이근행의 대군은 결국 신라군의 맹공을 견디지 못하고 참패하였는데, 이때 신라는 말 3만여 필과 수많은 병기를 전리품으로 얻는 승리를 거두었다. 나당전쟁의 승기를 매초성 전투에서 잡은 셈이었다. 그 뒤에도 신라와 당 사이에 크고 작은 전투가 이어졌으나, 전쟁의 주도권은 이미 신라가 장악하고 있었다.

이듬해 676년 11월, 설인귀가 거느린 수군이 기벌포에 대한 최후의 공세를 펼쳤다. 신라 장군 시득이 수군을 거느리고 이에 맞섰다. 신라군은 처음 전투에서는 패배하였으나, 이후 크고 작은 22회의 전투에서 승리하였으며 4000여 명의 목을 베었다. 이로써 당은 신라에 대한 공격을 포기하였다. 그리고 안동도호부는 676년에 다시 랴오둥으로 축출되었다.

나당전쟁의 종식에는 676년 이후 급박해진 당과 토번의 전쟁, 토번의 동맹 세력인 서돌궐의 재흥 등이 중요한 국제적 배경을 이루고 있다. 673년 12월 토번의 배후 조종을 받은 톈산 지역의 여러 부족이 당에 저항하는 움직임을 보이자 당은 소정방 등을 파견하여 대대적인 군사작전을 감행했고, 이에 영향을 받았음인지 674년 한 해 동안 나당전쟁은 소강 상태로 들어갔다. 그러다가 675년 1월에 토번의 평화 사절이 장안에 도착하고 2월에 유인궤가 임진강 유역에 있는 칠중성을 공격한 것을 시작으로, 한반도 내에서 당군과 신라 사이에 전쟁이 재개되었다.

이와 같이 서역에서 토번이 어떻게 움직이냐에 따라 나당전쟁의 양상도 영향을 받았다. 특히 설인귀와 유인궤, 이근행 등은 한반도 전선에서 복무하던 중 때때로 토번과의 전쟁에 투입되었는데, 이는 신라·당의 전쟁과 당·토번의 전쟁이 서로 연동되어 있음을 간접적으로 보여 준다. 따라서 나당전쟁은 매초성 전투와 기벌포 전투의 승리로 끝났지만, 한편으로는 당이 토번에 총공세를 취하기 위해 한반도 내의 병력을 서역으로 이동시켰다는 점에도 유의할 필요가 있다.

삼국통일전쟁의 의미

7세기 들어 나타난 동북아시아의 국제 정세는 크게 두 가지 축을 중심으로 변동하고 있었다. 하나는 중국의 통일국가인 수·당과 고구려가 동북아시아의 주도권 장악을 둘러싸고 벌인 전쟁이고, 다른 하나는 한반도 내에서 삼국 간에 일어난 전쟁이다. 이 두 가지 축은 서로 다른 구조를 가지고 있었지만, 고구려가 양쪽의 공통된 당사자라는 점과 수·당 대의 국제 정세가 중국 중심의 국제 질서를 구축하는 방향으로 전개되고 있었다는 점에서 차츰 하나의 축으로 통합되어 갔다. 그 결과 고구려·당의 전쟁과 신라의 삼국통합전쟁이 결합되어 전개된 것이다.

그동안 삼국 사이의 갈등 구조는 왜를 포함한다고 하더라도 한반도를 중심 무대로 전개되었다. 그러나 당이 출현한 이후에는, 비록 전쟁의 무대는 한반도였다고 해도 국제 질서의 변동 축은 중국이었다. 중국이라는 거대한 힘이 출현하면서 삼국의 운명은 바뀌었고, 삼국인의 대외 인식도 어떤 형태로든지 간에 영향을 받았을 것으로 보인다. 즉 삼국인이 가졌을 대당 위기의식은 삼국 각각을 넘어선 하나의 범주를 형성하는 외적 배경이 되기에 충분하였으리라 짐작된다. 예컨대 나당연합군이 백제와 고구려를 멸망시킨 전쟁은 신라의 입장에서는 기존 삼국 사이의 전쟁의 연장선에 있었다. 그러나 나당전쟁 과정에서는 이전과는 달리 백제와 고구려 유민들을 자기편으로 끌어들이려는 의도에서 삼국통합 정책으로 이해되는 조치들이 시도되었는데, 이는 결국 당이라는 외부적 위협이 그 배경이 된 것이다.

또 삼국통일전쟁의 국제적 의미는 당이 660~670년 초반까지 한반도에 군사력을 집중한 결과 서역과 북방에 대한 통제력이 약화되면서 토번의 성장, 돌궐의 재등장을 초래하였다는 점이다. 사실 660년 이후 당은 고구려를 멸망시키고 랴오둥을 제압하는 등 동북아시아에서 소기의 목적을 어느 정도 달성하였지만, 이 지역에서 장기간 군사행동을 지속함으로써 북방과 서역에서는 오히려 통제력을 잃어 가고 있었다. 그리고 북방과 서역의 동요는 다시 동북방에 영향을 주었으니, 696년 동북방에서 거란 이진충의 반란을 계기로 말갈과 고구려 유민이 독립하여 698년에 발해가 건국되었다.

한편 680년 한반도에서 세력 재편이 끝났을 때 동아시아의 정세를 보면, 당을 중심으로 서역에서는 토번이 세력을 확대하고 북방에서는 동돌궐이 다시 일어났다. 또 동쪽에서는 신라 및 왜가 당과 교섭을 단절한 채 거리를 두고 있었다. 이후 토번과 돌궐은 주로 반당적 태도를 보이는 데 반하여 동북아시아의 사정은 차츰 달라졌다. 신라는 당과의 통교 이후 시종 우호적이고 밀접한 외교 관계를 유지하였다. 일본 역시 당의 율령체제를 수용하면서 당에 우호적인 입장이었고, 발해는 한때 군사적 충돌까지 갔으나 기본적으로는 당과 화평 관계를 유지하며 당 문물을 적극적으로 수용하였다. 이렇게 동북아시아의 여러 왕조는 친중국적 태도를 견지하였는데, 이는 수와 당을 시종 적대 세력으로 대했던 고구려의 멸망이 가져온 결과였다.

역사의 현장 구주성(평북 구성시 구성읍)

처인성(경기도 용인시 남사면 아곡리)

죽주산성(경기도 안성시 이죽면 매산리)

충주성(충북 충주시 충주산성, 대림산성)

광주성(경기도 광주시 남한산성)

역사상 가장 거대한 제국을 건설한 몽골족. 그들의 말발굽이 미치는 곳에는 항복 아니면 멸망만이 남았다. 그러한 몽골군의 진격을 가로막고 항전의 깃발을 올린 나라가 바로 고려였다. 전후 여섯 차례에 걸친 몽골군의 침략에 맞서 고려는 힘들고 버거운 항쟁을 해야 했다. 대몽항쟁의 주체를 무인정권으로 보는 견해도 없지는 않았으나, 사실 무인정권은 자신들의 안위에만 급급한 무능한 존재였다.

대몽 항쟁의 진정한 주인공은 고려 민중이었다. 그들은 자신들의 생명과 가족을 지키기 위해 더 이상 물러설 수 없는 전선에 서 있었다. 때로 그들은 누구도 예상치 못한 승리를 거두었다. 그러나 그 승리조차도 처절하였다.

몽골에 맞선 고려의 민중

중앙아시아의 초원에서 일어난 몽골

오랫동안 평화를 누려 온 고려의 대외 관계는 13세기에 들어와 커다란 변동을 겪는다. 중앙아시아의 초원 지대에서 몽골 세력이 크게 일어나면서 동아시아의 정세가 재편되고, 그 여파가 고려에도 미쳤기 때문이다. 본래 몽골족은 금金의 세력 밑에 있었는데, 13세기 초에 테무친〔鐵木眞〕이 여러 부족을 통일한 뒤 사방으로 정복 사업을 전개하여 영토를 확장하였다. 몽골족은 북중국의 금까지 침략할 만큼 그 세력이 강성해졌다. 고려가 몽골과 접촉한 것은 1219년 강동성에 웅거한 거란족을 몽골군과 함께 공략하면서부터다.

본래 금의 지배 아래에 있던 거란족은 금의 국세가 약해지자 독립했다가 몽골군에 쫓겨 1216년에 고려 영토로 밀려 들어왔다. 고려군은 2

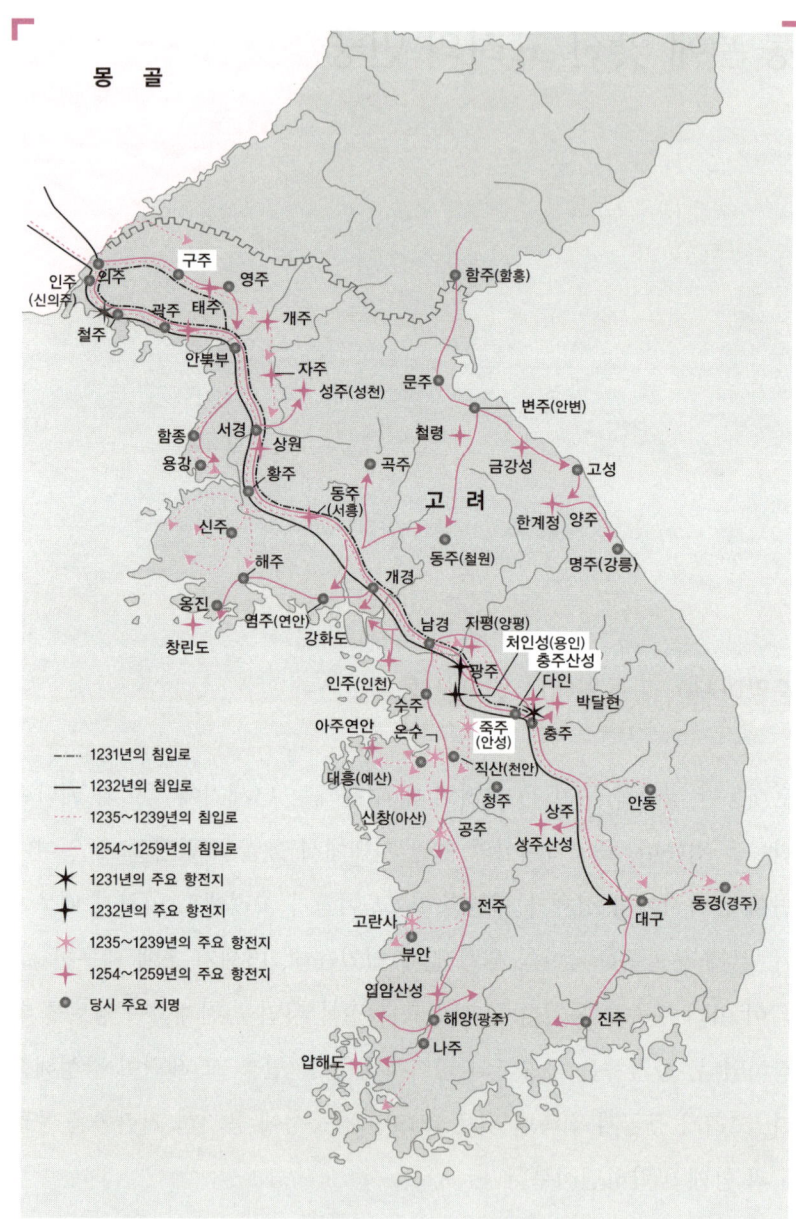

몽골의 침략과 항전 몽골은 전후 6차에 걸쳐 고려의 깊숙한 곳까지 쳐들어와 피해를 입혔으며, 이에 따라 고려 민중의 저항도 나라 곳곳에서 일어났다.

년여에 걸친 전쟁 끝에 거란족을 몰아냈는데, 쫓긴 거란군은 강동성으로 들어갔다. 1219년, 이 거란군을 물리친다는 구실로 몽골군이 남하하였다. 몽골군은 고려군과 협공하여 강동성에서 거란족을 궤멸하였다.

강동성 전투가 끝난 뒤 몽골은 고려에 형제 관계뿐 아니라 막대한 공물을 바칠 것을 끊임없이 강요하였는데, 고려로서는 견디기 힘든 굴욕이자 과중한 수탈이 아닐 수 없었다. 몽골 사신이 한 차례 가고 나면 곧이어 또 다른 한 떼가 몰려와서 공물을 요구하는 식이었다. 사신들의 행패도 심하여, 공물이 비위에 맞지 아니하면 국왕 앞에서 이를 내던져 모욕을 주는 행위도 서슴지 않았다. 그러던 중 고종 12년(1225) 정월, 공물을 징수하러 온 몽골 사신 저고여가 돌아가는 길에 압록강변에서 피살되는 사건이 일어났다. 게다가 이를 조사하러 나온 몽골인들마저 고려 복장을 한 군사들이 쏘아 대는 화살에 쫓겨나고 말았다.

가뜩이나 몽골과의 관계에서 어려움을 겪고 있던 고려는 이 사건으로 더욱 심각한 외교적 난관에 처하였다. 고려를 침공할 뜻을 품고 있던 몽골이 사신 저고여가 암살당한 데 따른 책임을 물어 고려와 국교를 단절하고 대대적인 출병을 감행한 것이다. 이후 40년간 6차에 걸친 몽골의 침입으로 고려의 국토는 철저히 유린당하였다.

몽골의 말발굽 아래 내던져진 백성, 그리고 구주성

1231년(고종 18), 몽골의 장군 살리타[撒礼塔]가 이끄는 대군이 첫 번째로 고려를 침략하였다. 압록강을 건넌 몽골군을 맞아 고려 북계北界에 있는 성들은 서로 다른 대응 양태를 보였으며, 그 결과도 각기 달랐다. 압록강변에서 처음 몽골군을 맞은 의주는 싸워 보지도 않고 항복하였다. 반대로 철주는 결사 항전하다가 힘이 다하여 무너지고 말았는데, 몽골군은 성안의 주민을 한 사람도 남기지 않고 도륙하는 것으로 보복하였다.

이어 몽골군은 구주성으로 몰려갔다. 구주는 1018년 강감찬이 이끄는 고려군이 10만의 거란군을 전멸시킨, 고려 역사상 최대 승첩을 거둔 땅이었다. 그런 만큼 구주성을 지키고 있던 고려인들의 의지도 남달랐다. 이때 구주에는 병마사 박서의 지휘 아래 김경손과 김중온을 비롯하여 삭주, 정주, 위주, 태주 등 서북면의 여러 장수가 군사를 이끌고 집결해 있었다. 박서는 김중온에게는 성의 동쪽을, 김경손에게는 성의 남쪽을 지키게 하였다. 성을 포위한 몽골군은 남문을 집중 공격하였다. 김경손은 정주성 전투 때부터 생사를 같이한 용사 12명을 거느리고 몽골군을 향해 돌진하였다. 그는 선두에서 검정말을 타고 오는 적장을 화살로 쏘아 쓰러뜨리고 적진을 한바탕 휘몰아 달렸다. 팔에 화살이 박혀 피가 흘렀으나 그는 북 치는 손을 잠시도 멈추지 않고 군사들을 격려하였다. 이렇게 네다섯 차례의 싸움 끝에 구주성의 고려군은 몽골군을 물리쳤다. 그러자 몽골군은 생포한 위주부사 박문창을 성안으로 들여보내 항복을 권유하였으나, 박서는 오히려 박문창의 목을 베어 결사 항전의 의지를 다졌다.

몽골군은 구주성을 겹겹이 포위하고 온갖 공성법을 동원하여 밤낮으로 공격하였다. 몽골군의 공성법이 아시아와 유럽에서 위력을 떨치고 있을 때였다. 몽골군은 먼저 성문을 불사르기 위해 초목을 쌓은 차를 굴리면서 진공하였다. 박서는 지체 없이 포차를 이용해 끓는 쇳물을 쏟아 부었다. 끓는 쇳물에 쌓아 놓은 풀이 불타 버리자 몽골군은 황급히 퇴각하였다. 다음으로, 몽골군은 누차(화살과 돌을 막을 수 있게 한 공성용 무기)와 대상(누차를 좀 간단히 한 것)을 소가죽으로 싼 뒤에 그 안에 병사를 숨기고 성벽 아래쪽으로 접근하여 굴을 팠다. 박서는 성 밑으로 구멍을 뚫고 끓는 쇳물을 쏟아부어 누차를 불사르고, 땅이 꺼지게 하여 몽골군을 30명 남짓 깔려 죽게 하였다. 마른 짚에 불을 붙여 대상을 불태우기도 하였다. 그러자 몽골군은 대포차 15문을 앞세우고 또다시 성의 남쪽을 맹렬히 공격하였다. 박서는 높은 대를 쌓고 포차로 돌을 쏘아 물리쳤다. 몽골군은 이번에는 수레에 마른 풀을 싣고 와서 불을 지르고는 성의 문루를 공격하였다. 박서는 미리 준비해 둔 물로 불을 껐다.

이러기를 십수 차례, 9월 3일 시작된 몽골군의 공격은 한 달이 가도록 아무런 성과를 거두지 못하였다. 몽골군은 성을 포위하고 갖은 방법으로 공격하였으나, 그때마다 박서가 임기응변으로 적을 막아 냈다. 결국 몽골군은 "이같이 작은 성이 대군을 막아 내는 것은 하늘의 도움이지 사람의 힘이 아니다."라고 탄복하면서 포위를 풀고 물러갔다. 이렇게 구주성의 제1차 방어전은 고려군의 승리로 끝났다.

1231년 10월 하순, 몽골군은 안북성(지금의 평남 안주)에서 고려군과 싸우는 동시에 구주성에 대한 제2차 공격을 시작하였다. 이번에는 서북면 여러 지방의 군사들을 강제 동원하여 구주성을 공격하였다. 몽골군이 포차 30문을 배치하고 돌을 날려 성벽을 파괴하자, 박서는 곧장 성벽을 수축하고 굵은 쇠줄로 묶어 놓았다. 이에 몽골군은 더 이상 공격하지 못하였다. 이때를 틈타서 박서는 군사를 거느리고 성을 나와 역공을 펼쳐 큰 승리를 거두었다. 몽골군이 대포차를 앞세워 다시 한 번 구주성을 공격하였으나, 박서는 포차로 돌을 쏘아 날려 수많은 적병을 죽였다. 몽골군은 부득이 퇴각하여 목책을 세우고 방어를 할 수밖에 없었다.

이 무렵 고려 조정은 몽골군의 사신을 접견하고, 종실 회안공을 살리타의 본영에 보내어 강화를 교섭하고 있었다. 살리타는 회안공의 편지를 가지고 박서에게 가서 재삼 항복을 권하였다. 그러나 박서는 왕명이 아니라는 이유로 이를 거절하고 방비를 더욱 굳건히 하였다. 몽골군은 다시 구주성을 공격을 시작하였다. 이번에는 운제(높은 사다리)를 만들어 공격하였는데, 박서가 대우포(큰 날을 가진 무기)로 요격하여 모조리 쳐부수었다. 몽골군은 12월까지 세 차례 이상 대대적인 공격을 시도하였지만, 끝내 패배의 쓴잔만을 들이켜고 말았다.

몽골군이 어떤 군대이던가. 유라시아 대륙을 휩쓸며 함락하지 못한 성이 없는 군대가 아니던가. 고려와 몽골 사이에 화친이 성립한 뒤에, 나이 70이 넘은 몽골의 한 장수가 다음과 같이 구주성의 항전을 칭찬하였다고 한다.

> 내가 어려서 군대에 들어가 천하의 많은 성을 공격하고 방어하는 것을 보아 왔지만, 이런 맹렬한 공격을 받고도 항복하지 않은 성은 처음이다. 성안의 장수는 뒷날 반드시 재상이 될 것이다.

몽골군의 별동대가 구주에서 박서의 용감한 항전에 멈칫거리는 동안 본대는 안북성에서 북진하던 고려 중앙군을 격파하였으며, 계속 남하하여 목표로 삼았던 개경 근처에 다다랐다. 몽골군은 남하하면서 약탈, 살육, 방화 등 극악무도한 만행을 일삼았을뿐더러 일부 부대는 광주와 충주까지 밀고 내려왔다. 수도가 포위되어 속수무책인 고려 조정은 할 수 없이 화의를 요청하였고, 몽골군은 고려 입장에서는 항복이나 다름없는 굴욕적인 공물을 요구하면서 화친을 받아들였다. 1232년 1월, 몽골군은 개경을 비롯하여 서북면에 72명의 다루가치(행정감독관)를 배치한 뒤 철수하였으니, 불과 4개월 만에 고려를 굴복시키고 침략을 성공적으로 마무리한 것이다.

그런데 화친을 받아들일 때 몽골이 요구한 조건을 보면, 앞으로 고려 조정이 매우 과중한 부담을 떠안을 것이 충분히 예상되었다. 화친 직후부터 몽골의 조공 요구는 점점 지나쳤고, 고려에 파견된 몽골 관리들의 횡포 또한 점점 심해졌다. 이를 이유로 최이 정권은 천도를 주장하였고, 마침내 1232년 6월에 강화도로 도읍을 옮겼다.

강화 천도의 동기를 어떻게 볼 것인지에 대해서는 다양한 견해가 있지만, 몽골이 고려의 내정에 간섭하면서 입지가 불안정해진 최이가 자신의 권력 기반을 유지하고자 대다수 관료들의 반대를 무릅쓰고 천도를 강행한 측면이 적지 않다는 견해가 다수이다. 따라서 겉으로는 대몽항쟁의 기치를 내걸었지만, 강화 천도의 속셈은 정권 유지 차원의 동기가 두드러지며, 오히려 몽골의 또 다른 침략을 유도한 측면이 없지 않다. 이러한 점을 고려한다면, 강화 천도를 무인정권의 자주성이 발현된 것이라고 보기는 어렵다.

강화 천도와 반몽 입장의 천명은 결국 정권 유지 차원에서 이루어졌기 때문에, 백성들은 사실상 몽골군의 말발굽 아래 아무런 대책 없이 내던져진 꼴이었다. 조정이 기껏 한 일이라고는 백성들에게 삶의 터전을 버리고 산성이나 섬으로 들어가라고 강요한 것뿐이었다. 이제 백성은 스스로 자신의 목숨과 가족, 삶의 터전을 지키러 나서는 수밖에 없었다.

처인성에서 최강의 몽골군을 격파하다

강화 천도를 노골적인 반역 행위로 간주한 몽골은 사신을 보내어 이를 추궁하였다. 그러나 최이 정권은 옹색한 변명으로 일관하였고, 몽골은 곧 군사적 응징으로서 2차 침략에 나섰다. 1232년(고종 19) 8월, 몽골의 태종은 제1차 침입을 지휘한 경험이 있는 살리타에게 고려 침략을 명령하는 한편, 그에 앞서 고려 조정의 개성 환도 및 국왕과 최이의 입조入朝를 요구하였다. 그러나 이러한 요구는 침략의 명분을 얻기 위한 하나의 방편에 불과하였다. 그해 10월 몽골군은 본격적인 침략을 시작하였다. 이 무렵 몽골은 금 정복에 마지막 박차를 가하고 있었다. 따라서 몽골의 고려 침략은 강화 천도를 통해 반몽 태도를 드러낸 고려가 혹 배후를 위협하지 않을까 우려하여 이를 미연에 방지하기 위한 군사전략의 성격을 띠고 있었다.

몽골군은 1차 침략 때의 경로를 그대로 따라 재침한 것으로 보인다. 이미 강화도로 천도한 최이 정권은 자신들의 안위를 지키는 데 급급했을 뿐 몽골군에 직접적으로 저항할 태도를 취하지 않았다. 또 1차 침략 때 몽골군의 간담을 서늘하게 한 구주성의 박서가 화친 뒤에 서북병마사에서 해임되어 고향 죽주로 낙향한 신세가 되었으니, 전투를 지휘할 인물마저 남아 있지 않았다. 몽골군은 최이 정권의 무능을 틈타 무인지경을 파죽지세로 남하하였다.

개경에서 계속 남진하여 한양산성(서울)을 함락시킨 살리타는 11월 중순 광주성(경기도 광주시 남한산성)에서 처음으로 큰 저항에 맞닥뜨렸다. 광주부사 이세화가 광주 군민들을 지휘하며 분전을 거듭하여 끝내 성을 지켜낸 것이다. 광주성은 앞서 1차 침략 때에도 주민들이 힘을 다

해 성을 지킨 경험이 있는 곳이었다. 그리고 항전의 지도자 이세화 또한 경상도 안찰사로 있을 때 몽골의 1차 침략을 맞아 도내의 군사를 모아 제일 먼저 상경한 인물이었다. 어쨌든 몽골군을 물리친 공로로 광주 주민들은 1235년(고종 22) 5월에 요역과 잡세를 면제받게 된다.

광주성의 거센 저항에 몽골의 주력부대는 마침내 광주를 포기하고 계속 남하하여 처인부곡處仁部曲에 이르렀다. 몽골군이 쳐들어오자 부곡민을 포함한 인근 백성들은 처인성에 들어가 항전하였다. 그리고 몽골군과 공방전을 벌이던 12월 16일, 적장 살리타를 화살로 쏘아 죽이는 빛나는 전과를 거두었다. 총사령관이 죽자 싸울 의지를 잃은 몽골군은 퇴각을 시작하였다. 총사령관이 죽으면 전투를 중단하는 것이 몽골군의 오랜 관습이었던 것이다. 살리타의 뒤를 이어 몽골군을 지휘한 테케는 고려 정부와 몇 가지 조약을 맺어 겨우 체면치레를 하고는 철수하였다. 결국 처인성의 승리는 몽골군의 2차 침략을 물리치는 데 결정적인 기여를 한 셈이다.

처인성 전투에서 살리타가 전사한 일에 대해서는 기록에 따라 백현원의 승려 김윤후가 사살했다고도 하고, 전투 중 유시流矢에 맞아 죽었다고도 한다. 처인성 전투 상황에 대한 구체적인 기록은 없지만, 김윤후라는 인물이 두드러진 활약을 한 것은 틀림없는 사실인 듯하다. 몽골군이 퇴각한 뒤 조정은 처인성 전투의 공을 인정해 김윤후를 무반의 최고위직인 상장군上將軍에 제수하고자 하였다. 그런데 뜻밖에도 김윤후가 "처인성에서 싸울 때 나는 활도 화살도 가지고 있지 않았으며, 살리타를 죽인 것도 내가 아니다."라며 벼슬을 사양하였다. 그러자 조정에서는 그에게 섭랑장攝郎將 벼슬을 주었다.

사실 처인성 승첩의 공은 김윤후만이 아니라 처인성에서 항전한 민중 전체의 몫이라 할 수 있다. 몽골군이 침략하여 올 때 처인부곡민을 비롯하여 주변의 백성들이 처인성으로 피난, 입보하였는데, 김윤후 역시 일반 백성 출신의 승려였던 듯하다. 이러한 사실로 미루어 처인성 항쟁의 주체 세력은 순수한 지역민들이었다고 볼 수 있다.

그러나 이같이 눈부신 공적을 세웠음에도 사서에는 고려 조정이 처인성 주민들에게 포상 조처를 취한 흔적이 나타나지 않는다. 다만 전쟁 공훈에 의해 포상을 받은 예로는 고종 18년과 19년에 몽골군을 두 차례 격퇴한 공으로 광주민이 요역을 면제받은 일이 있으며, 다인철소多仁鐵所가 몽골군을 격퇴한 공으로 익안현으로 승격되었다는 기록이 있다. 처인성 승첩은 이와는 비교할 수 없는 전과로 마땅히 포상 조처가 뒤따랐을 것으로 짐작되는데, 사서에는 보이지 않고 그 흔적이 최서의 묘비에 남아 있다. 최서가 원종 원년(1260)에 처인현 현령으로 파견되었다는

+ **처인성** 최강의 몽골군을 격파한 이곳에 가 보면 작고 보잘것없는 성의 모습에 놀랄 것이다. 나라를 지키는 것은 성벽의 높이가 아니라 민중의 굳센 결속에 있음을 깨닫게 된다. (경기도 용인시 남사면 이곡리)

묘비명으로 미루어 처인부곡이 몽골군을 격퇴한 공훈으로 현으로 승격된 것으로 짐작되지만, 다른 방증 자료가 없어 그 구체적인 상황을 알기는 어렵다.

그러면 항전의 현장인 처인성은 과연 어디일까? 용인의 처인성을 비롯하여 여러 곳이 처인성 후보지로 떠올랐는데, 그중 가장 유력한 후보지이자 조선시대부터 처인성으로 전해지는 곳은 용인시 남사면 아곡리에 있는 토성이다. 이곳 처인성은 성곽 둘레가 425m, 성내 면적이 5820평에 불과한 자그마한 토성으로, 작은 동산 모습을 하고 있다. 북쪽 성벽 좌측에 성문이 있고 남쪽 중간지점에 후문 자리가 있는데, 현재는 무너져 성곽의 흔적만 남아 있다. 조선시대 기록에 따르면, 흙으로 쌓은 주위 성벽은 3리였으나 이미 성으로서의 기능은 상실하였고 군창만 남아 있었다고 한다. 이로 미루어 볼 때 이 성을 처음 쌓은 시기는 삼국시대로 거슬러 올라가며, 고려시대에는 군창지로 활용되었음을 알 수 있다. 처인성 북쪽 들판은 지금도 사장터로 불리는데, 일설에는 살리타가 사살된 곳이라고 한다.

처인성으로 꼽히는 또 다른 곳은 평택시 진위면 봉남리에 위치한 봉남리산성이다. 그 규모가 경기 지역에서는 최대로 3754m에 달할 뿐 아니라, 산성이 삼남으로 통하는 교통의 요충지에 위치한 것으로 보아 고려 말에는 진위현의 치소였을 것이라 추정된다. 또한 김윤후가 처인성으로 피신하기 전에 거처한 백현원이 봉남리산성에서 진위천 너머 남쪽에 위치한 백현리일 가능성이 크므로, 이곳은 유력한 처인성 후보지이다. 그러나 현재까지는 용인시 남사면의 토성을 처인성으로 보는 견해가 가장 유력하다.

그런데 몽골군은 왜 이 작은 토성을 공격하였을까? 우선 처인성이 고려시대에 군창지였다는 데 주목할 필요가 있다. 강화도로 피신한 고려 조정은 몽골의 침략을 맞아 주민들을 산성과 섬으로 입거시키는 정책을 폈는데, 이는 적이 진격할 것으로 예상되는 지역을 비워 보급을 차단하는 일종의 청야전술이다. 게다가 몽골군이 8월에 고려를 침략한 뒤로 4개월이 지나 벌써 12월이 되었으니, 경상도 지역을 침략하기 위해서는 무엇보다 식량 보급이 절실하였을 것이다. 따라서 살리타는 처인성이 고려의 군창이라는 정보를 입수하고 처인성 공략에 나선 것이 아닌가 짐작된다.

처인성 전투를 주목하는 이유는 막강한 몽골군 사령관을 사살하여 대몽골 항쟁에서 가장 큰 승리를 거두었다는 점과 더불어, 그 승리의 주체가 바로 처인부곡민을 포함한 민중이라는 사실에 있다. 즉 강화에서 매일같이 잔치를 벌이며 소극적인 저항으로 일관하던 지배층과 달리, 자발적이고 적극적인 대몽항쟁 의지를 드러낸 민중이 거둔 대표적인 승리라는 점에서 처인성은 중요한 역사 현장이다.

한편 2차 침략에서 몽골군의 본대는 처인성에 발목이 묶여 있었지만, 일부 군대는 대구 근처까지 내려갔다. 1차 침략 때 남진 한계선이 충주와 청주였음을 감안하면 2차 침략 때는 고려의 더 깊숙한 곳까지 진출한 셈이다. 팔공산 부인사가 소장하고 있던 대장경판이 이때 불태워졌다. 이 대장경판은 고려 현종 때 요나라 침략군과 싸우면서 만든 것인데, 이를 대신하여 새로 만든 것이 오늘까지 전하는 팔만대장경이다. 2차 침략 때부터 몽골군은 육지를 무제한 노략하여 강화도로 피신한 고려 조정으로부터 항복을 받아 내려는 작전을 구사하였다. 따라서 몽골의 침략 범위는 점점 확대되었고, 그만큼 민중의 고난도 커졌으며, 전국 각지에서 민중의 치열한 항쟁이 뒤를 이었다.

송문주의 전술이 죽주성에서 빛을 발하다

몽골은 1234년 2월 마침내 금을 정복하고 서방 원정을 재개하는 한편, 남송 공격을 서둘렀다. 그런데 그에 앞서 남송의 연합 세력이 될 수 있는 고려를 정복하여 후방이 공격당할 우려를 없앨 필요가 있었다. 이로 인해 몽골의 3차 침략이 시작되었다.

몽골의 3차 침략 사령관은 당고로 1, 2차 침략 때에도 고려에 온 장수였다. 몽골의 3차 침략은 1235년부터 1239년까지 5년 동안 계속되었다. 크게 세 차례에 걸쳐 공격이 이어졌는데, 첫 번째 공격은 경상도 경주까지 미쳤고, 두 번째 공격에서는 처음으로 전라도를 목표로 하여 부안 부근까지 침략하였다. 세 번째 공격은 다시 경상도 방면으로 향하였는데, 이때 그 유명한 황룡사 9층탑이 불타 버리고 말았다.

3차 침략에서 가장 격렬했던 항쟁은 죽주성 전투이다. 1236년 8월, 몽골의 두 번째 공격군은 격렬하게 저항하는 자주성을 함락하여 주민들을 몰살하였다. 그리고 남하하여 9월에 죽주(지금의 경기도 안성)에 이르렀다. 죽주성에는 1000여 명의 군사밖에 없었으나 성을 포위한 몽골군은 2만 4000여 명이나 되었으니, 숫자만 놓고 본다면 도저히 상대가 되지 않았다. 하지만 이때 죽주성에는 방호별감으로 송문주가 파견되어 있었다. 1차 침략을 겪은 그는 몽골군의 전술을 훤히 꿰고 있었기 때문에 먼저 성 둘레에 수많은 기를 꽂아서 성안에 많은 군사가 있는 양 몽골군을 속였다. 몽골군은 포와 불로 성을 공격하는 등 온갖 공성법을 다 동원하였지만, 송문주의 임기응변 방어에 막혀 성의 한 귀퉁이도 함락시키지 못하였다. 15일 동안 치열한 공방전을 치른 끝에 결국 몽골군은 물러갔다. 마침 죽주는 구주성 전투의 주인공인 박서의 고향이기도 하

죽주산성 이곳에 오르면 눈 아래로 안성벌이 펼쳐지고 멀리 이천과 장호원이 한눈에 들어온다. 교통의 요지임을 알 수 있다. (경기도 안성시 이죽면 매산리)

니, 이 죽주성 전투는 구주성 전투의 재판인 셈이었다. 죽주성 전투는 처인성 전투와 함께 막강한 몽골군을 상대로 얻은 가장 빛나는 승전으로 꼽힌다.

지금의 경기도 안성시 이죽면 매산리에 위치한 죽주산성은 매산리 국도변의 비봉산 정상에 있다. 이곳은 경기 지역에서 영남 지역으로 향하는 교통의 요충지인 까닭에 신라 개산군의 치소였을 가능성이 높으며, 고려시대에는 죽주의 치소로 활용되었을 것으로 추정된다. 조선시대에도 이 지역의 전략적 중요성을 인정하여 성을 보수하였으며, 병자호란 때에는 진을 치기도 하였다. 조선 선조 때 사간 이덕형은 "죽주 취봉은 형세가 매우 든든하여 참으로 한 명의 군사로도 길을 막을 수 있는 험한 곳"이라고 하였다.

죽주산성은 내성·본성·외성의 중첩된 성벽 구조를 갖추고 있는데,

원래의 성벽이 온전히 남아 있는 것은 외성뿐이고 내성과 본성은 훼손이 심한 상태이다. 현재 성의 둘레는 1688m이고, 높이는 2.5m 안팎으로 군데군데 허물어진 곳이 있으나, 암문(평소에는 돌로 막아 두는 일종의 비상구)과 치성(성벽 바깥으로 내어 쌓은 성) 등이 남아 있어 그런대로 옛 모습을 지니고 있다. 성안에는 송문주 장군의 전공을 기리는 사당이 남아 있다.

산성을 내려와 도로변을 따라 5분쯤 죽산 읍내 쪽으로 걸어가면 미륵마을에 닿는다. 안성과 용인으로 나가는 삼거리 길목에 위치한 이 마을에는 옛날에 태평원이라는 역원이 있었다. 마을은 태평미륵불상이 지키고 있는데, 이 불상은 주민들이 몽골군을 격퇴하여 고을을 지켜 준 송문주 장군과 구주성 승첩의 주인공인 박서 장군의 업적을 기리기 위해 세운 것이라 전한다. 사각모자를 쓰고 있는 전형적인 고려시대의 미륵입상이다. 지역 주민의 마음에 전해지고 있는 진정한 역사의 기억을 돌아볼 수 있는 현장이다.

믿음과 단결의 승리, 충주성 전투

1253년(고종 40) 여름, 몽골은 제5차 침략을 강행하였다. 이번 침략군의 사령관은 야굴也窟이었다. 그는 몽골 황제의 숙부로, 4차 침략군의 사령관이었던 아무칸과 반역자인 홍복원을 대동하였다. 이는 5차 침략이 가지는 비중이 만만치 않음을 뜻함과 동시에 고려인들이 감내해야 할 고난도 더 크리라는 예고장과 같았다.

5차 침략의 가장 처절한 전투는 춘주(지금의 강원도 춘천)에서 벌어졌다. 9월, 야굴이 이끄는 몽골의 주력부대는 항복을 거부한 춘주성 주민에게 보복 공격을 시작하였다. 보름 이상 계속된 몽골의 포위 공격에 성 안은 마실 물조차 고갈되어 소와 말의 피를 마실 정도였다. 더는 농성이 불가능하다고 판단한 안찰사 박천기는 최후의 일전을 위하여 성안의 곡식과 재물을 모조리 불태운 뒤 결사대를 이끌고 포위망을 뚫고자 하였으나, 중과부적으로 끝내 한 사람도 빠져나오지 못하고 모든 주민이 도륙을 당하였다.

  춘주를 함락한 몽골의 주력부대는 이어서 양주와 여주의 성들을 함락하고 10월에 충주를 포위하였다. 본래 충주는 남한강 유역에서 경상도로 넘어가려면 반드시 거쳐야 할 요충지로서 삼국시대부터 쟁패지가 되어 온 중요한 곳이다. 때문에 몽골의 1차 침략 때부터 매번 이곳에는 전투가 벌어졌다. 게다가 충주는 이미 몽골의 1차 침략 때 몽골군의 자존심에 상처를 낸 곳이기도 하다. 그때 충주성에는 양반별초와 관군으로 이루어진 부대와 노군잡류별초라는 일반 백성과 노비로 결성된 부대가 있었다. 그런데 정작 몽골군이 쳐들어오자 관군과 양반별초는 물론 충주부사와 판관마저 성을 버리고 도망갔지만, 노비군과 잡류 병력은 힘을 합쳐 몽골군을 물리쳤다.

  과거의 패배를 설욕하려는 듯 몽골군의 공세는 치밀하였다. 우선 충주 주변 지역을 하나하나 장악한 뒤, 10월 하순경에 충주성을 포위하고 본격적으로 공격을 시작하였다. 그런데 다행스럽게도 이곳에는 처인성 전투를 승리로 이끈 명장 김윤후가 방호별감으로 있었다. 몽골군은 화살을 수없이 쏘고 화공법을 비롯한 온갖 공성법을 총동원하여 충주성을 공격하였다. 공격 도중 사령관 야굴이 병이 나 몽골로 귀환하였고, 부장 아무칸과 홍복원이 주축이 되어 무려 70일 동안 공격을 계속하였다. 하지만 함락에는 실패하였다.

이번에도 항쟁의 주체는 일반 민중이었다. 김윤후의 지휘력도 돋보였다. 그는 오랜 전투와 포위 속에서 군량이 거의 떨어지고 사기가 바닥을 치자, 지친 병사들을 격려하며 "만일 능히 힘을 내어 싸워 이긴다면 귀하고 천한 신분을 막론하고 모두 관작을 제수케 하리라〔若能效力無貴賤 悉除官爵〕."고 외쳤다. 이어 관노의 호적을 모두 불살라 버리고, 전투 중 노획한 재물을 꺼내어 즉석에서 공평하게 분배하였다. 이에 그를 믿는 성안의 모든 사람들이 신분을 가리지 않고 일치단결하여 끝까지 성을 지켜 낸 것이다. 아마도 김윤후는 처인성 전투 경험을 통해 부곡민 등 민중이 가지고 있는 항쟁의지를 살리는 방법을 잘 알고 있었던 듯하

┼ **충주산성** 몽골의 침략 내내 충주 지역은 그들의 말발굽이 미치지 않은 적이 없지만, 충주민의 굳센 저항의지는 매번 몽골군을 격퇴하였다. (충북 충주시 직동)

다. 그는 충주성 전투에서도 온전히 성을 지켜 냄으로써 과거 처인성 전투에서 적장 살리타를 사살하고 승리를 거둔 것이 결코 우연이 아님을 입증하였다.

이리하여 충주는 몽골군의 침략 초기부터 끝까지 성을 지켰다는 빛나는 기록을 가지게 되었으며, 1254년(고종 41)에 국원경으로 승격되는 영광을 안았다. 충주성의 승리는 몽골군의 남진을 좌절시켜 경상도 지역으로 전란이 확대되는 것을 막았을 뿐만 아니라, 이를 계기로 몽골군이 화친을 명분 삼아 회군하였다는 점에서 그 의의가 처인성 전투에 못지 않다.

충주성의 현재 위치에 대해서는 논란이 많으나, 가장 유력한 후보지로 충주산성과 대림산성이 거론되고 있다. 충주시 남산에 자리 잡고 있는 충주산성은 삼국시대부터 축성된 테뫼식 산성이다. 사이사이 무너지긴 했으나 전체 성벽의 길이가 1145m, 성벽의 높이는 7~8m에 이른다. 이 산성은 사방이 막힌 곳 없이 내려다보이는 요충지이다. 충주시 살미면 향산리에 있는 대림산성은 전형적인 포곡식 산성으로, 둘레가 5km가 넘을 정도로 규모가 크다. 삼국시대에 처음 만들어졌으며 고려와 조선에서도 중요하게 이용하였다. 험준한 능선을 이용하여 성벽을 구축하였으며, 경사가 완만하여 접근하기 쉬운 남문과 서문, 동문에는 이중, 삼중의 방어벽을 설치하여 요새화하였다. 현재는 성벽 대부분이 허물어져 있으나 중간중간 보존이 잘된 곳도 있다. 성안에는 우물터와 건물터가 남아 있고 정상에는 봉수터가 있다. 산성의 서쪽으로는 달천강과 국도가 지나고 동쪽으로는 발티재를 접하고 있어, 남쪽과 북쪽에서 오는 적을 방어하기에 매우 유리하다.

40년 전쟁의 끝, 강화도

눈부신 항쟁의 현장도 적지 않지만, 몽골의 침략으로 고려가 입은 피해는 말로 할 수 없을 정도였다. 특히 최씨 정권과 지배층이 강화에 피신해 있는 동안 일반 백성들은 모든 희생을 감내해야 했는데, 몽골군이 지나간 주현은 모두 잿더미가 되었다고 할 정도로 마을이 파괴되고 농지는 황폐화되었으며 인적이 사라졌다. 몽골군은 항복하지 않고 저항한 지역에 대해서는 점령 뒤에 살아 있는 모든 것을 살육하였다. 이는 몽골군의 전통적인 전투 방법으로, 유럽이나 중동에서 지금까지도 몽골군에 대한 이미지가 '악마의 화신'으로 남아 있는 원인이다. 그런 몽골군이 40년간 고려 국토를 휩쓸고 지나갔으니, 그 참혹함은 말로 다할 수 없을 정도였으리라.

이렇게 일반 백성들이 엄청난 희생을 치르는데도 최씨 정권은 특별한 대응책이 없었다. 그저 자신들이 피신하고 있는 강화도를 지키는 데에만 급급하였으며, 일반 백성들에게는 산성이나 섬으로 입거하게 하고 각 지방에 방호별감을 파견하는 정도의 소극적인 전술만을 구사하였다. 이에 각 지방의 민중은 자신의 향토를 지키기 위해 자발적으로 산성에 들어가 항전하거나 소규모 유격전을 전개하였다. 때로 작지 않은 승리를 얻기도 하였으나, 숱한 전쟁을 경험한 몽골의 기병을 일반 백성들이 물리친다는 것은 사실상 불가능에 가까웠다. 그래도 민중은 엄청난 피해를 감내하면서 전국 곳곳에서 몽골의 침략에 맞서 싸웠고, 몇몇 전투에서는 승리를 거두기도 하였다.

그러는 사이 최씨 정권은 강화에서 안일한 생활에 빠져들었다. 최씨 정권의 방탕에 대해 《고려사절요》는 다음과 같은 기록을 남겼다.

최우가 종실과 재추들을 불러 자기 집에서 잔치를 열었는데, 비단으로 산더미같이 장막을 만들고 가운데에 그네를 매었다. 비단과 꽃으로 장식하고 팔면은 은단추와 자개로 꾸미었다. 네 개의 화분에 얼음 봉우리를 만들고, 또 네 개의 물통에 작약을 가득히 꽂으니 얼음과 꽃이 서로 비치어 찬란하였다. 기악백희를 베풀고 악공 1350여 명이 모두 호화롭게 단장하고 뜰에서 풍악을 연주하니 거문고와 북, 피리 소리가 천지를 진동하였다. 악공에게 각각 은 3근씩 주고 기녀, 광대 들에게도 각각 비단을 주니, 그 비용이 거만이었다. (고종 33년 5월)

항몽을 지휘해야 할 최씨 정권이 백성을 돌보기는커녕 사치와 안일에 빠져 수탈을 강화하자 일반 민중은 최씨 정권에 등을 돌렸다. 강화도로 피신한 조정 안에서도 최씨 정권의 대책 없는 주전책에 대해 비난 여론이 일었고, 왕정 회복에 대한 요구가 차츰 확산되었다. 결국 1258년 항전을 고집하던 최씨 정권이 무너지고, 1259년 몽골과의 강화가 성립되었으며, 1270년 원종은 몽골군의 지원 아래 개경 환도를 단행하였다. 물론 무신정권의 무력 기반으로 항몽전의 선두에 섰던 삼별초가 개경 환도를 반대하고 반란을 일으켜 진도와 제주도로 옮겨 가며 저항하였지만, 1272년(원종 13) 여몽연합군의 공격을 받고 평정되었다.

고려의 민중은 세계 최강의 군대를 맞아 엄청난 피해를 감수하면서도 끈질긴 전투를 치렀다. 오랜 기간에 걸쳐 민중이 펼친 수많은 항쟁은 몽골군도 지치게 만들었다. 결국 몽골은 직접 지배하지 않고 고려를 부마국으로 삼아 어느 정도의 독립을 보장하였다. 세계사는 몽골군의 말발굽이 미치는 곳에는 오직 항복과 멸망만이 있었다고 기록하고 있다. 서하, 금, 호라즘 제국, 러시아의 공국들, 아바스 왕조, 대리국, 동진, 남송 등 많은 나라가 역사의 무대에서 자취를 감추었다. 그럼에도 동방의 작은 나라 고려는 끝끝내 자신의 왕조를 지켜 냈고, 오히려 몽골이 세운 원元보다 더 오래 역사에 남았다. 자신들의 안위에만 급급했던 무능한 무인정권과는 달리, 죽기를 각오하고 싸운 민중의 피어린 항쟁이 나라가 쓰러지는 위기를 막아 내는 최후의 힘이 되었던 것이다.

역사의 현장
송미포(경남 거제시 동부면 가을곶리)
율포(거제시 장목면 대금리)
옥포만(거제시 옥포동)
한산해협(경남 통영시 한산면)
한산도 통제영(통영시 한산면)
장문포(거제시 장목면 장목리)
칠천량(거제시 하청면 어온리)

남해안을 돌아보면 조선 임진왜란 때 활약한 우리 수군의 활동을 느낄 수 있는 곳이 많다. 그 가운데 거제 일대를 돌아보고자 한다. 거제도는 본래 경상우수영이 있었던 곳으로, 임진왜란 때 바다 싸움이 가장 치열하게 일어났다. 또 조선이나 일본 양쪽 수군들이 이동하는 길목이었으며, 우리 수군과 일본 수군이 정박한 흔적이 많은 곳이기도 하다. 뿐만 아니라 삼도수군통제영이 있었던 한산도를 이웃하고 있다.

조선 최대의 사건, 임진왜란

16세기 조선과 일본

동아시아 삼국은 14~16세기 동안 비슷한 역사의 흐름을 이어 갔다. 14세기에 들어 한반도에는 고려를 대신하여 조선이 세워졌으며, 중국에는 원나라를 대신하여 명나라가, 일본에는 가마쿠라막부를 대신하여 무로마치막부가 등장하였다. 그 뒤 한동안 잠잠하던 동아시아는 16세기에 이르러 큰 변동이 일어나기 시작하였다.

그때 조선은 훈척(나라에 공을 세운 임금의 친척)과 사림 간의 싸움이 끝나고 사림파 내부에서 동서 분쟁이 일어나던 시기였다. 그리고 오랜 권력 투쟁으로 조선의 국가방위는 상대적으로 소홀한 상태였다. 15세기 말부터 군역제의 모순이 심해지고, 군포를 내는 것으로 군역을 대신하는 수포제나 돈을 주고 다른 사람을 대신 내보내는 대립제가 성행하면서 군사 동원체계가 무력해졌다. 이로 인해 전국 국방체제인 진관제는 소규모 국지전에 적합한 제승방략(유사시 지방 고을에서 군사를 동원해 지정된 지역의 방위를 강화하는 전략)으로 바뀌었다.

한편 일본에서는 100여 년 동안 계속된 전국시대戰國時代의 혼란을 도요토미 히데요시가 평정하고 나라를 하나로 통일하였다. 그는 지방의 세력가인 다이묘들의 관심을 밖으로 돌리고, 그 여세를 몰아 대륙과 한반도를 점령하여 새로운 동아시아 질서를 만들려는 야심을 품었다. 일본은 조선 침략에 앞서 중앙집권적인 군사 지휘체계를 세우고 병력 동원체계와 전투부대를 재편성하였다. 또한 서양의 총포술을 들여와 개량한 조총으로 군사들을 무장시켰다. 그런 뒤 일본은 침략의 구실로 조선에 명나라를 치러 가고자 하니 길을 빌려 달라고 요구하였다. 조선은 이를 거절하였다.

일본은 전국통일 2년 만인 선조 25년(1592) 4월에 군사 20만을 동원하여 조선을 침략하였다. 불의의 침략을 당한 조선은 부산첨사 정발과 동래부사 송상현이 사투를 벌였으나 패하였으며, 일본군은 별다른 저항을 받지 않고 북상하였다.

중앙에서 파견한 도순변사 신립도 충주에서 배수진을 치고 항전하였으나 패하였고, 일본군은 계속 서울로 향하였다. 전쟁에 대비하여 아무런 준비를 갖추지 못한 조선군은 조총으로 잘 훈련된 일본군을 막을 수 없었다. 결국 조정은 변변한 싸움 한 번 해 보지 못하고 싸우고자 하는 의욕을 잃은 채 의주로 도주하였으며, 일본군은 부산에 상륙한 지 채 20일도 안 돼서 서울에 입성하였다. 일본군은 평양을 거쳐 함경도까지 침입하였다.

전쟁은 7년 동안 계속되었고, 전 국토는 전란에 휩싸였다. 그나마 각지에서 일어난 의병과 수군의 활약으로 조선은 겨우 버텨 나갈 수 있었다. 수군은 전라좌수사 이순신을 중심으로 연합함대를 결성하였고 우수한 선박과 화기를 이용하여 옥포를 시발점으로 당포, 당항포, 한산도, 부산포 등지에서 큰 전과를 올렸다. 이로써 수군은 남해의 제해권을 장악하여 수륙으로 협공하려던 일본군의 계획을 좌절시키고 전라도 곡창지대를 보존할 수 있었다. 한편 각 지방에서는 유생과 농민으로 이루어진 의병이 일어나 자발적으로 부대를 조직하여 향토방위에 나섰다. 의병은 자기 가족과 재산, 마을을 지키기 위해 적극적으로 싸웠다. 또한 명나라 지원군이 도착하여 조선군에 합세하였다. 명나라가 군대를 보낸 것은 조선을 걱정해서가 아니라, 일본을 막아 주는 울타리 역할을 하는 조선이 무너지면 랴오둥과 베이징이 위태로울까 하는 걱정 때문이었다.

　수군의 승리와 의병의 활약으로 관군은 다시 전열을 정비해 나갔고, 차츰 전세가 역전되어 7년 만에 일본군은 물러갔다. 그렇지만 전쟁의 피해는 매우 컸다. 특히 전국에서 전투가 벌어진 탓에 많은 사람이 적의 칼날과 굶주림에 쓰러졌다. 토지는 황폐해졌으며, 중요한 문화재들이 불탔다. 이 때문에 임진왜란은 조선사회 최대의 사건으로 자리매김되고 있다. 여기에서는 임진왜란을 반전시키는 데 중요한 역할을 한 우리 수군의 활동을 살펴보도록 하겠다.

거제 동쪽 해안에서 바다 싸움이 시작되다

조선시대 거제부는 우리나라에서 제주도 다음으로 큰 섬인 거제도와 주변의 여러 섬들로 이루어져 있다. 한산도 지금은 통영시에 속하지만 그때는 거제부에 속하였다. 읍치는 거제면 동상리 일대에 있었으며, 고을의 주산인 계룡산 자락에 자리 잡고 있었다. 최남단에 있는 가라산(높이 585m)에는 목장이 있으며, 일본과 가장 가까운 곳이기에 쓰시마섬이 바라보인다.

거제도는 경상우도에 해당한다. 예로부터 왜구의 침략이 빈번해서 거제도에는 방어를 위한 성곽이 많이 축조되어 있었다. 읍치 북쪽에 있는 고현성은 돌로 쌓은 성으로 그 둘레가 2511척에 이른다. 옥포진은 1488년(성종 19)에 성곽을 쌓았는데 그 둘레가 1074척에 이른다. 지삼도 아래에 있는 지세포진은 임진왜란 뒤 변포에 있다가 뒷날 다시 지금의 진으로 옮겼는데, 그 둘레가 1605척이었다. 가라산 왼쪽에 있는 율포는 임진왜란 때는 지금의 장목면 대금리에 있었고, 1664년(현종 5)에 고성의 우수영 옛터 남쪽으로 옮겼다가 1677년(숙종 13)에 지금의 동부면 율포리에 자리 잡았다. 그 밖에도 영등포와 조라포 등 해안 방어를 위한 진들이 있었다. 한편 당포진 가배곶, 조라포진 가을곶, 지세포진 눌일곶, 옥포진 옥산, 율포진 별망 등에는 봉화가 설치되어 있어서 늘 적의 침략을 대비하고 있었다.

임진왜란의 첫 번째 바다 싸움이 일어났던 옥포는 거제도의 동쪽 해안 중간쯤에 자리 잡고 있다. 이곳에서 싸움이 일어나게 되는 과정을 살펴보자.

1592년 음력 4월 13일, 일본이 침략하면서 임진왜란이 시작되었다. 누구도 예상치 못한 기습 공격이었기에 조선군은 큰 피해를 입었다. 수군의 경우도 마찬가지였다. 경상좌수사 박홍은 적의 세력에 겁을 집어먹고 감히 출병하지 못한 채 성에서 도주하였다. 그의 부하인 부산진관 수군첨절제사 정발은 사냥을 나갔다가 침입한 일본군을 보고 일찍이 해

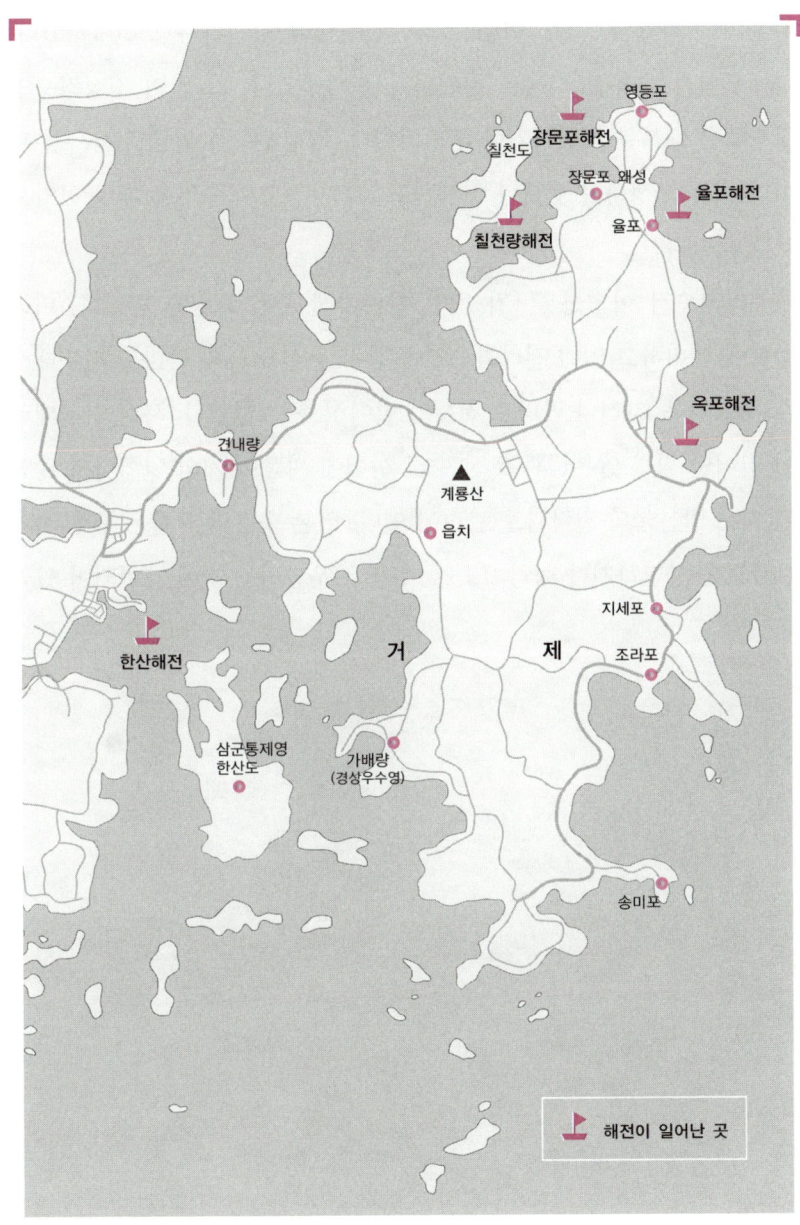

거제 지역에서 일어난 중요한 해전

전을 포기하였다. 그는 이튿날 부산진성에서 항전하다가 전사하였다. 다대포첨사 윤흥신도 진을 지키다가 전사하였다. 그 밖의 경상좌수영 장수들은 대부분 도망하거나 후퇴하였다. 경상우수사 원균도 군사를 모아 함대를 구성하려 했으나 실패하고, 그 자신도 우수영을 떠나 곤양으로 물러났다.

 전라좌수사 이순신은 4월 15일 원균에게 구원 요청을 받았다. 미리 침략에 대비하고 있던 전라좌수영은 침략 소식을 듣자 곧바로 전투태세를 갖추었다. 그러나 곧바로 전투가 벌어질 수는 없었다. 사실 임진왜란이 일어난 직후 일본군과 조선 수군 사이에 싸움이 거의 일어나지 않았던 것은 일본군의 전략과도 관련이 있다. 일본 수군의 역할은 주로 적의 보급로를 차단하거나 병력 또는 군수품을 운송하는 것에 제한되어 있었

✢ **옥포만의 옛 모습** 만으로 둘러싸인 옥포의 자연 조건을 잘 보여 주고 있다. 왼쪽 아래에 성곽으로 둥그렇게 둘러싸인 곳이 옥포진이다. (1872년, 〈거제부 지도〉에서)

다. 이 때문에 이순신은 휘하의 군사들을 결집하고 준비를 갖출 수 있는 시간을 보름 정도 벌 수 있었다.

4월 말 경상우수영이 점령되고 경상우도 소속의 진영 네 곳이 무너졌다는 소식을 듣고 이순신은 출전을 결심하였다. 마침 전라우수사 이억기가 30일에 출발한다고 하여, 이순신은 이억기 함대와 합세하여 출발하기로 하였다. 그러나 연락이 끊기자 더 기다리지 않고 5월 4일 새벽에 출진하였다. 이때 이순신 함대의 배는 판옥선 24척, 협선 15척, 포작선 46척 등 모두 85척이었다. 그렇지만 협선과 포작선은 작은 배였기 때문에 전투선은 판옥선 24척이 전부였다고 볼 수 있다. 규모가 작은 데다 일본 수군과 처음으로 맞닥뜨리기 때문에 모든 일에 신중을 기하였다.

이순신 함대는 5월 4일 저녁에 경상우도의 고성땅 소비포(경남 고성군 하일면 동화리) 앞바다에 정박하여 밤을 보내고, 5일 경상우도 수군과 합류하기로 한 고성땅 당포(경남 통영시 산양면 삼덕리)에 도착하였다. 6일 원균의 전선이 도착하자 함께 거제땅 송미포(경남 거제시 동부면 가을곶리) 앞바다에 정박하여 밤을 지내고, 7일 새벽에 일본 군선이 있다는 거제땅 천성 가덕도(부산광역시 강서구 천가동) 쪽으로 향하다가 정오경에 거제도 동쪽 해안 중간에 있는 작은 어항인 옥포 앞바다에서 일본 군선을 발견했다는 보고를 받았다. 우척후장이었던 사도첨사 김완이 불을 단 화살, 즉 신기전을 쏘아서 보낸 것이다. 이렇게 해서 옥포 앞바다에서 임진왜란의 첫 바다 싸움이 시작되었다.

옥포는 만(灣)으로 이루어져 있는데, 그 안은 항아리 속처럼 물결이 매우 잔잔하다. 그래서 오늘날에는 대우조선소가 들어서서 해안선을 많이 메워 놓았다. 일본 함대는 30여 척이었으며, 소속은 잘 알 수 없지만 옥포만 일대에 상륙하여 주변 지역을 약탈하던 부대였다. 이순신 함대가

+**옥포대첩기념비와 옥포대첩기념공원** 조선의 첫 승첩인 옥포해전을 기념하고 있다. (경남 거제시 옥포동)

옥포만으로 돌입하면서 전투가 시작되었다. 일본군은 급히 배에 올라타고 응전하였다. 조선 수군은 화포 등 우세한 화기와 화살을 이용하여 맹렬하게 공격하였고, 일본 군선들은 버티지 못하고 격파되었다. 손쉽게 얻은 승리였다. 지금도 옥포만 북쪽 어귀에 옥포대첩기념공원이 있는데, 여기에는 기념탑과 옥포루, 참배단, 이순신장군사당 등이 있다. 이곳에 올라 옥포만의 푸른 바다를 바라보면 당시의 싸움을 미루어 상상해 볼 수 있다.

싸움을 마친 아군은 거제도 북단 영등포에 정박하려 하였다. 그런데 근처에 도망친 일본 수군의 전선이 있다는 보고가 들어왔다. 아군은 그 일본 전선을 추격하여 영등포 맞은편에 있는 웅천 합포(경남 진해시 원포동)에서 불태웠다. 8일 서쪽 바닷길을 따라 전라좌수영으로 돌아오는 길에 이순신 함대는 고성땅 적진포(고성군 동해면 산내리 전도마을)에 정박해 있던 일본 전선 10여 척을 부수고, 다음 날인 9일에 돌아왔다. 이순신 함대는 1차 출전 때 거제를 한 바퀴 돌면서 세 차례 싸움을 벌였고, 옥포는 그 첫머리를 장식하였다.

옥포에서 동쪽 해안을 따라 올라가면 율포가 있다. 지금의 지명은 거제시 장목면 대금리이다. 율포는 조선시대에 진이 있던 곳으로 종9품 권관이 지켰으며, 이순신의 두 번째 출정과 관련이 있는 곳이다. 1차 출정을 마치고 5월 9일에 돌아와 같은 달 29일에 2차 출정이 이루어졌다. 약 20일의 간격이 있으니, 휴식을 취하며 새로운 전술을 세우고 훈련을 했을 것이다.

5월 29일 본영을 떠난 이순신 함대는 사천 앞바다에서 마주친 일본 군선을 추격하다가 사천 선창에서 일본 수군을 발견하고 싸움을 벌였다. 이것이 바로 사천 앞바다 싸움이다. 그 뒤 6월 2일에는 낭포, 5일에는 당항포, 7일에는 율포에서 바다 싸움을 벌였는데, 율포 싸움은 이곳에서 부산 쪽으로 도망가는 일본의 대선 5척과 중선 2척을 발견하면서 일어났다. 우리 수군은 맞바람을 받으면서 이들을 추격하여 근해까지 쫓아갔다. 일본 군선의 일부는 바다에서 쳐부수었다. 그리고 육지로 도망간 일본군의 빈 배는 모두 가라앉혔다. 이 싸움에서 일본의 이름난 수군 장수 구루시마 미치유키(來島通之)는 자신의 함대가 부서지는 모습을 보고는 육지로 올라가 할복 자결하였다. 이날 우리 함대는 부산 쪽 가덕도, 몰운대 등지를 수색하였다.

8일에는 창원 땅 마산포, 안골포, 제포, 웅천 등지를 수색하고, 9일에도 웅천 앞바다에서 진을 치고 수색하였으나 더 이상 일본 군선을 찾지 못하였다. 10일에 우리 수군은 본영으로 돌아왔다.

큰 싸움은 아니었지만 2차 출정 때는 모두 네 차례의 싸움을 치렀는데, 율포는 그 끝을 매듭짓는 승리의 현장이었다.

위대한 승리, 한산도 앞바다 싸움

거제 바로 왼쪽에는 우리에게 너무나 잘 알려진 한산도가 자리 잡고 있다. 한산도는 임진왜란 때 삼도수군통제영을 세운 곳으로, 바로 여기서 임진왜란 중 가장 빛나는 바다 싸움이 벌어졌다. 그 싸움을 중심으로 우리 수군의 3차 출정을 살펴보자.

3차 출정은 한 달 뒤인 7월 6일에 이루어졌다. 일본군도 계속되는 패배를 만회하기 위해 안간힘을 썼다. 도요토미 히데요시는 수군 장수인 와키사카 야스하루, 구키 요시타카, 가토 요시아키 등에게 조선 수군을 섬멸하라고 명령하였다. 그러나 다행스럽게도 이들은 한꺼번에 출정하지 않았다. 와키사카 야스하루가 자신의 힘을 과신한 나머지 다른 장수들이 오기를 기다리지 않고 바로 견내량으로 내달았던 것이다. 우리 함대는 7월 7일, 날이 저물 무렵 고성땅 당포에 이르러 머물렀는데, 이때 이 섬의 목동 김천손이라는 자가 일본 군함 70여 척이 고성과 거제도의 경계인 견내량에 머무르고 있다는 정보를 알려 주었다. 한 백성의 정보는 우리 수군에게 큰 힘을 주었고 결정적인 승리를 이끌어 냈다.

우리 함대는 다음 날 아침 일찍 일본 함대가 있는 곳으로 출발하였다. 견내량 근처 바다에 이르렀을 때, 일본의 척후선으로 보이는 대선 1척과 중선 1척이 우리 함대를 발견하고 자신들의 본대가 있는 견내량 포구 쪽으로 들어갔다. 우리 함대는 이들을 추격하여 일본 함대가 있는 곳까지 다다랐다.

그런데 이곳 견내량은 수심이 얕고 암초가 많아서 큰 배가 항해하기 어려울 뿐 아니라 최소 폭 180m, 최저 수심 2.8m, 수로 길이 4km에 이르는 긴 해협이다. 이순신은 여기서 싸움을 벌이는 것은 적절하지 않다

미륵도의 미륵산에서 바라본 한산도 앞바다

고 판단하였다. 포구 안의 지형이 좁아 주력선인 판옥선이 서로 부딪칠 수 있는 데다가 적이 불리하면 육지로 도망칠 수도 있기 때문이었다. 이순신은 일본 함대를 넓은 바다로 유인하였다. 먼저 전선 5, 6척을 보내어 일본 함대의 선봉과 싸우다가 패해 물러났다. 그러자 일본 함대는 돛을 펴고 뒤쫓아왔다. 일본 함대가 한산도 앞 넓은 바다에 이르렀을 때, 이순신은 모든 장수들에게 선회하여 학익진을 펴고 돌격하라는 명령을 내렸다. 학이 활짝 편 날개를 살짝 오므려 적을 포위한 형세로 모든 배가 총통을 발사하며 공격해 들어가자, 일본군은 사기가 꺾여 물러나기 시작하였다. 그러나 우리 함대가 일시에 포위 공격을 펼치자 도주하지 못하고 참패하였다. 여기서 연합함대는 적의 수군 대선 35척을 비롯하여 모두 59척을 격파하고, 일본군 3000여 명을 죽인 것으로 알려졌다. 이 역사적인 승리를 기념하기 위하여 정부는 1979년에 한산도 앞바다가 가장 잘 내려다보이는 문어포 산정에 거북선 형상을 대좌로 하여 높이 20m의 한산대첩기념비를 건립하였다.

이때의 전투는 한산도 앞바다의 승리로 끝나지 않았다. 이순신 함대는 이날 밤 견내량 안바다에 진을 치고 하룻밤을 보냈다. 다음 날인 9일, 적선 40여 척이 안골포에 머무르고 있다는 보고가 들어왔다. 그러나 이 날은 역풍이 크게 불어서 항해가 불가능했기 때문에 거제땅 온천도에서 다시 밤을 보냈다. 10일 새벽에 출발하여 안골포에 도착하니 선창에 일본 함대 40여 척이 정박 중이었다. 이들은 앞서 패배한 와키사카 야스하루와 함께 부산에 내려왔던 구키 요시타카와 가토 요시아키의 함대였다.

안골포는 포구의 지세가 좁고 수심이 얕아서 판옥선과 같이 큰 배는 들어가기 어려웠다. 다시 한 번 유인전술을 폈으나, 이미 패배를 겪은 일본 함대는 싸움을 피하였다. 이에 이순신은 전선 몇 척을 보내 교대로 포구를 드나들게 하면서 총통과 화전 등으로 집중 공격하였다. 일본 군선은 절반 이상 부서졌다. 일본군의 인명 피해도 컸는데, 살아남은 자 가운데 더러는 육지로 올라갔다. 날이 어두워지자 우리 수군은 공격을 중지하고 안골포 근처에서 밤을 보냈다. 다음 날 새벽 다시 안골포를 포위하였으나, 밤사이 일본 함대가 도주하여 찾지 못하였다. 이순신 함대는 천성보에 머물다가 야간에 회항하여 한산도를 거쳐 13일 본영으로 돌아왔다.

3차 출정은 여러 면에서 큰 의미가 있다. 먼저, 일본 수군을 대표하는 함대들을 크게 쳐부수었다. 3차 출정 때 맞부딪친 일본 수군은 이전의 수군부대와는 성격이 크게 달랐는데, 이들 정예 수군과 정면 대결하여 크게 승리함으로써 우리 수군의 막강한 힘을 보여 주었다. 다음으로, 이 싸움은 임진왜란 전체 국면에 커다란 영향을 미쳤다. 즉 일본의 수륙 병진정책을 결정적으로 좌절시켰고, 전라도와 충청도 지역을 일본군의 공격으로부터 보호함으로써 전세를 회복하는 데도 큰 역할을 하였다. 한편 일본 측은 바다 싸움을 중지하고 해안에 축성을 하는 등 전략을 바꾸었다.

이해 8월 말에 있었던 4차 출정까지 포함한다면 우리 수군은 한 해 동안 네 차례 출정하여 열 번의 싸움을 치렀고 모두 승리를 거두었다. 4차 출정 때 벌어진 부산포 해전은 앞서의 큰 승리를 바탕으로 일본군의 근거지였던 부산까지 나아갔다는 점에서 큰 의미가 있지만, 거제 지역과는 직접적인 관련이 없으므로 여기서는 달리 살펴보지 않기로 한다.

어두운 기억, 장문포 왜성과 칠천량 싸움

거제를 둘러싼 바다 싸움의 승리, 그러나 이곳 거제는 우리에게 밝은 기억만을 허락하지는 않는다. 먼저, 이런 의문을 던질 수 있다. 우리 수군이 계속 싸워 이겼다면 남해안 일대를 장악하여, 적어도 이곳 거제의 주민들은 우리 수군의 보호막 속에서 전쟁의 두려움을 어느 정도 비켜 갈 수 있지 않았을까? 그러나 사실은 그렇지 못했던 것 같다. 이곳 거제도에서도 달갑지 않은 흔적을 찾을 수 있다. 거제도 북쪽에 자리 잡은 영등포, 송진포, 장문포 등지에는 임진왜란 동안 일본 수군이 상당히 오래 주둔하고 있었다. 그렇다면 우리 수군이 남해안을 완전히 장악할 수 없었던 이유는 무엇일까?

무엇보다 중요한 사실은 온 나라 안에서 전쟁이 계속되는 상황에서

적을 압도할 만큼의 수군 병력을 유지하기가 매우 어려웠다는 점이다. 이순신의 근거지인 호남 지역도 전쟁 물자와 인력 조달에 어려움을 겪고 있었다. 더구나 수군역은 천역賤役으로 여겨져 병력을 모집하기가 몹시 어려웠다. 그때 만연했던 질병도 큰 문제였다. 수군은 군선이라는 좁은 공간에서 생활했기 때문에 전염이 되기 쉬웠다. 최근의 연구에 따르면, 이순신이 잃은 병사 가운데 대부분은 전쟁이 아니라 전염병 때문에 사망했다고 할 정도이다. 도망병도 적지 않았다.

게다가 잇따라 패배한 일본 수군은 싸움을 피하고 해안에 성을 쌓아 방어에 들어갔다. 이때 일본군이 쌓은 성의 흔적이 오늘날에도 경상남도 남해안 곳곳에 남아 있다. 이들 성곽은 주로 임진왜란이 일어난 지 1년이 지난 시점에 강화 교섭이 본격화되면서 일본군이 쌓은 것이다. 이름난 곳으로는 양산 서생포와 임랑포, 기장 부산포, 구포, 가덕도, 장문포, 안골포, 웅천 등이 있다. 우리 수군은 이곳에 있는 일본 수군을 유인하기도 하고 수륙 협공작전을 펼치기도 했지만, 큰 성과는 거두지 못하였다.

장문포 왜성 잇따라 바다 싸움에서 패한 일본 수군은 싸움을 피하고 해안에 성을 쌓아 방어에 들어갔다. (경남 거제시 장목면 장목리)

또 전체 수군의 규모를 비교할 때 우리 수군이 일본 수군에 비해 훨씬 열세였다. 이순신 함대는 겨우 100척 정도였는데, 일본군은 수백 척이나 되었다. 따라서 우리 수군이 적극적인 공세를 펴기에는 어려움이 있었다.

일본 수군이 계속 싸움을 피하며 해안에 웅크리고 있는 상황에서 우리 수군이 할 수 있는 일은 수륙 협공을 하거나 그들의 침략 길목인 견내량에서 바닷길을 차단하는 정도였다. 실제로 우리 수군은 이 부근에서 여러 차례 작전을 펼쳤고, 1593년 6월부터는 아예 중요한 거점인 한산도로 이동하여 주둔하였다. 적을 맞아 출동하기에 훨씬 가까워진 셈이었다.

6월에 일본군은 진주성을 공격하면서 수륙 양면으로 병력을 이동하였는데, 수군의 경우 웅천과 제포에 있던 병력이 거제도의 영등포, 송진포, 장문포 등지를 점령하였다. 사실 일본군에게도 거제도는 매우 중요하였다. 거제도를 점령당하면 부산으로의 바닷길이 드러나기 때문이다.

이렇게 서로 등지고 대치하면서도 서로가 어쩔 수 없는 상황이었다. 이순신이 조선 수군의 전력이 약하고 형편도 좋지 못해, 요충지에 주둔하면서 길목을 지키고 있는 상황이라고 보고했을 정도였다. 1593년 7월 이순신이 통제사로 임명되었기 때문에 한산도는 이제 조선 수군의 최고 지휘부로 자리 잡았다. 육지는 사천과 곤양까지도 일본의 수중에 있는데, 수군만이 적의 진영 한가운데로 들어가 있는 셈이었다. 거제 바로 왼쪽에 있는 한산도에 수군통제영이 자리하고 거제 동부에 일본군이 주둔하면서, 이 일대는 임진왜란 바다 싸움의 태풍의 눈이 되었다. 그렇다면 일본군은 이 지역에서 무슨 일을 하였을까? 또 일본군이 주둔해 있는 동안 이곳 주민들은 어떻게 살았을까? 장문포의 왜성에서 이런 점을 짚어 볼 수 있으리라.

한편 1594년 9월 말부터 10월 초까지 체찰사 윤두수의 지휘 아래 거제도 공략작전이 펼쳐졌다. 물론 이순신 함대도 참여하였다. 그러나 장문포 깊숙이 주둔한 적군은 양쪽 봉우리에 누각을 쌓은 뒤 웅크리고서 도무지 나오지 않아 별다른 성과 없이 끝나고 말았다. 그 뒤로도 거제도를 공격하려는 계획은 계속 있었다.

임진왜란 전체 상황을 봤을 때 일본군을 물리치기 위해서는 그들의 근거지인 부산을 공격해야만 하였다. 그리고 부산을 공격하려면 조선 수군이 부산 앞바다까지 진출해야 하는데, 그 이전에 해로상의 요충지인 거제도를 반드시 장악해야 한다는 주장이 계속해서 제기되었다. 가령 김응남은 1596년 6월 초에 거제도를 점령하고 이곳에 원균을 파견할 것을 주장하였다. 윤근수도 이에 찬성하면서 한산도를 포기하더라도 거제도는 반드시 점령해야 한다고 주장하였다. 이러한 주장은 이순신과 원균 사이에 갈등을 부추겼고, 결국 이순신이 통제사에서 쫓겨나는 계기가 되었다. 윤근수는 원균을 경상도 통제사로, 이순신을 전라도 통제사로 삼자고 주장하면서 이순신에게 거제도를 속히 점령하도록 명령할 것을 건의하였고, 선조도 이를 받아들였다. 이 같은 분위기는 그 다음 해 칠천량의 대패와도 연결되어 있다 하겠다.

거제에서의 또 하나의 어두운 기억은 칠천량 싸움이다. 칠천량은 거제 북쪽에 위치한 작은 섬으로, 장문포와도 가까워서 장문포를 공격할 때 우리 수군이 주둔했던 곳이기도 하다. 이곳에서 우리 수군은 치욕스러운 패배를 당하였다. 앞서 보았듯이 양쪽의 수군이 대치하고 있는 가운데 1597년 2월 이순신이 통제사에서 해임되고 원균이 그 자리에 올랐다. 그런데 정유재란이 일어나면서 다시 일본군이 몰려왔다. 조선 수군은 지휘체계가 바뀌면서 아직 혼란스러운 상태였고, 일본군은 계속해서 수군을 강화한 터였다. 비변사와 도원수는 원균에게 일본군의 바닷길을 차단하라고 재촉하였고, 출동을 거부하던 원균은 할 수 없이 6월 18일에 부산을 향해 출항하였다. 7월 초까지 몇 차례 싸움을 벌여 약간의 전과를 거두기도 했지만, 우리 수군도 적잖이 손실을 입었다.

이런 가운데 출전에 소극적이라는 이유로 원균이 도원수 권율에게 곤장을 맞기도 하였다. 그 직후인 7월 14일, 통제사 원균은 전 함대를 이끌고 출전하였다. 원균의 함대는 부산 앞바다에 도착한 뒤 싸움을 시도하였으나, 일본 함대가 계속 싸움을 회피하는 전술을 써서 우리 수군을 지치게 만들었다. 원균의 함대는 뱃머리를 돌려 가덕도와 영등포 등지로 이동했는데, 일본군은 이미 이 일대에 육군을 배치하고는 수륙 합동작전을 펼쳤다. 원균의 함대는 7월 15일 영등포에서 칠천량으로 이동하였다. 칠천량은 우리 함대가 자주 정박하던 곳으로, 바람과 파도를 피할 수 있는 곳이었다. 그런데 일본 수군은 조선 함대의 이동 상황을 파악하고 있다가 야간의 어둠을 틈타 칠천량 주변을 에워싸기 시작하였다.

드디어 7월 16일 새벽, 일본군이 총공세에 나섰다. 이틀 동안 계속된 함대 이동과 식수 부족으로 우리 수군은 지쳐서 일본 함대의 접근조차 제대로 모르고 있다가 기습을 당하였다. 대항해 보려고 애썼지만 이미 대세는 기울어졌고, 함대는 통제할 수 없는 상황이 되었다. 함대는 두 방향으로 나누어 탈출하였다. 한편은 진해만 쪽으로 향하였으나 일본 수군의 추격을 받아 참패하였다. 다른 한편은 거제도 해안을 타고 한산도를 향해 나아갔다. 원균의 남은 함대는 고성땅 추원포에 상륙하였는데, 그곳에서 다시 일본군의 공격을 받았다. 이때 원균이 전사하였다. 전라우수사 이억기와 충청수사 최호도 전사하였으며, 전선은 파괴되거나 일본에 빼앗겼다.

　결국 정유재란과 더불어 벌어진 칠천량 싸움으로 수군 지도부가 모두 전사하고 전선의 대부분은 일본군에게 파괴되거나 빼앗겼다. 이로써 그동안 일본군을 맞아 거둔 조선 수군의 공적은 일시에 무너졌다. 일본 함대의 전력이 크게 강화된 탓도 있겠지만, 정부의 잘못된 정책과 지휘 통솔의 문제점이 크게 작용한 패배였다.

　칠천량에는 거북선을 비롯해 조선 수군의 함대와 병장기가 가라앉았을 가능성이 크기 때문에 2004년 4월, 해군사관학교에서 처음으로 해저 유물 탐사작업을 벌였다. 이러한 작업이 앞으로 성과를 거둔다면 뼈아픈 임진왜란의 역사를 좀 더 구체적으로 되살릴 수 있을 것이다.

바다를 둘러싼 영예와 치욕의 현장, 거제

지금까지 거제 지역을 중심으로 임진왜란 동안의 수군의 활동을 살펴보았다. 한 지역에서 이렇게 많은 싸움이 벌어졌다는 사실은 아마도 짐작하기 어려웠을 것이다. 옥포·율포의 승리, 한산도 앞바다의 대승…. 우리는 어려운 상황 속에서 일구어 낸 승리를 통해 우리 수군의 뛰어난 활약에 감동을 느낀다. 그러나 승리 이후에도 이곳은 일본군이 장악하였고, 또 수군의 책임자를 하루아침에 교체함으로써 칠천량에서는 쓰라린 패배를 맛보았다. 이러한 사실은 우리를 당혹스럽게 한다. 어쩌면 이 지역은 승리의 화려함보다는 굴욕의 역사를 간직하고 있을지도 모른다.

　다행히도 칠천량 싸움 패배 뒤에 이순신이 삼도수군통제사로 복귀하면서 바다 싸움의 승리는 다시 시작되었다. 이 무렵 바다 싸움의 중심은 거제가 아니었다. 그것은 거제 지역에서 싸움을 벌이기도 어려울 만큼 우리 수군의 상황이 좋지 않았음을 뜻한다. 칠천량의 패배는 너무나 엄청난 것이어서 수군을 포기해야 한다는 주장이 나왔을 정도였기 때문이다. 이순신은 수군의 중요성을 잘 알고 있었기 때문에 결코 포기할 수 없다는 입장을 밝히고, 본거지를 전라도 고금도와 고하도 등지로 옮겨가며 한편으로는 수군을 추스르고, 다른 한편으로는 일본군을 유인하면서 싸움을 벌였다. 다행히 그 작전은 성공하여 중요한 싸움을 승리로 이끌 수 있었다. 명량은 계속되는 수군의 신화와 관련된 중요한 역사의 현장이다. 명량해전 뒤에 우리 수군은 일본군이 남해안을 지나 서해안으로 공격하는 길을 막을 수 있었다.

또 하나, 바다 싸움의 주역이었던 우리 수군들의 처지를 짚어 보고 싶다. 전쟁의 어려움은 우리 수군이 연거푸 승리를 거둔 거제 지역도 예외는 아니었다. 우리는 임진왜란 바다 싸움의 승리를 매우 자랑스러워한다. 그러나 승리의 주역이었던 수군은 그전에도 그러했고, 그 뒤로도 여전히 천시받고 힘든 역이었음을 알아야 한다. 그들에게 승리는 과연 무엇이었고, 그런 큰 승리에도 불구하고 그들을 기억하지 않는 위정자들은 어떻게 평가해야 할까?

이처럼 거제도 일대의 바다 싸움이 가지는 의미는 매우 컸다. 거제 일대는 임진왜란 때 바다 싸움을 둘러싼 영욕을 가장 확실하게 담고 있는 곳이다. 따라서 이곳 옥포, 한산도 등에서 찾아볼 수 있는 승리의 기념비만이 아니라 장문포, 칠천량 등에도 그와 같은 표시를 하여 쓰라린 역사의 현장을 찾아보기 쉽도록 해야 할 것이다. 그것이야말로 진정한 의미에서 역사를 이어 가는 길이다.

역사의 현장
　　　　　　양화진 절두산(서울특별시 마포구 합정동)
　　　　　　　강화산성(인천광역시 강화군 강화읍)
　　　　　　갑곶 돈대(강화군 강화읍 갑곶리)
　　　　　삼랑성과 전등사(강화군 길상면)
　　　　　강화유수부 동헌(강화군 관청리)
　　　　초지진(강화군 길상면)
　　　광성진 신미순의총, 쌍충비각(강화군 불은면 덕성리)
　　덕진진(강화군 불은면 덕성리)
　문수산성(경기도 김포시 월곶면 포내리)
어재연 장군 생가(이천시 율면 산성리)

　　　　강화도는 아주 오랜 옛날부터 외적을 막는 요새지였다. 멀리는 고려가 세계 최강의 제국 몽골의 침략을 막기 위해 이리로 수도를 옮겨 30년 동안 치열하게 싸웠고, 그 빛나는 항쟁은 삼별초의 대몽항쟁으로 이어졌으니 강화도는 고려인의 항몽정신이 살아 숨 쉬는 곳이다. 조선 후기에는 청나라에 당한 수모를 갚기 위해 이곳을 방어 거점으로 삼아 요새화 작업을 하였다. 오늘날 강화도에 남아 있는 여러 진과 보, 돈대가 다 이때 만들어졌다.
　　19세기는 제국주의 시대였다. 서구 열강은 중국을 침략하더니 곧이어 침략의 칼날을 조선에 들이댔다. 열강은 조선을 굴복시키기 위해 서울의 관문이라 할 강화도를 집중 공략하였다. 병인양요와 신미양요가 그것이다. 우리는 이 전쟁을 통해 총칼을 앞세우고 쳐들어오는 서구 제국주의의 참모습을 확인하고, 외적의 침략 앞에 굴하지 않고 용감히 싸워 지켜 낸 우리 선열의 자주정신과 반외세의 발자취를 발견할 수 있다. 곧, 서양 오랑캐와 맞서 싸운 강화도는 제국주의 침략의 서막이자 근대 반외세운동의 시작을 보여 주는 역사의 현장이다.

서양 오랑캐, 강화에 총을 들이대다

서구 자본주의 열강이 조선을 넘보다

19세기 전반 서구 자본주의 열강은 산업혁명 이후 국내 시장이 포화 상태에 이르자 새로운 상품 시장과 원료 공급지를 찾아 동아시아에 침투하기 시작하였다. 이들 나라는 단순히 천주교, 개신교를 포교하는 차원을 넘어 무역 통상을 요구하였으며, 급기야 여러 지역을 침략하여 식민지로 삼기도 하였다.

이 가운데 영국은 청나라에 면제품을 비롯한 각종 공산품을 팔아 이익을 남기려 하였다. 그러나 오히려 청나라로부터 차茶를 다량 수입하면서 무역 적자를 면치 못하는 상황이 벌어졌다. 이에 영국은 무역 적자를 만회하기 위해 인도의 아편을 몰래 들여와 중국민에게 팔아 커다란 이익을 챙겼다. 청나라 정부는 곧 아편 밀매 단속을 강화하였고, 영국은 이를 빌미로 1840년에 아편전쟁을 일으켰다. 우세한 화력을 보유한 영국은 청나라 정부의 무능에 힘입어 손쉽게 전쟁에서 승리하고 불평등조약인 난징조약을 체결하였다. 그 결과 중국은 무역항을 열고 관세자주권을 포기하였으며 치외법권을 승인하였다.

프랑스, 미국 등도 잇따라 청나라 정부와 통상조약을 맺고 중국 시장에서 유리한 고지를 차지하였다. 서구 열강은 청나라가 틈만 보이면 온갖 구실을 내세워 청나라를 압박하였고, 심지어 1860년 12월에는 영국과 프랑스 연합군이 베이징을 점령하였다.

영불 연합군의 베이징 점령은 조선 정부에도 커다란 충격을 주었다. 그것은 중국의 수도가 서구 열강에 점령되었다는 객관적 사실을 넘어, 조선 정부의 금압 대상인 천주교가 중국에서는 아무런 제지도 받지 않고 퍼질 수 있음을 의미했기 때문이다. 이 시기에 조선에는 서양 신부들이 자주 들어오는가 하면, 몰래 들여온 서양 상품이 서울 한복판에서 거래되었다.

양반과 일반 백성들 사이에서는 조선도 머지않아 서구 열강의 침공을 받을 것이라는 위기의식이 고조된 나머지 너도나도 서울을 떠나 시골로 내려갈 정도였다. 심지어 일부 고위 관료들은 천주교도들에게 겸손하게 보호를 부탁하고, 위험의 날에 대비하여 종교 서적이나 십자가상, 성패聖牌를 장만하고자 교섭을 벌이기도 하였다. 이에 정부는 중국에 사신을 파견하여 서구 열강의 동정과 청나라 정세를 살피는 한편, 침략에 대비하여 천주교를 단속하고 국방 강화에 신경을 썼다.

한편 19세기에 접어들면서 서양 배들이 한반도 연안에 자주 나타났다. 사람들은 이 배를 모양이 이상하다 하여 '이양선異樣船'이라고 불렀다. 물론 이양선의 출몰이 이때가 처음은 아니었다. 인조 때 벨테브레나

하멜 일행이 표류하다가 제주에 도착한 일이 있었다. 그러나 그것은 일본과 무역을 하던 네덜란드 상인들이 풍랑에 휘말려 표류한 사건에 지나지 않았다. 이에 반해 19세기 한반도 연근해에 출몰한 이양선들은 제주도, 울릉도 등의 여러 섬을 측량하거나 한반도 근해에 접근하여 정탐을 하고, 해도海圖를 작성하기도 하였다. 이런 행위는 조선의 주권을 침해하는 불법행위였다.

대표적인 이양선으로 영국의 무장상선인 '로드 암허스트Lord Amherst' 호를 들 수 있다. 이 배는 1832년 6월 말 황해도 몽금포 앞바다에 나타나 조선 정부에 문호 개방과 통상 수교를 요구하였다. 조선 정부가 조선과 청나라의 외교 관계를 내세워 이들의 요구를 거부하자, 남쪽 연안으로 내려와 다시 수교를 요청하였다. 영국 상선의 잇따른 수교 요구는 제주도를 점령하고 상관을 설치하여 조선을 상품 시장으로 만든 다음, 이를 거점으로 중국, 일본과 통상을 강화하려는 의도에서 나온 것이었다. 더 나아가 제주도를 기독교 포교의 근거지로 삼으려는 뜻도 있었다.

프랑스 이양선들도 한반도 연해에 자주 출몰하였다. 이들은 정부 차원에서 통상 수교를 요구하는 한편, 조선 정부의 천주교 탄압에 항의하더니 마침내는 무력으로 위협하기에 이르렀다. 이때 프랑스는 파리 외방전교회를 통하여 로마 교황청으로부터 조선 교구에 대한 관리를 위임받은 터라 조선 정부의 천주교 금압에 민감하였다. 1846년 6월, 프랑스 군함이 충청도 외연도 부근에 출몰하였다. 이들은 1839년 기해사옥己亥邪獄 때 프랑스 신부 3명이 처형당한 이유를 따져 물으며, 성실한 해명이 나오지 않으면 대재해를 면할 수 없을 것이라고 위협하였다. 그리고 이듬해에 군인 600명을 태운 프랑스 군함 2척이 전라도 고군산도 앞바다에 나타나 답신을 요구하였다. 비록 이들 군함 중 1척은 좌초되어 함대기지로 돌아갔지만, 이러한 위협으로 인해 조선 정부는 위기감을 느꼈을뿐더러 조선의 천주교도를 프랑스에 국내 사정을 알려 주는 첩자로 여기게 되었다.

미국도 이러한 이양선 침투 대열에 가담하였다. 1866년 7월 대포 2문을 장착한 무장상선 제너럴 셔먼General Sherman호가 대동강을 거슬러 올라와 통상을 요구하였다. 평안감사 박규수와 부민들은 이들의 요구를 거절하며 물러날 것을 요청하였다. 그러나 제너럴 셔먼호는 이를 완강하게 거부하고, 조선인 관리를 납치하고 해적질을 하는 등 온갖 만행을 저질렀다. 결국 양자 간에 유혈 충돌이 빚어졌고, 제너럴 셔먼호는 평양 부민들의 공격으로 불타 승무원 전원이 사망하였다. 제너럴 셔먼호가 대동강에 들어온 지 13일 만의 일이었다. 이때 평안감영이 노획한 물자는 대완구포와 소완구포 각 2문, 대완구포환 3발, 철로 만든 닻돌 2개, 크고 작은 철사 고리로 연결한 쇠고리 줄 162발, 서양 철근 1300근, 장철 2250근, 잡철 2145근이었다.

한편 러시아는 만주 동부에서 조선 접경까지 점령한다는 계획 아래 남쪽으로 내려오기 시작하였다. 러시아 군함은 동해 연안에 자주 나타났으며, 1864년 2월에는 러시아인들이 경흥부에 들어와 통상을 요구하는 문서를 들이밀었다. 이는 정부에 매우 큰 위협으로 비쳤다. 이 무렵 정권을 쥐고 있던 흥선대원군은 프랑스 선교사를 통해 프랑스와의 관계를 개선하면서 러시아의 남하를 막아 보려고 하였다.

그러나 조선 정부의 이러한 시도는 프랑스 선교사의 소극적인 태도와 대다수 관료들의 반대로 말미암아 무산되었다. 나아가 정부는 천주교가 조선의 사회질서와 고유문화를 위협할뿐더러 천주교도들이 서구 열강에 국내 사정을 알려 주고 길을 안내한다고 판단하여 프랑스 신부 9명과 신도 수천 명을 처형하였다. 이것이 바로 병인사옥이다.

갑곶에 나타난 오랑캐

프랑스는 병인사옥에서 자국 신부가 처형당한 일을 구실 삼아 1866년 8월 10일(이하 음력) 극동 함대 사령관 로즈Roze 제독이 이끄는 군함 3척을 보내 조선 침공에 나섰다. 이는 오랫동안 프랑스 정부가 바라 온 일이었다. 프랑스는 나폴레옹 3세가 집권하면서 베트남에 대한 영향력을 강화하기 위해 프랑스-베트남 전쟁을 일으켰으며, 그 여세를 몰아 조선에도 영향력을 미치려 하였다. 그리고 영국, 미국에 뒤질세라 병인사옥을 빌미로 조선을 굴복시킴으로써 자국 자본가와 군부의 희망을 실현하려 하였다. 심지어는 그들의 주장대로, 피살된 프랑스 신부 9명에 대한 대가를 구실로 한양을 점령하고 한양 백성 9000명을 죽이려 하였다. 베이징 주재 프랑스 공사 벨로테는 본국 외무성의 지시에 따라 청나라 공친왕에게 보낸 서한에서 다음과 같이 말하고 있다.

> 조선에서 복음을 전하던 프랑스 신부가 참수되었다. 프랑스 황제는 이렇게 잔인한 폭행을 처벌하지 않을 수 없다. 조선 왕이 프랑스인을 처형한 날이 바로 그의 치세의 마지막 날임을 스스로 선언한 것이다. 오늘 본인도 이를 엄숙히 선언하는 바이며, 며칠 안에 우리 군대가 조선을 정복하러 진군할 것이다.

8월 11일 남양만에 도착한 프랑스 함대는 일대의 수심을 측량하다가 한강 입구를 발견하였다. 8월 15일 프랑스 함대는 기함을 남겨 둔 채 강화해협을 지나 한강을 거슬러 올라왔다. 그리고 양화진 근처에 있는 염창항 부근에 이르렀다. 이에 조선 정부는 8월 18일 염창항에 작은 배들을 늘어놓고 진입을 막았다. 그러나 최신 무기로 무장한 프랑스 함대는 조선군의 선단 중앙을 향해 집중적인 함포 사격을 개시하여 조선 전선들을 가라앉혔다. 나아가 도성에서 10리도 되지 않는 서강 어귀까지 올라가 일대의 수심 측량까지 마쳤다. 프랑스 함대는 그들의 목표인 수심 측량과 지도 작성을 달성했다고 판단하여 19일 아침 한강 하류로 철수하였고, 23일 최종적으로 조선 영해를 떠났다. 프랑스로서는 커다란 수확이었다. 그들은 이제 강화해협만 봉쇄하면 청나라와 마찬가지로 조선도 도성민의 경제적 궁핍과 심리적 공포로 말미암아 결국 굴복하리라고 판단하였다.

로즈는 이처럼 1차 정찰을 마친 뒤, 9월 3일 프랑스 신부 리델과 함께 군함 7척에 해군 600여 명을 태우고 즈푸 항〔芝罘港〕을 출발하였다. 조선에 도착한 함대는 먼저 군함 4척을 동원하여 강화부를 침공하기로 결정하고, 9월 6일 강화도 갑곶 앞에 닻을 내렸다.

프랑스군은 갑곶에 상륙하여 마을에 진을 치고 이틀 동안 머무르면서 주민들의 재산을 약탈하였다. 그러나 조선 군사들은 아무런 대응도 하지 않았다. 7일 오후 프랑스군 정찰조 100여 명이 진휼리 북쪽 야산을 거쳐 강화부 동쪽 성문을 공격하였다. 조선군은 소총 사격을 하고 소구경 대포 2문으로 집중 포격하였으나, 화력의 열세로 말미암아 오히려 조선군 2명이 사망하였다. 한편 일부 프랑스군은 남문을 공격하여 점령한 뒤 철수하였다.

다음 날 8일에는 프랑스군 3개 제대 전 병력이 강화부 남문으로 들어

왔다. 이들은 조선군의 완강한 저항에도 불구하고 우수한 대포로 남문 문루인 안파루를 집중 포격한 뒤 강화부 성을 점령하였다. 그리고 곧바로 강화유수부 건물을 샅샅이 뒤졌다. 여기에는 무기와 각종 공물이 가득 들어 있었다. 프랑스군은 프랑스 화폐로 20만 프랑에 해당하는 은괴 18상자를 비롯하여 무기류와 군수품류를 약탈하였다. 무기고에 불을 지르자 화약이 폭발하는 소리가 마치 지진이 일어난 듯 요란했다고 한다. 또 외규장각에는 2000~3000권을 헤아리는 책이 보존되어 있었는데, 프랑스군은 마음에 드는 물건을 모조리 배로 실어 나르고 옮기기 어려운 큰 것들은 모두 부숴 버렸다. 이 가운데 그들의 눈을 특히 자극한 것은 채색 비단 장정에 선명한 그림들이 그려져 있는 어람용 의궤로, 189종 340여 책의 의궤가 프랑스 군함으로 옮겨졌다. 이로써 로즈 제독은 조선 정부와 유리하게 협상할 수 있는 여건을 만들었다고 확신하였다.

한편 조선 정부는 9월 7일 의정부의 건의에 따라 훈련대장 이경하와

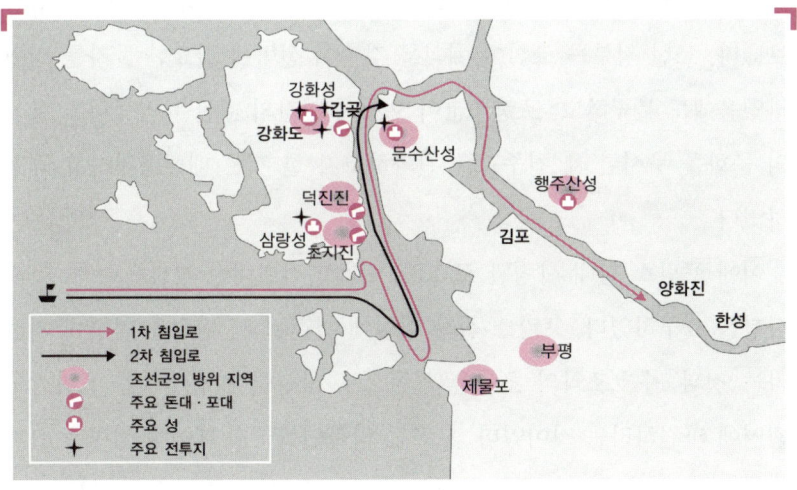

프랑스군의 강화 침입로(병인양요)

총융사 신관호 등에게 한강변 일대를 방어하기 위한 대책을 수립하도록 하고, 이원희를 총융 중군에 임명하여 이들의 임무 수행에 협력하게 하였다. 다음 날인 8일 금위영에 프랑스군의 침입에 대처하기 위해 조선군의 총사령부인 순무영이 설치되었다. 아울러 순무 중군 이용희와 천총 양헌수의 지휘 아래 조선군 2000여 명이 9월 9일 양화진에 도착하였는데, 강화부 점령 소식을 듣고 강화도로 출발하였다. 이 무렵 프랑스군 정찰대가 통진부에 쳐들어가서 관아와 주민들의 재물을 약탈하고 소와 집짐승, 의복가지 들을 모조리 거두어 갔다.

불타는 강화유수부 — 병인양요

사건의 전말을 보고받은 순무영에서는 대화를 더 할 필요가 없다고 판단하고 결전을 서둘렀다. 9월 11일, 조선군은 프랑스군에 최후통첩을 보냈다. 조선 정부는 조선이 예의를 갖추어 선박에 필요한 물자를 지원하였음에도 불구하고, 프랑스군이 오히려 민간의 재산을 약탈하고 조선의 문화를 무시한 채 천주교를 전파하고자 한 것은 배신행위라고 규정하였다.

이에 프랑스 함대 사령관 로즈는 프랑스 전권대신 직함으로 두 가지 사항을 요구하였다. 프랑스 신부 학살에 관련된 세 정승을 엄벌에 처하라는 것과, 수호조약의 초안을 공동으로 작성할 전권대사를 프랑스군 진영에 파견하라는 것이었다. 로즈는 영불연합군의 베이징 점령을 상기시키면서 조선 정부를 위협하였다.

한편 흥선대원군은 9월 14일 조정에 보내는 편지에서 화친과 교역을 매국, 망국으로 규정하고 도성 사수를 강력하게 주장하였다. 곧이어 9월 16일, 정부는 결사 항전과 민심 안정을 촉구하는 글을 각 지역에 널리 붙였다.

　조선 군사는 강화에서 서울로 들어오는 길목인 문수산성에 진을 치고 프랑스군의 침공에 대비하였다. 아울러 한강 하류의 염창항을 봉쇄하고자 이 지역 일대에 선박을 침몰시켜 수중 장애물을 설치하였다. 프랑스군은 조선군의 이런 움직임을 알아차리고, 9월 18일 문수산성에 정찰대를 파견하였다. 조선군은 매복 공격하였고, 프랑스군도 우세한 화력으로 조선군을 압박하면서 문수산성 남문으로 돌진하였다. 조선군은 화력의 열세로 말미암아 다수의 사상자를 내고 통진 쪽으로 퇴각하였다. 프랑스 침략군은 산성 안으로 들어와 남문을 비롯하여 부속 건물 50여 칸과 부근 민가 30여 호를 모조리 불태우고 주민 1명을 사살하였다. 그러자 조선군도 프랑스군을 공격해 5명을 사살하였다. 이러한 피해는 프랑스군에 뜻밖의 충격을 주었다. 이 전투는 연승으로 자만과 안일에 빠져 있던 프랑스군의 사기를 여지없이 꺾어 버렸을뿐더러 공포심을 높였다.

　통진부에 머무르던 천총 양헌수는 프랑스군의 상황을 면밀하게 살펴본 뒤, 10월 1일 손돌목에서 강화해협을 건너 강화도의 삼랑성(정족산성)으로 들어가려고 하였다. 다음 날인 10월 2일, 조선군 800여 명은 프랑스군의 눈을 피해 삼랑성에 들어갈 수 있었다. 그러나 전날 프랑스군 정찰대가 한발 앞서 삼랑성에 들어와 전등사에 있는 각종 전적과 문화재들을 모조리 약탈해 간 뒤였다.

　프랑스군은 조선군이 삼랑성에 들어간 것을 알고, 이를 격퇴하기 위해 10월 3일 150여 명의 군사를 보내 삼랑성을 공략하려고 하였다. 프랑스군 일부가 삼랑성 오른쪽 동문으로 접근하는 가운데, 본대가 남문

양헌수 승전비 병인양요 때 양헌수가 삼랑성 전투에서 프랑스군을 격퇴한 공적을 기리고 있다. (인천광역시 강화군 길상면 온수리)

을 향해 정면으로 공격하기 시작하였다. 그러나 양헌수가 미리 남문 쪽에 주력부대를 배치한 탓에 프랑스군은 고전을 면치 못하였다. 더욱이 프랑스군은 지형상 불리한 데다가 조선군의 화력을 얕잡아보고 대포를 가져오지 않았기 때문에 조선군의 공격 앞에 부상자가 늘어나기 시작하였다. 프랑스군은 수차례 공격하였지만 결국 퇴각하였다. 프랑스군이 전쟁을 시작한 이래 최초로 당한 패배였다. 삼랑성 전투로 프랑스군에서는 장교 5명을 비롯하여 출동 병력의 5분의 1에 해당하는 30여 명이 부상을 당하였다.

　프랑스 함대 사령관 로즈는 삼랑성 전투에서 치명적인 타격을 입고 돌아온 프랑스군을 보고 큰 충격을 받았다. 그는 즉시 간부회를 소집하여 삼랑성 전투 상황을 분석하고 토론하였다. 조선군의 완강한 저항도 장애이거니와 프랑스군의 사기 저하가 더 큰 문제였다. 더욱이 겨울철로 접어들면 장비와 보급품이 부족해지고, 강화해협이 얼면 프랑스군은 고립무원에 빠질 터였다. 로즈는 이 전쟁은 승산이 없다고 판단하고, 만조기滿潮期를 이용하여 강화해협을 빠져나가기로 마음을 굳혔다. 그리고는 후퇴에 앞서 강화도에서 약탈한 물건들을 본선으로 운반하고, 강화 유수부 건물을 비롯하여 주변의 민가를 불태웠다. 외규장각도 불태웠다. 일종의 보복이었다. 프랑스 함대는 10월 5일 강화도를 떠나 10월 6일 조선 해역을 완전히 벗어났다. 이때 서구 열강은 프랑스군이 조선을 굴복시키지 못한 것을 아쉬워하면서 훗날을 기약하였다.

조선 정부는 곧바로 강화도 복구 작업에 들어갔다. 흐트러진 민심을 달래고, 프랑스군의 재침략에 대비하기 위해서였다. 아울러 전투에서 공을 세운 관리들과 군인들에게 표창을 수여하고, 강화도 해역의 방어 체제를 강화하였다. 특히 동래부와 의주부를 비롯하여 여러 시장에서 서양 물건을 거래하는 행위를 엄금하였다. 또한 외세의 침공을 근본적으로 차단한다는 명분 아래 천주교도들을 철저하게 색출하여 처형하였다. 이때 체포된 천주교도 수천 명은 양화진 부근 절벽에서 목이 잘려 한강에 던져졌다. 프랑스군이 도성에 가장 가까이 올라왔던 양화진에서 천주교도를 처형함으로써, 정부는 외세의 침입에 대한 경각심을 높이고자 하였다. 그 후로 천주교도들이 처형당한 이 지역을 절두산切頭山이라 부르게 되었다.

초지진에 잠깐 내걸린 성조기 — 신미양요

미국도 오래전부터 조선에 관심을 가졌다. 이미 1854년에 일본을 강제로 개항시킨 경험이 있는 미국은 남북전쟁(1861~1865)이 끝나자 대아시아정책을 강화하였다. 미국의 팽창주의가 다시 고조되기 시작한 것이다. 이런 가운데 미국인 소유의 제너럴 셔먼호가 조선 근처에서 사라졌다. 얼마 지나지 않아 조선에서 탈출한 프랑스 신부 리델이 제너럴 셔먼호의 행방을 전해 오자, 미국 정부는 두 차례에 걸쳐 탐문 조사에 나섰다.

미국의 아시아 함대는 포함외교정책을 수립하였고, 미국 그랜트 대통령은 조선 원정 계획을 받아들여 1870년 3월 4일에 조선 원정을 단행하겠다고 선포하였다. 이에 1870년 12월 청나라 주재 미국 공사 로우가 조선 정부에 편지를 보내왔다. 편지의 내용은 조선 정부의 거절에도 불구하고 제너럴 셔먼호의 행방불명 규명을 내세운 통상 요구였다. 이는 미국이 일본에 썼던 함포외교 수법으로 조선과도 통상조약을 맺겠다는 의도였다. 그러면서도 미국은 1차 목적이 제너럴 셔먼호 사건에 대한 응징, 보복임을 숨기지 않았다.

미국의 로저스 아시아 함대 사령관은 전 병력을 5월 초까지 나가사키에 집결시켜 해상 기동훈련을 실시하였다. 조선과의 전쟁을 예상한, 실전을 방불케 하는 훈련이었다. 드디어 1871년 3월 27일, 청나라 주재 공사 로우와 함대 사령관 로저스는 기함 콜로라도호를 비롯하여 군함 5척, 함재 대포 85문, 총병력 1230명의 수병과 해병을 태우고 나가사키를 출발하였다.

4월 13일, 미국 함대는 조선 서해안에 있는 작약도에 도착하여 조선인 문정관問情官(국내에 처음 들어오는 외국 배나 외국인의 사정을 파악하기 위해 파견하는 벼슬아치)과 만났다. 로저스는 이때 일방적으로 조선 대표에게 강화 탐측을 통고하고, 조선 정부의 동의도 구하지 않은 채 강화해협에 진입하였다. 명백한 불법행위였다.

4월 14일, 미국 군함 2척이 탐측을 위해 손돌목에 들어섰을 때 광성진의 조선군이 포격을 가하였다. 이에 미군 포함 모노카시호는 광성진을 향해 8인치 대포를 쏘며 맹렬하게 반격하였다. 조선군은 최신식 무기를 갖춘 미국 함대의 포격에 밀려 진지가 파괴되고 많은 사상자를 낸 끝에 철수하였다. 조선군의 완패였다. 그러나 미군 주력함인 모노카시 호 역시 뜻하지 않게 손돌목에서 좌초하여 수리를 위해 급히 귀환해야 했다.

한편 미국 함대는 조선군의 포격을 성조기에 대한 모독이라 규정하고 사죄와 보상을 요구하면서, 조선 정부가 이를 수락하지 않으면 상륙하겠다고 위협하였다. 조선 정부는 미국 함대가 조선의 정식 허가 없이 강화해협을 침입한 행위는 이미 영토를 침략한 것이라 규정하고 미군의 요구를 완강히 거부하였다. 이로써 조선 정부와 미국 함대는 일촉즉발의 전쟁 상황으로 치닫기 시작하였다.

┼ **미군에게 붙잡힌 조선군** 조선 관리가 포로를 콜로라도호에서 인수하고 있다.

조선군은 강화도 주요 요새에 진작 중앙군대를 배치한 상태였다. 흥선대원군은 일찍부터 미국 함대의 침략을 예상하고, 4월 14일 어재연을 진무중군으로 삼아 군사 수백 명을 딸려 내려보냈다. 어재연은 광성보와 초지진 등 5개 포대에 군사 약 2000명을 배치하는 등 침공에 대비하였다. 한편 미국 공사 로우는 손돌목 사건에 대해 후속 조치를 취하지 않는다면 조선군이 미국의 아시아 함대를 물리쳤다고 자랑하며 쇄국정책을 강화할 수 있다고 판단하여 상륙작전을 단행하기로 결정하였다. 물론 본국 정부도 로우 공사의 제안을 승인하였다.

4월 23일, 미국 사령관 로저스는 포함 모노카시호와 팔로스호의 포격 지원을 받으며 소형 전함 4척과 상륙용 소형 단정 20척을 앞세워 상륙작전에 돌입하였다. 여기에 투입된 병력은 10개 중대, 공병대, 포병대, 의무대 등이며 해군 546명과 해병 105명이 포함되어 있었다.

미군은 정오 무렵 함포로 초지진을 공격하여 진지를 초토화시켰다. 조선군의 저항도 만만치 않았다. 조선군은 초지진 남쪽의 진남포대를 중심으로 하여 상륙한 미군 부대에 포격을 가하였다. 하지만 화력과 전투력이 떨어지는 조선군은 속수무책이었다. 이때의 조선군은 전투 경험이 없는 오합지졸인 데다가 보유하고 있는 무기마저 노후하여 화력, 사정거리, 명중률, 기동성 면에서 미군의 무기에 크게 밀렸다. 더욱이 미군은 남북전쟁에서 실전을 겪은 최정예부대여서 초반부터 승기는 미군 쪽으로 기울었다.

마침내 미군이 초지진에 상륙하여 보루를 점령하였다. 미군은 포대 주변에 천막을 치고 조선군의 야간 공격에 대비하였다. 이때 초지진첨사 이렴은 미군의 대비를 모르고 야간에 기습을 하려다가 도리어 많은 사상자를 내고 광성진으로 퇴각하였다.

4월 24일 오전 6시경에 상륙한 미군은 덕진진으로 나아가 조선군과 육박전을 벌였다. 미군 함대의 함포 사격으로 크게 타격을 입은 조선군은 미군의 적수가 되지 못하였다. 미군은 이제 광성진을 향해 북상하기 시작하였다. 광성진에는 조정에서 급파한 어재연 장군이 1000여 명의 군사를 이끌고 미군의 공격에 대비하고 있었다.

　미군의 광성진 공격은 초지진에서와 마찬가지로 전방에서는 함포 사격으로 초토화시키고, 후방에서는 상륙 부대가 곡사포로 조선군을 집중 공격하는 방식이었다. 조선군은 앞뒤에서 협공을 받는 형세였다. 그러나 어재연을 비롯한 군사들은 적의 맹렬한 공격에 아랑곳없이 전열을 정비하고 미군의 돌격에 대비하였다. 미군이 상륙하자, 조선군은 최후의 1명까지 미군에 맞서 싸웠다. 미군이 논대 안으로 뛰어들자, 화승총에 실탄을 장전할 겨를이 없어 돌멩이와 진흙을 집어던지는가 하면,

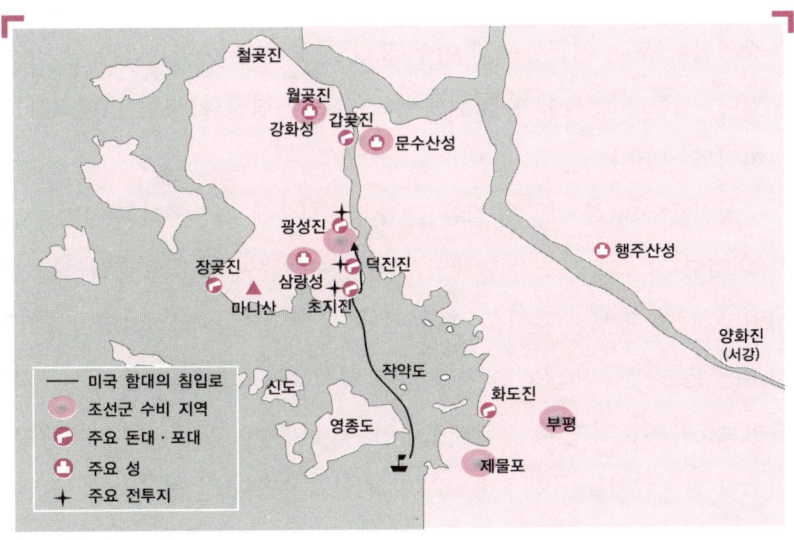

┼ 미군의 강화 침입로(신미양요)

소총을 몽둥이처럼 휘두르며 백병전을 벌였다. 이때 어재연 장군은 장검을 빼어 들고 군사들과 한데 어울려 최후까지 싸웠다.

이 싸움에서 조선군은 어재연을 비롯하여 350여 명의 장병들이 전사하거나 자살하였으며, 20여 명이 포로로 잡혔다. 이에 반해 미군은 장교 1명을 비롯하여 3명이 죽었으며, 10여 명이 부상을 당하였다. 이 전투에 참가한 슐레이 소령은 자신의 회고록에 다음과 같이 썼다.

> 조선군은 근대적인 총기를 한 자루도 보유하지 못하였다. 조선군은 진걸 jingalls총 같은 노후한 병기를 가지고 근대적인 미군 총포와 대항해서 싸웠다. 조선군은 그들의 진지를 사수하기 위해 용맹스럽게 싸우다가 모두 전사하였다. 아마도 우리는 가족과 국가를 위하여 그토록 장렬하게 싸우다가 죽은 장병을 다시는 찾아볼 수 없을 것이다.

광성진 전투는 미군들에게 이루 표현할 수 없는 충격과 감동을 안겨주었다. 이는 미군들에게 조선에서의 전투가 험난할 것임을 예고하는 것이기도 하였다.

광성진을 점령한 미군은 같은 날 오후 1시쯤에 조선군의 수자기帥字旗를 내리고 자국의 성조기를 게양하였다. 자신들의 승리를 축하하는 행사였다. 또한 광성진 관아를 불태우고 각종 축성물을 파괴하였다. 그러나 미군은 조선군의 굳건한 저항 앞에 자신들의 목적에 대해 다시 생각해야 했다. 미군의 원래 생각대로라면 페리 제독의 포함외교 때와 같이 미군이 상륙작전을 통해 5개 요새지를 함락하면 조선 정부가 통상교섭 협상에 나서야 했다. 그런데 예상과 달리 조선 정부는 조금도 위축되지 않았고 강경한 자세를 누그러뜨리지도 않았다.

강화도 광성진 전투 후 모습 조선군은 미군의 공격에 맞서 치열하게 싸웠다.

　미국은 전쟁을 더 벌이는 것은 무의미하다는 결론에 도달하였다. 그렇다고 그냥 철수할 수는 없었다. 로우 공사는 조선 정부에 보내는 서신에서 미군의 행위가 합법적이고 정당하였음을 강조하고, 자신과 동등한 지위의 고위 관원을 파견해 줄 것을 요청하였다. 그러나 부평부사 이기조가 미국의 서신조차 조정에 전달하기를 거부함으로써 미국의 의도는 완전히 수포로 돌아갔다. 로우 공사는 5월 15일 다시 한 번 자신들의 군사 행위의 정당성을 강조하는 서신을 보냈고, 5월 16일 미군은 정박지인 작약도를 떠나 본국으로 귀향하였다. 이로써 로저스 제독의 조선 원정은 실패로 끝나고 말았다. 그들의 말대로 "승리는 승리였으나 누구 한 사람도 그다지 자랑할 것이 못 되고, 누구 한 사람도 기억하고 싶지 않은 전승"이었다.

조선 정부는 서양 오랑캐의 침략을 두 차례나 겪으면서 병인양요 이래 추진해 오던 척화비 건립에 박차를 가하였다. 위정척사파 유림들도 서양 물건을 찾아 불태울 것을 요구하면서 군사 양성, 내치 정비 등을 강조하였다. 그리하여 한양의 번화가인 종로 네거리를 비롯하여 전국의 교통요지에 척화비가 세워졌다. 통상 수교 요구에 대한 정부의 거부 의지를 분명히 밝힌 것이다. 척화비의 내용은 이러하였다.

> 서양 오랑캐가 침범하니 싸우지 않으면 화친이 있을 뿐이다. 화친을 주장함은 나라를 팔아먹는 짓이다. 병인년에 만들고 신미년에 세운다. 이로써 우리의 영원한 자손을 경계한다.

그리고 이번에도 천주교도들이 미군의 침략에 길잡이 노릇을 하였다며 색출하여 처형하였다. 아울러 전사하거나 부상한 장병들을 포상하였다. 어재연에게는 충장공의 시호와 함께 병조판서를 추증하였다. 다른 장병들에게도 공로에 따라 응분의 논공행상을 실시하고 그 가족의 생계를 지원해 주었다. 특히 주요 해안 지역 일원과 부근 후방 지역에 대한 군사력 증강 계획을 수립하는 등 국방력 강화에 만전을 기하였다.

강화도의 파고는 점점 높아지는데…

19세기는 제국주의의 시대였다. 서구 열강은 식민지를 만들기 위해 여러 나라를 침략하였다. 1840년 영국이 아편전쟁을 일으켜 청나라를 굴복시켰고, 곧이어 서구 열강이 통상 수교를 내세워 조선에도 침략의 손길을 뻗쳤다. 그들은 이양선을 보내 조선의 연해를 침범하였고, 심지어는 강화도에 군대를 상륙시켜 조선의 주권을 유린하려고 하였다. 1866년 병인양요와 1871년 신미양요는 그러한 침략의 사례들이다.

1866년 프랑스는 병인사옥을 핑계로 조선을 공격하였다. 강화읍을 점령한 프랑스군은 서울로 쳐들어가겠다고 위협하면서 온갖 만행을 저질렀다. 이에 조선 군대는 화력과 장비는 빈약했지만 뛰어난 전술과 조국애로 무장하고 문수산성과 삼랑성에서 프랑스군을 물리쳤다.

병인양요 이후에는 미국이 조선을 넘보기 시작하였다. 마침내 미국은 제너럴 셔먼호 사건을 구실로 1871년 막강한 정예 해병대를 앞세워 강화도를 침략하였다. 초지진을 함락시킨 미군이 광성진을 공격해 오자, 어재연이 이끄는 조선의 수비대는 끝까지 물러서지 않고 격렬하게 싸웠다. 비록 이 전투에서 조선 군대는 처참하게 패배하였지만, 그들의 꺾일 줄 모르는 저항정신과 뜨거운 조국애에 미군들은 기겁하여 물러나고 말았다.

그러나 프랑스와 미국의 침략은 서막에 지나지 않았다. 미국의 자상하고 친절한 가르침에 따라 일본은 1875년 최신 무기를 갖춘 운요호를 보내어 불법적인 만행을 저질렀고, 조선은 강화도에서 불평등한 병자수호조약을 맺어야 했다. 이로써 강화도는 조국 방위의 거점에서 비극의 현장으로 변하였다. 그렇지만 강화도에 깃든 애국심과 반외세 자주정신은 꺾이지 않았으니, 이후 이곳에는 일제 침략에 맞서 여러 민족학교가 세워지고 의병들이 들고일어나 장렬한 싸움을 벌였다. 일제는 대한제국을 강점한 뒤, 끊이지 않고 전해 오는 반외세·저항의 기억들을 걷어 내기 시작하였다. 강화도의 국방 시설들이 모조리 황폐화되어 망각의 늪에 빠진 시기도 바로 이때였다.

1945년 8·15 해방은 그 잃어버린 기억들을 찾을 수 있는 기회였다. 그러나 국토 분단과 동족상잔의 비극으로 말미암아 이러한 기억들은 좀처럼 역사의 무대로 나올 수 없었다. 기이하게도 이러한 기억들을 살리는 데 앞장선 이는 일본육군사관학교를 나와 일본군과 관동군의 장교로 활동했던 박정희였다. 박정희는 1961년 군사쿠데타로 권력을 장악한 이래 군사 정권을 미화하기 위해 호국·자주정신을 계발한다는 명분으로 전국의 국방 유적을 복원하는 데 심혈을 기울였다. 1976년 강화전적지 복원정화사업도 이러한 취지에서 시작되었다. 갑곶돈을 비롯하여 광성돈, 손돌목돈, 용두돈, 덕진돈, 초지돈 등이 모두 이 시기에 복원되었다. 또 박정희 자신이 직접 쓴 각종 현판이 내걸리고, '강화전적지정화기념비'가 세워졌다.

다만 국방 유적을 복원하던 이 시기의 분위기를 감안하면 복원사업의 정치적 의도가 너무도 뚜렷하게 드러난다. 박정희는 유신 독재를 유지하기 위해 민주화운동을 폭력으로 억압하고 민중의 생존권을 짓밟는 한편, 자신이 민족 문화의 수호자요 호국·자주정신의 발로자로 보이게끔

강화전적지정화기념비
(인천광역시 광화군 불은면 덕성리 광성진의 용두돈대)

하는 데 노력하였다. 그는 각종 역사 유적의 기념문에서 지도자의 역할을 강조하고, 이를 통해 국민의 절대 충성을 유도하였다. 이른바 호국의지와 국민 총화가 그것이었다. 이 땅의 민중이 치열하게 벌인 반외세 투쟁의 기억을 그 자신의 정치적 의도에 맞게 재단한 셈이다.

그러나 이렇게 정치색 짙은 복원 노력마저도 5공화국에 들어와 중단되고 말았다. 외국에 배타적으로 비칠 것을 우려한 전두환 정권이 중지시킨 것이다. 국방 유적 복원정화사업은 비록 불순한 의도로 시작되었지만 반외세·저항의 기억을 되살리는 작업임에는 틀림없다.

반외세·저항의 기억들을 복원하는 일은 결국 민중에 의해 이루어져야 한다. 그러기 위해서는 먼저 강화도 여기저기에 흩어져 있는, 파괴되거나 훼손된 국방 유적을 원상태로 복원하여야 한다. 또 지도자의 치적과 정신을 드높이고 미화하기 위한 수단이 아니라, 우리 후손들에게 과거에 우리 선조가 어떻게 싸워 이 땅을 지키려 했는지를 생생하게 보여주는 역사의 현장으로 복원하고 가꾸어야 한다. 그곳에는 민중의 애국심과 자주정신이 깃들어 있기 때문이다.

3 민중운동의 현장

- 1862년 진주, 농민의 분노가 폭발하다
- 고부, 변혁의 들불로 타오르다
- 작은 섬 암태도의 저항
- 평화시장에 타오른 불꽃, 전태일

역사의 현장
축곡리 내평촌(경남 진주시 나동면)
수곡장시(진주시 수곡면)
수청가(경남 산청군 단성면 지양리)
덕산장시(산청군 시천면)
읍내장시(진주시 대안동)
소촌역(진주시 문산읍 문산성당 근처)
최운의 집(경남 고성군 개천면)
옥천사(고성군 개천면 연화산)

사회가 어지러우면 농민들의 부담이 커진다. 그럴 때 농민들은 저항으로써 자신들의 처지를 바꾸어 보고자 하였다. 농민들의 저항은 중요 시기마다 있었는데 신라 말에 전국적으로 일어난 항쟁, 고려 중기의 농민항쟁, 1862년의 농민항쟁을 3대 농민항쟁으로 꼽는다. 각각의 원인과 전개 방식에는 차이가 있다. 앞의 두 사례가 변란과 결합되었다고 한다면, 마지막 농민항쟁은 순수하게 농민들의 처지에 의거하였다. 더욱이 근대로 접어드는 마지막 시기였기 때문에 이들의 의식과 활동은 우리 사회의 변화를 가늠할 수 있는 중요한 사건으로 자리매김될 수 있다. 이 가운데서도 진주는 농민항쟁에 관한 사료가 가장 풍부하게 남아 있는 곳이므로 더욱 구체적으로 살펴볼 수 있는 사례이다.

1862년 진주, 농민의 분노가 폭발하다

전국에서 일어난 농민항쟁

19세기 중엽에 전국 70여 개 지역에서 항쟁이 일어난 것은 우연이 아니었다. 17, 18세기에 이루어진 사회 여러 부문의 발전과 변동은 19세기에 들어와 더욱 빨라졌다. 경제, 사회, 정치, 문화 등 각 부문에서 일어난 사회 변동은 양반지주와 상민농민이라는 기본 관계를 중심으로 형성된 중세 체제를 크게 변화시켰다. 그러나 권력은 여전히 양반층이 가지고 있었으며, 국가의 모든 법과 통치기구 역시 양반 중심의 질서를 유지하고 있었다.

이 시기에 농민들을 가장 괴롭힌 것은 과중한 조세였다. 정부는 엄격한 신분제에 따라 조세를 차등 부과하여 재정을 유지하였다. 상품화폐 경제가 발전하면서 지배층의 사치 욕구는 더욱 커졌고, 국가 재정의 지출을 더욱 늘렸다. 이 때문에 조선 후기의 국가 재정은 만성적인 위기에 놓였고, 그것은 지방 관청의 재정 위기로 이어져 또다시 민중에 대한 수탈로 연결되었다.

특히 지방은 조세 부과와 수취를 각 고을에 일임하고 있었는데, 조세 수취에는 많은 이권이 따랐기 때문에 이를 둘러싼 경쟁이 치열하였다. 많은 지역에서 기존의 사족층을 대신하여 새로이 향청을 장악한 신향층, 그리고 고을의 행정 사무를 담당하는 향리층이 수령과 결탁해서 수탈에 앞장섰다.

이제 사회체제를 변혁하지 않고서는 문제의 해결과 사회 발전이 어려운 상태에 이르렀다. 그러나 권력을 독점한 세도정권은 사회를 변혁하려는 의지도, 능력도 없었다. 일반 민중은 물론, 권력에서 멀어지고 몰락한 양반도 세도정권에 강한 불만을 품었다. 19세기는 '민란의 시기'라고 일컬을 정도에 이르렀다. 그 대표적인 것이 1811년 홍경래의 난과 1862년 삼남을 중심으로 일어났던 농민항쟁이다.

이 시기 농민들은 지방사족에 맞서 마을 운영에 참여할 정도로 의식이 성장하였는데, 조세 수취가 극심해지자 고을 차원에서 제기되는 조세 문제에 대해 적극적으로 의견을 개진하였다. 먼저 삼정 수탈에 맞서 정소운동 등 합법적인 반대운동을 펼쳤다. 그런데 이것이 지방관의 탄압으로 저지되자 농민들은 새로운 형태의 저항을 찾아 나섰다.

1862년의 농민항쟁은 2월 초 단성과 진주 등지에서 일어나 곧 다른 지역으로 번져 나갔다. 농민항쟁은 3월에 접어들어 경상도 일대로 확대되더니만 4, 5월에는 전라도와 충청도 일대를 휩쓸었다. 특히 상주, 개령, 함평, 익산, 공주, 선산 등지에서는 매우 크게 일어났다. 농민은 고을 수령을 쫓아내고, 때로는 가장 악질적인 아전을 불태우거나 때려죽이고 고을을 장악하였다. 그런 다음에 고을의 조세 장부를 찾아다 자신들이 정당하다고 생각하는 방식으로 바꾸었다. 그뿐 아니라 수령과 결탁하여 농민을 괴롭히던 양반들과 부호들의 집도 습격하여 불태워 버렸다. 농민들은 대체로 며칠간 활동한 뒤 해산하였지만, 몇몇 고을에서는 몇 개월씩 읍내를 장악하기도 하였다.

농민들의 봉기에 충격을 받은 조정에서는 회유와 탄압이라는 양면정책을 썼다. 먼저 고을을 잘못 다스려 봉기가 일어나게 한 책임을 물어 고을 수령을 파면하였다. 그러나 봉기가 차츰 전국으로 번져 나가자 위기의식을 느끼고 농민들을 탄압하기 시작하였다. 조정은 주모자를 처형했을 뿐만 아니라 가담자에 대한 처벌 수위를 높여 봉기가 다시 일어날 여지를 없애고자 하였다.

한편 삼정의 폐단도 그냥 둘 수 없었다. 조정은 삼정이정청을 설치하고 조세 개혁에 나섰다. 농민들은 조정의 약속에 어느 정도 기대를 하였으며 항쟁의 불길도 가라앉았다. 그런데 조정에서 발표한 것은 조세제도의 기본 골격은 그대로 두고 가장 문제가 많은 환곡을 토지세로 바꾼다는 내용의 미봉책이었다. 게다가 얼마 지나지 않아 이 미봉책마저도 지배층의 반대로 취소되고 말았다.

잠시 멈칫했던 농민항쟁이 다시 터져 나왔다. 제주도에서는 가을부터 이듬해 1월 말까지 세 차례에 걸쳐 봉기가 일어났다. 그리고 함경도 감영이 있는 함흥, 경기도 광주를 비롯하여 경상도의 몇 개 고을에서도 봉기가 연이어 일어났다. 이처럼 1862년의 농민항쟁은 삼남을 중심으로 전국 각지에서 일어난 사건이었다.

내평촌 박수익의 집, 농민들이 모의를 하다

1862년의 농민항쟁 가운데 대표적인 사건이 진주농민항쟁이다. 이때 진주는 서부 경남의 대읍으로서 목과 우병영이 자리 잡고 있었는데, 오늘날의 진주시를 비롯하여 산청, 하동, 고성, 사천 등지에 걸쳐 있었다.

농민들이 항쟁을 논의한 것은 1862년 1월부터였다. 이때 진주에서는 백성들에게 곡식을 꾸어 주고 이자를 붙여 돌려받는 환곡 문제가 대단히 심각하였다. 진주목과 경상우병영 모두 환곡이 많을 뿐 아니라 일종의 횡령인 포흠 문제가 심각하였는데, 이를 메우려고 농민들에게 토지 1결당 두 냥씩 거두었다. 이를 결렴結斂이라고 하는데, 결국 포흠의 책임을 농민들에게 전가한 셈이었다.

이런 일이 처음은 아니었다. 1849년에는 박수익 등이 중심이 되어 격쟁을 하였으며, 1859년에는 대소민인들이 연명으로 등장等狀을 만들어서 서울까지 올라가 비변사에 호소하기도 하였다. 이에 중앙에서는 결렴을 그만두도록 지시하였다. 그러나 실질적인 대책을 마련한 것은 아니었기 때문에 결렴은 쉽게 없어지지 않았다. 1861년에는 진주목사가 다시 결렴을 시도하였는데, 농민들이 비변사에 등소하려고 준비하자 포기한 일도 있었다. 그러다 1861년 겨울 신임 목사 홍병원이 다시 결렴을 계획하였다. 물론 수령도 할 말이 없는 것은 아니었다. 문제가 발생하면 중앙에서는 처벌만 하려고 들지 실질적인 대책을 마련하지는 못하였다. 그러면서도 포흠곡에 대해서는 책임지고 채울 것을 강요하니, 결국 민간에 부담시키는 방법을 택할 수밖에 없었던 것이다. 게다가 우병영에서도 비슷한 문제가 발생하였다. 우병사(경상우도 병마절도사) 백낙신이 1862년 1월 마을 대표(두민)들을 불러 모아 회유, 협박을 하여 집집마다 나누어서 거두도록 한 것이다.

농민들의 저항은 여러 차례 논의를 거친 뒤 일어났다. 진주의 경우에 그러한 모습이 매우 잘 드러난다. 진주 농민들이 처음 모의를 한 곳은 축곡면이었다. 축곡은 지금의 나동면 일대로, 몇 개의 촌락으로 이루어져 있었다. 관의 무리한 수취에 불만을 품은 농민들은 1862년 1월에 내평촌 박수익의 집, 1월 말에 이웃에 있는 산기촌 사노(私奴) 검동의 집 등에서 몇 차례 회의를 열었다.

박수익은 이전의 격쟁을 주도한 인물이어서 당연하다고 하겠으나, 사노의 집에서 회의가 열린 점은 흥미롭다. 집을 빌려 주었을 따름일까? 이 시기에는 천민들도 적극 참여했음을 알려 주는 게 아닐까? 실제로 농민항쟁 관련 기록들에는 사노들의 이름도 여럿 보인다.

덕천강변의 수곡장터 1936년, 이른바 병자년 대홍수로 장터가 유실되고 강둑이 생기는 바람에 옛 모습을 잃었다. (경남 진주시 서면 수곡리)

봉기를 모의한 내평촌은 원래 내평리 산기슭에서 덕천강에 접한 오산마을까지 너른 들판이 펼쳐져 있었으나, 1970년대에 남강댐이 건설되면서 거의 물에 잠기고 오산마을은 섬이 되었다. 봉기 모의가 있었던 마을의 흔적이나 집은 찾을 길이 없다. 다만 농민항쟁 초기에 참여한 사족 이명윤의 추모비가 근처에 있다.

이곳에는 모의를 주도한 이명윤과 유계춘 등이 살고 있었다. 이명윤은 정종의 열째 아들인 덕천군의 후손이었다. 1836년 문과에 급제하여 성균관, 사헌부, 사간원, 홍문관 등 주로 청직을 맡았으며, 철종 대에 들어와서는 홍문관 부교리, 교리 등을 제수받았으나 사양하고 향리에 은거하고 있었다. 그는 전직 조관 출신이어서 향촌에서도 상당히 명망이 있었고 경제적으로도 여유가 있었다. 그러나 이명윤은 농민항쟁이 본격화되려고 하자 여기서 빠져나왔다.

한편 유계춘은 본래 진주 원당면 원당촌 출신으로 부친이 일찍 죽어서 홀어머니인 진양 정씨 밑에서 성장하였다. 그는 35세 되던 해에 어머니와 함께 원당에서 가까운 축곡면 내평촌으로 이거하였다. 유계춘은 비록 토지와 같은 경제적 기반이 없는 몰락양반이긴 했지만, 향론을 주도한 농촌 지식인이었다.

유계춘, 이명윤 등 여러 사람이 모여서 잘못된 관의 결정에 반대하기 위해 구체적으로 어떻게 행동할지를 의논하였다. 이들은 먼저 통문을 작성하기로 하고, 2월 6일 수곡장시에서 도회를 열기로 결정하였다. 2월 1~2일 박숙연의 집에서 유계춘 등 중심인물들이 모여서 철시 등을 내용으로 하는 한글 통문을 만들었다. 그리고 2일 새벽에 읍내 장시에 통문을 내다 붙이면서 6일로 예정된 수곡도회를 크게 열기 위한 준비를 하였다.

잇따라 농민집회를 열다

이런 모의 단계를 거쳐 농민들은 직접행동으로 나아갔다. 그 과정에서 대중 집회를 열었다. 진주의 경우 수곡과 수청가에서 많은 사람들이 모인 가운데 집회를 열었다.

먼저 1862년 2월 6일 장날에 진주 수곡에서 집회를 열었다. 수곡장은 매달 1일과 6일에 장이 서는데, 이 수곡장은 진주 인근에서는 유통 규모가 컸고 사람도 많이 모였다. 수곡장시 부근에는 세곡을 보관하던 수곡창이 있었다. 수곡은 1936년 대홍수로 장터가 완전히 유실되고 지금은 강줄기 속에 포함되고 말았다. 이곳에서 진주 각 면리의 대표자들과 수많은 군중들이 도회의 진행 과정을 지켜보았다.

수곡도회는 항쟁의 방식을 결정하는 중요한 계기가 되었다. 고을과 감영에 정소를 하자는 주장과 장시를 철거하고 행동으로 나서자는 주장이 맞섰다. 앞의 온건한 주장은 이명윤을 비롯한 사족 또는 부민들이 제기하였다. 반면 뒤의 적극적인 주장은 유계춘 등 농민층을 대변한 자들이 중심이 되었다. 이날 집회에서는 앞의 주장이 채택되어 의송議送(소장을 작성하여 감사에게 직접 올리는 일) 대표를 뽑아 감영으로 파견하였다.

그러나 이것으로 읍회가 끝난 것은 아니었다. 감영에 의송 대표를 파견하는 것에 반대하는 세력이 별도로 읍회를 열었다. 여기서 철시 주장이 다시 제기되었다. 미리 만들어 둔 한글 통문이 떠돌면서 사람들의 마음을 움직이는 데 도움이 되었을 것이다. 이제 철시 주장은 참석자들에게 상당한 호응을 받았다. 읍폐 책임자들의 집을 부수자는 주장까지 제기되었고, 실제 행동으로 옮겨진 것으로 보인다. 이러한 분위기 속에서 읍회는 다음 날까지 이어졌다. 장날이 지났는데도 농민들이 계속해서 모였고 분위기가 고조되었다. 그리고 지도부의 계획은 대중의 지지를 받으면서 주론으로 확산되어 갔다.

수곡도회 이후 수청가라는 곳에서 한 차례 더 회의가 열렸다. 회의 직후 곧바로 농민봉기가 시작되었으므로 13일 또는 14일 새벽에 열렸을 것이다. 수청가는 금만리(경남 산청군 단성면 자양리 부근)에 자리하고 있으며 봉기가 일어난 덕산과 가까웠다. 이곳은 읍치에서도 멀리 떨어져 있는 데다 지리산의 여맥과 덕천강이 만나는 곳이었으며, 강변에 넓은 모래사장이 있어서 모임 장소로 매우 적절하였다.

수곡도회 날에서 7일이 흘렀기 때문에 그 사이 우여곡절도 있었다. 의송 대표로 뽑힌 사람들은 이미 감영에 다녀왔을 텐데 그에 대한 이야기는 알 수 없다. 또 하나 중요한 것은 적극적인 분위기를 주도한 유계춘

┼ **농민들이 집결하였던 수청가** 지금도 수청거리로 불리는데 농민들이 집결하여 봉기를 준비했던 곳이다. (경남 산청군 단성면 자양리 부근)

이 수곡도회가 열리던 7일 진주성에 있는 우병영에 감금된 일이다. 유계춘은 13일에 지낼 집안 제사를 구실로 휴가를 얻어 집으로 돌아왔는데, 그 이튿날에 수청가회의가 열린 것을 보아 그가 대단히 중요한 역할을 했으리라 짐작된다.

수곡도회가 대중과 함께 진주의 현실을 인식하고 투쟁의 방향과 방법을 합의하는 집회였다면, 수청가회의는 항쟁에 참여할 대중을 모으고 조직적으로 이끌기 위한 모임이었다. 주로 초군들과 항쟁에 찬성하는 면리의 대표자들이 모였다. 동네마다 사람들을 모으고 보내느라 시끌벅적하였을 것이다. 동소임들이 나서기도 하였고, 어떤 곳에서는 일가 사람들이 함께 참여하였으며, 어떤 자는 자기 머슴에게 돈을 주면서 참여를 권하기도 하였다. 동향, 이웃, 혈연 등의 관계를 이용하여 참여의 폭을 넓혀 나갔다. 이미 항쟁이 결정된 가운데 열린 집회라 별다른 논의는 없었던 것 같다. 따라서 회의라기보다는 집합으로 보는 것이 나을 듯하다. 모두들 철시 등 집단행동을 선동하는 분위기였으며, 지도부의 주장이 거의 다 받아들여져서 바로 항쟁으로 나아갔다.

수청가에 모인 농민들은 곧바로 행동을 개시하였다. 주로 면리별로 조직적인 활동이 시작되었다. 일차 목표는 예정대로 장시였다. 진주 서북 지역은 초기 활동의 중심지였다. 마동과 원당면 농민들은 수곡장시를, 백곡과 금만면 농민들은 서쪽 변경 지역인 삼장과 시천 등지로 옮겨다니면서 사람을 모아서 14일 덕산장시를 공격하였다. 진주 서북부 지역의 주민들이 적극 참여하였다. 많은 농민들이 자발적으로 가담하였는데, 반대하는 자는 벌전을 매기거나 집을 부수겠다는 위협을 받았다. 실제로 덕산장시에서는 세금을 매기는 데 참여한 인물의 집을 부수기도 하였다. 다른 곳에서도 마찬가지였다. 수곡장시도 공격당하였는데, 아

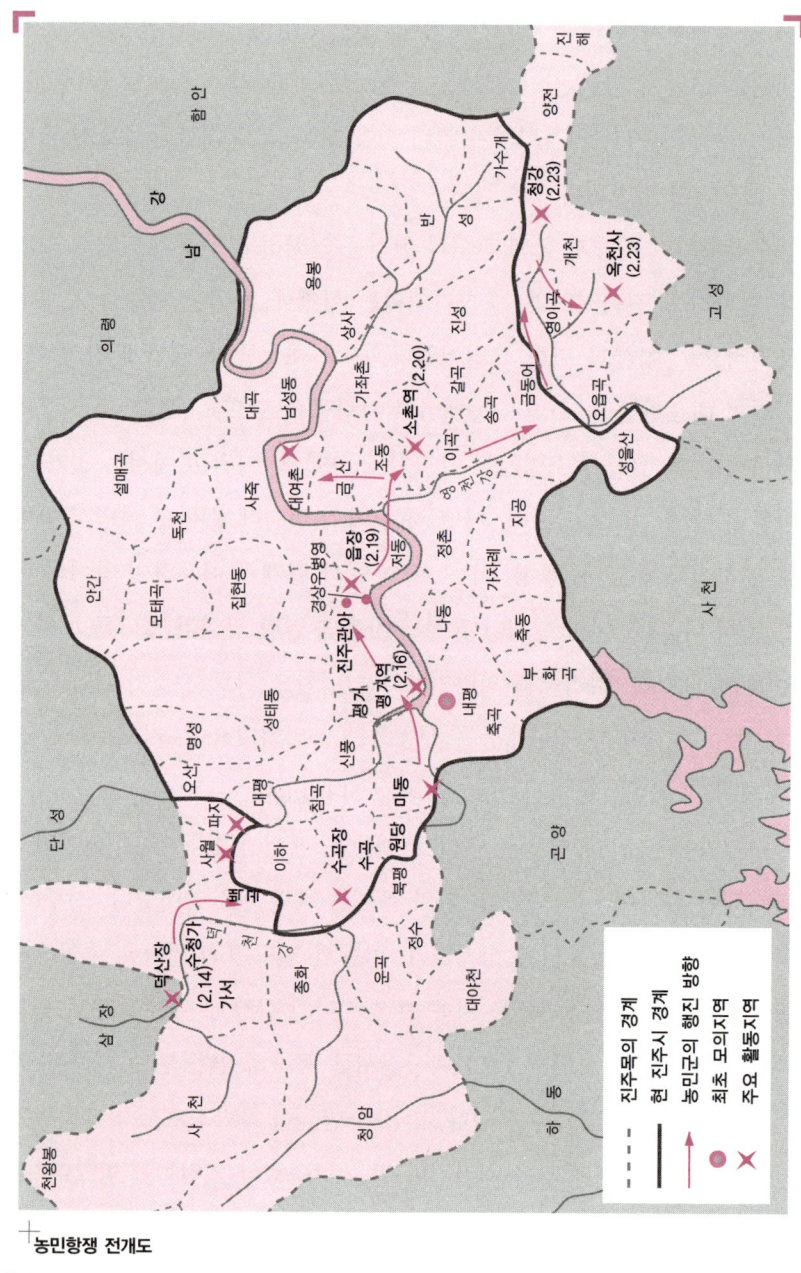

농민항쟁 전개도

마도 장날인 16일이었을 것이다.

　수곡장시를 공격한 농민들은 기세를 올리며 읍치를 향해 나아갔다. 덕천강변을 따라 여러 면리를 거치면서 그곳의 부호들을 공격하는 한편, 농민들을 규합하였다. 이처럼 농민들의 세력이 커지자 항쟁에 반대하거나 소극적인 태도를 보이던 사족 또는 요호층까지도 그 위세에 눌려 이들을 호의적으로 맞아들였다. 17일에는 모의가 시작된 내평촌에 들어갔는데, 주민들로부터 큰 환영을 받았다. 가마솥이 내걸리고 함께 식사를 하였다.

　농민들이 읍치에 도착하기 직전인 17일, 감영에서는 불균등한 환곡 부담을 혁파하도록 진주목에 명령을 내리겠다는 공문을 발송하였다. 그러나 농민들은 수곡도회에서 감영으로 의송을 보내는 것 자체를 거부했으므로 감영의 결정에도 불구하고 바로 해산하지는 않았다.

진주성에 울려 퍼진 함성

진주에는 동서로 외성이 길게 뻗어 있고 외성을 가로지르는 내성이 있었다. 내성에는 경상우병영이 있었다. 본래 우병영은 창원에 있었는데, 임진왜란 때 불타 없어지면서 촉석성이라는 이름의 진주성으로 옮겨갔다.

　18일 오전, 농민들은 진주성에서 서쪽으로 5리 정도 떨어진 오죽전 부근에서 집회를 가지면서 평거역촌의 집을 부수고 있었다. 이곳은 서면 쪽에서 진주읍으로 들어오는 길목이다. 이때는 이미 동, 서, 남부 지역 농민들까지 항쟁에 참여하고 있었다. 농민들은 관리들에게 자신들의 요구 조건을 제시하면서 미리 정해 놓은 대상을 철저하게 공격하였다. 처음에 농민들은 진주목 부근에서 시위하면서 요구 조건을 제시하였다. 그러자 목사는 두려움에 질려 직접 협상에 나서지 못하고, 영향력 있는 사족인 이명윤을 불러들여 농민들과 접촉하도록 하였다. 농민들은 도결 철폐를 보장하는 문서를 요구하였고, 이명윤이 목사에게 이를 권하여 문서를 받아 농민에게 전달하였다.

농민들은 다시 진주성의 북쪽 성벽을 끼고 읍내로 들어갔다. 진주목은 성 바깥에 있었기 때문에 농민들은 쉽사리 이방과 호방의 집을 부수고, 그 밖에 여러 서리들과 한양에서 내려와 수세를 위해 머무르고 있는 자들, 매매차 머물고 있던 개성 상인들의 거처를 부수었다.

19일 아침, 농민들은 읍내 대안리에 있는 객사 앞 장터에서 집회를 열었다. 이때 병사는 농민들의 힘을 간과하고 객사 군막에까지 나왔다.

농민들이 모였던 읍내 장터 북쪽에는 객사 건물이, 왼쪽으로는 진주목 건물이 보인다. 지금은 사라졌지만 장터의 남쪽으로는 진주성 외성으로 들어가는 성문이 있었다. (1872년, 〈지방지도〉 중에서)

농민들의 기세가 거세어지자, 병사는 중영中營에서 포흠을 한 서리 김희순을 즉석에서 처형하여 이들의 불만을 해소시키려 하였다. 그러나 농민들은 기세를 누그러뜨리지 않고 처음에 목표했던 대로 통환 철폐를 강력히 요구하여 끝내 공문을 받아 냈다. 이때부터 관리와 서리에 대한 공격이 표면화되어 농민들은 병사를 둘러싸고 하룻밤을 꼼짝 못하게 하였다.

진주목사에 대한 공격도 재개되었다. 목사에게서 도결을 철폐한다는 문서를 얻은 뒤 물러났던 농민들은 우병사 때문에 격화되어 다음 날 다시 목으로 향하였다. 목표는 본부 이방 김윤두였는데, 미리 눈치를 챈 그는 도망하고 없었다. 그러자 농민들은 목사를 동헌에서 끌어내어 강제로 가마에 태우고 이때까지 감금되어 있던 병사에게 끌고 갔다. 그렇지만 초군 지휘자의 명령에 따라 병사와 목사를 풀어 주었다.

한편 이와는 별도로 이서들에 대한 공격이 읍내로 들어오면서부터 바로 시도되었다. 농민들은 18일 목사에게서 문서를 받은 직후에 본부 이방, 호방을 비롯하여 여러 이서들의 집을 부수고 재물을 빼앗았다. 다음 날 병사를 포위했을 때는 병영 이방 권준범과 그 아들 만두를 처형하고 동생 종범도 구타하였다. 이들이 수탈의 일선 담당자였던 까닭에 처벌은 아주 가혹하였다. 그 밖에도 수세와 관련이 있던 경저리와 대상인 등을 공격하여 이들이 머물고 있던 가옥을 부수고 재물을 빼앗았다. 농민들은 면리를 단위로 이러한 활동을 벌였다.

진주목의 도결 결정에 이은 우병영의 통환 결정은 진주농민항쟁의 직접적인 도화선이 되었다. 현재 대안동에 있는 중앙시장은 이때에는 2일과 7일에 서는 읍내 장이었다. 이곳은 남으로는 진주성, 북으로는 객사와 접해 있는데, 농민들은 남북으로 형성된 광장에서 진주목사와 병사를 규탄하였다.

　객사와 진주목 건물은 모두 사라졌고, 장터 자리에는 중앙시장이 들어서서 그 기능을 이어받았다. 지금의 중앙시장은 1950년대에 화재로 불탄 자리에 재건축한 것이다.

고을 토호들도 두려움에 떨다

읍내 공격을 마친 농민들은 다시 외촌으로 나아갔다. 처음 항쟁을 일으키고 읍내로 들어가는 중에도 농민들은 외촌을 공격하였지만, 그때는 일부 지역, 특히 항쟁이 처음 발발한 서부 지역에서만 이러한 일이 나타났다. 그러나 이제는 다른 지역 농민들도 항쟁에 참여하였을 뿐 아니라, 읍내에서 목적한 일을 성공적으로 수행한 뒤였으므로 진주의 모든 지역으로 공격을 확대해 나갔다.

　20일 오후, 농민들은 앞으로의 활동에 대해 토론을 벌이는 한편, 대오를 정비하였다. 그리고 지역에 따라 농민들을 나누어 외촌으로 나섰다. 농민들은 23일까지 약 22개 면을 지나면서 56채의 집을 부수고 40채의 집에서 재물을 압수하였다. 공격 대상은 주로 대상인이나 지주였다. 전체 70개 면 가운데 22개 면만 공격한 것은 미리 공격 대상을 설정하였기 때문이 아닐까 한다.

　22개 면에서 일어난 농민들의 활동을 전체적으로는 알 수 없고, 다만 동남쪽으로 진출한 부대의 활동만을 찾아볼 수 있다. 이들은 소촌, 대여촌, 개천리 등을 지나면서 소촌역과 옥천사, 그리고 평소 악명이 높은 토호의 집을 공격하였다.

먼저 소촌역을 찾아보자. 소촌역은 읍치에서 동남쪽으로 24리쯤에 자리한 교통의 요지였다. 이곳은 찰방이라는 관리가 파견되어 소촌역 일대 15개 역을 직접 관할하고 있었다. 20일 밤, 농민들은 대열을 지어 이곳으로 들이닥쳤다. 그리고 다음 날 아침, 관아 앞에서 시위를 벌였다. 심각한 공격은 없었고, 몇 가지 사항에 대해 시정을 확인하는 공문을 받아 내는 정도였다. 찰방관아는 지금의 문산성당 부근에 있었는데, 1907년에 문산성당이 들어서면서 예전의 흔적은 찾아볼 수 없게 되었다.

이 지역에서 철저히 공격받은 자는 평소 농민들을 괴롭히던 양반 권세가였다. 대여촌(경남 진주시 금산면) 남성동의 양반 성석주와 개천면 청강의 생원 최운이 첫째가는 공격 대상이 되었다. 이들은 양반이자 부호로서 권세와 부를 이용하여 농민들을 괴롭혔으므로 평소 원성이 높았다. 이 가운데 최운의 집은 그 뒤 다른 사람이 다시 집을 지어서 예전의

최운의 집 지금은 외손인 박씨의 집으로 바뀌었다. (경남 진주시 고성군 개천면 정강리)

집은 아니다.

　그 다음 공격 대상은 개천리 부근에 있는 옥천사였다. 이 절은 산지의 채초를 금지하여 농민들의 원성을 샀고, 절에 속한 토지의 환곡 분급을 면제받아 상대적으로 이 지역 농민들의 부담을 늘렸다. 절의 토지를 얻어서 부치는 농민들과도 마찰이 심했으리라고 짐작된다. 그런데 옥천사는 농민들의 심상치 않은 낌새를 눈치채고는 먼저 사람을 보내 농민들에게 절에서 유숙하도록 요청하였다. 그러고는 쌀, 짚신, 남초(담배) 등을 바쳐 공격을 모면하였다. 1862년 2월 23일에 농민군은 옥천사를 떠나면서 해산하고, 중앙에서는 박규수를 안핵사로 파견하여 수습에 나섰다. 옥천사는 고성군립공원으로 지정된 연화산공원에 자리하고 있다.

✛ **옥천사** 1862년 2월 23일 농민군은 이곳을 떠나면서 해산하였다. (경남 진주시 고성군 개천면 북평리)

그 밖에도 평소 향리에서 무단을 저지른 권세가, 부호가 여럿이 공격을 당하였다. 여러 지역으로 흩어져서 공격하던 농민들은 미리 계획한 대로 23일 비슷한 시간에 해산하였다. 이때까지도 우병영은 아무런 대책을 세우지 못하고, 포교들을 각처에 보내 정탐만 하였다. 우병영의 물리력으로는 도저히 제압하기 힘들 정도로 농민들의 세력이 강성했던 것이다.

농민군이 해산함으로써 모든 상황은 끝난 것일까? 농민들은 외촌으로 나가기 전에, 뒷날 다시 날짜를 정하여 성으로 들어오겠다고 공언하였다. 이들의 활동은 잘 알 수 없다. 그러나 다음 달인 3월에도 수많은 사람들이 성 아래에 진을 쳤다고 전하며, 박규수가 안핵사로 내려갔을 때도 약 70개 지역에서 모여든 농민군이 안핵사에게 부세 문제를 건의했다고 한다. 심지어는 체포, 구금되었던 자가 몰래 각 면에 통문을 보내서는 다시 집회를 열어 자기들을 구해 달라고 촉구하기도 했다고 한다.

항쟁 후 농민 지도부는 관례대로 가혹하게 처벌을 받았다. 유계춘, 김수만, 이귀재 등 3명이 효수당했고, 초군 좌장 이계열 등 7명이 곤장을 맞고 멀리 유배되었다. 어떠한 명분도 관에 대한 저항은 용납되지 않았던 것이다. 그러나 상당수는 체포를 피하여 멀리 도망갔기 때문에 항쟁의 전모를 파악하기는 어렵다.

농민항쟁의 기억을 되살리는 첫걸음

진주는 농민항쟁의 모의단계에서부터 대규모 농민집회, 읍내로의 진출, 고을 지배층에 대한 공격 등 일련의 과정을 그 역사적 현장을 따라가며 짚어 볼 수 있는 곳이다. 농민들의 공격 대상도 수령뿐만 아니라 군사 지휘관, 고을의 다양한 지배자 등으로 매우 다양하고, 그 무렵 우리 사회가 총체적인 위기를 맞고 있었다는 사실과 더불어 농민들의 저항 수준이 어떠했는지 잘 보여 준다. 농민들의 명확한 요구 조건도 의식 수준이 매우 높았음을 말해 준다.

진주의 농민항쟁을 비롯한 일련의 농민항쟁은 중세 말에 일어난 반봉건항쟁이었다. 농민들은 단순히 수탈에 대한 저항에 그치지 않고 잘못된 수취 관행의 개혁을 요구하였다. 따라서 항쟁을 하면서 관에 구체적인 요구 조건을 제시하기도 하고, 지역에 따라서는 읍내에 오랫동안 주둔하면서 폐단이 제대로 고쳐지는지 추이를 지켜보기도 하였다. 이후 잘못된 관행들이 상당히 고쳐졌다. 문제가 많았던 환곡의 경우, 지역에 따라서는 아예 환곡을 중단하고 정식 세금으로 재정을 충당하는 방식을 택하기도 하였다. 결국 농민항쟁에서 표출된 농민들의 주장은 기존의 삼정제도에 대한 저항이자 새로운 조세 체제를 요구하는 반봉건운동의 과정이었다.

이러한 농민항쟁이 전국 70여 곳에서 일어났지만 제대로 된 기념비가 세워진 곳은 아직 한 군데도 없다. 그만큼 농민항쟁이 제대로 평가되지 않고 있는 형편이다. 항쟁 지도자의 경우도 예외가 아니다. 진주에 항쟁을 이끈 유계춘의 묘소가 남아 있다는 정도가 매우 다행스러운 상황이다. 1862년을 포함하여 19세기 후반 농민항쟁 지도자의 무덤으로 알려진 것은 유계춘의 묘소를 제외하면, 1890년에 일어난 함창농민항쟁의 지도자 남노선의 묘소뿐이다. 진주에 이명윤의 기념비가 남아 있긴 하지만 그는 봉기에 들어가기 전에 빠져나왔으며, 그의 비문에도 농민항쟁에 관한 내용은 전혀 없다.

이러한 현실에서 진주에서는 '진주농민항쟁 기념사업회'가 조직돼 농민항쟁과 관련된 적절한 장소에 기념공원을 조성하고 기념탑을 세워, 진주의 숭고한 정신을 새롭게 계승하고 실천할 방안을 모색하고 있다. 지난 2002년 3월 말에는 진주농민항쟁 140주년 기념 학술대회를 열고 유적 답사도 하는 등 기념사업이 차츰 활기를 띠고 있다.

　진주농민항쟁 기념사업회에서는 기념탑과 기념공원 조성, 유적지 안내문 설치, 후손 찾기와 자료 발굴, 관광·답사 프로그램 기획, 관광 코스 개발, 농민항쟁 강연회 개최, 안내 책자 발간, 기타 농민항쟁지와의 연대 등을 계획하고 있다. 그러나 기념공원 지역이 상수도 보호구역으로 묶여 있어서 아직 작업에는 들어가지 못하고 있다.

　농민항쟁의 기념물이 한 군데도 없는 상황에서 진주에서의 이런 분위기는 우리 역사를 바로 알고 계승한다는 중요한 의미를 가지며, 농민항쟁을 과거의 역사에서 현재의 우리 사회 속으로 끌어오는 첫걸음이 될 것이다.

역사의 현장
만석보와 만석보 유지비(전북 정읍시 이평면)
동학혁명 모의탑(정읍시 고부면 신중리)
말목장터(정읍시 이평면)
고부관아 터(정읍시 고부면 고부초등학교)
백산과 동학혁명백산창의비(전북 부안군 백산면)
전봉준 옛집(정읍시 이평면)
황토재 갑오동학혁명기념탑과 황토현 동학혁명기념관(정읍시 덕천면)
무장 기포지와 무장 창의포고비(전북 고창군 공음면 구암리)

    1894년 1월, 전라도 고부에서 농민들이 죽창을 들고 관아를 습격하였다. 군수는 인근 고을로 도망가고, 봉기한 농민들은 향리를 처벌하였다. 30여 년 전에도 농민들이 여기저기에서 봉기를 일으켰건만 고부만은 예외였다. 그런 고부에서 농민들이 드디어 봉기를 일으켰고, 더 나아가 1894년 농민전쟁의 서막을 연 것이다.
    물론 고부만이 봉기 가능성을 가지고 있었던 것은 아니다. 전라도, 경상도, 충청도의 여느 고을들에도 봉기의 조짐이 보이고 있었다. 다만 농민과 함께 새로운 세상을 열려는 주도 세력의 변혁 의지와 죽기를 마다하지 않고 봉기에 나선 고부 농민들이 한몫을 한 것이었다. 그들은 고부 들판에서 관군을 물리치고 반봉건, 반외세를 외치며 개혁의 깃발을 드높였다. 우리나라 역사상 가장 큰 농민전쟁의 불길이 고부 들판에서 타오르기 시작하였다.

고부, 변혁의 들불로 타오르다

폭풍 전야

1880년대는 정부의 조세 개혁 노력이 실효를 거두지 못하면서 삼정 문란이 다시 심해진 때이다. 또 이때에는 1876년의 강화도조약과 국교 확대 이후 다른 나라의 공산품이 들어오면서 국내 수공업이 위축되었으며, 쌀이 일본으로 빠져나가 쌀값이 오르고 식량이 부족해졌다. 빈농은 물론 영세 수공업자와 소상인 등 민중의 삶은 날로 어려워졌다. 반면 지주와 대상인 등은 쌀 수출을 통해 부를 쌓아 토지를 늘려 나갔다.

농민을 중심으로 민중은 정부의 조세 수탈, 지주층의 지대 수탈, 외세의 경제 침탈에 맞서 온 나라 여기저기서 봉기하였다. 봉기의 주도층도 부농에서 소농, 빈농층으로 옮겨 갔으며, 일부는 변란을 일으키거나 화적이 되어 지주와 관아를 공격하기도 하였다. 도시 하층민들도 관리의 수탈과 외세의 경제 침탈에 맞서 포도청을 습격하거나 외세와 결탁한 상인들을 공격하였다. 민중의 체제 비판의식이 점차 높아지고 있었던 것이다.

그 가운데서도 대표적인 벼농사 지대인 전라도 서북 지역은 국교 확대 이후 쌀이 일본으로 빠져나가면서 농민 수탈이 매우 심하였다. 조선 후기 이래 이곳에는 왕실 소유의 토지인 궁방전이 집중되어 있어 이를 관리하는 감관監官의 농간이 끊이지 않았고, 조세 운반을 맡은 전운사轉運使와 중앙에서 파견된 균전사均田使 등이 수시로 농민들을 억압하고 수탈하였다. 뿐만 아니라 온갖 부당한 징수가 곳곳에서 행해졌다.

농민전쟁은 1893년 4월에 이미 조짐을 보이고 있었다. 전봉준, 황하일 등 남접의 우두머리들이 동학의 교단파인 북접의 보은 집회와 별도로 금구 원평리에서 1만여 명이 모이는 농민집회를 연 뒤 서울로 올라가려 하였다. 보은에 모인 동학교도들과 농민들도 금구 집회의 영향을 받아 동학 지도부에 '척왜양창의斥倭洋倡義', '보국안민輔國安民'을 요구하며 전국적인 봉기를 꾀하였다. 이 계획은 정부의 탄압과 동학 지도부의 반대로 중단되었다. 그러나 전봉준 등은 또 다른 기회를 엿보고 있었다.

고부 농민들, 드디어 일어서다

1894년 1월, 전라도 고부군의 농민들이 봉기하였다. 고부군은 드넓은 평야와 해안을 끼고 있어 곡창지대인 호남에서도 물산이 풍부하기로 손꼽히던 곳이다. 이곳에 1892년 4월 28일 조병갑이 군수로 부임하여 온갖 불법적인 방법으로 농민들을 수탈한 것이 봉기의 직접적인 계기가 되었다. 통치 기강이 무너져 관직을 사고파는 일마저 흔하던 때에 지방 관리의 부패와 수탈은 전국적인 현상이었으나, 조병갑의 경우는 그 정도가 훨씬 심하였다. 그는 만석보와 팔왕보 밑에 보를 쌓고 당초 약속과는 달리 수세조로 쌀 700여 석을 백성들에게서 거두는 등 부정과 착취를 일삼았다. 감사 김문현의 수탈도 이루 헤아릴 수 없었다. 또 전운사 조필영은 전운영의 세미를 운반하면서 갖은 명목을 붙여 정해진 양보다 더 거두어들였다. 뿐만 아니라 세미를 서울로 수송한 뒤에도 부족분이 있다며 더 거두어들였다. 균전사 김창석은 농민을 시켜 묵밭을 개간하여 세미 없이 갈아먹게 해 주겠다고 약속하고는 추수 뒤에 말을 바꿔 강제로 도조를 징수하였다.

이에 1893년 11월, 고부 농민 40명이 서당 훈장 전봉준이 써 준 소장을 가지고 세금을 줄여 달라고 군수 조병갑에게 진정하였다. 농민들로서는 합법적인 노력을 기울인 것이다. 그러나 조병갑은 오히려 농민 대표들을 난민으로 몰아 감옥에 가두고 농민에 대한 수탈도 계속하였다. 분개한 전봉준 등은 봉기 계획을 세운 뒤 사발통문을 만들어 각 리 집강들에게 돌리고, 고부군 바깥에 있는 농민들과도 연락을 취하였다. 지역 민란에 그치지 않고 이를 기화로 전국적 투쟁으로 발전시키려는 심산이었다.

통문에 실린 내용의 일부는 다음과 같다.

> 민은 나라의 근본이니 근본이 없어지면 나라가 약해지나라. 우리의 도는 오로지 초야의 유민이나 임금의 땅을 먹고 임금의 의식을 입으며 앉아서 국가의 존망을 볼 수 없는 것이라, 이에 공에 보답하기를 보국안민으로써 함을 사생死生의 맹서로 삼겠다.

✚ **고부향교와 고부초등학교** 왼편에 고부향교가 남아 있고 오른편 고부초등학교 자리에 옛 고부관아 터가 있었다. (전북 정읍시 고부면 신중리)

부패한 벼슬아치를 제거하고 나라를 구하겠다고 나선 것이다.

전봉준은 농민 60여 명과 함께 고부관아에 가서 등소하였다. 합법적이고 평화적인 방법을 먼저 강구하겠다는 뜻이었다. 그러나 이런 호소는 무위로 끝나고 말았다. 마침내 전봉준은 봉기를 결심하고, 고부군 서부면 죽산리 송두호의 집에 도소를 정하고 봉기의 결행을 다짐하였다. 이때 결정된 사항은 다음과 같다.

- 고부성을 점령하고 조병갑을 목 베어 죽일 것
- 군기고와 화약고를 점령할 것
- 군수에게 아부하여 백성을 침탈한 탐리를 엄하게 징벌할 것
- 전주감영을 함락하고 서울로 곧바로 나아갈 것

┼**동학혁명 모의 장소와 기념탑** 1893년 전봉준 등은 이곳에서 농민봉기 계획을 세운 뒤 사발통문을 만들었다. (전북 정읍시 고부면 신중리)

여기서 가장 눈에 띄는 것은, 지역적 차원을 넘어 전라감영을 점령한 뒤 서울로 올라가 개혁을 추진한다는 내용이다.

그러나 이러한 계획은 11월 30일 조병갑이 익산군수로 옮겨 가면서 연기할 수밖에 없었다. 또 서울까지 진격하겠다는 봉기 계획은 다른 지역 농민들의 동참 없이는 실현될 수 없는 것이었다. 전봉준은 봉기를 확대하기 위해 인근 무장현의 손화중과 그 휘하 세력을 주목하였다. 일찍부터 전봉준과 교류를 가진 손화중은 전라도에서 가장 큰 동학 세력을 형성하고 있던 인물이었다.

12월, 전봉준은 몰래 무장으로 내려가 손화중을 만났다. 이곳에서 두 지도자는 봉기 확대의 필요성과 실현 가능성 등을 논의하였다. 하지만 이 무장 회동에서 전봉준은 손화중의 동의를 얻지 못했고, 결국 독자적으로 봉기에 나설 수밖에 없었다.

┼ **농민항쟁 전개도** 갑오년 농민항쟁은 이곳 고부에서 타올라 전국으로 퍼져 나갔다. 결국 실패하고 말았지만, 농민전쟁의 열기는 꺼지지 않고 이후 사회 개혁운동에 많은 영향을 끼쳤다. 나아가 의병전쟁의 추진력이 되었다.

    이 시기 고부군의 사정은 몹시 혼란스러웠다. 한 달 열흘 사이에 무려 6명이 고부군수로 발령을 받았다. 그러나 중앙 권문세가와 매우 가까운 조병갑이 고부에 남아 부임운동을 벌이고 있는 터라 이들은 모두 신병을 핑계로 부임하지 않았다. 더욱이 전라감사 김문현이 '세금을 미처 다 거두지 못한 때에 수령을 교체하면 조세 수납 업무에 그르침이 있지 않을까 염려되니 조병갑을 고부에 머물게 해 달라'는 장계를 조정에 올리는 상황까지 벌어졌다. 결국 조병갑은 1894년 1월 9일에 다시 고부군수로 임명되었다.

해는 바뀌어 갑오년이 밝아 왔다. 1894년 정월, 농민 수십 명이 조세의 부당성을 다시 등소하기 위해 관아로 몰려갔다. 이때 농민들은 장두狀頭 세 사람을 뽑아 앞세웠는데 전창혁, 김도삼, 정일서가 그들이었다. 조병갑은 이 세 사람을 난민으로 몰아 흠씬 두들겨 팬 뒤 가두었다가 감영으로 보내고, 나머지 농민들은 두들겨 패서 내보냈다. 전라감영은 장두 세 사람에게 매서운 곤장을 내린 뒤 고부관아로 돌려보냈다. 고부관아로 돌아온 이들은 다시 심한 곤장을 맞았고, 그중 전창혁이 매를 못 이겨 죽고 말았다.

1월 10일, 전봉준은 이 사건을 계기로 봉기 계획을 실행에 옮겼다. 고부의 농민들은 배들(梨坪)을 중심으로 10여 마을의 풍물패를 동원하여 예동에 걸꾼 수천 명을 모았다. 전봉준은 이들 앞에서 조병갑의 학정을 일일이 들고 고부관아로 쳐들어갈 것을 호소하였다.

농민들은 두 패로 나뉘어 고부관아로 달려갔다. 전봉준의 주력 부대는 영원 쪽 길로 진격하였다. 전봉준 부대는 운학동 뒷산에 잠시 머물러 모닥불을 피워 놓고 쉬었다. 그 틈에 죽창도 만들었다. 드디어 새벽 공기를 가르는 함성이 고부관아를 향해 퍼져 나갔다. 1월 11일 이른 아침, 농민들은 고부관아를 힘들이지 않고 점령하였다.

관아에 들어간 농민들은 무기고를 헐어 무장하고, 억울하게 옥에 갇힌 사람들을 풀어 주었으며, 창고를 열어 세금으로 거둔 양곡 1400여 석을 꺼내어 백성들에게 나누어 주었다. 또 만석보 밑에 새로 쌓은 둑을 헐어 버리고 그곳에서 탐학한 향리를 처벌하였다. 농민들은 조병갑을 찾았으나 이미 줄행랑을 친 뒤였다. 곧이어 전봉준은 백산으로 농민군을 보내 백산산성을 쌓고 관군의 공격에 대비케 하였다. 관아에서 나온 농민들은 말목장터에 진을 치고 대장소를 세우는 등 전열을 정비하였다.

고부 농민들의 봉기 소식을 접한 감사 김문현은 자신의 책임을 면하기 위해 조정에 보고도 하지 않은 채 수습에 나섰다. 김문현은 감영의 군사 10여 명을 말목장터에 진을 친 농민군 진영에 침투시켜 그 지도자를 체포하려고 하였다. 그러나 이를 예상하고 미리 대비한 농민군에게 오히려 감영군이 잡혔다. 농민군은 감영군에 맞서 1월 25일 백산으로 진을 옮겼다. 백산은 해발 47m에 지나지 않는 낮은 산이지만 고부 들판이 한눈에 들어오고, 부안과 김제, 정읍으로 통하는 교통의 요지일 뿐 아니라 삼한 이래로 토성이 있었던 전략적 요충지였다. 농민군은 집결과 감시에 유리한 백산을 근거지로 하여 2월 23일에 고부군을 재차 점

┼**말목장터** 농민군은 한때 이곳에 진을 치고 머물렀다. (전북 정읍시 이평면 두지리)

령하는 등 봉기를 한 달여를 이어 갔다.

그제야 김문현은 봉기가 일어난 사실을 조정에 알렸다. 조정은 2월 15일 조병갑을 체포하여 '민란을 부르고 국고를 횡령했다'는 죄로 유배형에 처하고, 김문현을 감봉 처분하였다. 이와 동시에 박원명을 고부군수로, 이용태를 사건 조사 및 수습책임자 격인 안핵사로 파견하였다.

한편 농민군은 2월 말부터 내부에서 의견 차이를 보이며 동요하기 시작하였다. 그럼에도 전봉준을 비롯하여 처음부터 봉기를 계획하고 주도한 지도자들은 농민봉기를 확대하고자 하였다. 전봉준은 2월 19일경 전라도 각지에 격문을 보내 봉기에 나설 것을 촉구하였다. 격문의 내용은 다음과 같다.

> 백성을 지키고 길러야 할 지방관이 백성을 다스리는 도리는 알지 못하고 (오히려 자신의 자리를) 돈벌이하는 수단으로 여긴다. 이에 더하여 전운영이 창설되어 많은 폐단이 일어나 백성이 도탄에 빠지고 나라가 장차 위태롭다. 우리는 비록 초야의 보잘것없는 백성들이지만 나라의 위기를 차마 앉아서 지켜볼 수 없다. 원컨대 각 읍의 여러 군자들은 한목소리로 의를 떨쳐 일어나 나라를 해치는 적을 제거하여 위로는 종묘사직을 돕고 아래로는 백성들을 편안케 하자.

손화중, 김개남, 서장옥을 비롯한 전라도 일대의 동학 지도자들에게 봉기의 확대를 호소하고 나선 것이다. 한편 고부의 농민군은 고부군을 넘어 함열에 있는 조창에 나아가 폐단이 많은 전운영을 부수고 전운사 조필영을 처벌하려 하였다.

격문이 전해지자 여론이 들끓었다. 매일같이 "났네. 났어. 난리가 났어. 에이, 참 잘 되었지. 그냥 이대로 지나서야 백성이 한 사람이나 어디 남아 있겠나."며 난망(亂亡)을 부르던 민중은 곳곳에 모여서 고부 봉기를 반겼다.

그러나 향촌의 동장(洞長) 등 중간층 지도자들은 "봉기가 경계를 넘으면 반란이 된다."며 전봉준의 뜻을 거부하였다. 여기에는 2월 말에 고부군수로 부임한 박원명의 간곡한 설득도 한몫하였다. 봉기의 목표와 확대 여부 등을 둘러싸고 최고 지도부와 중간층 지도자 사이에 의견 차이가 생긴 것이다. 하지만 3월 1일, 농민군 최고 지도부는 군량미를 조달하기 위해 줄포의 전운소 쌀 창고를 습격하였다. 이에 박원명은 3월 3일, 농민군과 회합을 가지고 고을의 폐단을 시정할 것을 약속하였다.

이처럼 농민군 내부가 동요하는 가운데 박원명이 집요하게 해산을 종용하자, 중간층 지도자들은 소기의 목표를 이루었다고 판단하고 해산하는 쪽으로 가닥을 잡았다. 농민군은 3월 초순에 일단 해산하였다. 봉기의 확대를 시도한 전봉준 등의 계획이 무위로 돌아간 것이다.

그러나 며칠 지나지 않아 중간층 지도자들의 해산 결정이 잘못된 판단임이 드러났다. 그들의 기대와 달리 고부에서는 관군의 잔혹한 탄압이 자행되었다. 농민군의 위용이 두려워 고부에 들어오지 못하고 삼례에 머물러 있던 안핵사 이용태가 농민군이 해산하자 역졸 800여 명을 거느리고 고부에 들어왔다. 안핵사 이용태는 신임 군수 박원명을 위협하고 꾸짖으며 봉기의 우두머리를 찾으라고 내몰았다. 그리고 그가 이끌고 온 역졸들은 제멋대로 고을을 돌아다니며 농민들을 모두 동학도로 몰아 체포하였다. 역졸들은 농민들의 집을 불살랐으며, 본인이 없으면 그 처자를 잡아 구타하였다. 심지어 부녀자를 강간하거나 살육하는 일도 서슴지 않았다. 처절한 보복이었다.

그럼에도 농민봉기의 불씨는 꺼지지 않았으니, 고부 농민군이 해산할 때를 전후하여 고부 이외의 지역에서 봉기의 조짐이 나타났다. "음력 2월에 이르러서는 보국안민 창의대회라는 큰 깃발을 펄럭이며 완전히 반항의 결심을 보이기에 이르렀다. 그래서 사방 이웃이 이 기세에 휩쓸려 찾아와 가담하는 자가 많았고, 칭하기를 동학당이라 하였다." 또 "3월 11, 12일경 동학당 약 3000명이 금구로부터 태인을 거쳐 부안으로 가는 것을 태인에서 볼 수 있었으며", "3월 12일 금산에서 동학도 수천 명이 몽둥이를 들고 흰 두건을 쓰고서 읍내에 모여 아전의 집을 불태웠다."

이제 농민봉기는 급속하게 확산되면서 내전 직전의 순간을 맞았다.

민란에서 전쟁으로

이용태의 탄압과 학정이 벌어지는 가운데, 전봉준은 3월 13일경 해산하지 않고 남아 있던 소수의 농민군을 이끌고 고부를 떠나 무장의 손화중을 찾아갔다. 전봉준은 큰 세력을 구축하고 있던 손화중에게 또다시 봉기를 확대하자고 호소하였다. 이제는 손화중으로서도 피할 수 있는 상황이 아니었다. 고부에서 동학교도에 대한 이용태의 처절한 보복이 자행되고 격문 살포 이후 여러 지역에서 봉기의 조짐을 보이는 데다가 전봉준의 설득이 계속되자, 손화중은 마침내 봉기를 결심하였다. 그것은 지역 단위의 민란에서 전국 단위의 전쟁으로 발전함을 의미하였다.

3월 16일부터 무장현 동음치면 구암리 당산마을 일대에 손화중 휘하의 농민군이 모이기 시작하였다. 처음에는 100여 명에 지나지 않았으나 이틀 사이에 1000여 명으로 늘어났다. 이들은 3일 동안 죽창을 만들고 민가에서 무기가 될 만한 것들을 가져오는가 하면, 동학에 반대하는 자들을 잡아다 처벌하고 군량미를 확보한 뒤 대오를 정비하였다. 이 같은 행동에 당황한 무장관아는 농민군을 설득하여 해산시키려 하였다. 그러나 농민군은 "조만간 다른 지역으로 가겠다."고 통보하며 관아의 지시를 무시하였고, 무장관아는 이미 수천 명에 달하는 농민군의 기세를 막을 힘이 없었다.

드디어 3월 20일, 전봉준은 손화중과 함께 전라도 무장에서 4000여 명의 농민군을 이끌고 창의문을 선포하였다. 이전에 발표한 격문을 바탕으로 삼아 첫 창의문을 세상에 내놓은 것이었다.

> 우리는 비록 초야의 유민이지만 임금의 토지를 부쳐 먹고 임금의 옷을 입고 사니 어찌 국가의 존망을 앉아서 보기만 하겠는가. 8도가 마음을 합하고 수많은 백성이 뜻을 모아 이제 의로운 깃발을 들어 보국안민으로써 사생死生의 맹세를 하노니, 금일의 광경은 비록 놀랄 만한 일이기는 하나 가볍게 행동하지 말고 각자 그 생업에 평안히 하여 함께 태평세월을 빌고 임금의 덕화를 누리게 되면 천만다행이겠노라.

창의문 끝에는 창의소 전봉준, 손화중, 김개남의 이름이 쓰여 있었다. 보국안민의 기치 아래 탐관오리를 제거하겠다는 것이었다. 아울러 전봉준은 전국적인 호응을 얻기 위해 각지로 밀사를 파견하였다.

창의문이 던진 충격은 대단히 컸다. 농민들은 "옳다. 인제는 잘 되었다. 천리가 어찌 무심하랴. 이놈의 세상은 얼른 망해야 한다. 망할 것은 얼른 망해 버리고 새 세상이 나와야 한다."며 각지에서 호응하였다. 일 개 군현 단위의 농민봉기는 이렇게 전국적인 농민전쟁으로 발전하였다. 그리고 농민군은 민중에게 전쟁에 참여하기를 다음과 같이 적극 독려하였다.

> 가 보세 가 보세
> 을미적 을미적
> 병신 되면 못 가 보리.

갑오년에 일어난 농민전쟁에 적극 가담하여 을미적거리다 병신년까지 끌지 말고 이 갑오년으로 빨리 끝장을 내자는 뜻이었다.

3월 20일에 무장현을 떠난 전봉준, 손화중의 농민군은 21일 고창현을 거쳐 22일 흥덕현의 사포와 후포, 23일 부안현 줄포를 지나 오후 8시에 고부에 이르렀다. 이들은 고부군을 점령하고 향교와 관청 등에서 하루를 머물렀다. 다음 날 24일에 고부관아 무기고를 부수었으며 전략지인 백산으로 진을 옮겼다. 이때 무장현에서 출발한 농민군은 3000~4000명 정도였다. 이동 과정에서 전봉준과 손화중은 정읍현 인근 지역으로 농민군을 보내 무장기포의 사실을 알리고 봉기에 동참할 것을 촉구하였다. 즉 무장현을 떠나 고부군으로 가던 전봉준과 손화중은 봉기한 사실과 부대의 일정을 태인현의 김개남과 김덕명 등 주요 농민군 지도자에게 전달했고, 이에 김개남과 김덕명도 휘하의 세력을 이끌고 각각 태인현, 김제군, 금구현에서 출발하여 3월 24일경에는 고부군 백산에 합류하였다.

김개남과 김덕명이 합류함으로써 마침내 전봉준, 손화중, 김개남, 김덕명 휘하의 농민군이 집결하여 연합 농민군이 완성되었다. 이 백산대회에는 고창, 무장, 홍덕, 정읍, 태인, 금구, 김제 등지에서 온 8000여 명의 농민군이 참여하였다. 즉 호남우도 지역의 농민군이 모두 봉기한 양상을 보였으며, 이들은 3월 봉기 기간 내내 농민군의 주력을 이루었다.

연합 농민군은 3월 26일 백산에서 전봉준을 총대장으로 김개남과 손화중을 총관령으로, 김덕명과 오시영을 총참모로, 최경선을 영솔장으로, 송희옥과 정백한을 비서로 정하는 등 그 지휘 체계와 조직을 세웠다. 그러고는 백산에 '호남창의대장소'를 설치한 뒤, 백산 봉우리의 대장기에는 '보국안민' 네 자를 크게 써 넣고 격문을 띄웠다.

> 우리가 의를 들어 이에 이른 것은 그 본뜻이 다른 데 있지 아니하고 창생을 도탄 가운데서 건지고 국가를 반석의 위에다 두고자 함이라. 안으로는 탐

✚ **고부 백산** 멀리 보이는 백산은 농민군이 기의를 한 곳일 뿐 아니라 농민군의 가장 중요한 근거지였다.

학한 관리의 머리를 베고 밖으로는 횡포한 강적의 무리를 내쫓고자 함이라. 양반과 부호에게 고통을 받는 민중과 방백과 수령의 밑에 굴욕을 받는 소리小吏들은 우리와 같이 원한이 깊을 것이니, 조금도 주저치 말고 이 시각으로 일어서라. 만일 기회를 잃으면 후회하여도 미치지 못하리라.

이 격문은 농민군의 투쟁 대상이 악질 관리와 부당하게 돈을 모은 부자, 외래 침략자임을 분명하게 밝힘으로써 일반 농민뿐만 아니라 지방의 말단 아전들도 봉기에 참여할 것을 호소하고 있다.
또 4대 명의도 발표하였다.

첫째, 사람을 함부로 죽이지 말고 가축을 잡아먹지 말라.
둘째, 충효를 다하여 세상을 구하고 백성을 편안케 하라.
셋째, 일본 오랑캐를 몰아내고 나라의 정치를 바로잡는다.
넷째, 군사를 몰아 서울로 쳐들어가 권귀를 모두 없앤다.

4대 명의는 일종의 행동 강령으로서, 농민봉기의 목적과 방향이 보국안민과 외세 축출, 그리고 탐관오리 제거에 있음을 잘 드러내고 있다.
농민군의 군사 행동 원칙이라 할 12개조의 기율은 다음과 같다.

1. 항복하는 자는 대접한다.
2. 곤궁한 자는 구제한다.
3. 탐학한 자는 추방한다.
4. 순종하는 자에게는 경복敬服한다.
5. 도주하는 자는 쫓지 않는다.

6. 굶주린 자는 먹인다.

7. 간사하고 교활한 자는 그치게 한다.

8. 빈한한 자는 알아듣게 타이른다.

9. 불충한 자는 제거한다.

10. 거역하는 자는 알아듣게 타이른다.

11. 병든 자에게는 약을 준다.

12. 불효자는 죽인다.

이러한 격문과 4대 명의, 12개조 기율의 포고는 본격적인 농민전쟁을 알리는 선전포고였다.

격문에 호응하여 멀리 영광, 금구, 김제, 옥구, 만경, 무안, 임실, 남원, 순창, 진안, 장수, 무주, 부안, 장흥, 담양, 창평, 장성, 능주, 광주,

동학혁명백산창의비 백산 격문과 4대 명의를 발한 백산성의 정상 부근에 세워졌다. (전북 부안군 백산면 용계리)

나주, 보성, 영암, 강진, 흥양, 해남, 곡성, 구례, 순천 등지에서도 농민
들이 일어나 달려왔다. 이때 군량은 조병갑이 거두어들인 수세미水稅米
수천 석으로 충당하였다.

3월 28일, 농민군은 모든 준비를 마친 뒤 오후 6시쯤 백산에서 내려
와 태인현 용산면의 화호 신덕정리에 진을 쳤다. 3월 29일에는 태인현
동헌으로 들어가서 군기軍器를 빼앗았다.

이처럼 농민군이 대규모로 봉기하여 전주로 진격해 오는 데 놀란 감
사 김문현은 사태를 조정에 보고하였다. 이어 4월 3일에는 전주의 관속
과 군교를 불러 모아 전주성의 서문과 남문을 지키도록 조처하는 한편,
무남영의 군대와 잡색, 각 읍에서 올라온 포군, 도내의 보부상 패를 금
구 대로로 내보내니 무려 2000명에 이르렀다. 한편 전라감사에게서 사
태의 심각성을 보고받은 조정은 4월 2일 홍계훈을 양호초토사로 임명하
여 군산항으로 출발시켰다.

3월 30일 오전 원평으로 진격하려던 농민군은 관군이 전주 입구를 지
키고 있는 데다 관군 1만여 명이 내려온다는 소식을 듣고, 4월 3일 부대
를 3대로 나누어 남하하였다. 1대는 부안현 서도면 부흥역으로, 1대는
태인현의 인곡, 북촌, 용산 등지로 내려왔고, 나머지 1대는 원평에 일시
잔류하였다. 4월 4일, 원평에 남아 있던 농민군이 부안으로 내려와 이미
부안에 와 있던 농민군과 합세하여 그날로 부안현을 점령하였다. 부안
현을 점령한 것은 전봉준과 손화중이 이끄는 4000여 명의 농민군이었
으며, 이때 태인의 용산 등지에 머무른 2000~3000여 명의 농민군은 김
개남이 이끌고 있었다.

4월 6일, 태인과 부안의 농민군은 매교로 나와 감영군과 접전을 벌이
다 부안으로 후퇴하였다. 감영군을 유인하기 위한 작전이었다. 이때 전

봉준은 부대를 반으로 나누어 한 패를 고부 도교산으로 올려 보냈다. 감영군이 따라오자 농민군은 능선을 따라 남쪽의 사시봉으로 옮겨 갔다. 농민군을 뒤쫓아 오던 감영군은 이날 해가 질 무렵 황토재에 이르렀다. 태인 북촌 용산에 남아 있던 농민군은 이날 밤 감영군 몰래 전봉준의 본진에 합류하였다. 감영군의 위치는 북쪽으로 고도가 낮았으며, 농민군의 위치는 남쪽으로 고도가 높았다. 둘 사이의 거리는 1.5km였다.

　7일 새벽, 세 곳의 불 가운데 봉화만 남고 양쪽의 불이 꺼지자 감영군은 농민군이 잠자리에 든 것으로 판단하고 기습 공격하였다. 그러나 감영군의 공격을 기다린 농민군은 양쪽에서 감영군의 퇴로를 차단하고 협공, 즉 삼면을 포위하여 감영군을 대파하였다. 농민군과 감영군의 첫 전투는 이렇게 끝이 났다.

　이 싸움에서 농민군은 적절한 책략까지 쓰며 승리를 거둔 반면, 감영군은 큰 피해를 입고 참패하였다. 영관 이경호, 태인현 보부상의 우두머리 류병식, 서기 이은승 등이 전투 현장에서 죽었으며, 대관 이재섭과 류수근, 집사 정창권, 교장 백경찬, 진영교 등은 겨우 몸을 빼내 도망쳤다. 이와 관련하여 조금 과장되기는 했지만, "관병과 보부상군은 다 죽어 버리고 살아 돌아간 자는 불과 수십 명이 되지 못하였다."거나 "감영군은 수천 명이 죽고 살아남은 자는 사방으로 흩어져 도망하였다."는 기록도 전한다. 전라도 감영군은 농민군과 치른 단 한 차례의 전투에서 궤멸 수준의 타격을 입은 것이다.

　황토재 전투의 승리는 농민군에게 큰 의미가 있었다. 관군과의 첫 전투에서 거둔 큰 승리였고, 이후 농민군은 기세를 올리며 전라도 일대, 아니 전국 단위로 세력을 넓힐 기반을 마련했기 때문이다.

새야 새야 파랑새야

전라도는 우리나라 곡창지대로 물산이 풍부했던 만큼, 그곳의 농민들은 늘 가혹한 수탈의 대상이었다. 고부는 전라도 내에서도 으뜸가는 곡창지대였다. 고부군수 조병갑의 학정이 심해지자 전봉준을 앞세운 수백 명의 농민들은 고부관아로 나아갔다. 전봉준과 농민들은 관아를 점령하고 아전을 처벌하였다. 그러나 이후 중간층 지도자들의 동요와 신임 군수 박원명의 무마책으로 농민들의 활동은 잠시 수그러들었다.

그런데 안핵사로 내려온 이용태가 민란 관련자들을 역적죄로 몰아 탄압하면서 상황은 다시 악화되었다. 전봉준 등은 무장으로 옮겨 손화중, 김개남과 함께 봉기하였다. 이것이 제1차 농민전쟁이다.

농민군은 3월 하순 백산에 모여 4대 명의와 농민봉기를 알리는 격문을 발표하였다. 이어 백산을 떠나 태인을 거쳐 전주성 점령을 목표로 4월 초 금구 원평에 진을 쳤다. 여기에는 동학교도보다는 주로 일반 농민들이 참여하였다. 이들은 탐관오리 제거, 조세 수탈의 시정 등을 주장하였다. 그리고 4월 7일, 농민군은 감영군을 황토재로 유인하여 섬멸시켰다. 농민군의 사기는 하늘을 찌를 정도로 충천하였다.

이제 싸움은 민란 수준을 넘어 농민전쟁으로 나아가기 시작하였으며, 지역 규모도 국지 단위에서 전국으로 확대되었다. 이는 농민군의 앞길을 막는 무리가 그만큼 많아짐을 예고하였다. 서울에서 내려온 경군과 함께 조선을 지배하기 위해 호시탐탐 기회를 노리는 청나라와 일본의 군대도 들어올 기세였다. 그리고 마침내 청일전쟁에서 승기를 잡은 일본군이 관군과 함께 농민군을 무력 진압함으로써 반봉건·반침략 운동은 종말을 고하였다. 농민이 주도하여 근대 개혁을 추진하려던 시도가 좌절된 것이다.

그러나 농민전쟁의 열기는 꺼지지 않아, 이후 사회 개혁운동에 많은 영향을 끼쳤다. 뿐만 아니라 의병전쟁의 추진력이 되어 반침략 항일투쟁의 역사적 기반을 이루었다. 당시 농민들은 민요를 통해 농민전쟁의 경험을 후세에 전하였다.

> 새야 새야 파랑새야
> 녹두밭에 앉지 마라.
> 녹두꽃이 떨어지면
> 청포 장수 울고 간다.

고부에서 타올라 전국을 불사른 농민전쟁은 결국 실패하였지만, 민중은 농민전쟁의 경험을 소중하게 여기고 반봉건·반침략 운동으로 또렷

황토재 갑오동학혁명기념탑 농민군의 첫 승리인 황토재 싸움과 갑오동학혁명을 기념하기 위해 세워진 최초의 탑이다. (전북 정읍시 덕천면 하학리)

하게 기억한 것이다.

　반면에 지배층과 일제는 농민전쟁을 온전하게 평가하지 않았다. 황현은 농민전쟁을 사교邪敎 집단 동학과 이의 꼬임에 넘어간 어리석은 민民이 합세하여 일으킨 반란이라고 규정하였다. 일본인들은 농민전쟁을 대원군이나 청나라의 사주로 일어난 것, 또한 유사 종교의 사회운동으로 보았다. 농민이 주체가 되어 일으킨 반봉건·반침략 운동이었음을 끝까지 부정하고자 한 것이다.

　이런 시각은 우리나라가 일제로부터 해방된 이후에도 마찬가지였다. 그것은 극심한 좌우 갈등과 남북 분단, 전쟁으로 점철된 한국 현대사가 좀처럼 농민전쟁을 제대로 볼 수 있는 계기를 마련하지 못하였기 때문이다. 물론 일부 연구자들을 중심으로 농민전쟁을 온전하게 복원하려는 노력은 계속되었다. 그러나 이러한 노력마저도 집권층의 정권 장악 수단으로 악용되곤 하였다. 5·16 군사 쿠데타를 통해 정권을 장악한 박정희의 경우, 1963년 대통령 선거를 앞두고 호남의 민심을 잡기 위해 농민전쟁의 반봉건·반외세 정신을 자신의 쿠데타를 정당화하는 데 이용하였다. 1963년 황토재에 세워진 갑오동학혁명기념탑 명문에는 농민전쟁이 전봉준 선생의 영도 아래서 일어났다고 하면서, 이것이 '국민생활의 근대화'를 촉진시켰다고 새겼다. 농민전쟁을 이른바 '5·16혁명'의 전사前史로 자리매김한 것이다. 심지어 유신체제 수립 직후인 1973년 11월에 세워진 우금재 동학혁명군위령탑에는 다음과 같은 글이 새겨져 있다.

　　님들이 가신 지 80년, 5·16혁명 이래의 신생조국이 새삼 동학혁명군의 순
　　국정신을 오늘에 되살리면서 빛나는 10월유신의 한 돌을 보내게 된 만큼

우리 모두가 피어린 이 언덕에 잠든 그 님의 넋을 달래기 위해 이 탑을 세우노니, 오가는 천만대의 후손들이여! 그 위대한 혁명정신을 영원무궁토록 이어받아 힘차게 선양하라….

한마디로 박정희 정권이 농민전쟁의 정신을 계승한 것처럼 보이기 위해 농민전쟁에 관한 기억을 왜곡하였을뿐더러 폭압적인 10월유신마저 정당화하려 한 것이다. 민중이 벌인 사회 개혁과 민족 자주의 정신은 정권을 유지하고 체제를 강화하기 위해 철저하게 이용되었다.

그러나 민중은 늘 깨어 있었다. 그들은 기념비는 세우지 못할지언정 시를 통해 그들과 그들의 후손을 일깨웠다. 신동엽은 농민전쟁의 정신을 다음과 같이 노래하였다.

두레꾼이여
조국이여
너를 부른다. 두레꾼이여,
녹두알이여, 너를 부른다.
땅도 강물도
깃 털고 중천 높이 솟아라
너를 부른다.

너의 피를 부른다.
여문 뼈, 노랑수건 휘날리며 오라
농민군이여.

농민전쟁의 정신은 민중의 가슴속에 고스란히 남아 있었고, 이는 시인을 통해 이 땅에 다시 나타났다. 긴 세월이 흘러도, 누군가가 역사를 조작한다 하더라도 민중이 깨어 있으면 투쟁의 기억은 결코 사라지지 않는다.

역사의 현장 암태도소작인항쟁기념탑(전남 신안군 암태면 장고리)
서태석의 묘와 추모비(신안군 암태면 기동리)

일제 강점기인 1920년대에 들어 전국에서 각종 사회운동이 일어났다. 그 가운데 전라남도 무안군 작은 섬 암태도에서는 1923년 8월에 소작 농민들이 쟁의를 일으켰다. 암태도의 농민들은 토지가 척박하여 힘든 농사일에 비해 생산량이 적은데도 소출의 7~8할이라는 고율의 소작료를 물고 있었다.

1923년 8월, 암태도 농민들은 지주 문재철에게 소작료를 4할로 내려 줄 것을 요구하며 싸움을 시작하였다. 그 과정에서 농민 대표가 일제 경찰에게 잡혀 감옥에 들어갔다. 농민들은 목포로 건너가 목포경찰서와 법원 앞에서 소작료를 내리고 감옥에 갇힌 대표를 석방할 것을 요구하는 '단식투쟁'을 벌였다. 그리고 마침내 소작료 인하에 성공하였다.

1998년 5월, 암태도에는 이 투쟁을 기념하는 높이 6.74m의 '암태도소작인항쟁기념탑'이 세워졌다.

작은 섬 암태도의 저항

암태도 사람들

암태도는 전라남도 목포 서북쪽 바다에 있는 여러 작은 섬 가운데 하나로 총면적은 3700여 정보(약 43km²), 둘레는 100리(약 92km)에 이르는 섬이다. 섬에는 해발 355m에 이르는 되봉산이 있는데, 바다 쪽으로 낮은 구릉이 솟아 있고 그 구릉을 넘으면 낮은 분지가 되봉산으로 이어진다. 섬사람들은 이 분지 지역에서 논밭을 개간하여 농사를 지었다.

  1920년대에 암태도의 정식 행정 명칭은 전남 무안군 암태면(지금의 신안군)이었다. 섬사람들은 대부분 대를 이어 뿌리를 박고 살아온 사람들로 박씨, 문씨, 서씨 등이 일족을 이루고 있었다. 문씨 일족 가운데 나이 40세의 문재철이란 사람이 있었는데, 그는 암태도 최고의 부자였다.

  문재철은 암태도 수곡리 출신으로, 암태도뿐 아니라 자은도를 비롯하여 전남 일대와 전북 고창 등지에 755정보의 토지를 가지고 있었다. 그는 한 해에 거두어들이는 소작료가 3만 석이나 되는 대지주로, 일제의 식민지 수탈정책에 편승하여 토지 소유를 확대한 전형적인 식민지 지주이기도 했다.

암태도는 그리 큰 섬은 아니지만, 개간된 논밭에서 나는 식량만으로도 섬사람 전체가 먹고살기에는 부족함이 없었다. 그런데 언제부터인가 섬에 있는 농토 대부분이 몇 명의 지주 손으로 넘어가 버렸다. 그러다 보니 섬사람들은 대부분 소작인이 되었다. 이러한 현상은 암태도뿐이 아니었다. 일제에 의한 강제적인 토지조사사업이 끝난 뒤 1920년대 식민지 조선에는 소작농이 급증하였다. 1920년에는 자작 겸 소작농 37.4퍼센트, 소작농 39.8퍼센트로 전체 농민의 77.2퍼센트가 지주-소작 관계에 매여 있었다.

암태도는 서남해에 있는 다른 섬들과 마찬가지로 거름이 모자랐고 땅이 기름지지도 않았다. 농사짓는 데 들어가는 비용도 많았고 노동력도 더 필요하였다. 그런데도 대지주 문재철은 뭍에서보다도 많은 7~8할의 소작료를 걷어 갔다. 그의 땅을 부쳐 먹고사는 소작농만 800명에 이르렀으며, 문지주가 소작료로 걷어 가는 쌀이 섬 전체 수확량의 3분의 1에 해당하는 1만 석가량이나 되었다.

소작농들은 가난에 쪼들리는 생활을 할 수밖에 없었다. 게다가 암태도는 섬이라 돌이 많고 토지가 척박하여 농사일이 고된 데 비해 생산량이 적었다. 이런 형편에 소작료가 비싸니, 자연히 섬사람들은 불만이 많았다. 날이 갈수록 섬사람들의 생활은 어려워졌다. 도박판을 벌이고 술을 마시며 자포자기하는 사람들도 나타났다.

"소작료를 내려 주시오!"

1920년대가 되면서 나라 안에서 여러 방면의 사회운동이 힘차게 발전하였다. 농촌에서도 소작인들은 소작인회 또는 소작인 조합을 만들어 지주들에게 소작료를 내릴 것과 소작권을 함부로 타인에게 넘기지 말 것을 요구하였다. 1922년에는 경남 진주와 전남 순천, 영광, 고흥 등 여러 곳의 소작인들이 소작인 대회를 열고 지주들과 투쟁을 벌였다.

암태도에서도 1923년 9월 마침내 소작쟁의가 일어났다. 이해 8월, 섬 청년들은 암태소작인회를 만들고, 문지주를 찾아가 소작료가 너무 많으니 4할로 내려 달라고 하였다. 그러나 문지주는 소작인들의 요구를 한마디로 딱 잘라 거절하였다. 사실 문지주가 소작인들의 요구를 들어줄 리는 만무하였다. 암태소작인회는 문지주에게 맞서기로 하였다.

"제의가 수락될 때까지 벼를 베지 않고 소작료를 내지 않겠다."

그러나 문지주는 전혀 개의치 않았다. 아예 성가신 일을 피해 섬을 떠나 목포로 건너가 버렸다.

소작인회를 만드는 데 큰 역할을 한 사람은 암태청년회 회장 박복영이었다. 그는 3·1운동 때 목포에서 만세를 부르다 순사와 격투를 벌여 옥살이를 하고는 중국으로 건너가 상하이 임시정부에서 독립운동을 하였다. 그러던 중 임정의 지시로 몰래 나라 안에 들어와 독립운동자금을 모았다. 그는 이때 다시 체포되어 옥살이를 하고 1921년에 석방되어 고향인 암태도로 돌아왔다. 그리고 곧바로 섬 청년들과 암태청년회를 조직하고 회장이 되어 청년운동을 벌였다. 1923년 8월, 박복영은 청년회원들과 소작인들을 모아 암태소작인회를 결성하였다. 청년회 회원인 서태석이 회장을 맡고, 박복영은 곁에서 소작인회를 도왔다.

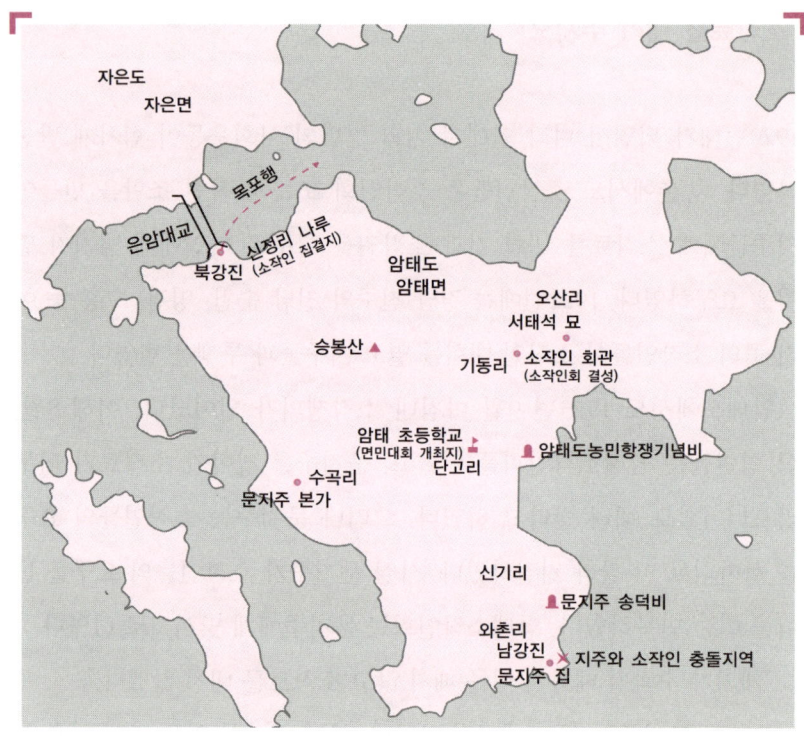

암태도 소작인 항쟁도 1920년대에 나라 안에서 여러 사회운동이 힘차게 발전하는 가운데 암태도에서는 소작농들이 암태소작인회를 만들고 식민지 수탈정책과 지주에 맞서 소작쟁의를 펼쳤다.

문지주는 소작인들의 요구를 들은 척도 하지 않았다. 오히려 일제 순사들을 불러다가 위협까지 하였다. 어느새 겨울이 다가왔다. 박복영은 11월 말에 목포로 나가 문지주를 설득하였다. 그러나 문지주는 오히려 그에게 불만을 늘어놓았다.

"여보, 박회장! 당신은 돈 들여 얻은 학식과 견문으로 어째 하필이면 나를 못살게 구는 거요? 박회장이 소작인도 아니면서…. 무어 내게 부탁이 있거든 말을 하오. 내 되도록이면 들어줄 테니…. 낸들 흙 파다가 땅을 산 줄 아오? 나도 허리띠 졸라매고 먹을 것, 마실 것 아끼며 장만한 것이라오."

박복영은 문지주에게 순천에 있는 어떤 지주가 소작료를 4할로 내렸다는 신문기사를 보여 주며 다시 설득하였다. 그러나 역시 요지부동이었다.

"흥! 남이야 어찌했던 내가 알 바 아니오. 나는 소작료를 내리더라도 마지막에야 내릴 거요!"

박복영은 하는 수 없이 다시 섬으로 돌아왔다.

작은 섬 암태도의 소작쟁의가 육지로 번지다

섬 농민들로서는 무턱대고 가을걷이 손을 놓고 있을 수도 없었다. 그렇지 않아도 먹을 것이 부족한 상황에서 가을걷이를 하지 못하자 어려움이 더 많아졌다. 이미 궁핍한 소작인들은 소나무 껍질을 벗겨 먹고 칡을 캐 먹는 등 힘든 투쟁을 하고 있었다.

가을걷이 때가 훨씬 지나 누렇게 익은 벼를 바라보자니, 마음은 타들어 갔다. 박복영은 소작인회와 의논하여 일단 11월 말부터 벼를 베기로 하였다. 소작인회는 소작인들에게 "추수한 벼 중에서 소작료 4할을 제하고 나머지 6할은 소작인의 몫으로 하기로 하였다."는 결정 내용을 알리고 이에 따르게 하였다. 일이 어찌 되었든 간에 가을걷이를 하기로 하자, 소작인들은 모두 기뻐하였다. 어른들은 새벽부터 낫을 들고 논으로 나갔다. 개구쟁이 아이들은 볏단을 나르며 흥이 나서 외쳤다.

"어매! 얼릉 벼를 찧어서 쌀밥 좀 해 묵세!"

나이 먹은 노인은 믿어지지가 않는 듯 혼잣말로 대꾸하였다.

"허어! 오래 살고 볼 일이오그랴!"

모두들 흥이 나고 가슴이 더웠다. 그러나 싸움은 이제부터 시작이었다. 문지주는 소작인들이 가을걷이를 시작하자 기다렸다는 듯 사람을 보내 소작료를 독촉하였다. 문지주 쪽 사람들은 한밤에 외딴 곳에 있는 소작인 집을 찾아가 소작인을 어르고 달래며 소작료를 거두기도 하였다. 소작인들 가운데는 협박이 두려워서, 또는 뒷날 소작을 떼일까 겁이 나서 이전과 똑같이 소작료를 내는 사람까지 생겼다. 소작인회는 잔뜩 긴장하지 않을 수 없었다. 자꾸 이런 일이 생기면 소작인들 사이의 단결이 약화되고, 결국 싸움에서 질 수밖에 없기 때문이었다.

> 지주의 횡포가 그렇게 길들였는지, 소작인의 의존심이 낡아서 부스럼을 낸 것인지는 모르나, 여하간 그러한 자멸의식은 지주를 더욱 거드름피우게 하고, 그 거드름 아래 더욱 휘감겨서 굽실거리는 소작인의 취약성은, 소작인들 자신의 내부에 도사리면서 이번 일을 무너뜨릴 수도 있는 가장 위험한 요소의 하나였다.
>
> 박순동, 〈암태도소작쟁의〉, 《신동아》, 1969년 9월호

소작인회는 순찰대를 조직해 지주 쪽 소작료 징수를 막고 나섰다. 이러한 가운데 양쪽 사이에 여러 번 싸움이 일어나기도 하였으나, 소작인들은 일치단결하여 1924년 봄을 맞았다. 문지주 역시 6개월이 다 가도록 꿈쩍도 하지 않았다. 소작인회는 하는 수 없이 이 문제를 사회문제로 만들어 여론을 일으키기로 결정하였다.

1924년 3월 27일, 소작인회는 단고리에 있는 암태초등학교에서 면민대회를 열었다. 면민대회에서 소작인들은 문지주를 규탄하며, 5월 15일

까지 소작인들의 요구가 받아들여지지 않으면 문지주 부친의 송덕비를 부수기로 결의하였다.

그런데 이날 문씨 집안사람 몇 명이 면민대회를 마치고 돌아가는 소작인들을 습격하였다. 이 일로 소작인회 사람 몇 명이 크게 다쳐서 병원에까지 실려 갔다. 소작인회는 경찰에 폭행자를 고발하였다. 그러나 경찰은 "그런 일로 경찰을 불러들이느냐?"며 핀잔을 주고, 오히려 소작료 문제와 관련해 문지주와 화해하라고 말하였다. '가재는 게 편'이라고, 역시 일제 경찰은 지주 편이었다. 이때부터 《동아일보》가 암태도 소작쟁의에 관심을 가지고 보도하기 시작하였다. 《동아일보》 보도를 계기로 암태도 소작쟁의는 차츰 전국의 주목을 받았다.

소작인회는 4월 15일 서울에서 열리는 '전조선 노농자대회全朝鮮勞農者大會'에 대표를 보내 암태도 소작쟁의의 사정을 알리려 하였다. 하지만 경찰이 강제로 막았다. 뿐만 아니라 일본 해군 수십 명이 암태도에 상륙하여 공포를 쏘는 등 위협을 가하였다.

일제와 지주의 위협은 소작인들의 큰 반발을 불러왔다. 분노한 소작인들은 4월 22일 마침내 "암태도 소작인회 만세!"를 외치며 신기리에 있는 문지주 부친의 커다란 송덕비를 쓰러뜨렸다. 송덕비가 부서지자 문씨 집안사람들이 들고일어났다. 문씨 쪽 사람들이 기동리 소작인 회관(소작회 간부인 서동오의 집)을 부수고 소작인회 사람들을 습격하면서 싸움이 벌어졌다.

다음 날 목포경찰서장이 직접 경찰을 이끌고 암태도에 들어와 양측 사람 50여 명을 잡아갔다. 그러나 경찰은 서태석 회장을 비롯한 소작인회 간부는 13명이나 구속한 반면, 먼저 싸움을 건 문씨 쪽 사람들은 겨우 3명만 구속하였다.

암태도 농민들은 분노와 패배감으로 몸을 떨었으나 싸움을 멈추지는 않았다. 노골적인 일제 경찰의 태도에 섬사람들은 크게 분노하였다. 암태소작인회는 박복영을 중심으로 면민대회를 열고, 직접 목포로 건너가 싸우기로 다짐하였다. 면민대회에 참석한 1000여 명의 사람들은 모두가 저마다 가겠다고 나섰다. 이제 농민들의 투쟁은 섬에서 육지로 번져 갔다. 지주와 소작인 사이의 싸움이 차츰 지주를 비호하는 일제 관헌과 소작인 사이의 싸움으로 바뀌기 시작하였다.

대지로 요를 삼고 창공으로 이불을 삼아

암태도 농민들은 '5일분의 양식과 소금을 휴대하고 10명씩 한 조가 되어 솥을 가져가' '바람, 비를 무릅쓰고 목적 달성에 협력'하기로 하고, 6월 4일에 신정리 나루터를 떠나 목포로 가기로 결정하였다. 소작인회 간부 대표와 소작인회 회원, 구속자 가족, 청년회원 등 400여 명이 목포에 도착하였다. 이들은 목포경찰서로 나아가 "소작회 간부를 석방하라!"고 외치며 밤샘 농성을 하였다. 다음 날 다시 섬에서 200여 명의 사람들이 목포로 왔다. 암태도 사람들은 법원으로 몰려가 구속자를 석방하라고 시위를 벌였다. 농성은 6월 8일까지 계속되었다. 《동아일보》는 연일 암태도 농민들의 농성을 보도하였고, 각지에서 투쟁을 지원하였다.

그러나 일제 경찰은 아무런 반응이 없었다. 일단 전술상 후퇴하기로 하고 암태도 농민들은 섬으로 돌아왔다. 그런데 구속자들을 석방하기는커녕 '소요 및 상해죄'로 재판에 회부한다는 소식이 전해졌다.

+**일제시대의 목포경찰서** 오늘날에는 이 자리에 교회가 들어서 있다. (전북 목포시 대의동)

1924년 7월 8일, 암태도 농민 600여 명은 10척의 배에 나누어 타고 또다시 목포로 떠났다. 농민들은 뱃전에 부딪치는 파도 소리가 그날따라 유난히 가슴을 친다는 생각이 들었다. 가물가물 멀어지는 자신들의 삶의 터전인 암태도를 돌아보며, 이번에는 굶어 죽는 한이 있더라도 결코 물러나지 않겠다고 마음을 다지고 다졌다.

> 대지로 요를 삼고 창공으로 이불을 삼아 입은 옷에야 흙이 묻든지 말든지, 졸아드는 창자야 끊어지든지 말든지, 오직 하나 집을 떠날 때 작정한 마음으로 그날 밤을 자는 둥 마는 둥 또다시 그 이튿날을 당하게 되었다. …
> 600여 군중 가운데는 백발로 뒤덮인 칠십 노파와 어린아이를 안은 부인이 근 200여 명이나 된다. 이곳저곳에 흩어져서 둘씩, 셋씩 머리를 맞모으고 세상을 한탄하며 사람을 야속타 하고, 지친 다리와 아픈 허리를 두드리며

아이고 데고 신음하는 늙은이의 비애와 아무것도 모르는 천사 같은 어린것들의 젖 달라는 울음, 정신이 씩씩한 젊은 사람들의 기운과 함께 어우러져 하염없는 인생의 비애로 일시에 폭발되었다.

《동아일보》, 1924년 7월 12, 13일

목포에 도착한 암태도 농민들은 법원 마당에 모여 굶어 죽어도 싸우자는 아사동맹餓死同盟을 맺은 다음 단식투쟁에 들어갔다. 《동아일보》는 바로 이 싸움의 눈물 어린 정경을 담아냈다.

6월에 있었던 암태도 농민들의 투쟁으로 우에마쓰 목포경찰서장이 사직하였다. 새로 부임한 나카지마 목포경찰서장은 "질서를 어지럽히면 법대로 할 수밖에 없다."는 말만 되풀이하였다. 노동단체, 농민단체 지도자들이 문지주를 만나 쟁의 문제를 협의코자 하였으나, 문지주는 되레 무너뜨린 송덕비를 다시 세우고 원래대로 소작료를 내라며 소리를 질렀다. 신문에 사죄문을 실으라고까지 하였다. 성난 농민들은 목포의 문지주 집으로 쳐들어갔으며, 경찰은 또다시 농민 30여 명을 잡아갔다.

일제가 오히려 악덕 지주 문재철을 두둔하고 죄 없는 암태도 농민들을 잡아 가두자, 민중은 서울, 순천, 광주, 목포에서 규탄대회를 열고 '암태소작인 아사동맹 동정단'을 만들었으며 돈을 모아 지원하기도 하였다. 일제 식민통치에 억눌려 온 조선 민중이 1919년 3·1운동으로부터 몇 년이 지난 뒤 다시 연대하기 시작한 것이다. 당황한 목포경찰서장은 부랴부랴 소작인회 대표를 만나 사건 해결에 앞장서겠다고 제의하였다. 그러면서도 뒤에서는 목포형무소에 갇혀 있던 소작인회 간부들을 광주형무소로 옮겼다. 암태도 농민들은 이 소식을 듣자 곧바로 소작인회 총회를 열어 세 번째 싸움을 준비하였다.

마침내 승리하다

목포경찰서장 나카지마는 사태가 심상치 않게 흘러가는 낌새를 채고, 기동선을 타고 직접 암태도로 건너왔다. 그는 암태도 농민들의 정신적 지주인 박복영을 찾아가 자기가 직접 문지주를 만나 소작료 문제를 해결하겠으니 싸움을 참아 달라고 사정을 하였다.

박복영은 "그런 소리는 지금까지 여러 차례 들었으나 모두 속임수였소."라며 숫제 그를 거들떠보려고도 하지 않았다. 그러자 급기야는 전남 도장관(도지사)까지 개입하여, 마침내 1924년 8월 30일 목포경찰서에서 '소작료 조정 약정서'가 교환되었다. 그 자리에는 박복영과 문재철, 나카지마 서장, 광주노농회 간부 서정희, 전라남도 경찰부 고등과장 고가古賀가 참석하였다. 소작료를 4할로 내리고, 문지주는 2000원을 소작인회에 기부하며, 미납된 소작료는 3년 동안 나누어 낸다는 것이 약정서의 내용이었다. 구속된 소작인회 간부들도 그 뒤 모두 풀려났다.

소작료 조정 약정서
1. 지주 문재철과 소작인회 간의 소작료는 4할로 약정하고, 지주는 소작인회에 금 2000원을 기부한다.
2. 대정 12년도(1923년) 미납 소작료는 향후 3년간 무이자로 분할 상환한다.
3. 구금 중인 쌍방 인사에 대하여서는 9월 1일 공판정에서 쌍방이 고소를 취하한다.
4. 도괴된 비석은 소작인회의 부담으로 복구한다.

암태도 농민들이 일치단결하여 악덕 지주와 그들을 부추기는 일제에 맞서 싸워 얻은 승리는 단순한 승리 그 이상이었다. 일제는 조선을 식민지로 만들기 이전부터 조선의 쌀을 일본으로 싼값에 가져가기 위해 갖가지 술책을 부려 왔다. 조선을 식민지로 합병하자마자 토지조사사업을 벌여 수많은 농토를 동양척식회사와 일본인 지주들 앞으로 빼앗아 가고, 돈벌이에 눈먼 조선인 지주들을 부추겨 소작인들을 가혹하게 착취하였다. 그래서 암태도 농민들이 거둔 승리는 곧 일제 식민통치에 저항하여 거둔, 작지만 소중한 승리였다.

또 암태도 농민들의 싸움은 체념과 굴종을 벗어버리고 인간다운 대접을 받으며 살겠다는 외침이었다. 만약 암태도 농민들이 싸우지 않고 지주와 일제 경찰의 눈치나 보면서 침묵을 지켰다면 7~8할이나 되는 높은 소작료를 그대로 물어야 했을 테고, 등허리가 휘도록 일하고도 처자식과 함께 배고픔에 울면서 등신 소리를 듣는 노예같이 비굴한 삶을 살

암태도소작인항쟁기념탑 암태도 소작쟁의가 일어난 지 70여 년이 흐른 1998년 5월 건립되었다. (전남 신안군 암태면 장고리)

수밖에 없었을 것이다.

그러나 암태도의 소작농민들은 암울해 보이는 현실에 맞서 싸움으로써 승리를 얻어 냈다. 그들의 승리는 전국, 특히 전남 서해안 여러 섬에서 소작농민들의 투쟁을 자극하였으며 커다란 용기를 불어넣어 주었다. 암태도의 투쟁은 서남해안 도서 지방의 소작쟁의를 자극하여 1925년 도초도 소작쟁의, 1926년 자은도 소작쟁의, 1928년 하의도 소작쟁의로 이어졌다. 암울한 현실에서 불꽃처럼 일어나 친일 지주와 일제에 대항하여 싸운 암태도 소작농민들의 불굴의 정신이 우리의 기억 속에서 되살아나는 데에는 오랜 시간이 걸렸다. 오랜 일제 통치 기간 때문에도 그러했지만, 무엇보다도 해방된 나라에서 권력을 쥔 자들이 민중투쟁의 역사를 되살리고 싶어 하지 않았기 때문이다.

뒤늦은 1998년, 그곳 암태도에 높이 6.74m, 면적 1360m²에 이르는 '암태도소작인항쟁기념탑'이 세워졌다. 암태도소작인항쟁기념탑은 멀리 남쪽 외진 섬에서 인간답게 살기 위해 싸운 사람들의 역사를 되새겨 볼 수 있는 소중한 기념물이다.

아울러 비록 초라한 모습으로 섬의 한편에 서 있지만 우리가 반드시 찾아보아야 할 곳으로 소작쟁의를 처음부터 끝까지 이끈 암태소작인회 회장 서태석의 묘가 있다. 서태석은 서울파 사회주의 출신으로 일제의 감시와 고문 후유증으로 정신병을 앓으며 거렁뱅이로 살다가, 1943년 암태도 오른쪽에 있는 압해도 들녘에서 벼 포기를 움켜쥔 채 죽었다고 전해진다. 서태석의 묘는 암태면 오산리 야산에 초라하게 만들어져 있었는데, 2003년에 독립유공자로 서훈되어 2008년에 대전 현충원으로 옮겨졌다.

역사의 현장 평화시장 주변(서울특별시 중구 을지로 6가)
진태일 추모동판(종로구 창신동 진태일기념사업회)
모란공원(경기도 남양주시 화도읍)

1960년대부터 서울시 중구 을지로 6가에 있는 평화시장, 동대문시장, 통일상가에는 900여 개의 군소 피복업체가 밀집되었다. 이곳 제품부는 단층을 합판으로 막아 상하로 나누어 천장 높이가 1.5m 정도 되었는데, 키가 큰 종업원은 허리를 펼 수 없는 형편이어서 '다락방'으로 불렸다. 한 평에 보통 4명이 일하는 작업장에는 재봉틀과 취사도구들이 놓여 있고 환기시설 하나 없었다. 더우면 문을 열어 두는 게 고작이고, 추우면 문을 닫아 생산 과정에서 특히 많이 생기는 분진이 방 밖으로 빠져나갈 수 없는 형편이었다.

이런 열악한 노동조건 속에서 폐병 3기의 어린 여공이 피를 토하는 모습을 보면서 "우리를 비정한 현실의 쓰레기로 만드는 저 잔인한 노동조건을 내 힘으로 바꾸어 보자."고 결심한 노동자 전태일이 탄생하였다. 그의 일생과 그의 죽음은 바로 이 땅의 자주적, 민주적 노동조합 탄생의 불꽃이 되었다.

평화시장에 타오른 불꽃, 전태일

내 죽음을 헛되이 말라!

다 같은 인간인데 어찌하여 빈貧한 자는 부富한 자의
노예가 되어야 합니까?
왜 가장 청순하고 때 묻지 않은 어린 소녀들이
때 묻고 부한 자의 거름이 되어야 합니까?
이것이 사회의 현실입니까? 빈부의 법칙입니까?

전태일, 1970년 초 작품 초고에서

1970년 11월 13일, 아침부터 옅은 잿빛 구름이 하늘을 덮고 있는 청계천 평화시장 일대에는 긴장감이 감돌았다. 바보회와 삼동친목회를 만들어 평화시장 섬유노동자들이 인간답게 살 권리를 요구하던 전태일과 동료들은, 이날도 노동청에 제출한 '평화시장 피복제품상 종업원 근로개선 진정서'를 당국이 받아 주기를 가슴 졸이며 기다리고 있었다.

10월 7일 노동청에 진정서가 들어가고, 신문에 평화시장 노동자들의 참상을 담은 기사가 실렸지만 당국은 아무런 반응이 없었다. 10월 20일에는 노동청 앞에서 시위를 하려 했지만, 이를 사전에 눈치챈 근로감독관이 전태일과 노동자들을 찾아와 "요구조건을 다 들어줄 테니 며칠만 기다려 보라."고 하여 시위를 보류하였다. 그러나 약속한 11월 7일이 되어도 변한 것은 아무것도 없었다. 오히려 평화시장 일대는 경비원들과 형사들이 쫙 깔려 삼엄한 분위기가 되었다. 전태일과 동료들은 마침내 11월 13일, 노동자들의 권리장전인 '근로기준법 화형식'을 거행하기로 결의하였다.

11월 13일 오후 1시 30분, 평화시장 일대에는 경비원들과 경찰들의 몽둥이에 밀리면서도 500여 명의 노동자들이 몰려들기 시작하였다. 10여 분 뒤, 석유를 온몸에 끼얹고 불을 붙인 전태일이 국민은행 앞길로 달려 나왔다. 그는 "근로기준법을 준수하라!", "우리는 기계가 아니다!", "일요일은 쉬게 하라!", "노동자들을 혹사하지 말라!"고 구호를 외치다가 그 자리에 쓰러졌다. 마지막으로 "내 죽음을 헛되이 말라!"고 절규하던 전태일은 인근에 있는 국립의료원을 거쳐 성모병원으로 옮겨졌으나 결국 숨을 거두었다.

전태일의 분신 소식을 듣고 수십 명의 노동자가 달려왔다. 노동자들은 미친 듯이 울부짖으며 시위를 하였다. 손가락을 깨물어 혈서를 쓴 플래카드를 앞세운 삼동친목회 회원들이 긴급 출동한 기동경찰에 맞서 혈투를 벌이며 동대문 쪽으로 몰려갔다. 노동자들은 경찰의 곤봉에 머리가 으깨어지고 구둣발에 짓밟혀 개처럼 경찰서로 연행되었다.

꽃다운 스물두 해, 가난과 고통 속에서도 끝없이 자신의 모든 것을 나누려 한 청년노동자 전태일. 그는 뜨거운 열정으로 스스로를 태우고, 자신의 모든 것을 남김없이 던져 노동해방의 불꽃으로 산화하였다.

노동청의 집계에 따르면, 이 무렵 평화시장과 통일상가, 동화시장에는 428개의 작업장과 7600여 명의 노동자가 있었다. 그러나 실제로는 이보다 훨씬 많은 3만여 명의 노동자가 800여 개의 작업장에서 쥐꼬리만 한 임금을 받으면서 하루 14~16시간에 이르는 장시간 노동에 시달리고 있었다. 1960년대 이래 한국 자본주의가 고도성장한 이면에는 이와 같이 가혹하고 열악한 노동 조건 아래서 고통받는 노동자들의 그늘진 삶이 있었다.

평화시장 일대 피복공장 내의 직종은 대체로 재단사, 미싱사, 미싱보조, 재단보조, 시다 등으로 나뉘는데, 재단사와 재단보조는 주로 남자들이고, 미싱사와 시다는 대부분 여공들로 노동자의 80~90퍼센트를 차지하였다. 고도의 노동 집약을 요구하는 이들 피복공장은 가내공업이나 다름없을 만큼 규모가 영세하였다. 그리고 여기서 일하는 노동자들의 임금은 일정하지는 않지만, 전태일의 조사에 따르면 시다가 월 1800원에서 3000원, 미싱사가 7000원에서 2만 5000원, 미싱보조가 3000원에서 1만 5000원, 재단사가 1만 5000원에서 3만 원 정도였다.

이들은 보통 아침 8시에서 밤 11시까지 일하고 일거리가 많을 때에는 야간작업을 하였다. 바닥에서 천장까지의 높이가 겨우 1.5m인 악명 높은 다락방, 끊임없는 소음과 먼지 구덩이 속에서 열서너 살 어린 여공들이 햇빛 한번 제대로 보지 못하고 쉴 새 없이 일하였다. 전태일은 어느 날 폐병 3기인 줄도 모르고 일하던 여공이 피를 토하고, 결국 해고당하는 모습을 지켜보면서 다짐한다.

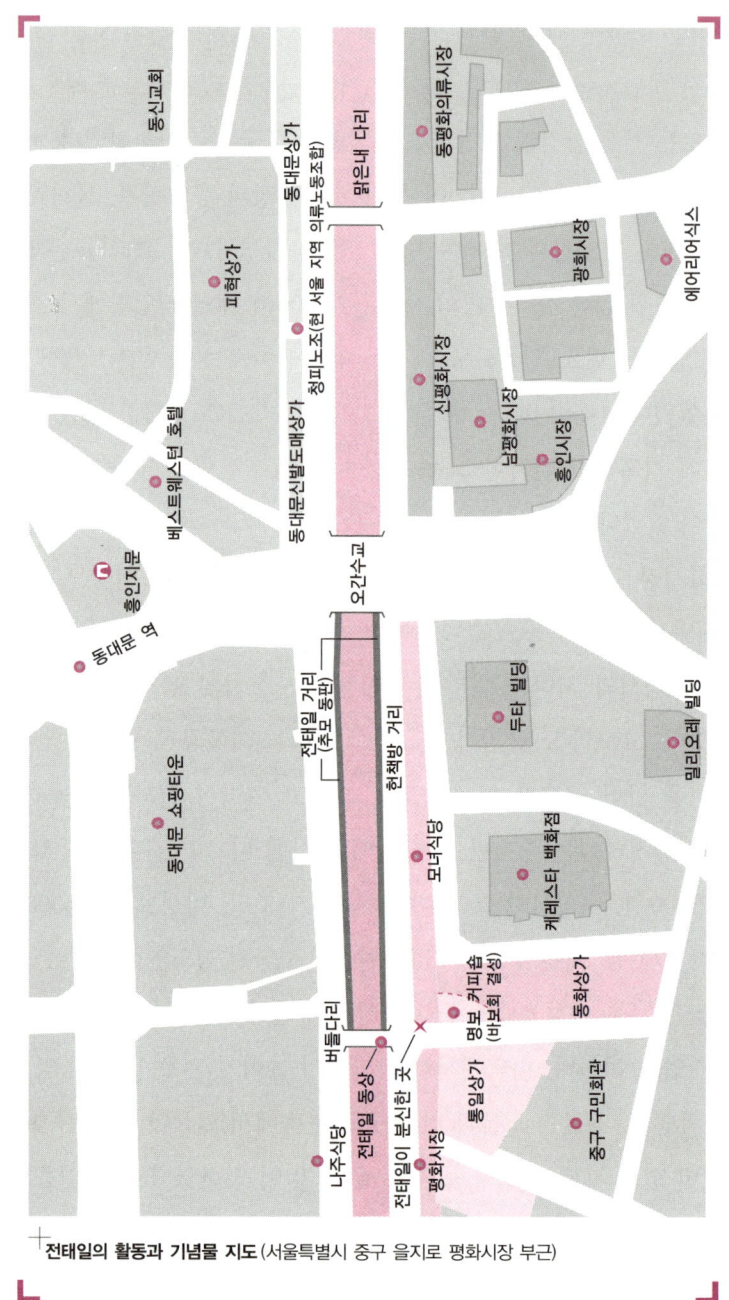

전태일의 활동과 기념물 지도 (서울특별시 중구 을지로 평화시장 부근)

"우리의 생명과 건강을 갉아먹고, 삶의 모든 기쁨과 보람을 빼앗아 가며, 우리를 비정한 현실의 쓰레기로 만드는 저 잔인한 노동조건을 내 힘으로 바꾸어 보자."

전태일, 노동자가 되다

전태일은 1948년 8월 26일에 대구에서 태어났다. 학력은 대구 청옥고등공민학교 중퇴가 전부였다. 그의 아버지는 피복제조업에 종사하였는데, 여러 차례 실패를 거듭하다 결국 좌절감이 쌓여 폭음과 술주정으로 가산을 탕진하였다. 그의 가족은 살길을 찾아 서울로 무작정 상경하였다. 어머니 이소선은 남편과 자식 넷을 먹여 살리기 위해 온갖 종류의 일에 시달려야 했다. 태일 또한 어려서부터 무허가 판자촌에 살면서 껌팔이, 신문팔이, 솥과 조리 장사, 구두닦이 등 온갖 막일을 다하였다. 이때 그의 나이는 겨우 열두 살이었다.

태일은 서울 집을 나와 부산을 떠돌다가 대구로 돌아갔다. 그가 집을 나오고 1년이 지나는 사이에 가족들 또한 다시 대구로 돌아가 있었다. 아버지는 술도 끊고 착실히 재봉일을 하고 있었다. 태일은 아버지를 도와 재봉일을 하다가 청옥고등공민학교에 입학하였다. 그는 이때가 "내 생애에서 가장 행복했던 시절"이라고 회상하였다. 그러나 행복한 시절도 잠깐, 그는 다시 학교를 그만두게 되었다. 아버지의 폭음이 다시 시작되었고, 생활고를 견디다 못한 어머니는 돈을 벌기 위해 서울로 올라갔다.

1964년 2월, 열여섯 살 태일은 "엄마한테 데려다 달라."고 울며 보채는 어린 여동생 순덕을 데리고 서울로 무턱대고 올라왔다. 그에게 서울은 억압된 자아와 현실을 벗어나기 위한 탈출구였다. 그야말로 현실이라는 질식할 것 같은 철조망을 넘는 일이었다.

> 철조망, 그것은 법이다. 질서이다. 규범이며 도덕이며 훈계이다. 그리고 어떤 의미에서는 억압이다. 겹겹이 철조망을 둘러치고 그 속에서 무엇인가를 지키려고 하는 사람들은, 철조망을 넘어서려는 사람을 짓밟고 그 쓰러진 얼굴 위에다 침을 뱉는다. 쓰러져 짓밟힌 인간의 이지러진 얼굴 위로 고통스런 죄의식의 올가미가 덮어씌워진다. 그리하여 철조망을 넘는 과정은 무뢰한으로 전락하는 과정, 법과 질서의 테두리 밖으로 고독하게 추방되는 과정, 양심과 인륜을 박탈당한 비인간으로 밀려 나가는 과정이다.
> 그러나 그것은 동시에 인간으로 회복되어 가는 과정이기도 하다. 그것은 오직 스스로의 힘으로, 그 어떤 법률과 질서와 도덕과 훈계로도 가로막을 수 없는 자신의 삶의 권리를 주장하는 과정이다. 그것은 철조망 앞에 결박당하여 의식이 마비되기를 거부하는 인간의 생명력, 인간의 의지의 표현인 것이다.
>
> 조영래, 《전태일평전》, 돌베개, 1991

그의 가족은 뿔뿔이 흩어졌지만 극적으로 다시 상봉하였다. 그의 파란만장한 가족사는 한국 현대사를 살아온 많은 민중의 삶 그 자체였다.

그해 봄, 태일은 구두를 닦으러 돌아다니다가 평화시장 근처에서 우연히 '시다 구함'이라는 광고를 보고 취직을 하기로 마음먹었다. 오랜 방황을 끝내고 드디어 임금노동자 생활을 시작하게 된 것이었다. 재봉일에 경험이 있던 태일은 곧 미싱보조가 되었고, 이듬해에 평화시장 뒷

골목에 있는 '통일사'의 미싱사로 취직하였다. 얼마 후에는 재단사, 즉 숙련노동자가 되었다. 그는 1967년 2월 23일 일기에 다음과 같이 적고 있었다.

"내일부터는 내가 힘닿는 껏 열심히 일해서 주인의 공을 갚고 이해 안에 완전한 재단사가 되자."

바보를 면하려는 이들의 모임, 바보회

바라던 재단사가 되었지만 태일의 몸과 마음은 편치 않았다. 숨 막히는 다락방(작업장)에서 어린 여공들이 하루 종일 쉬지 않고 일하는 모습을 보면서, 동정심 많은 그는 여공들이 못 다한 일까지 대신 하느라 허리가 휘었다. 그는 일기에 다음과 같이 적고 있다.

> 끝날이 인생의 종점이겠지. 정말 하루하루가 못 견디게 괴로움의 연속이다. 아침 8시부터 저녁 11시까지 하루 열다섯 시간을 칼질과 다리미질을 하며 지내야 하는 괴로움. 허리가 결리고 손바닥이 부르터 피가 나고, 손목과 다리가 조금도 쉬지 않고 아프니 정말 죽고 싶다. … 육체적 고통이 나에게 죽음을 생각게 하는 것이 아니라 정신적 고통이 더욱 심하기 때문이다. 두 가지 가운데 한 가지만 없어도 좋겠다. 미싱 여섯 대에 '시다'가 여섯 명. 그 사람들이 할 걸 나 혼자서 다 해 주어야 하니. 다른 집 같으면 재단사, 보조, 시아게 잘하는 사람 세 명이 해야 할 일을 나 혼자 하니 정말 고통이 이만저만이 아니다. 언제나 이 괴로움이 다 없어지지?
>
> 1967년 3월 17일

+오늘날의 평화시장 전경 (서울특별시 중구 을지로 6가)

 한참 발육기에 있는 어린 여공들이 몸이 아프다고 호소하면 업주들은 치료는커녕 게으름을 부린다고 나무라기 일쑤였고 해고해 버리는 일도 흔하였다. 이런 여공들을 위하여 돈을 털어 약을 사 주고 일을 대신해 주면서 태일의 괴로움은 더욱 깊어 갔다.
 재단사가 되어 가난에서 벗어나 학업을 계속하려던 그의 희망은 서서히 부서지기 시작하였다. 그는 자신의 기대가 환상이었음을 깨닫기 시작하였다. 이런 가운데서도 그는 배움에 대한 집념으로 입고 있던 바지와 풍로를 팔아 통신강의록을 사고 대학입시를 준비하였다. 그러나 그의 하루하루는 "괴로움의 연속인 죽음과도 같은 노동의 괴로움, 의욕의 탈진, 기계처럼 아무 뜻 없이, 의지도 없이 단조롭게 돌아가는, 지루하고 고통스러운, 모든 삶의 보람과 희망과 인간다운 삶의 기쁨을 빼앗겨 버린, 질식할 듯한 소외의 나날이었다."

그러던 어느 날, 한 미싱사 처녀가 폐병 3기로 각혈을 하고 결국 해고당하는 모습을 보면서 전태일은 엄청난 충격에 빠졌다. 그 일이 있고 나서 얼마 후 그도 업주에게 해고를 당했다. 어린 시다와 미싱사가 애처로워 그들의 일까지 도맡아 하다가 업주와 말다툼을 벌인 게 사단이었다.

태일은 이 무렵, 아버지 전상수의 이야기를 듣고 노동운동과 근로기준법에 눈을 떴다. 태일의 아버지는 광복 직후 대구에 있는 방직공장에서 노동자로 일할 때 조선노동조합 전국평의회가 주도하던 1946년 9월 총파업에 가담한 경험이 있었다. 아버지는 아들이 혹시나 잘못될까 봐 노동운동의 험난함에 대해 이야기했지만, 태일의 마음을 돌이키기에는 이미 때가 늦어 있었다.

1968년 말, 태일은 평화시장에서 재단사로 일하는 동료에게 근로조건 개선을 위해 재단사들의 모임을 만들자고 제의하였다. "우리들 근로자 한 사람 한 사람을 떼어 놓고 보면 가진 것 하나 없는 힘없는 존재들이지만, 뭉쳐서 싸우면 우리도 큰 힘을 낼 수 있다. 근로조건 개선이 쉬운 일은 아니나, 재단사들 몇 명이라도 조직을 가지고 모든 방법을 다 동원해서 노력하면, 우리가 바라는 것만큼 다는 안 된다고 해도 적어도 근로기준법 조문 몇 개는 그대로 지켜지도록 만들 수 있다. 정 업주들이 말을 안 들으면 평화시장의 3만 근로자가 일제히 파업을 해 버리거나 데모를 하거나 하면 저희들이 안 들어주고 배겨 낼 재주가 있겠느냐." 하는 것이 그의 생각이었다.

태일은 없는 돈을 털어, 다방에서 재단사들을 만나 근로조건 개선을 위한 조직 구상을 구체화하였다. 그리고 마침내 1969년 6월 말, 재단사 모임 창립총회를 가졌다. 모임의 이름은 태일의 제의에 따라 바보회로 결정되었다. 바보회 회장에는 만장일치로 전태일이 선출되었다.

우리는 당당하게 인간적인 대접을 받으며 살 권리가 엄연히 있는데도 불구하고 여태껏 기계 취급을 받으며 업주들에게 부당한 학대를 받으면서도 바보처럼 찍소리 한번 못하고 살아왔다. 그러니 우리 재단사들의 모임은 바보들의 모임이다. 이것을 우리가 철저하게 깨달아야 하며, 그래야만 언젠가는 우리도 바보 신세를 면할 수 있다.

그는 근로기준법도 모르고 '바보같이' 살아온 자신과 동료들의 무지를 자책하면서 평화시장 일대의 노동자들과 '바보회'를 만들었다. 전태일과 그의 동료들이 택한 길은 인간의 길이었다. 그것은 노예가 되기를 거부하는, 스스로의 힘을 확신하는, 진리가 반드시 드러날 것을 의심치 않는, 억압과 착취로 신음하는 저 깊은 고통의 밑바닥에서 억누를 수 없는 힘으로 오랜 침묵을 깨고 솟아오르는 새 시대의 목소리였다.

바보회는 평화시장 일대의 3만 근로자들이 근로기준법에 따라 일할 수 있도록 하는 것을 당분간의 목표로 투쟁하였다. 이를 위해 근로자들의 노동 실태를 조사하고 조직을 확장하여 바보회를 장차 노동조합으로 발전시킬 것을 결의하였다. 이후 전태일은 밤새도록 근로기준법을 공부하며 동료들에게 평화시장의 노동자들이 받는 대우가 얼마나 부당한지를 열심히 설명하였다. 어느덧 평화시장 일대에서 그는 특이한 존재로 이름을 알렸다.

1969년 여름, 전태일은 노동운동을 하면서 노동자들을 선동하고 다닌다는 이유로 일하던 직장에서 또다시 해고를 당하였다. 그러나 이에 굴하지 않고 노동실태 조사 설문지를 작성하여 평화시장 노동자들에게 돌렸다. 그는 설문지를 모아 결과를 집계, 분석하여 근로감독관과 노동청을 찾아갔다. 하지만 아무 대답도 들을 수 없었다.

평화시장의 어린 동심 곁으로

1969년 겨울, 전태일은 고독하였다. 가족들에 대한 죄책감, 생계의 어려움, 실직자로서의 우울과 불안, 친구들 속에서의 고독, 바보회의 와해, 사회의 무관심, 암초처럼 버티고 선 거대하고 두꺼운 현실의 벽…. 이 모든 것이 한꺼번에 몰려와 그를 짓눌렀다.

그는 좌절과 번민 속에서 모범업체 설립을 꿈꾸기도 했지만, 1970년 4월 삼각산 임마뉴엘 기도원 신축 공사장에서 막노동을 하면서 근로기준법을 다시 연구하고 노동운동을 재정비하기 위한 계획에 몰두하였다. 그리고 4개월이 지난 어느 날 마침내 결단을 내렸다.

> 이 결단을 두고 얼마나 오랜 시간을 망설이고 괴로워했던가? 지금 이 시각 완전에 가까운 결단을 내렸다. 나는 돌아가야 한다. 꼭 돌아가야 한다. 불쌍한 내 형제의 곁으로, 내 마음의 고향으로, 내 이상의 전부인 평화시장의 어린 동심 곁으로. 생을 두고 맹세한 내가, 그 많은 시간과 공상 속에서, 내가 돌보지 않으면 아니 될 나약한 생명체들.
> 나를 버리고, 나를 죽이고 가마. 조금만 참고 견디어라. 너희들의 곁을 떠나지 않기 위하여 나약한 나를 다 바치마. 너희들은 내 마음의 고향이로다. …
> 오늘은 토요일. 8월 둘째 토요일. 내 마음에 결단을 내린 이날. 무고한 생명체들이 시들고 있는 이때에 한 방울의 이슬이 되기 위하여 발버둥치오니, 하느님, 긍휼과 자비를 베풀어 주시옵소서.
>
> 1970년 8월 9일

1970년 9월, 다시 평화시장에 모습을 나타낸 그는 '왕성사'에 재단사로 취직을 하였다. 그리고 근로기준법 책자를 끼고 다니면서 서울시청, 노동청, 방송국 등을 찾아가 평화시장 노동자의 근로조건 개선을 위한 진정과 호소를 하였다.

9월 16일 저녁, 전태일과 동료 재단사 12명은 평화시장 근처에서 회합을 가지고 바보회의 이름을 '삼동친목회'로 바꾸었다. 평화시장, 동화시장, 통일상가의 세 건물을 가리키는 '삼동三棟'이란 말만으로도 바보회 때보다 한 단계 더 나아간 구체적인 투쟁 계획을 가지고 있었음을 알 수 있다.

이들은 삼동회의 목적을 '평화시장의 불법적이며 비인간적인 노동 현실을 세상에 폭로하고, 그것을 발판으로 공동 투쟁을 전개하는 것'으로 하였다. 전태일과 동료들은 평화시장 일대의 노동자들에게 작업 조건에 관한 설문지를 돌려 126매를 회수하였다. 그리고 설문지를 분석하여 1970년 10월 6일에 노동청장 앞으로 '평화시장 피복제품상 종업원 근로개선 진정서'를 제출하였다.

이 진정서에는 '삼동친목회 회원 일동'의 명의로 대표 전태일과 서기 이민섭을 비롯해 정회원 신진철, 최종인, 김영문, 조명섭, 강진환, 주현민 외 93명의 서명을 첨부하였다. 이 진정서는 사회에 엄청난 파문을 불러일으켜 10월 7일자 각 석간신문에 일제히 보도기사가 실렸고, 특히 《경향신문》은 사회면 머리기사로 이 내용을 다루었다.

그러나 진정서에 대한 노동청의 답변은 차일피일 미루어졌고, 평화시장 일대 노동자들의 노동조건은 조금도 개선되지 않았다. 삼동회 회원들은 10월 20일 노동청 국정감사 기간에 노동청 앞에서 시위를 할 계획을 세웠으나, 요구 조건을 들어주겠다는 근로감독관의 이야기에 기만당해 계획을 취소하고 말았다. 그러나 국정감사가 지나자 저들은 '할 대로 해 봐라' 하는 태도를 보였고, 이에 분노한 삼동회 회원들이 10월 24일 오후 1시 평화시장에 있는 국민은행 앞길에서 시위를 벌이기로 하였다. 그러나 이 계획은 삼엄한 경비로 실패하였다. 11월 7일까지 문제를 해결하겠다던 약속은 전혀 지켜지지 않았다.

마침내 11월 13일, 전태일은 자신의 몸을 불태우며 "내 이상의 전부인 평화시장의 어린 동심 곁으로" 돌아가기로 결단을 내렸다. 오후 1시 30분경 평화시장 앞길에서 '근로기준법 화형식'과 때를 같이하여 분신한 그는, 밤 10시경 성모병원에서 숨을 거두었다.

전태일의 시신은 마석의 모란공원에 묻혔다. 모란공원은 경기도 남양주시 화도읍에 있는 공원묘지이다. 모란공원은 1970년 전태일 열사가 묻힌 이래 민주주의를 위해 숨진 많은 민주 열사들과 희생자들이 묻힌 민주열사 묘역이 되었다.

✝ **전태일 묘** 1970년 11월 13일 오후 1시 30분경 평화시장 앞길에서 분신한 전태일의 묘는 마석의 모란공원에 있다. (경기도 남양주시 화도읍)

못다 굴린 덩이를 위하여

못다 굴린 덩이를 위하여

사랑하는 친우여, 받아 읽어 주게.
친우여, 나를 아는 모든 나여.
나를 모르는 모든 나여.
부탁이 있네. 나를, 지금 이 순간의 나를 영원히 잊지 말아 주게.
그리고 바라네. 그대들 소중한 추억의 서재에 간직하여 주게.
뇌성번개가 이 작은 육신을 태우고 꺾어 버린다 해도
하늘이 나에게만 꺼져 내려온다 해도
그대 소중한 추억에 간직된 나는 조금도 두렵지 않을 걸세.
그리고 만약 또 두려움이 남는다면 나는 나를 영원히 버릴 걸세.
……
그대들이 아는, 그대들의 전체의 일부인 나.
힘에 겨워 힘에 겨워 굴리다 다 못 굴린
그리고 또 굴려야 할 덩이를 나의 나인 그대들에게 맡긴 채
잠시 다니러 간다네, 잠시 쉬러 간다네.
…… 이 순간 이후의 세계에서
내 생애 못다 굴린 덩이를, 덩이를 목적지까지 굴리려 하네.
이 순간 이후의 세계에서 또다시 추방당한다 하더라도,
굴리는 데, 굴리는 데, 도울 수만 있다면,
이를 수만 있다면.

전태일, 1970년 4월

전태일 동상 앞 청계천 복원사업이 끝난 뒤 청계천 버들다리에 전태일 동상이 세워지고 전태일 거리가 조성되었다. 이곳에서는 정기적으로 문화 공연이 열린다. (평화시장 앞)

    칠흑 같은 어둠 속에서도 불꽃은 모든 사람들의 눈에 빛을 던진다. 불꽃이 아니면 침묵의 밤을 밝힐 수 없다. 허덕이며 고통의 길로 끌려가고 있는 노동자들에게 삶의 길을 비추어 보이는 것은 오직 불꽃뿐, 불타는 노동자의 육탄뿐. 얼음처럼 굳고 굳은 착취와 억압과 무관심의 질서를 깰 수 있는 것은 오직 죽어 가는 노동자의 참혹한 모습을 적나라하게 고발하는 불꽃뿐이었다.

    전태일. 그는 목숨을 거는 단호한 투쟁만이 노예의 굴레에서 벗어나는 유일한 활로임을, 억압과 착취의 사슬에서 벗어나는 가장 유력한 전술임을 깨닫고 스스로 실천하였다. 그의 죽음은 바로 인간답게 살기 위한 삶의 의지가 폭발한 결과였다.

    그의 손에는 노동자에게 아무 쓸모도 없던 근로기준법을 화형시킨다는 의미로 근로기준법 책자가 들려 있었고, 이 꽃다운 청년노동자의 분신 투쟁은 이후 노동운동뿐만 아니라 이 땅의 진정한 민주화와 노동해방을 갈망하는 민중들의 투쟁으로 되살아났다.

"내 죽음을 헛되이 말라."는 유언을 남기고 간 전태일 열사의 뜻을 새겨 어머니인 이소선은 "내 아들의 뜻이 이루어질 때까지 장례를 치르지 않겠다."며 아들의 시신 인수를 거부하고, '주일휴가(유급휴일)제 실시, 임금 인상(월급공)의 법적 보장, 여덟 시간 노동제 실시(초과근로수당제), 정규임금 인상, 정기적인 건강진단 실시, 여성 생리휴가 지급, 이중 다락방 철폐, 노조 결성 지원' 등 여덟 가지 요구 조건을 내걸었다.

박정희 정권은 여덟 시간 노동제와 노조 결성 지원이라는 두 가지 요구 조건을 빼고 나머지는 다 들어주겠다고 했지만, 어머니는 요지부동이었다. "나중에 나 혼자 내 아들 시체를 토막 내 치마에 싸서 묻는 한이 있더라도 요구 조건이 관철되지 않은 상태에서는 절대 장례를 치를 수 없다."며 완강하게 투쟁을 계속하였다.

마침내 11월 16일, 이승택 노동청장이 전태일 열사의 빈소에서 여덟 가지 요구 조건을 무조건 수락하겠다고 공약하였다. 11월 18일에 전태일 열사의 장례식이 치러졌다. 약속 이행을 요구하는 어머니 이소선과 최종인 노조 결성 준비위원장을 비롯하여 평화시장 노동자들은 중앙청과 국회의사당 앞에서 항의 시위를 한 뒤, 11월 27일에 가입조합원 560명을 대표하는 56명의 대의원으로 '전국연합 노동조합 청계피복지부' 결성대회를 치렀다. 12월 10일, 노조 결성 신고필증을 받은 청계피복노조는 1970년대 노동운동의 전진기지로 뿌리를 내렸다.

이제는 청계천이 복원되어 전태일이 싸우던 청계천 복개도로와 고가도로가 모두 사라져 버렸다. 그러나 전태일과 '수출의 역군'들이 피를 토하며 일하던 평화시장의 건물은 아직도 옛 자리에 그대로 서 있다. 전

+ 전태일 거리의 추모 동판

 태일이 불길에 휩싸여 쓰러진 평화시장 입구 가로등 아래에, 몇 년 전 '인간답게 살고 싶다'는 모든 노동자들의 소망을 담아 가로 60cm, 세로 40cm 크기의 작은 동판을 설치하였다. 이 동판은 2005년 전태일 동상이 들어설 때 철거되어 현재는 전태일기념사업회에 보존되어 있다.
 이제 전태일은 동상이 되어 그가 일하고 투쟁했던, 그리고 끝내 불꽃으로 산화했던 평화시장 앞, 복원된 청계천 버들다리 위에 상반신을 올려놓고 있다. 전태일 거리로 명명된 이곳에는 그를 기리며 그의 정신을 계승하고자 하는 많은 이들의 의지를 담은 4000개 남짓한 동판이 오가는 사람들의 발걸음을 멈춰 세우고 있다.

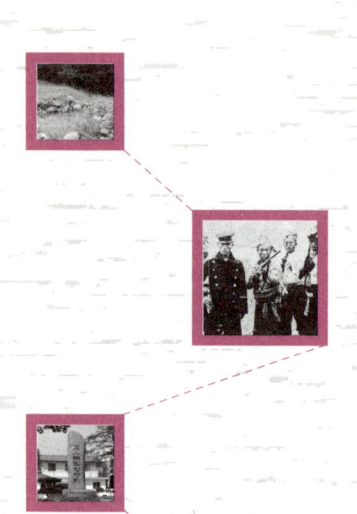

4 독립운동의 현장

+ 유생과 머슴새가 쌍봉을 날다
  안성, 3·1운동의 기억
  '빼앗긴 들', 서울의 6·10만세운동
  학생운동의 고향, 1929년 광주

역사의 현장 쌍산의소(전남 화순군 이양면 증리 쌍산)

동소산(보성군 일대)

도마재, 운월치, 사평리(화순군 동복면 일대)

계당산(화순군 이양면 증리)

안규홍 파청진투승첩비(보성군 득량면 예당리)

1905년 11월, 일제는 이른바 을사조약을 강요하여 대한제국의 주권을 빼앗아 갔다. 이에 유생 의병장과 함께 농민들이 국권을 회복하기 위해 온 나라 여기 저기서 일어났다. 일제는 이들 의병을 학살하거나 체포하여 고문하였다. 유생 의병장들 또한 죽임을 당하거나 조심스레 몸을 숨겼고, 농민들은 스스로 의병장이 되어 다른 농민들과 함께 일제에 항거하였다. 이 중에서도 호남 의병들은 일제의 간악한 탄압에 맞서 유격 전술과 일반 대중의 지원에 힘입어 불굴의 항쟁을 벌여 나갔다. 그리고 신분의 한계를 넘어 빛나는 전과를 세웠다. 비록 일제의 초토화 작전으로 전멸하기는 했지만, 이들의 정신은 오롯이 살아남아 민족해방운동의 불굴의 전통으로 계승되었다.

유생과 머슴새가 쌍봉을 날다

다가오는 외세의 칼날과 호남의 농민들

1895년 음력 8월, 명성왕후가 일본인들에게 시해되자 여기저기서 유생들을 중심으로 반일 의병운동이 일어났다. 반일·반침략을 부르짖던 일반 농민과 1894년의 농민전쟁 잔여 세력도 여기에 가담하였다. 그러나 아관파천으로 친일 개화파 정권이 무너진 뒤 단발령이 철회되고 고종이 의병 해산을 명령하자, 유생 의병장들은 스스로 부대를 해산하였다. 반면 의병에 가담한 농민군이나 행상, 유민, 노동자, 걸인 들은 활빈당 등의 농민무장조직을 만들어 반침략·반봉건 투쟁을 계속하였다. 이들은 관리와 부호, 일본 상인을 공격하여 빼앗은 재물의 일부를 가난한 백성들에게 나누어 주었다.

이후 잠잠하던 의병전쟁은 1905년 이른바 을사조약을 전후하여 다시 불붙었다. 1904년 7월에 서울 교외의 군인들이 반일 의병운동을 시작하였으며, 1905년 4월에 들어와서는 활빈당 등 농민무장 세력의 주 무대였던 경기도, 강원도, 충청도와 경상북도 일대에서 의병들이 봉기하였다. 또 양반유생들도 온 나라 곳곳에서 의병을 조직하였고, 신돌석과 같은 평민 의병장들이 등장하여 산악 지대에 근거지를 두고 소규모 부대 형태로 일본군과 치열한 전투를 벌였다.

항일의병투쟁은 1907년 8월 군대 해산을 계기로 새로운 전기를 맞았다. 해산당한 대한제국 군인들의 일부가 의병에 합류하면서 전투력이 강화되어 의병항쟁이 본격적인 전쟁의 양상을 띠게 된 것이다. 여기에 더해 1894년의 농민전쟁 이후 큰 타격을 입고 잠잠하던 호남 지역에서도 의병들이 저항의 대오를 갖추며 활동을 시작하였다.

그러나 1907년 12월, 양반유생 의병장들이 중심이 되어 결성한 연합의병은 서울 진공을 앞두고 일본군에게 밀려 해산하였다. 평민 의병장과 일부 혁신 유생들은 지역민의 도움을 받으며 소규모 부대로 유격 활동을 계속하였다. 특히 호남 지역의 의병이 끝까지 일제에 저항했는데, 이는 조선 후기 이래 호남 농민들이 벌인 반봉건투쟁의 전통이 연면히 내려오는 가운데 일본의 경제적 침탈이 매우 심했기 때문이다.

호남은 쌀과 목화가 많이 나는 곳으로 농업 생산에서 차지하는 비중이 높을 뿐 아니라, 각 포구를 중심으로 상업이 발달하여 예로부터 나라 경제의 중심 지역이었다. 나라 재정 수입의 태반이 호남 지역에서 나왔다. 그러나 물산이 풍부한 만큼 지배층의 수탈 또한 심하여 농민들의 봉기도 자주 일어났다. 1894년의 농민전쟁은 그 절정이었다.

1897년에 목포가 개항되고 1899년에 군산이 개항되자, 호남 지역은 일본 상인들의 표적이 되었다. 일본 상인들은 이곳에서 조선인 지주들의 도움을 받아 쌀을 값싸게 구입하여 일본에 보내는 한편, 값비싼 면제품을 들여와 조선 시장에서 판매를 함으로써 많은 이익을 챙겼다. 여기에 더해 지주들이 쌀 수출에 혈안이 되어 지대를 더 많이 걷자, 농민들은 더 궁핍해져서 땅을 잃거나 소작농의 처지로 떨어졌다. 목화 농사나 면직물 생산 수공업 또한 외국산 면직물의 등쌀에 차츰 쇠퇴하였다. 목화 농사를 짓는 농민들과 면직물을 짜는 수공업자들은 외세를 더욱 경계하였으며, 상인들은 개항장을 비롯해 나라 곳곳에서 일본 상인들의 상권 침탈과 불법행위를 규탄하였다.

쌍산에서 일어난 거사

쌍산의소雙山義所란 한말 의병전쟁 때 전라남도 화순군과 보성군이 접하는 계당산을 중심으로 활동했던 의병들의 창의소이다. 이 무렵 이곳은 능주군 쌍봉촌에 속했고, 지금은 화순군 이양면 증리에 속한다.

쌍산이란 이곳 계당산의 산봉우리가 두 개라서 부르는 이름으로 쌍봉雙峰 또는 쌍치雙峙라고도 한다. 서쪽으로는 능주 본읍과, 남쪽으로는 보성과 연결된다. 그러다 보니 쌍산 사람들은 행정구역은 화순이지만 보성 지역과 교류가 잦아 보성군의 복내장 장시를 주로 이용하였다. 주변에는 계당산과 함께 동소산이 자리하고 있다. 또 서쪽 가까이에는 쌍봉사가 있으며, 남쪽에는 죽수서원 터가 남아 있다.

그러면 1905년대 후반 쌍산에서는 무슨 일이 일어났나. 쌍산에서 기병 논의가 본격화된 때는 을사조약 체결을 앞둔 1905년 11월 직전이었다. 능주에서 알아주는 유림 집안의 양회일梁會一이 앞장을 섰다. 양회일

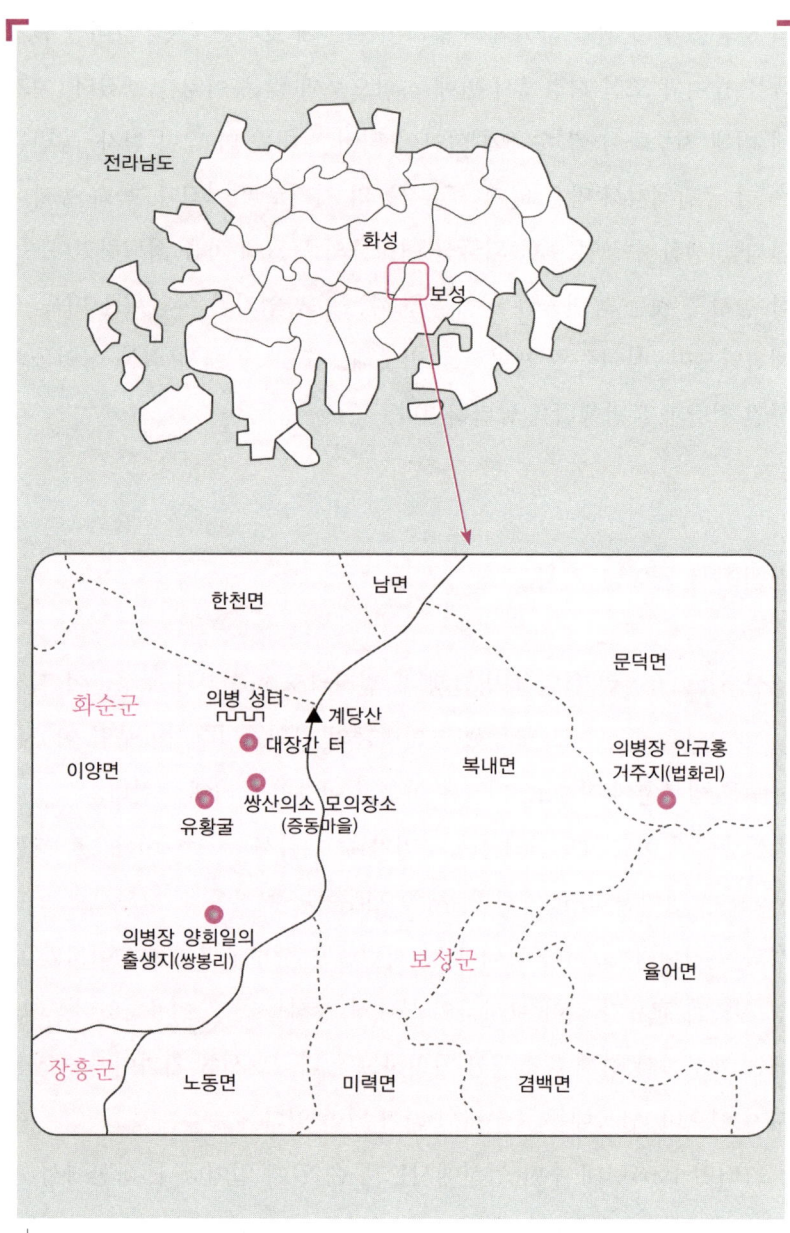

+ 쌍산의병의 활동 지역

은 을사조약을 앞두고 기병을 결심하였는데, 태인에서 최익현과 임병찬 등이 주도하는 태인 의병 거사가 실패로 돌아가자 기병을 위해 동분서주하였다. 그는 먼저 호남의 대표 유림인 고광순, 기삼연과 접촉하여 논의한 끝에 각자의 출신지를 중심으로 기병하기로 합의하였다. 그리하여 고광순은 광주와 창평, 기삼연은 장성, 양회일은 능주에서 의병을 일으킬 계획을 세웠다. 양회일은 능주에서 기병을 꾀하기 위해 양열묵, 이병화를 통해 유림을 더 많이 끌어들이려 노력하였다.

한편 1906년 음력 10월쯤에는 능주 증동의 실력자인 임노복을 찾아가 조언을 구하였다. 이 자리에서 임노복은 병기와 군량에 필요한 재원과 함께 유능한 인물의 확보를 강조하였다. 그의 말을 따라 양회일은 가산을 정리하고 친척의 논밭까지 잡혀 2000여 원의 군자금을 확보하였다. 임노복과 안찬재 등도 자신의 집에서 일정 기간 의병들에게 숙식을 제공하였다. 임노복의 집은 쌍산의소 본부로 활용되기도 하였다. 이 밖에도 의병지도부는 많은 군자금을 지역 주민에게서 끌어냈다.

의병지도부는 수많은 인사들과 접촉한 끝에 능주에서 학동과 청장년의 참여를 끌어냈을 뿐만 아니라, 전라도 인근과 경상도 지역에서도 필요한 병력을 모집하였다. 그 결과 이광선, 노현재, 임창모를 비롯해 200여 명이 의진에 참여하였다. 이들은 1906년 음력 10월부터 훈련에 들어가는 한편, 무기 확보에도 힘을 기울여 동복군으로부터 병기 300정을 확보하고자 하였다. 나아가 직접 무기를 제작하기 위해 증동에 대장간을 만들었다. 한편 증리 산 10번지와 11번지 일대에 성을 쌓았다. 이곳은 북쪽만이 열려 있는 산중의 경사지인데, 북쪽도 성 쪽으로 난 길은 가팔라서 오르기가 쉽지 않았다. 쌍산의소는 이곳에 막사를 만들고 숙영지와 훈련장으로 이용하였으며 주변에 보조 숙영지를 두었는데, 증동

쌍산의소 성터 이곳에서 쌍산의 의병들이 거사를 준비하였다. (전남 화순군 이양면 증리)

의 주민 모두가 축성에 참여하는 등 의병들을 적극 도왔다.

이러한 준비 과정은 종래의 경우와 매우 달랐다. 유생 의병장이 이끄는 종래의 의병부대는 주로 향교나 사우를 중심으로 강회를 연 뒤 기병한 반면에, 쌍산의소는 오랜 시간을 들여 군사를 훈련하고 병기를 확보하는 등 기병 준비에 만전을 기하였다. 그리하여 증동은 화전촌이 아니라 의병기지인 의병촌으로 탈바꿈하기에 이르렀다.

1907년 1월, 쌍산의소는 드디어 사방에 격고문을 띄웠다. 사실 훈련 기간을 고려한다면 좀 더 시간 여유를 가져야 했지만, 1906년 음력 섣달에 남원의 양한규가 이끄는 의병이 실패하였다는 소식을 듣고 기병을 서두르고자 하였다.

지도부는 우선 쌍산의소를 선봉—중군—후군 중심의 3군체제로 편제하였다. 지방의 명문 유생이 이끄는 의병부대였음에도 전투력을 제대로 갖추지 못한 시위대에 지나지 않는 유회군儒會軍은 두지 않았던 것이다. 이처럼 쌍산의소는 기우만이 이끌었던 장성 의병이나 최익현이 이끌었던 태인 의병과 달리 실질적인 전투력을 갖춘 무장 부대였다. 다만 총기가 부족하여 총기를 보유한 포군 외에 창칼을 쓰는 보군을 두었으며, 부상병을 치료하는 군의를 따로 두었다.

기병 준비를 마친 쌍산의소는 함께 거의하자고 했던 고광순, 기삼연의 연락을 기다렸다. 그러나 이들의 부득이한 사정으로 말미암아 연합 계획은 실행에 옮길 수 없었다. 거사를 연기하면 계획이 누설될까 염려한 쌍산의소는 1907년 음력 3월 9일 지체 없이 거사에 돌입하였다.

쌍산의소는 먼저 '서고군중문誓告軍中文'을 발표하여 의병의 촌민 침탈 금지, 무기 획득 방법과 지휘 계통 확립을 강조하였다. 의병이 지역 주민들에게 피해를 끼치지 않고 지속적으로 지원을 받는 한편, 내부의 지휘 계통을 엄격히 하여 전투력을 최대한 유지하려고 한 것이다.

쌍산의소 지도부는 거사에 돌입하면서 활동 방향을 정하였다. 즉 장기 전투를 예상하여 능주와 화순을 공격한 뒤, 동복에서 일정 기간 부족한 훈련을 더하여 정예병을 키우고자 하였다. 이에 쌍산의소는 능주를 공격하였고 곧이어 화순을 점령하였다. 이곳에서 군아를 비롯하여 주사청, 우편소, 경무서, 일인 상가 등을 공격하였다. 여러 가지 문서와 의복, 일본 상인의 물품을 불태웠고, 서양총과 탄약 등의 무기류를 노획하였으며, 전신주를 파괴하고 전선을 잘라 버렸다.

의병들은 능주와 화순에서 획득한 무기와 전투 경험을 바탕으로 다음 대상지인 광주를 공격하기 위해 동복면 도마재로 나왔다. 그러나 1907

년 4월 22일, 이곳에서 맞닥뜨린 일본 정예군의 막강한 화력과 전술에 막혀 의병장 양회일을 비롯하여 지도부 6명이 체포되었고, 전사자 1명, 부상자 몇 명, 포로 1명의 피해를 입었으며, 나머지 의병들도 뿔뿔이 흩어졌다. 쌍산의소는 궤멸 지경에 이르렀다. 하지만 살아남은 일부 지도자들은 또다시 기병을 꾀하였다. 쌍산의소의 선봉장 이광선은 독자적으로 의병 활동을 벌였으며, 도포장都砲長 유병순은 기삼연이 이끄는 호남창의회소의 군량관으로, 호군장 안찬재는 심남일 의진의 중군장中軍長으로 활동하였다. 특히 중군장 임창모는 머슴 출신의 의병장 안규홍의 지휘 아래 의병운동을 벌여 나감으로써 쌍산의소가 다시 일어나는 계기를 만들었다.

쌍산의소와 머슴새 안규홍의 만남

쌍산의소는 이양면 증리를 중심으로 다시 일어났다. 여기에는 안규홍을 비롯하여 임창모의 의병이 주축을 이루었는데, 안규홍이 이끄는 의병부대가 가장 중요한 핵심 부대였다.

안규홍은 능주 부근인 보성에서 머슴살이를 하던 중 일본의 침략에 분개하여 1907년 말에서 1908년 초 사이에 비슷한 처지의 머슴들을 모아 의병을 일으켰다. 그런데 머슴과 빈농을 주축으로 의병부대를 구성하다 보니 양반들의 지원이 너무 적었다. 이에 안규홍은 전 진위대 군인이자 강원도에서 의병 활동을 벌이다 전라도 순천 부근으로 옮겨 온 강용언 부대에 투신하였다. 강용언의 명망을 이용하여 지주들의 경제적 지원을 끌어내기 위해서였다. 강용언 역시 이곳 출신인 안규홍을 부장

+ **의병 대열에 모여든 여러 계층** 유생, 군인, 농민, 상인, 포수, 머슴 등 각계각층이 참여하여 항일투쟁을 벌였다.

으로 삼아 의병 활동의 지역 기반을 확보하려 하였다. 현지 상황에 어둡던 강용언으로서는 이곳 출신인 안규홍 부대의 합류로 부대 규모를 늘릴 수 있을 뿐만 아니라, 지역 주민과 원만한 관계를 맺을 수 있을 것이라고 판단하였기 때문이다.

그러나 강용언과 안규홍 사이에는 커다란 장애물이 놓여 있었다. 강용언이 의병 활동을 핑계로 주민들에게 적지 않은 피해를 주었던 것이다. 이를 못마땅하게 여긴 안규홍은 농민들의 도움을 받아 결국 강용언을 제거하기에 이른다. 곧이어 안규홍이 의병대장에 추대되었다.

안규홍 의병부대는 독자적으로 활동하기에는 부족한 점이 많았다. 가장 큰 문제는 절대적으로 부족한 부대원 수였다. 이에 안규홍은 전남 지방의 시장을 순회하면서 농어민들과 상인들에게 위급한 국가 상황을 알리고, 의병에 투신할 것을 호소하여 상당수의 의병을 확보하였다. 이러한 모집 방식은 유생 출신 의병장들이 학연이나 지연을 바탕으로 방을 내걸거나 통문을 돌려서 의병을 모집하는 것과 크게 달랐다. 안규홍 부대는 평민 위주로 편성되었으며 여기에 해산당한 군인 출신 오주일이 참여함으로써, 전략과 전술에서 유생 의병장의 부대보다 한발 앞서 나갈 수 있었다. 특히 토착 농어민 출신의 의병은 지리에 밝을 뿐만 아니라 지역 주민들과 깊은 연고를 맺고 있어서, 의병 활동의 대중적 기반을 확보할 수 있었다.

안규홍 부대는 쌍산 인근의 동소산에서 봉기하였다. 여기에는 보성 농어민들이 대거 가담하였다. 그리고 얼마 안 되어 안규홍 부대의 활약상에 고무된 유생들도 가담하였다. 1909년 4월을 전후해서는 이전 쌍산의소에서 중군장을 맡았던 임창모가 안규홍 부대에 가담하여 중군장을 맡았다. 임창모는 동복 전투에서 일본군에 체포되어 유형에 처해졌었는데, 1909년에 사면되자 곧바로 안규홍 부대에 가담하였다. 이로써 1907년 음력 3월에 사그라졌던 쌍산의소가 1909년 4월 머슴 출신 안규홍에 의해 다시 활활 불타올랐다. 농민들과 유생들의 애국심이 신분의 한계를 넘어 항일투쟁이라는 하나의 길로 모인 것이다.

일본군에 유격전으로 맞서다

안규홍 부대는 어떻게 무기를 조달하고 근거지를 만들었을까. 처음에 이들은 군도나 창, 화승총같이 보잘것없는 재래 무기를 사용하였다. 그러나 차츰 천보창, 대포, 30년식 보병총, 기병총, 엽총 및 서양식 총을 획득하여 사용하였다. 전투를 통해 관군과 일본군에게서 신식 총을 노획하거나 밀매매로 서양식 총을 구입하는 식이었다. 한발 더 나아가 직접 총과 탄약을 만들기도 하였다. 안규홍 부대는 무기를 제조하기 위해 증동에 대장간을 만들었다.

안규홍 부대가 일본군과 전투를 치른 지역은 주로 보성이었다. 보성은 안규홍 부대에 참여한 의병들의 출신지였을 뿐만 아니라 지역 주민들로부터 전폭적인 지원을 받을 수 있는 곳이었다. 이 점에서 안규홍 부대는 쌍산의소의 전통을 이어받아 이 지역에서 의병전쟁을 전개해 나갈 수 있었다.

안규홍 부대는 우선 가렴주구를 일삼는 관리와 탐학한 토호를 제거하고자 하였다. 이는 안규홍 의병부대가 농민을 중심으로 편성되었을뿐더러 지역민의 자발적인 도움을 받으려고 했기 때문이다. 또 세금 징수원을 공격하거나 부재지주의 소작료를 빼앗아 군자금으로 충당하는 한편, 그 일부를 가난한 농민들에게 나누어 주었다.

다음으로, 일진회원을 비롯하여 친일세력을 제거하고자 하였다. 특히 정찰대를 조직하여 일본 헌병대의 앞잡이로 활동하고 있던 일진회원들을 주된 공격 대상으로 삼았다. 안규홍 부대는 보성, 봉덕, 송곡, 순천

＋**안규홍** 유격전술에 능했던 동소산 '머슴새' 안규홍이 뒷줄 왼쪽에서 여섯 번째 자리에 앉아 있다.

등지에서 일진회원을 공격하여 참살하거나 총살하였다.

끝으로, 안규홍 부대가 역점을 둔 활동은 일본군의 구축(驅逐)이었다. 안규홍 부대는 1908년 4월을 시작으로 일본 헌병대를 공격하였다. 첫 전투인 보성 송곡 파청 전투에서는 헌병 2명을 사살하고 헌병 1명에게 중상을 입혔다. 이때부터 안규홍은 일본 헌병과 경찰의 경계 대상이 되었다. 곧이어 5월 1일에는 보성군 문덕면 죽산리 대원사에서 순천경찰서 순사 9명과 맞붙어 2명에게 중상을 입혔다. 그 밖에도 20여 차례에 걸쳐 일본 헌병대를 중심으로 순사대, 육군측량대, 일본 어부, 토벌대 등을 공격하였다. 이 과정에서 이탈한 의병의 밀고로 위기의 순간을 맞기도 하였다. 그러나 안규홍 부대는 심남일, 전해산 부대의 도움을 받으며 일본군을 공격하였다. 그리고 마침내 온갖 역경을 이겨 내고 반일투쟁의 전면에 나섰다.

일제는 1909년 4월, 안규홍 의병부대를 진압할 목적으로 광주 수비 제2대대와 남원 수비 제1대대를 투입하였다. 그러나 안규홍 의병부대는 위축되기보다는 심남일 부대와 연합하여 1909년 5월 보성 천동에서 매복하고 있다가 일본 헌병대를 공격하여 5명을 사살하는 전과를 올렸다. 이어서 보성 복내장에서도 헌병대를 요격하여 헌병 2명과 한인 통역 1명을 살해하였다. 나아가 일본군의 무력 진압에 맞서 다른 지역의 의병부대와 연합하고자 하였다. 이미 이들 부대에서 신분은 문제가 되지 않았다. 오로지 일본군을 이 땅에서 내쫓는다는 일념으로 연합작전을 전개하였다.

그러나 일본군의 공격도 만만치 않았다. 일본군은 의병의 소재와 근거지를 파악하기 위해 변장 정찰대를 편성하여 안규홍 부대 등의 근거지를 찾는 데 온 힘을 기울였다. 또한 수시로 별도의 공공사업을 일으켜 주민들이 의병에게서 스스로 멀어지도록 유도하였다. 기어이 의병부대의 근거지를 파악해 낸 일본군은 안규홍 부대를 비롯하여 호남 의병부대를 섬멸할 계획을 세웠다. 이른바 남한 대토벌 작전이었다.

남한 대토벌 작전은 1909년 8월 25일부터 10월 21일까지 두 달에 걸쳐 진행되었으며, 보병 2개 연대와 공병 1개 소대, 기선 1척, 기정 약간, 해군 11함대 등이 동원되었다. 일본군은 대규모 병력을 한꺼번에 투입하여 육지는 물론 해상에 이르는 완벽한 포위선을 구축함으로써 의병을 철저하게 색출하려 하였다.

호남 의병장들은 강진군에서 모임을 가지고 대책을 논의하였다. 절체절명의 위기였다. 안규홍 부대 안에서도 격렬한 논쟁이 벌어졌는데, 일단은 해산을 한 다음 뒷날을 도모하자는 주장과 끝까지 싸우자는 주장이 맞섰다. 결국 안규홍 부대는 두 개의 의진으로 갈라졌다.

일본군의 거미줄 같은 포위망이 시시각각 좁혀지면서 그동안 적극적인 반일투쟁을 전개해 온 안규홍 부대도 흔들리기 시작하였다. 9월 18일과 19일 사이에는 지도부를 포함한 60여 명의 부하들이 투항하였다. 급기야 의병장 안규홍은 부하들에게 해산 명령을 내렸다. 주민들의 피해가 적지 않을뿐더러 일본군의 탄압을 피해 후일을 도모하려는 생각에서였다.

그런데 1909년 9월 25일 안규홍이 부장 염재보 등과 함께 보성군 봉덕면 법화촌에서 일본군에게 체포되었다. 안규홍은 1911년 5월 5일, 대구 감옥의 형장에서 일제의 손에 처형되었다. 그때 그의 나이 32세로 죄목은 폭동, 모살, 강도, 방화였다. 쌍산의소 초기부터 의병 활동을 벌인 임창모도 10월 12일 보성군 복내장 부근에 있는 흑석에서 토벌대와 싸우다가 전사하였다. 이는 쌍산의소의 끝을 의미하였다.

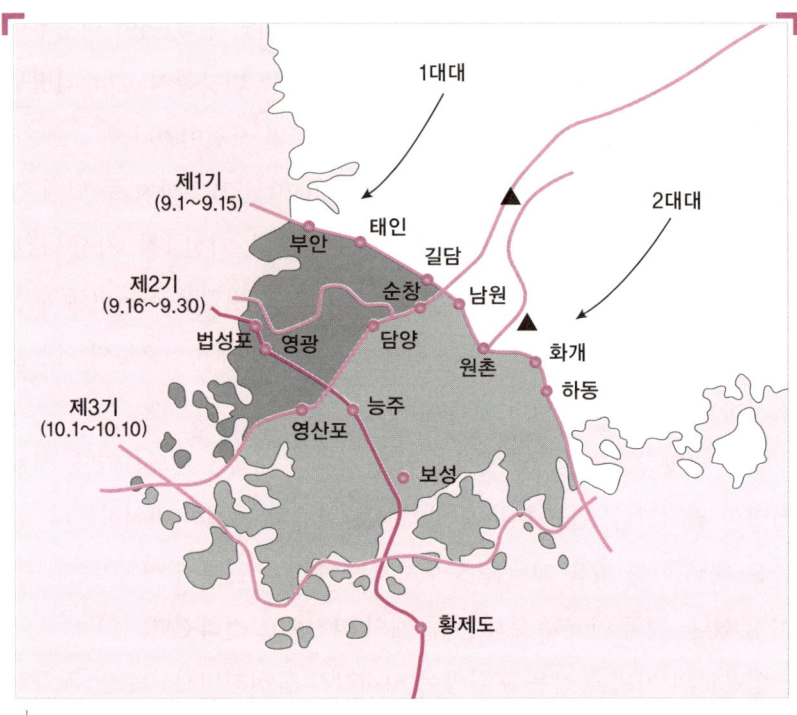
+ 일본의 남한 대토벌 작전 진행도

　일제의 가혹한 초토화 작전 앞에 호남의 많은 의병들이 죽거나 부상을 당하였다. 2개월이라는 짧은 기간에 전사자는 420명, 체포되거나 자수한 자는 1600명에 이르렀으며, 1909년 1년 동안 3000여 명의 전사자와 1500여 명의 부상자가 속출하였다. 이후 일부 의병들은 끝까지 싸우다 죽기도 하고, 포위망을 뚫고 만주로 탈출하여 독립군에 가담하기도 하였다.

동소산의 머슴새, 잠들지 말라

1906년 음력 10월 말에 결성된 쌍산의소는 양회일이 이끄는 초기 단계에서 안규홍이 이끄는 후기 단계에 걸쳐 전라남도 화순, 동복, 보성 일대에서 중심적인 의병 활동을 전개하였다.

쌍산의소는 초기 단계에서는 유생장이 이끌었지만, 다른 유생장 부대와 달리 농민층의 지원을 받아 활동하였을뿐더러 군사 훈련과 병기 확보를 통해 실질적인 무력 투쟁을 전개하였다. 또한 1894년 농민전쟁의 후유증으로 의병 활동이 약해져 있던 호남 지역에서 의병전쟁의 불길을 당겼으며, 일본군의 탄압으로 해산한 뒤에도 다른 지역의 의병운동에 적극 관여하여 호남 지역 후기 의병을 확산시키는 데 크게 이바지하였다.

안규홍 부대를 중심으로 활동한 쌍산의소 후기 단계에서는 한발 더 나아가 머슴인 안규홍이 의병대장이 되어 쌍산의소를 이끌었으며, 농민들로 구성되기에 이르렀다. 특히 초기 쌍산의소에서 활동한 임창모 같은 유생 의병장이 안규홍 부대에서 중군장 노릇을 할 정도로 신분적 한계를 극복하고 있었다. 안규홍 부대는 이러한 기반 위에서 일제와 친일파를 공격하여 막대한 피해를 입혔다.

쌍산의소 의병전쟁은 일제의 탄압으로 결국 실패하였지만 투쟁 효과는 적지 않았다. 우선 일제가 각 마을에 조직한 자위단이 해체되었으며, 지방의 행정 업무와 징세 업무가 부분적으로 마비되었다. 또 일진회와 일본인들에 대한 공격은 각종 침략 활동을 위축시키는 동시에 일제의 경제수탈정책에 타격을 주었다. 나아가 이러한 의병전쟁은 만주에서 독립운동을 전개할 수 있는 경험이 되어 주고, 독립운동 역량을 증가시키는 데에도 크게 이바지하였다.

그러나 일제 강점기와 6·25전쟁을 겪으며 쌍산의소와 안규홍 부대는 우리의 뇌리 속에서 사라져 갔다. 그렇게 된 데는 문헌이 절대적으로 부족한 것도 한 원인이지만, 국가와 사회가 의병항쟁의 현장을 방치한 탓이 무엇보다도 크다. 이에 일부 인사들이 중심이 되어 의병항쟁의 흔적을 보존하려는 노력이 펼쳐졌다. 그 결과 1994년 1월 31일에 전남 화순군 이양면 증리 산 12 외 9011m^2가 전남기념물 제153호로 지정되었다. 더 나아가 쌍산의소 100주년을 계기로 유적지 복원사업이 추진되어 일부 유적지가 복원되었다. 의병들의 자취가 다시 살아서 우리 곁으로 돌아온 것이다. 하지만 다른 의병 유적지는 극히 일부를 빼놓고는 파악조차 되지 않고 있다. 학계와 일반인들이 의병운동에 관심을 가지고 유적을 발굴, 보존하여야 할 것이다. 이는 후손들이 우리의 근대사를 패배

안규홍의 파청전투승첩비 안규홍의 의병부대가 파청에서 첫 전투를 치뤄 승리한 것을 기념하고 있다. (전남 보성군 득량면 예당리 비들고개)

의 역사로 인식하지 않고, 어려운 상황에서도 민족의 자존을 지키려 한 투쟁의 역사로 인식해야 하기 때문이다.

> 이 산에서 뻐꾹 저 산에서 뻐꾹
> 지리산 뻐꾸기와 함께
> 1980년 5월
> 광주 무등산 뻐꾸기와 함께
> 이라 쯧쯧 이라 쯧쯧
> 소를 모는 소리로
> 밭을 가는 소리로
> 소리만 남고 보이지 않는 새
> ......
> 잠들지 말라
> 잠들지 말라
> 우리들의 귓가에 속삭인다.
>
> 문병란, 〈동소산의 머슴새〉에서

역사의 현장
- 양성공립보통학교(경기도 안성시 양성면 동항리, 현 양성초등학교)
- 순사주재소(안성시 양성면 동항리)
- 우편소(안성시 양신면 동항리)
- 양성면 면소 자리(안성시 양성면 동항리)
- 성은고개(안성시 원곡면 현 만세고개, 3·1운동기념관)
- 원곡면사무소(안성시 원곡면 외가천리)
- 원곡초등학교 뒷산(안성시 원곡면 내가천리)

3·1운동을 기리거나 재현하는 행사는 보통 탑골공원에서 열린다. 이곳에서 처음 만세시위가 시작된 만큼 그 의의가 깊기 때문이다. 1919년 3월 1일 여기서 학생들과 시민들이 중심이 되어 시위를 벌였고, 그 시위는 전국으로 번져나갔다. 그런데 3·1운동에 가장 많이 참여한 계층은 학생들이 아니라 일반 농민들이다.

그렇다면 농민들은 어떻게 시위에 참여하였을까? 농민들의 참여 모습과 실태를 가장 잘 보여 주는 것이 안성의 원곡면, 양성면에서 일어난 3·1운동이다. 이곳에서 시위 때문에 체포되어 형을 산 사람은 모두 127명에 달한다. 이들은 모두 농민이었다. 농민들은 면사무소, 순사주재소, 우편소 등으로 몰려가 식민 지배기구와 일본 상인들의 집과 물건을 불태웠다. 안성은 인명 살상까지는 아니더라도 매우 적극적이고 격렬한 시위가 일어난 곳이다. 이렇게 할 수 있었던 이유는 무엇일까?

안성, 3·1운동의 기억

창살 없는 감옥을 벗어나기 위해

3·1운동은 일제 지배 10년을 결산하는 저항운동이다. 일제는 1905년 대한제국의 국권을 빼앗고 1910년 강제로 합병하였다. 그리고 무단통치의 길로 나아갔다. 최고 통치자인 조선 총독은 행정권, 입법권, 사법권 등 식민지 지배의 모든 권한과 함께 일본 군대의 지휘권까지 장악하였으며, 헌병경찰제도와 각종 악법을 이용해 한국인을 착취하고 탄압하였다.

 아직 자본 축적이 미약하던 때 일제는 토지조사사업과 회사령 등을 통해 조선을 식민지 수탈체제로 재편하였다. 즉 토지조사사업을 통해 전국의 토지를 샅샅이 조사하고는 지세를 늘려 식민지 경영 비용으로 삼고, 회사를 세울 때는 총독의 허가를 받게 하는 회사령을 두어 조선인 자본의 증식을 막았다.

　식민지배로 말미암아 조선인의 삶은 더욱 어려워졌다. 토지조사사업이 끝나고 자작농이 몰락하면서 소작인은 더욱 늘어났고, 농민들은 부족한 생활비를 보충하려고 공사장이나 광산 등으로 날품을 팔러 나갔다. 일제의 무단 통치와 폭압적인 경제 수탈은 삼천리를 창살 없는 감옥으로 만들었고, 민중은 고통스러운 생활을 이어 가야 했다.

　한말에 치열했던 항일의병운동은 식민지 시기에도 계속되었으나, 사정은 달라질 수밖에 없었다. 의병운동은 급격히 쇠퇴하여 1915년 무렵 끝을 맺었다. 대신 비밀결사운동과 민족의식을 불러일으키기 위한 계몽운동이 전개되었다. 민중이 스스로 들고일어나 생존권 투쟁을 벌이기도 하였다.

　이런 가운데 1919년 2월 고종이 갑자기 죽자, 독살되었다는 소문이 널리 퍼졌다. 한편으로 국제 정세의 흐름도 3·1운동에 영향을 주었다. 1917년 러시아혁명으로 수립된 신생 소비에트공화국이 자국 내 소수민족에 대해 민족자결의 원칙을 선언하였고, 1918년 윌슨 미국 대통령이 민족자결주의를 제창하였다. 물론 윌슨의 민족자결주의는 제1차 세계대전 패전국의 식민지를 처리하는 데 적용되는 원칙이어서 승전국인 일본의 식민지였던 조선은 적용 대상이 아니었다. 그러나 국내 민족운동 지도자들은 윌슨의 민족자결주의에 크게 고무되었으며, 이에 3·1운동이 발발하였다.

　3·1운동은 처음에는 서울을 비롯하여 평양, 개성 등 주요 도시를 중심으로 전개되었다. 학생과 청년 지식인이 시위를 주도하였고, 도시 노동자와 상인층이 참가하였다. 3월 중순에서 4월 초순까지 운동은 최고조에 이르렀다. 전국의 각 농촌으로 운동이 확산되었으며, 도시에서는

운동이 다시 일어났다. 지식인들이 운동을 주도하였고, 농민들의 참여가 확대되었으며, 일부 지역에서는 무장시위가 펼쳐지는 등 3·1운동은 격렬하게 전개되었다. 경기도 안성은 이런 곳 가운데 하나였다. 일본군, 무장경찰과 직접 대치하면서 이들의 총격으로 시위 군중이 쓰러지는 형태가 아니었다. 안성에서의 시위는 식민통치기구를 공격하고 파괴하는 방식으로 전개되었다. 그러나 일제의 가혹한 탄압으로 그 뒤에 운동은 차츰 퇴조하였다.

안성에서 일어난 만세운동

안성은 서울에서 약 50km 떨어진 경기도 남단에 자리 잡고 있다. 남북으로 형성된 한남금북정맥은 지역을 동부와 서부로 나누는 분수령이 되어 동쪽으로는 청미천이 흐르고, 서쪽으로는 안성천과 조령천, 한천이 합류하여 서해로 흘러 나간다. 남쪽으로 서운산(높이 547m)이 충청도와 도계를 이루며 솟아 있고, 관내 전역에 크고 낮은 산들이 병풍처럼 안성을 에워싸고 있다.

  안성은 경기도의 가장 남쪽에 자리 잡고 있으며, 1914년 일제의 행정구역 개편으로 조선시대의 안성군, 양성군, 죽산군 세 군이 안성군 하나로 통합되었다. (그리고 1998년 안성시로 승격되었다.) 이곳은 서울과 가까울 뿐 아니라 교통이 매우 발달하였다. 조선 후기 이래 장시가 발달하고, 안성맞춤이라고 할 만큼 유기공업이 발달한 것도 교통의 요지였기 때문이다. 철도가 부설된 뒤로는 경부선의 평택역이 가까이 있어서 서울과의 왕래가 더 쉬워졌다.

+ **양성·원곡의 3·1운동 관련 지도** (조선총독부, 《근세한국 5만분지 1 지형도상》에 표시)

 3·1운동이 일어난 지 한 달째인 4월 1일, 경기도 안성군 원곡면과 양성면에서 만세시위가 세차게 일어났다. 이날 시위는 농민이 중심이었고, 비폭력시위가 폭력시위로 바뀐 대표적인 사례이다. 또 시위가 적극적이었던 만큼 일제의 탄압도 가혹하였다. 이날의 안성 시위는 황해도 수안군 수안면, 평안북도 의주군 옥상면의 시위와 더불어 전국 3대 실력항쟁으로 꼽힐 정도로 이름이 높다.

 안성의 시위는 3·1운동이 고조되는 상황에서 일어났다. 사실 경기도는 서울과 가까운 까닭에 다른 지역보다 빨리 만세시위가 일어났다.

3·1운동의 전개 양상을 보면, 대체로 서울에서 시작되어 서울과 인접한 개성(3일), 고양(5일), 시흥(7일), 인천(9일), 파주·양평(10일), 안성·진위(11일), 양주(13~15일), 강화(18일) 등지로 퍼져 나갔다.

　3·1운동 초기, 농촌의 시위는 대부분 동리 단위로 농민이 동원되었다. 그러나 3월 하순에서 4월 상순에 접어들면 다른 양상이 나타난다. 면, 군 단위 연대시위로 발전한 것이다. 4월 1, 2일에 일어난 안성군 원곡면과 양성면의 시위는 그 대표적인 예이다. 연대시위를 통해 안성에서는 시위대원 수가 늘었을 뿐 아니라 대규모 시위를 펼칠 수 있었다.

　양성면과 원곡면은 본래 안성 지역이 아니었다. 양성면은 이전 양성군의 명칭을 그대로 사용하였으며, 원곡면은 양성군의 원당면과 반곡면에서 각각 한 자씩 따 온 명칭이다. 따라서 두 군은 본래 양성군에 해당한다. 원곡면과 양성면은 안성군의 서북단으로 진위군, 용인군 등과 맞붙어 있으며, 두 면은 성은고개를 사이에 두고 접해 있다. 오늘날에는 경부고속국도가 원곡면을 지나고 있으며, 오산 나들목에서 남쪽으로 5km 내려오면 원곡면으로 들어서게 된다.

　두 면 모두 농업을 위주로 생활하고 있었는데, 이때에는 토질이 척박하고 수리시설이 없어서 흉년이 자주 들었다고 한다. 게다가 농민들 대부분이 소작을 하였고, 겨울이 지나면 집집마다 식량이 떨어져서 초근목피로 연명을 해야 할 정도였으니 빈농지역이라 하겠다. 논밭이 10마지기만 있어도 부자라는 이야기를 들을 정도였다고 한다. 다만 양성면은 이전에 군 소재지였기 때문에 형편이 약간 나았다. 문화·교육적으로도 양성면에는 향교, 서원, 양성공립보통학교가 있었던 반면에, 원곡면에는 1919년까지 이러한 시설이 전혀 없었으며 교육시설이라고는 서당이 전부였다고 한다.

서울에서 만세시위가 일어났다는 소문은 안성군에도 곧바로 전해졌다. 특히 주모자 가운데 한 사람인 최은식(원곡면 내가천리)은 서울에 갔다가 직접 시위 현장을 지켜보았다. 조선독립을 바라고 있던 이들에게는 감격스러운 일이었다. 홍찬섭(원곡면 칠곡리)도 항상 서울을 왕래하였고 이덕순도 2월에 아들 혼숫감을 준비하러 서울에 올라왔는데, 그 뒤로도 몇 차례 더 원곡 주민을 이끌고 올라왔으며 3월 1일에도 서울에 왔다고 한다. 일설에는 시위를 위한 계획에도 참여했다고 한다. 식민지배를 받고 있었기에 옛 국왕의 죽음은 큰 관심거리였을까? 어쨌든 서울의 시위를 지켜보면서 이곳에서도 자연스럽게 시위 분위기가 무르익은 듯하다.

본래 양성면과 원곡면에서는 연대시위를 하기 전에 별개로 시위를 하였다. 양성면에서는 3월 11일, 면 소재지가 있었던 동항리에서 양성공

양성초등학교(옛 양성공립보통학교) 이곳에서 시작된 만세시위는 양성면 전체의 시위로 이어졌다. (경기도 안성시 양성면 동항리)

립보통학교 학생들이 학교에서 만세를 불렀다. 서울에서 보성전문학교에 다니던 남진우와 선린상업학교를 다닌 고원근 등이 조회 시간에 일본인 교장이 있는 가운데 한국인 선생들을 끌어내어 만세를 부르게 했다고 한다. 3·1운동이 일어나던 때의 일반적인 모습대로 초기에는 학생들이 선도적인 역할을 한 것이다. 이렇게 며칠간 만세 운동이 계속되니 나중에는 면 전체가 만세를 불렀다. 학생들이 많이 참여했기 때문에 학교가 있던 양성면에서 시위가 일어난 듯하다.

하늘을 울리는 함성

3월 하순부터는 농민들이 만세시위에 적극 참여하였다. 만세시위는 원곡면에서 더 적극적으로 일어났는데, 연대시위가 있기 전인 3월 25일 즈음부터 시작되었다. 28일에 내가천리 이희룡(일명 시은)의 집에 여러 사람이 모였는데, 이시순이 "독립 만세를 부르자."고 발의하여 사람들의 호응을 얻었다. 이들은 가까운 동리와 칠곡리 등에 연락한 다음 면사무소에 모여서 만세를 불렀다. 29, 30, 31일 잇달아 면사무소 앞에서 시위가 벌어졌다. 31일 시위를 마치고 해산할 때에 칠곡리 이유석, 홍찬섭이 다음 날도 모이도록 당부하였다.

　이 시위는 양성면에 영향을 주었다. 4월 1일, 양성면의 여러 마을에서 시위가 일어났다. 시위대는 면소까지 나아갔다. 양성면 덕봉리(면소에서 2km 남쪽)에서는 저녁에 약 200명이 산 위에 올라 독립 만세를 부른 뒤 오세경과 오관영 등의 주도로 양성으로 나아갔다. 산정리(면소에서 북쪽으로 2.5km)에서는 이희봉의 주도로 저녁에 동리 한길에서 만세를 부른 뒤 저녁 9시쯤에 양성으로 나아갔다. 산정리에 이웃한 도곡리(산정리에서 동쪽으로 0.8km)에서도 산정리의 만세 소리를 듣고는 김영대의 주도 아래 수십 명이 동리 뒷산에서 만세를 부른 다음 동항리 주재소로 나아갔다. 추곡리(면소에서 동쪽으로 1.8km)에서도 저녁식사 후 수십 명이 동리에서 만세를 부르고 동항리로 갔다. 모두의 목표는 면소가 있는 동항리였다. 동항리의 주민들도 물론 참여하였을 것이다. 양성면은 모두 18개 동리로 이루어져 있었는데, 그 가운데 11개 동리가 만세시위에 참여하였다. 주로 면소를 중심으로 3km 이내에 있는 가까운 마을들이었다. 면소에 가까울수록 정보를 얻는 데 유리했기 때문이었을 것이다. 이들은 면소의 주재소로 몰려가서 소리 높여 만세를 외치다가 밤 9시 50분 즈음에 해산하였다. 양성면에서는 일단 면 소재지까지 가서 평화시위를

+ **원곡면사무소** 입구에 3·1독립운동 항쟁지임을 알리는 비석이 서 있다. (경기도 안성시 원곡면 외가천리)

벌인 것으로 마무리를 한 셈이었다.

이날 원곡면에서도 다시 시위가 일어났는데, 이전보다 훨씬 조직적이었다. 4월 1일, 여러 동리의 사람들이 면사무소에 집결하였다. 칠곡리에서는 마을사람들이 이미 아침에 모여 한 차례 만세를 불렀는데, 저녁에 다시 면사무소 앞에 집결하였다. 그 밖에 외가천리, 내가천리, 월곡리, 죽백리 등의 마을사람들이 만세를 부르기 위해 이곳에 왔다. 칠곡리에서는 이유석과 홍찬섭, 외가천리에서는 이덕순, 내가천리에서는 최은식과 이근수, 죽백리에서는 이양섭 등이 사람 모으는 역할을 하였다. 원곡면 12개 동리 가운데 6개 동리가 참여하였는데, 면사무소에서 3km 이내의 가까운 마을들이었다. 그리고 주동자들은 어느 정도 학식이 있거나 재산을 가진 사람들이었다. 최은식은 4000평 정도의 농사를 지었으며 양성보통학교를 나왔고, 이덕순도 상당한 재산을 가졌다고 한다. 이근수는 대서업을 했고, 이유석은 한학자였으며, 홍찬섭은 직산보통학교를 다녔다. 이희룡은 주막을 경영하였는데, 주막 주인은 주변 소식에 민감한 직업이었다.

이들은 원곡면사무소 앞에서 "조선 독립 만세"를 부르고는 양성으로 향하였다. 처음부터 양성면으로 향할 계획이었던 것이다. 양성면은 양성군 시절에 군 소재지였으므로, 이전의 개념으로 본다면 읍치로 향한 셈이었다. 이는 농민항쟁 때에 일반적으로 행해지던 경험에 따른 것이었다. 또한 양성면에는 순사주재소, 우편소 등 식민통치기구가 있고 일본 상인들이 살고 있어서 독립에 대한 의지를 표출하기에 적당한 곳이라는 생각도 있었다.

이 과정에서 누군가가 면장을 끌어내어 태극기를 주고 선두에 세우자는 제안을 하였고, 군중은 면장 남길우와 면서기 정종두를 끌어내어 태극기를 쥐어 주며 만세를 부르게 하였다. 그리고 두 사람을 앞세우고 양성으로 향하였다. 남길우는 공도면 사람으로 토지를 5000평 이상 가진 지주였으며, 1911년부터 원곡면장을 하고 있었으므로 일제의 식민지배에 동조했다고 볼 수 있다. 특히 1917년 일제는 조선 면제를 법제화하여 면사무소를 식민지 행정 말단기구로 두었는데, 남길우는 계속 그 자리를 지켰다. 한편 정종두는 1918년 3월부터 만 1년 동안 면서기를 맡고 있었다.

 이처럼 식민통치의 하부 행정을 맡은 자들을 강제로 만세시위에 참여시킨 것은 어떤 의미일까? 이들에게 잘못을 속죄하라는 의미일 수도 있고, 동시에 이제 일제로부터 독립을 이루겠다는 상징적인 행동일 수도 있다. 양성으로 이동하는 도중에도 많은 사람들이 시위에 합류했고 함성은 더욱 커졌다.

하나가 된 원곡면과 양성면 농민들

양성에 가려면 현재의 45번 국도로 따라 동쪽으로 7km 정도 걸어야 하는데, 그 중간쯤에 원곡면과 양성면의 경계를 이루는 성은고개(또는 양성고개)가 있다. 성은고개는 북쪽 천덕산과 남쪽 고성산 사이에 위치해 있으며, 고개 북쪽에 있는 성은리에서 이름을 따 왔다. '성은聖恩'이란 인조가 이괄의 난 때 천덕산으로 피난하면서 이곳 사람들에게 은혜를 베풀었다고 하여 붙은 이름이다.

 강제로 끌려나온 면장 남길우와 면서기 정종두가 태극기를 들고 시위 대열의 선두에 섰다. 이대근이 등불을 들었고 그 밖에 4, 5명이 짚횃불을 들었다. 원곡면민들이 성은고개에 이르렀을 때 지도부는 군중의 행진을 멈추게 하였다. 쉬어 갈 겸, 행동을 통일해서 나아가기 위해 집회를 가질 필요가 있었다. 먼저 이유석이 군중 앞에 나서서 연설을 하였다.

"오늘 밤 기약함이 없이 이렇게 많은 군중이 모였음은 천운이오. 제군은 양성 경찰관 주재소로 가서 일본인 순사와 함께 조선 독립 만세를 부르지 않으면 안 되오. 순사가 이를 응하면 좋으나, 만약 응하지 않을 때에는 나로서도 할 바가 있소."

일본인 순사한테도 독립시위를 인정받겠다고 당당히 밝힌 것이다. 이어서 홍찬섭, 이덕순, 이근수, 최은식, 이희룡 등이 교대로 일어나 연설을 하였다. 중요한 내용은 다음과 같았다.

"조선은 독립국이 될 것이므로 일본의 정책을 시행하는 관청이 필요 없기 때문에 우리들은 모두 같이 원곡면과 양성면 내의 순사주재소, 면사무소, 우편소 등을 파괴합시다."

"일본인을 양성면 내에 거주케 할 필요가 없으므로 일본인을 양성에서 쫓아냅시다."

그리고 이를 실행하기 위해 돌 또는 몽둥이를 몸에 지니도록 일렀다. 성은고개 집회는 만세시위의 전개 과정에서 매우 중요한 역할을 하였다. 단순 시위에서 폭력시위로 바뀌는 계기가 되었기 때문이다. 구체적인 활동 지침을 내린 것으로 미루어 지도부가 상당히 조직적으로 시위를 이끌었음을 알 수 있다. 실제로 시위 주동인물들은 청장년층으로서 이 지역에서 어느 정도 경제력을 가지고 있거나 학력과 명망이 있었으며, 주민들을 지도할 수 있는 위치에 있었다. 이에 시위군중은 나뭇가지를 꺾어 몽둥이를 준비하거나 바지에 작은 돌을 채우는 등 충돌을 대비한 다음 양성면으로 향하였다.

성은고개를 돌아 내려오면 바로 양성면으로 길이 열려 있다. 이 무렵 양성면 시위군중은 주재소에 몰려가 만세시위를 하고는 집으로 돌아가려는 길이었다. 그런데 원곡면의 시위군중이 합류하면서 군중은 약 2000명으로 늘어났고, 함성은 더욱 높아졌다. 밤 10시경, 이들은 다시 순사주재소로 나아가 독립만세를 부르고 돌을 던지기 시작하였다. 각도 경무부 아래 파출소와 함께 설치된 순사주재소는 갖가지 대민 업무를 맡고 있었기 때문에 평소 원성을 많이 샀던 곳이다.

순사주재소는 동항리 동쪽 끝에 있었는데, 동리의 집단촌락에서도 약 300m 떨어져 있었다. 건물은 사무실과 순사 주택으로 이루어져 있었다. 조선식 보통 기와집으로 길이는 8칸, 너비는 3칸 2척이며, 순사 고야병장高野兵藏이라는 자가 살고 있었다. 이때 주재소에는 순사 1명과 순사보 2명이 있었는데, 이들은 무기를 쓸 엄두도 내지 못하고 급히 도망쳤다. 군중은 유리창을 부수고 불을 질렀다. 몇 사람이 주재소에 들어가 부엌에 있던 솔잎에 불을 붙인 다음, 쌓아 놓은 솔가리에 옮겨 붙였다. 불은 곧 주재소를 태웠다. 또 몇 사람은 사무실 안에 있는 기구들을 마당으로 내와서는 기름을 끼얹어 불을 놓았다. 사무소에 있는 공용서류와 갖가지 물품, 가구 등도 태웠다.

10시 반쯤, 군중의 일부는 전선을 끊으러 달려가고 나머지는 양성 우편소로 몰려갔다. 우편소는 동리의 인가가 조밀한 촌락에 있었는데, 사무실과 직원 주택으로 이루어진 보통의 조선식 초가집이었다. 우편소장은 일본인 재등여무칠齋藤與茂七이었고, 조선인 고원雇員을 몇 명 두고 있었다. 군중은 우편소에서 안성으로 가는 전신주 3개의 밑동을 찍어 넘겨 불태워 버렸고, 전선은 토막토막 잘라 버렸다. 전화 통화를 하지 못하도록 만든 것이다. 그런 다음 우편소로 몰려가서 돌을 던지고, 담을

+ **성은고개(지금의 만세고개)** 가운데에 순국열사들을 기리는 사당(광복사)과 그 왼쪽으로 3·1운동기념관이, 오른쪽 위에 원곡-양성 3·1독립항쟁기념탑이 서 있다.

부수고, 침입하여 책상, 의자 등 집기를 가지고 나와 약 100m 떨어진 밭 가운데에 쌓아 놓고서 짚횃불로 불태웠다. 우편소 사무실에 걸린 일장기는 집 밖에서 불태웠다. 금고를 부수고 공금 17원을 빼앗기도 하였다. 우편소를 바로 불지르지 않은 것은 이 건물이 인가가 밀집되어 있는 곳에 있어서 이웃 민가에 피해가 갈까 염려해서였다.

이어 시위군중은 일본인 잡화상인 외리여수外里與手와 대금업자 융수지隆秀知의 집을 습격하였다. 잡화상의 집은 동리 서쪽 구석 오산烏山 한길에 이어져 있었다. 시위대는 문을 부수고 상점에 침입하여 기물을 부수었으며, 물품 가운데 담배, 설탕, 과자 등을 한 움큼씩 쥐어 들었다. 뒤에 주인은 1000원 정도의 피해를 보았다고 주장하였다. 동리 북쪽 구석에 있는 대금업자의 집에도 침입하여 물건을 부수고 불태웠다. 주인은 2000원 정도의 손해를 보았다고 주장하였다. 이들 집에는 물건이 많은 탓이었는지 새벽 2시까지도 시위와 파괴가 계속되었다고 한다. 면사무소도 무사할 수 없었다. 면사무소는 동리 한가운데에 있었는데, 일본인 집을 습격할 때와 비슷한 시간인 11시쯤에 시위군중이 들이닥쳤다. 시위군중은 여기서도 물품과 서류를 끄집어내어 불태웠다. 시위가 더욱 과격해진 것이다.

이튿날인 4월 2일 새벽, 시위군중은 다시 성은고개를 넘어와 원곡면사무소를 습격하였다. 이곳 면사무소는 외가천리 동쪽 끝에 있었다. 사무실은 길이 5칸, 너비 3칸의 평기와집이고, 숙직실은 길이 4칸, 너비 2칸의 초가집이었다. 군중은 서류, 물품 등과 함께 집을 송두리째 불태워버렸다. 예전의 농민항쟁을 돌이켜보자면 읍치를 공격한 다음에 외방의 통치기구, 토호를 공격한 것과 비슷한 방식이다.

이들은 여기서 멈추지 않았다. 문명의 상징이자 동시에 식민지배의 상징인 철도를 다음 대상으로 하였다. 시위군중은 아침식사를 한 뒤 서남쪽으로 7km 떨어진 평택의 경부선 철도 침곡 핀을 뽑아 파괴, 차단하고자 하였다. 그런데 일본 수비대가 들어온다는 소식이 전해졌다. 시위군중은 피신을 택하였다. 그 과정에서 일본 수비대의 진압을 지연시키기 위해 안성에서 양성으로 통하는 길의 다리를 파괴하였다.

원곡과 양성의 시위는 이처럼 만세시위를 넘어서서 적극적인 항쟁으로 나아갔다.

일제의 가혹한 탄압과 꺾이지 않는 독립의지

만세 시위는 일제를 몹시 당혹스럽게 만들었다. 더구나 한정된 무장단체나 결사단체가 일으킨 것이 아니라 주민 모두가 일어나 저항하였으므로 처리하기가 매우 어려웠다. 일제는 일단 경찰의 치안을 지원하기 위해 군대를 분산 배치시켰다. 그리고 결국 군대를 동원한 폭력 진압에 나섰다.

 일제의 무력 진압은 시위 과정에서 일본인 순사가 피살된 수원과 무장시위가 일어난 안성에서 더욱 철저하게 자행되었다. 검거반이 파견되어 4월 2일부터 14일 사이에 64개 동리를 수색하여 800여 명을 검거하였으며, 19명의 사상자를 내고, 17개소에서 276호의 집에 불을 질렀다. 4월 3일, 조선 주차군 제20사단 보병 제20여단 제79연대 소속 장교 이하 25명이 안성읍을 거쳐 원곡, 양성 지역에 들어왔다. 이들은 경찰을 지원한다는 명분 아래 직접 검거에 나섰고 많은 인명 피해를 냈다. 주동자의 집은 검거반이 고의로 방화하였으며, 한밤에는 집에 들어올 것이라고 여겨 주로 오밤에 들이닥쳐 장항아리까지 열어 보면서 체포에

+ **탄압의 현장** 원곡초등학교 뒤쪽 야산에 주민들을 모아 놓고는 참여자들을 폭행, 체포하였다. (경기도 안성시 원곡면 내가천리)

혈안이었다.

그래도 검거가 부진하자, 한편으로 원곡면장을 시켜 경찰서장의 연설을 듣고 나면 사면해서 농사를 짓게 해 주겠다고 하면서 가족과 친지들에게 피신자들을 설득하여 데려오게 하였다. 친척집, 처가 등 이곳저곳에 피해 있던 사람들이 4월 19일 지금의 원곡초등학교 뒷산에 모이자, 안성 경찰서장이 선무 연설을 하는 척하더니 서쪽과 동북쪽에서 나타난 헌병대(보병 79연대 소속 30명)가 주민들을 포위하였다. 이들은 총칼로 위협하면서 거사 참여자를 가려내어 폭행을 가하고 체포하였다. 이 과정에서 저항하거나 도주하는 자는 바로 살해하였다. 이병섭, 조경수, 홍승동 등이 현장에서 죽음을 당하였다. 그리고 체포된 이들은 상투를 줄줄이 묶어서 안성경찰서까지 약 30리 길을 끌고 갔다.

일제는 그해 6월 1일 세 번째로, 하사 이하 36명의 군 병력을 투입하여 경무관헌과 합동으로 시위 주동자 체포에 나섰다. 양성보통학교 교정에서는 검거반이 야영까지 하면서 마을사람들을 붙잡아다 몽둥이로 구타하였다. 이러한 폭력이 한 달 가까이 계속되었다고 한다.

이처럼 무장시위 이후 세 차례에 걸쳐 많은 사람이 체포되었다. 그러나 주동인물 검거는 일제의 뜻대로 되지 않았다. 이희룡, 이양섭만 잡혔고 최은식, 이덕순, 이근수, 이유석, 홍찬섭 등은 검거되지 않았다. 이들을 체포하기 위해 일제는 부모, 친척들을 앞세우기도 하였다. 최은식의 경우, 그 아버지가 안성경찰서에 잡혀 가 매를 맞고 면장 집 마당으로 끌려갔다. 이 때문에 최은식은 마을에 나타났다가 가족들의 만류로 다시 피신 길에 올랐는데 도중에 잡혔다.

피신한 시위 주동자들의 사정을 살펴보면 다음과 같다. 칠곡리의 이유석은 평택에 있는 처갓집 장독 밑에 토굴을 파고 3년을 숨어 살았다.

홍찬섭은 천안 사람으로 원곡면에 처가가 있어 시위에 참여하였는데, 그 뒤 집으로 돌아갔다가 체포되었으나 동리 사람의 도움으로 탈출하였다. 그는 포위망을 뚫고 강원도, 함경도를 거쳐 만주로 들어갔으며, 독립운동을 계속하였다. 이덕순은 평택 출신으로 원곡면에 데릴사위로 들어가 살다가 시위를 주도하였는데, 용인군 모현에 들어가 은거하다가 사건 발생 12년 만에 이웃의 밀고로 체포되어 1년여의 옥고를 치렀다.

체포된 사람들은 안성경찰서에서 모진 고문을 당하였다. 윤영삼, 이용복, 이우경, 최순규, 최화림 등이 경찰서에서 고문을 당하다가 죽었다. 그리고 구속된 사람들은 경성지방법원에서 재판을 받았는데, 127명이 형을 받고 감옥생활을 하였다. 이들에게는 치안을 방해하였다는 죄로 보안법 제7조, 조선형사령 제42조가 적용되었으며 건조물을 소훼한

 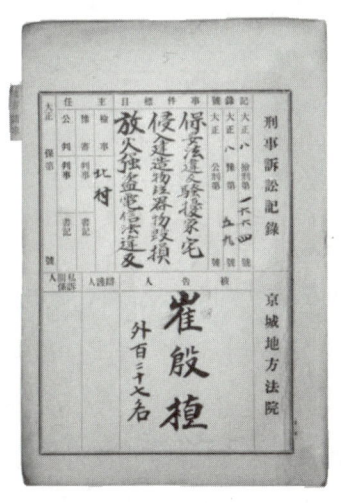

✚ **최은식(1899~1960)과 그에 대한 소송 기록** 최은식은 안성에서 적극적인 3·1운동을 이끌었다.

점, 건조물을 손괴한 점, 기물을 손괴한 점, 공용문서를 훼기한 점, 주거 건조물을 침입한 점, 강도 행위, 통신을 장해한 행위 등 갖가지 죄목이 붙었다. 그 가운데 주모자라 할 수 있는 최은식, 이희룡 등은 12년 징역형을, 김중식, 이홍길, 김순서, 이양섭 등은 10년 징역형을 받았다. 특이한 것은 원곡면 사람들이 80퍼센트에 이를 정도로 훨씬 많이 처벌을 받았다. 원곡면에서 시위를 조직하고 주도하는 등 좀 더 적극적이었다는 점 때문이었을 것이다. 또 양성면 사람들은 양성면에 주재했던 순사부장 고야병장이 많이 방면하였다고 하는 점으로 미루어 일본 사람과의 친분도 일부 작용했던 것 같다.

> 피고들은 대정 8년 2월 중 공모하여 제국 영토의 일부분인 조선을 제국의 통치에서 이탈시켜 그 지역으로써 1 독립국을 건설할 것을 목적으로….
> 또다시 사람을 조선 내의 주요한 시읍에 파견하여 피고들의 기도를 선전케 한 결과 예기한 바와 같이 피고들이 선동에 응하여 황해도 수안군 수안면, 평안북도 의주군 옥상면, 경기도 안성군 양성면 및 원곡면 등에서 조선 독립을 목적으로 하는 폭동을 야기함에 이르게 한 사실로서의….
>
> 손병희 등에 대한 예심 종결 결정문, 1919년 8월 1일

체포당한 사람들은 재판을 받으면서도 당당하게 임하였다. 최은식은 "나는 전부터 조선 독립을 희망하고 있었다."며, "나는 이번 '국민 일반이 대중운동을 한다.'는 소문을 3월 하순경에 듣고서 '자기가 거주하는 동리 사람도 운동을 일으키는 것이 지극히 당연하다.'고 말하였다." 그리고 많은 사람이 "우리들은 모두 조선 독립을 희망하고 있는 자이다."라고 밝혔다.

처음 만세를 부른 남진우는 태 90대를 맞았다. 40명에 달하는 사람들이 태형령이라는 악법에 따라 태 60~90대를 맞았다. 또 감옥생활 중 김원순, 정용재, 김순서, 이양섭, 이병문, 이철재, 최만보 등이 사망하였으며 부상 후유증으로 7명이 사망하였다. 체포 현장에서 사망한 3명을 합하면 인명 피해만 24명에 이르렀다.

타오르는 민중시위의 현장, 만세고개

지금까지 전국 곳곳에서 불길처럼 일어난 3·1운동 가운데 안성의 원곡과 양성 두 개 면에서 일어난 시위를 자세하게 살펴보았다. 이곳 말고도 안성 여러 곳에서 시위가 있었다. 안성고을의 한복판인 안성 시장에서는 3월 30일 약 200명의 장꾼들이 태극기를 들고 독립 만세 시위운동을 일으켰다. 죽산고을의 농민들도 시위를 벌였다. 일죽면에서는 4월 1일 도로 개수 부역에 모인 100명의 농민들이 죽산 주재소까지 행진하면서 독립 만세를 외쳤으며, 이죽면 농민들은 4월 2일 죽산 시장으로 나아가 장꾼들과 함께 약 1000명이 모여 저녁 8시쯤까지 독립 만세 시위행진을 벌였다. 원곡면과 양성면의 연합시위가 4월 1일이었으므로 안성 옛 3고을의 시위가 모두 3월 30일에서 4월 2일 사이에 일어난 셈이다. 그리고 이 시기가 바로 전국에서 시위가 가장 많이 일어난 때라는 점에서 안성은 3·1운동 시위의 양상을 잘 대변하고 있는 곳이라 할 수 있다.

안성에서도 가장 치열하게 시위가 일어난 이곳 원곡, 양성을 중심으로 시위운동이 지닌 특징을 다시 한 번 짚어 보자.

먼저, 3·1운동이 전 민족적인 독립운동이라면, 이 지역의 경우 그야

말로 전 주민적이라는 표현이 매우 적확하다고 하겠다. 2개 면에서 2000명 정도가 참여했는데, 당시 두 면의 인구는 약 1만 명이었고, 시위에 참가한 동리가 절반이었기 때문에 그 주민 수는 5000명 정도로 볼 수 있다. 그렇다면 2000명이라는 숫자는 그 절반에 해당되기 때문에 노약자를 제한다면 거의 모두가 참여했다고 볼 수 있다.

다음으로, 매우 계획적이고 조직적으로 이루어졌다. 일반적으로 만세 시위는 장날에 많이 일어났다. 사람들이 많이 모이는 장소이기 때문이다. 그런데 원곡, 양성의 경우 장날이 아니었을뿐더러 한밤에 모이고 시위를 벌였음에도 많은 사람들이 참여하였다.

또한, 시위 양상이 매우 적극적이었다. 일본 순사주재소, 우편소 등 일제의 공공기관을 공격하고 일장기를 불태우기까지 하였다. 이 지역에 있는 일본인 상점과 고리대금업자를 공격하고, 나아가 침략의 상징인 경부선 철도를 차단하려 했으며, 일본 군대의 진입을 막기 위해 다리를 끊을 정도로 적극적인 시위였다.

끝으로, 민족 대표들에 의한 사전 조직이 별로 없고 참여자 대부분이 농민이었다는 점도 특징적이다. 물론 시위를 주도한 이들은 서당 교육이나 근대 교육 등 어느 정도 지식을 갖춘 인물들이었다.

해방 후 안성 지역에서 3·1운동을 주도했던 이양섭, 최은식, 홍찬섭, 이희룡 등 4명이 건국훈장 독립장을 받고, 그 밖에 20여 명이 건국훈장 애국장을 받는 등 건국훈장을 받은 사람이 100명에 이르렀는데, 이는 단일 지역으로는 가장 많은 숫자이다. 이 때문에 안성에는 3·1운동 관련 지역으로서는 드물게 기념관과 기념비가 세워졌다. 2001년 7월 원곡면 칠곡리 성은고개(지금의 만세고개)에 세워진 기념관에서는 안성 3·1운동 만세시위에 관한 자료를 전시하고 재현 영상을 상영하고 있다. 아울러 순국하거나 고문을 당한 이들의 넋을 위로하고 그 뜻을 기리기 위해 순국선열 사당인 광복사도 지어졌다. 광복사에는 순국선열 25위와 애국지사 195위의 위패가 봉인되어 있다. 양성 읍내 사거리와 원곡면사무소의 기념비석도 그날의 현장을 지키고 있다.

  3·1운동 만세시위는 원곡, 양성의 경우와 같이 더 적극적인 방법을 통해 고조되면서 전국적으로 타올랐다. 그러면서 일제로 하여금 무단통치를 포기하고, 기만적이긴 하지만 '문화통치'를 하게끔 만들었다. 나아가 민족운동을 전개할 수 있는 공간을 확보하였으며, 이 공간을 이용하여 민중은 운동의 중심 세력으로 성장하였다.

역사의 현장 단성사 앞(서울특별시 종로구 종로 3가)
청계천 관수교(종로구 장사동)
동대문 주변(종로구 종로6가 일대)

1926년 한용운은 〈님의 침묵〉을 썼고 이상화는 〈빼앗긴 들에도 봄은 오는가〉를 썼다. 이러한 민족저항시가 잇달아 발표된 것은 민중 속에서 민족의식이 드높아졌다는 증거이기도 하고, 일제와 민중 사이에 긴장감이 흐르고 있었다는 뜻이기도 하다. 이 무렵 일어난 6·10만세운동은 비록 3·1운동보다는 규모가 작았지만, 반제국주의 의식이 뚜렷한 투쟁이었다.

그러면 1926년 서울 거리에서는 과연 어떤 일이 있었을까.

'빼앗긴 들', 서울의 6·10만세운동

다시 타오른 만세운동

1919년에 일어난 3·1운동은 일제의 식민지배에 맞서 광범한 민중이 벌인 항일운동이었다. 비록 실패로 끝나고 말았지만, 3·1운동은 무장 독립운동을 촉발시켰고 일제가 '무단통치'에서 '문화통치'로 통치 방식을 바꾸는 계기를 마련하였다. 또 3·1운동의 주체로 참가하여 계급의식과 민족의식을 드높인 민중은 여러 영역에서 새로운 단체를 만들었다. 민족해방을 바라던 지도자들은 민족자결주의 같은 허깨비가 아닌 새로운 노선을 모색하였다. 특히 3·1운동 뒤 널리 보급된 사회주의 사상은 노동자·농민·청년·여성·학생운동과 결합하면서 민족해방운동에서 중요한 역할을 하였다. 이처럼 3·1운동은 대중운동을 고양시키고, 민족해방운동의 방향을 바꾸어 놓은 커다란 분수령이었다.

3·1운동 뒤 일제가 '문화정치'를 펴면서 민족주의 세력 내부에 변화가 생겼다. 무엇보다 대지주, 자본가와 일부 지식인이 3·1운동의 실패에 자극을 받아 흔들리기 시작하였다. 이들은 총독부가 새로 내건 '문화통치'를 아무런 비판 없이 받아들였다. 일제가 허용하는 범위 안에서 경제에서 실력을 기르고, 사상에서 민족성을 개조하고, 정치에서 자치권을 획득하자고 주장하였다. 실력양성론, 자치론 등으로 포장한 이러한 생각은 민족 독립을 포기한 친일 타협 노선이었다. 이로써 초기 3·1운동을 준비했던 세력 대부분이 민족해방운동 대열에서 벗어나, 일제 말기에 이르면 민족을 배신하고 친일파로 전락한다. "지난날 민족적인 인사들은 팔짱만 끼고 한숨만 지을 뿐 어느 한구석에서도 대책을 강구하는 기색이 없던" 때에 사회주의 진영이 전면에 나서서 6·10만세운동을 계획하였다.

6·10만세운동을 계획한 세력은 중국 상해에 있는 '조선공산당 임시상해부'였다. 이들이 세운 첫 계획은 1926년 5월 1일 메이데이를 맞아 국내 노동자들과 함께 시위를 하는 것이었다. 그러나 그해 4월 25일에 조선의 마지막 왕 순종이 승하하자 계획을 바꾸어 3·1운동처럼 민중이 모두 참여하는 만세운동을 벌이기로 했다. 이에 따라 '조선공산당 임시상해부'와 연결된 국내 조선공산당이 천도교, 조선학생과학연구회 등과 힘을 모아 만세운동을 추진하였다.

이들은 만세운동 추진 과정에서 역할을 나누었는데 조선공산당 계열은 운동의 지도부를 이끌었고, 천도교는 대중적인 조직 기반을 바탕으로 격문 인쇄와 지방 연락을 맡았다. 조선학생과학연구회는 만세운동의 도화선이 될 서울의 만세운동을 이끌기로 하였다. 이들은 권오설을 중심으로 '6·10투쟁 특별위원회'를 조직하여 만세시위를 전국으로 확산시키려 하였다. 비록 만세시위를 4일 앞두고 조선공산당의 거사 계획이 발각되고 말았지만, 조선학생과학연구회가 서울 지역 만세운동을 앞장서서 이끌었다. 그러나 일제 경찰의 야만적인 탄압으로 만세시위는 서울 8곳과 일부 지역에서만 일어나고 널리 퍼지지는 못하였다.

6·10만세운동은 일제가 말하듯, "학생들의 감상적인 민족의식으로 일어난 충동적인 사건"이 아니었다. 6·10만세운동은 비록 규모도 작고 오래가지도 못했지만, 민족해방운동의 큰 흐름이 바뀌고 있음을 보여 주었다. 사회주의 세력이 민족주의 진영 가운데 일부와 손을 잡고 연대하여 민족해방운동을 이끌었다는 것은 6·10만세운동이 단순히 '제2의 3·1운동'은 아니었음을 보여 준다. 6·10만세운동은 운동의 주체와 이념, 그리고 그 내용에서 3·1운동과는 아주 달랐다.

+ **권오설 생가 터와 권오설선생기적비** 1926년 '6·10투쟁 특별위원회'는 권오설을 중심으로 하여 전국적인 만세시위를 계획하였다. (경북 안동시 풍천면 가곡리)

일제의 검거 바람과 탄압 속에서

식민지 시대 민족해방운동에서 사회주의의 영향은 매우 컸다. 일제의 자료에 따르면, "독립운동이 실패를 거듭함으로써 초조해진 민중에게 사회주의 운동은 일종의 자극과 광명을 주었다."고 기록될 정도였다. 일제는 "거의 모든 파업과 소작쟁의의 배후에는 사회주의자들이 있다."고 판단했으며, 그것은 사실이었다. 1920년대에 들어와 사회주의 사상은 민족해방운동에 새로운 활력을 불어넣고 체계적인 조직 이론을 제공하였다. 식민지 시대의 한 사회주의자는 1917년 러시아혁명이 성공한 뒤 학자들의 책상 위에 비로소 사회주의 책이 놓였으며, 1919년 3·1운동 뒤 잡지와 신문 등을 통하여 사회주의를 받아들였다고 설명하였다. 젊은 지식인 계층부터 받아들이기 시작한 사회주의 사상은 선전 단계에서 조직 단계로 넘어가고, 노동자·농민 투쟁과 결합하면서 차츰 대중 속으로 번져 갔다.

사회주의가 보급되기 시작하자 일제 경찰은 처음에는 은밀하게 감시만 하다가, 1923~1924년 즈음부터 "과격사상에서 비롯된 범죄"를 없애는 데 발 벗고 나섰다. 일제는 "교묘한 수단으로 몰래 대중 속으로 파고드는" 사회주의자들을 검거하려고 온갖 방법을 꾸몄으며, 수용소를 늘리는 등 탄압기구를 강화하였다. 나아가 사회주의자들을 겨냥한 치안유지법(1925)과 같은 법체계도 차츰 갖추어 나갔다. 일제는 치안유지법 가운데 '사유재산제 부인'이라는 죄를 씌워 사회주의 조직을 제거하였다. 또 결사 목적 수행을 위한 행위를 처벌할 수 있게 한 '치안유지법 개정 칙령' 따위로 민중운동을 가혹하게 탄압하였다.

일제의 탄압이 휘몰아치는 가운데 1925년에 창건한 조선공산당은

'직업적 혁명가'로 조직한 비합법 정당으로서 '노동계급 해방'을 전면에 내걸고 활동하였다. 조선공산당은 네 차례에 걸친 검거와 투옥으로 1928년에 끝내 무너졌지만, 지도부가 검거될 때마다 다시 당을 만들어 일제에 맞서 싸웠다.

1925년 11월, 뜻하지 않은 사건으로 조선공산당이 일제 경찰에 발각되고 검거 바람이 몰아치면서 첫 번째로 큰 타격을 입었다. 검거를 피한 사회주의자들은 곧바로 강달영을 책임비서로 하는 '제2차 조선공산당'을 결성하였다. 국내에서 6·10만세운동을 조직하는 데 앞장선 주체가 바로 제2차 조선공산당이다.

6·10만세운동을 계획한 세력은 '조선공산당 임시상해부'였다. 조선공산당 임시상해부는 상해로 망명한 김찬, 김단야 등이 조직한 조선공산당의 해외 조직이다. 조선공산당 임시상해부는 순종의 장례날을 기회로 삼아 민족운동을 일으키고 민족주의 진영과 민족통일전선을 이루어야 한다고 생각하였다. 이 무렵 나라 안팎에서는 '국공합작'을 이룬 중국 국민당처럼 한국에서도 민족혁명 세력을 통일시켜야 한다는 기운이 높아지고 있었다.

조선공산당 임시상해부와 제2차 조선공산당은 긴밀한 관계를 유지하며 6·10만세운동을 준비하였다. 조선공산당 임시상해부는 만세운동에 필요한 자금 조달과 격문 인쇄를 맡기로 하였다. 조선공산당 중앙집행위원회에서는 5월 2일 회의를 열어 "순종 장례일을 기하여 혁명적 대시위투쟁을 벌일 것"을 결의하고, 곧바로 '6·10운동투쟁지도특별위원회'를 만들었다. 이들은 몇 차례 회의를 거쳐 세 가지 투쟁 방침을 세웠다.

첫째, 사회주의, 민족주의, 종교계, 청년계의 혁명분자를 모두 아울러 '대한독립당'을 결성할 것.

둘째, 대한독립당은 6월 10일을 맞이하여 대시위운동을 실행할 것.

셋째, 시위운동 방법은 장례 행렬이 지나는 길을 따라 시위대를 분산 배치했다가 격고문과 전단을 살포하여 대한독립만세를 소리 높여 외칠 것.

그러나 민족주의자들은 3·1운동 때 일제의 탄압을 떠올리며 머뭇거렸다. 이 때문에 조선공산당이 '대한독립당'이라는 이름으로 민족주의자들과 통일전선을 이루지는 못했지만, 6·10만세운동 과정에서 천도교 구파와 손을 잡게 되었다. 6·10만세운동에서 천도교는 격문을 인쇄, 배포하고 지방 조직을 동원하여 만세시위를 전국으로 확산시키는 역할을 맡았다. 비록 천도교 구파 세력이 신파에 견주어 열세였고 천도교 청년동맹도 생긴 지 얼마 안 되었지만, 천도교는 전국적인 조직 기반을 가지고 있었다. 민족주의 진영 가운데 세력 규모도 컸다.

조선공산당은 자신들과 밀접한 관계에 있던 조선학생과학연구회를 통하여 학생들을 조직하는 일에도 나섰다. 조선학생과학연구회는 1925년 9월 서울에서 전문학생, 고보생 등 70명 남짓이 사회주의 사상을 연구하고 보급할 목적으로 만든 단체였다. 6·10만세운동 즈음에는 회원이 500명 남짓하였다. '6·10투쟁 지도부'에서는 조선공산당 당원이면서 조선학생과학연구회 간부인 이병립을 유인물 살포 책임자로 임명하였다. 조선공산당이 6·10만세운동을 결의한 바로 다음 날, 권오설은 이병립에게 6·10만세운동의 계획과 투쟁 지침을 전하였다. 이에 따라 조선학생과학연구회 간부들은 학생 동원과 시위 방법 등을 토의하면서 만세운동 계획을 세웠다.

그러나 일제 경찰이 우연하게 대한독립당 인장이 찍힌 격고문을 발견하고, 인쇄 책임자이자 지방 연락책인 박래원이 검거되면서 6월 6일과 7일 사이에 6·10만세운동 지도부가 대부분 체포, 연행되었다. 그러나 뒤에 남은 조선학생과학연구회 간부들이 조직을 점검하고 유인물을 만들었으며, 서로 역할을 나누어 6·10만세운동을 짜임새 있게 준비하였다. 또 5, 6명 정도의 소규모 학생 집단이었던 '통동계' 학생들이 조선과학학생연구회와는 별개로 스스로 일시적인 투쟁 조직을 만들어 6·10만세운동을 준비해 나갔다.

6월 10일, "대한 독립 만세"를 소리 높여 외칠 것

조선공산당과 천도교 계열의 시위 계획을 미리 알아낸 일제는 경찰과 군대를 동원하여 삼엄한 경계를 폈다. 사상단체, 종교단체, 주요 학교 등을 더욱 철저하게 감시하였다. 또 서울역, 용산역, 청량리역을 중심으로 여관, 음식점 손님을 검문검색하였고, 돈화문 앞에는 특별경계소를 설치하여 순종의 죽음을 슬퍼하는 민중을 감시하였다. 경계를 위해 일제가 서울에 동원한 군대는 의장병까지 포함하여 1만 명 남짓하였으며, 각 도에서 경찰을 끌어모아 경계를 강화하였다. 장례날을 3일 남겨 둔 6월 7일에는 용산에 있는 조선군사령부에서 2000명 남짓한 군대를 시내로 출동시켜 위압시위 행군을 벌이기도 하였다.

이런 철통같은 경비망 속에서도 조선학생과학연구회는 격문을 인쇄하는 등 거사 준비를 하였고, '통동계' 학생들도 각 학교와 지방에 전단을 배포하는 데 성공하였다. 순종의 장례 행렬은 오전 8시 창덕궁에서 발인하여 종로3가, 청계천3가, 을지로3가, 을지로6가 훈련원(영결식: 오전 11시), 동대문, 창신동, 신설동, 청량리를 거쳐 장지인 금곡 유릉으로 가게 되어 있었다. 장례가 지나가는 길가에는 30만 명 남짓한 군중이 모여 있었는데, 조선학생과학연구회와 '통동계' 학생들의 만세시위는 오전 8시 반 종로3가 단성사 앞에서의 만세시위를 시작으로 모두 8곳에서 일어났다.

이날의 만세운동은 오후 2시 즈음까지 계속되었다. 학생들은 가슴에 간직한 태극기를 꺼내 흔들고 격문을 뿌리면서 "대한 독립 만세"를 목청껏 외쳤다. 단성사 앞 시위에서 40~50명이 연행되었다. 이어 관수교(청계천3가) 남쪽에서 벌어진 시위에서 기마경관대와 학생이 충돌해서 부상자가 많이 생겼고, 40명 정도가 연행되었다. 을지로3가에서 일어난 3차 시위는 부근에 있던 사범학교 담이 무너질 만큼 치열하였다. 동대문 앞 시위 현장에서는 사람들이 일본 기마병의 말발굽에 치이거나 밀려서 쓰러져 큰 혼잡을 이루었고, 70~80명이 부상을 입었다. 창신동

† 6·10만세운동 때 시위 군중을 경계하고 있는 일본 기마병

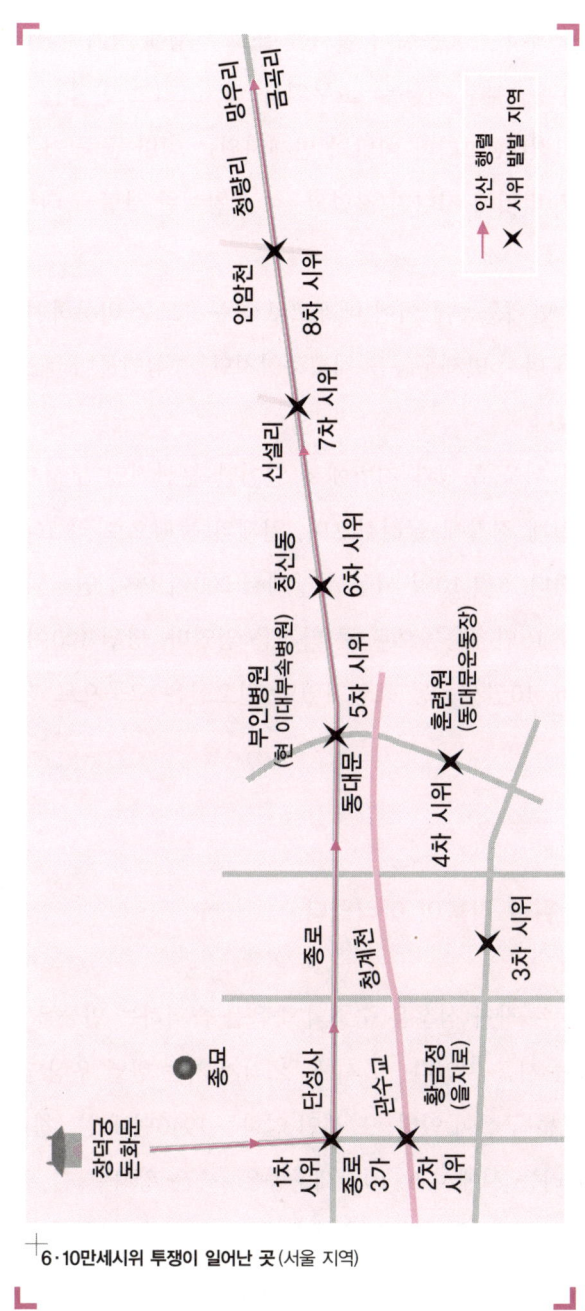

6·10만세시위 투쟁이 일어난 곳 (서울 지역)

채석장 입구에서는 홍종현이 혈서를 쓰고 투쟁에 참가하였다. 이어 신선리(지금의 동대문구 신설동) 고무회사 앞, 그리고 안암천 부근에서도 투쟁이 벌어졌다. 그러나 이날의 만세시위는 일반 군중 가운데에서 호응한 사람은 몇몇에 지나지 않았고, 적극 참여한 사람은 대부분 학생들이었다.

6월 10일 만세운동에 이어 배재고보생 문창모를 비롯하여 기독교 계통 학생들이 다시 만세운동을 계획하였지만, 중심인물이 체포되면서 실패로 돌아갔다.

6월 10일 서울 투쟁과 지방에서 일어난 분산적인 투쟁으로 수많은 사람들이 일제 경찰에 끌려갔으며, 일제의 폭행으로 약 160명의 중경상자가 생겼다. 6월 10일 서울 투쟁에서 200여 명이 연행되었다. 조선공산당은 6·10만세운동으로 큰 타격을 입었다. 당원 100여 명이 검거되었으며, 6·10만세운동 책임자였던 권오설은 고문으로 감옥에서 사망하였다.

죽은 왕을 위한 싸움이 아니었다

《상록수》를 쓴 작가 심훈은 순종의 죽음을 슬퍼하는 민중을 보고 〈통곡 속에서〉라는 시를 지었다. 그 시에 "쓰러져 가는 한낱 우상 앞에 무릎을 꿇지 말라."는 구절이 있다. 또 시인 임화는 1946년에 쓴 〈청년의 6월 10일로 가자〉라는 시에서 6·10만세운동은 "죽은 왕자王者를 위해서가 아니라, 산 동포의 자유를 위하여 싸움의 뜨거운 씨를 뿌린" 것이라고 썼다. 그랬다. 6·10만세운동 지도부가 순종 장례날을 만세시위날로 잡은 것은 대중이 많이 모이고 민족 감정을 북돋우는 계기가 되었기 때문이지, 결코 죽은 왕을 위해 싸우려는 뜻은 아니었다.

조선공산당 임시상해부는 순종의 장례를 '사회주의 운동의 절호의 기회'로 삼으려 하였다. 순종의 죽음을 계기로 민족 감정에 휩싸인 민중을 올바로 이끌고, 자신들의 투쟁력을 보여 주어 민중 속에서 신망을 얻겠다는 뜻이었다. 일제에 맞서 싸우려는 민족주의 진영이 있다면, 그들과 손을 잡고 '혁명적 민족운동자 단체'를 만들어 함께 투쟁해야 한다는 생각도 밑바탕에 깔려 있었다. 대한독립당 명의로 발표된 '격고문'에는 이러한 정세 인식과 6·10만세운동의 목표가 잘 드러난다.

> 현재 세계는 식민지 민중 대 제국주의 군벌의 투쟁과 무산자 계급 대 자본가 계급의 투쟁으로 전개되고 있다. 제국주의 군벌에 대한 식민지 민중의 투쟁은 민족적·정치적 해방을 목적으로 하는 것이고, 자본가 계급에 대한 무산자 투쟁은 계급적·경제적 해방을 목적으로 한 것이다. 그러므로 식민지에서는 민족 해방이 곧 계급 해방이고 정치적 해방이 곧 경제적 해방임을 알아야 한다. 식민지 민족이 총체적으로 무산자 계급이며 제국주의가 곧 자본주의이기 때문이다. 그러므로 현재 우리는 당면한 적인 침략국 일본으로부터 정치적·경제적인 모든 권리를 탈환하지 않으면 죽음의 땅을 탈출할 수 없다.
>
> 형제여 자매여, 빨리 전진하자!
> 끝까지 싸워 완전 독립을 쟁취하자!
> 혁명적 민족운동자 단체 만세!
>
> '격고문' 요지

또 '대한독립운동자여 단결하라'는 제목의 엽서형 전단에서는 다음과 같은 슬로건을 제시하였다.

- 대한독립운동자여 단결하라
① 일체의 납세를 거부하자.
② 일본 물화物化를 배척하자.
③ 조선인 관리는 일체 퇴직하라.
④ 일본인 공장의 직공은 총파업하라.
⑤ 일본인 지주에게 소작료를 바치지 말자.
⑥ 일본인 교원에게 배우지 말자.
⑦ 일본인 상인과 관계를 단절하자.
⑧ 언론, 집회, 출판의 자유를.
⑨ 수감된 혁명가를 석방하라.
⑩ 군대와 헌병을 철수하라.

- 조선인 교육은 조선인 본위로
① 보통교육을 의무교육으로
② 보통학교 용어를 조선어로
③ 보통학교 학교장을 조선인으로
④ 중등 이상 학생 집회를 자유로
⑤ 대학은 조선인을 중심으로

- 산업을 조선인 중심으로
① 동양척식회사를 철폐하라.

② 일본 이민제를 철폐하라.
③ 군농회郡農會를 철폐하라.

앞에 적은 격고문과 전단을 보면, 열강에 독립을 호소한 3·1독립선언문과 뚜렷하게 차이가 남을 쉽게 알 수 있다. 6·10만세운동의 주체 세력들은 제국주의와 식민주의의 본질을 훨씬 더 분명하게 꿰뚫고 있었으며, 단순한 독립이 아닌 계급 해방까지도 염두에 두고 있었다. 6·10만세운동에 사회주의 영향이 크게 미쳤기 때문이다. 6·10만세운동 지도부는 식민지에서 민족 문제를 어떻게 해결해야 할지를 깊이 고민하였으며, 민족해방운동에서 각 계급이 해야 할 역할을 분명하게 파악하고 있었다. 또 전단은 식민지 민중의 절실한 요구를 잘 보여 준다. 이러한 투쟁 슬로건은 제1차 조선공산당의 슬로건과도 비슷하다. 다만 6·10만세운동 지도부는 "혁명적 민족운동자는 한 덩어리로 뭉치자."고 주장하면서 민족주의자들과 통일전선을 이루려는 뜻을 좀 더 분명하게 드러냈다.

3·1운동과는 다른 '제2의 만세운동'

순종의 장례를 계기로 일으킨 6·10만세운동은 고종의 장례를 계기로 일어난 3·1운동의 경험을 밑바탕 삼았다. 그런 점에서 6·10만세운동은 3·1운동을 계승한 제2의 만세운동으로 부르기도 한다. 그러나 6·10만세운동은 3·1운동 뒤에 발전하기 시작한 민족해방운동의 새로운 내용을 담고 있으며, 이론·사상·조직에서 3·1운동과 뚜렷한 차이가

+ **청계천 관수교** 6·10만세운동 때 관수교 남쪽에서 기마경관대와 학생이 충돌했다. (서울특별시 종로구 장사동)

있다.

"사회주의 운동이냐, 그렇지 않으면 민족주의 운동이냐." 하는 표어가 운동 진영을 정돈하는 중심 기호였던 1920년대 초에 사회주의자들은 '계급적 편향'도 보였지만, 민족주의자와도 손을 잡으려 하였다. 사회주의 진영은 "타협적 민족운동은 배척하지만, 혁명적 민족운동은 찬성한다."고 선언하기도 하였다. 조선공산당이 결성된 1925년 즈음 사회주의자들은 통일전선운동에 새바람을 일으켰으며, 6·10만세운동에 이르러 천도교 구파와 연대함으로써 실제로 통일전선을 이룩하였다.

그러나 한계도 뚜렷하게 드러냈다. 6·10만세운동 지도부는 3·1운동 때처럼 모든 민중이 참여하는 만세시위를 일으키려고 운동을 계획하고 조직했지만, 사전에 발각되고 말았다. 이는 일제에 굳세게 맞설 수 있는 투쟁지도부를 세워 대중운동을 이끄는 데까지는 지도부의 역량이 발전하지 못했음을 뜻한다. 또 6·10만세운동 지도부는 조선공산당 계열이 아닌 다른 사회주의 진영과 연대하지 못하였다. 노동계급을 비롯한 폭넓은 민중을 두루 모으지 못하고, 주로 학생층에만 의존하는 모습도 보였다.

그럼에도 3·1운동 이후 일제가 빈틈없이 경계하고 엄청난 탄압을 퍼붓는 가운데서도 만세시위운동을 일으켰다는 사실을 놓쳐서는 안 된다. 민족주의 진영이 개량의 길로 들어서고 민중이 3·1운동에서 겪은 피해의식을 다 떨치지 못한 상황에서 투쟁지도부가 6·10만세운동을 조직한 것은 높게 평가해야 한다. 6·10만세운동은 학생운동을 고양시키는 데에도 이바지하였다. 6·10만세운동 뒤에 동맹휴학이 온 나라로 번지면서 학생운동이 발전하였다. 1929년에 일어난 광주학생운동이 전국적 시위로 나아갈 수 있었던 것은 6·10만세운동의 경험이 밑바탕이 되었기 때문이다. 그 무엇보다도, 6·10만세운동 지도부였던 사회주의 진영이 이론이 아닌 실천 속에서 민족주의자와 연대를 이루어 통일전선운동을 벌였다는 것은 큰 의의가 있다. 나아가 6·10만세운동은 1927년 신간회를 설립하는 계기를 마련하는 데 중요한 경험이 되었다.

역사의 현장
- 광주제일고등학교(광주광역시 북구 누문동)
- 전남여자고등학교(동구 장동)
- 광주학생운동기념탑(북구 오치동 광주자연과학고등학교)
- 옛 나주역
- 광주학생독립운동기념비와 기념관(서구 화정동)

1953년 6·25전쟁이 끝난 뒤 이승만 정부는 11월 3일을 '학생의 날'로 제정하였다. 11월 3일이 '학생의 날'이 된 것은 1929년 이날 광주학생운동이 시작되었기 때문이다. 이승만 정권마저도 3대 민족해방운동 가운데 하나였던 '광주학생운동'을 기념하지 않을 수 없었다. 그러나 박정희 정권 때에는 '학생의 날' 행사가 학생들의 저항정신을 자극한다는 이유로 폐지되기도 하였다. 지금도 '학생의 날'의 참뜻을 제대로 살리지 못한 채, 광주학생운동은 기억 저편에 묻혀 있다.

학생운동의 고향, 1929년 광주

광주만이 아닌, 광주학생운동

광주학생운동이란 1929년 10월부터 이듬해인 1930년 3월까지 광주에서 시작해서 전국으로 퍼져 나간 학생들의 민족해방운동을 말한다. 이때 학생들은 동맹휴교에서 한 걸음 더 나아가 가두시위를 벌이는 새로운 모습을 보여 주었다. 이들이 내건 구호도 이전의 학생운동과는 차원을 달리하였다.

  1929년 10월 30일, 광주에서 나주로 가는 통학열차 안에서 광주고보 학생과 일본인 학교였던 광주중학 학생 사이에 작은 충돌이 일어났다. 이 작은 충돌이 광주학생운동의 불씨가 되었다. 11월 3일 광주에서 시위가 일어나면서 '광주학생운동'의 커다란 불길이 타올랐다. 언제 어디서든 일어날 수 있었고, 또 실제 일어나고 있었던 한·일 학생 사이의 사소한 다툼이 대규모 학생시위로 번질 수 있었던 것은 '성진회' 출신의 청년운동 세력과 '독서회 중앙본부' 같은 학생비밀결사가 큰 역할을 했기 때문이다. 이들은 "일본 학생에 대한 적개심을 독립투쟁으로 바꾸고, 투쟁 방향을 일제로 돌려야 한다."고 생각하였다.

이러한 방침에 따라 11월 3일 광주고보, 광주농업학교, 광주사범학교, 광주여고보 학생들은 "조선 독립 만세", "식민지 노예교육 반대"를 외치며 연합 가두시위투쟁을 하였다. 11월 3일 일어난 학생시위에 놀란 일제는 10일까지 휴교령을 내렸다. 그러나 휴교령이 끝나고 다시 학교에 나온 학생들은 12일 2차 시위투쟁을 벌였다. '학생투쟁지도부'는 11일 밤에 미리 격문을 뿌리고, 독서회 조직을 연락망으로 삼아 학생들을 동원하였다. 광주학생운동은 곧바로 목포와 나주로 번져 갔다. 이곳에서도 학생비밀결사조직에 가입한 학생들을 중심으로 치밀한 계획을 세워 시위를 하였다.

12월에 들어서면서 광주학생운동은 광주와 전남을 넘어 다른 곳으로 번지기 시작하였다. 서울에서 시위가 잇따랐다. 12월 2일 서울에 격문이 뿌려졌고, 웬만한 고등보통학교는 모두 궐기하여 9일부터 격렬한 시위를 벌였다. 이에 일제 당국은 13일부터 휴교조치를 내렸다. 서울의 학생투쟁은 비합법 영역에서 학생운동을 지도하고 있던 세력이 적극 계획하고 실행에 옮긴 일이 많았다. 또 학교 사이에 일정한 연계가 있어서 여러 학교에서 한꺼번에 시위투쟁을 벌이기도 하였다.

서울에서 일어난 잇따른 투쟁은 시위가 전국으로 확산되는 계기가 되었다. 나라 곳곳에서 학생들이 가두시위를 하거나 동맹휴학을 하는 등 광주학생운동에 동참하였다. 그 가운데서도 함경도 지역의 학생투쟁이 활발하였다. 일부 지역에서는 학생투쟁에 지역 활동가들이나 청년동맹,

신간회, 근우회 등 지역 운동단체가 개입하여 지역 민중운동과 학생운동이 결합하는 모습을 띠기도 하였다.

　서울 시내 여러 학교가 휴교에 들어가고 겨울방학이 앞당겨지면서 학생들의 시위운동은 한때 수그러졌다. 그러나 1930년 1월 개학하면서 시위운동은 활기를 되찾았다. 이때 서울에서 일어난 시위는 규모가 더욱 커졌으며 여학생들이 많이 참가하였다. 또 사회주의를 뜻하는 붉은 기가 나타나는 등 계급적인 성격을 드러내기도 하였다. 지방에서도 3월까지 전국 곳곳에서 시위가 일어났다. 읍·면 단위 학교로까지 시위운동이 번지면서 시험 거부, 동맹휴학, 격문 살포, 교내시위, 가두시위 등 여러 형태의 투쟁이 일어났다. 격문과 구호도 더욱 강하게 일제의 정책을 비판하고 있었다. "일본 제국주의 타도"와 같은 정치 구호도 많았다. 비밀결사에 가입한 학생들 가운데 사회주의의 영향을 받은 이들이 활발하게 움직였기 때문이다.

╋ 광주제일고등학교에 있는 광주학생운동기념탑 (광주광역시 북구 누문동)

광주학생운동은 나라 밖으로까지 퍼져 나갔다. 재일 동포가 떨쳐 일어나고, 뒤이어 만주와 중국 본토에서도 궐기하였다. 149개 학교에서 5만 4000명 남짓한 학생이 광주학생운동에 참여하였다. 이때 조선인 학생 수가 58만 명이었으니, 열에 하나는 식민교육정책과 사회 모순에 맞서 직접 투쟁을 한 셈이다.

학생들은 "조선 독립 만세" 구호를 많이 외쳤고, 때때로 폭력시위도 벌였다. 격문이나 전단을 학교만이 아니라 회사 같은 곳에 뿌리기도 하고, 벽보를 붙이기도 하였다. 학생운동 세력들은 사회운동단체와 더욱 긴밀하게 연대하면서 민족해방운동 대열에 힘차게 발을 내디뎠다. 학생들은 자신들의 문제를 사회 구조 차원에서 인식하였으며, 그에 따라 학생운동은 전체 사회운동 가운데 하나로 틀을 잡아 가고 있었다.

변화하는 학생운동과 비밀결사 성진회

3·1운동 뒤 새로운 발전 단계를 맞이하고 있던 민족해방운동은 학생들에게도 많은 영향을 미쳤다. 거기에다 일제의 가혹한 착취와 민족 차별과 노예교육을 직접 겪어야 했던 학생들은 식민지배에 강한 저항의식을 가지고 있었다. 1920년대의 학생들은 동맹휴교를 통해 식민지 교육정책에 맞서 싸웠다. 동맹휴교는 주로 학내 문제와 일본인 교원 배척 등을 내걸고 일어났다. 교육환경을 개선하려는 이러한 투쟁의 밑바탕에는 반일의식도 깔려 있었다.

학생들의 동맹휴교는 1926년 6·10만세운동을 거치면서 다른 모습을 보였다. 6·10만세운동을 앞장서서 이끈 학생들은 사회운동 세력과 깊은 관계를 맺으면서 변화하기 시작하였다. 많은 학교에 비밀결사가 생겨났다. 학생 비밀결사는 사회단체와 관계를 맺으면서 동맹휴학투쟁을 벌이는 데 큰 역할을 하였다. 1920년대 전반에는 충동적으로 동맹휴교를 하는 일이 많았지만, 1920년대 후반이 되면 동맹휴교를 지도할 조직을 만들어 짜임새 있게 운동을 하는 일이 많았다. 보기를 들면 1927년 보성고보 동맹휴학에서는 '동맹휴교 총본부'가 있었고, 그해 동래고보 동맹휴학에서는 '중앙조직'이 투쟁을 이끌었다.

1920년대 후반이 되면 학생 의식도 크게 성장하였다. 단순한 학내 문제가 아닌 식민지 교육 모순을 직접 겨냥하기 시작한 것이다. 이즈음에 "일본 식민지 교육 반대", "조선인 본위의 교육" 등을 내걸고 동맹휴학을 하는 일이 많았다. 이러한 학생운동의 발전을 밑바탕으로 해서 터진 것이 광주학생운동이다.

한·일 학생 사이에 일어난 작은 충돌이 광주학생운동으로 불길이 번진 데에는 '성진회'라는 광주 지역 비밀결사가 큰 역할을 하였다. 성진

+ 성진회 조직 기념사진

회는 1926년 11월 3일에 창립한 비밀결사조직이었다. 왕재일, 박인생, 장재성 등을 중심으로 성진회는 "일본으로부터 조선 민족의 해방을 꾀한다", "일본 제국주의의 식민지 교육정책을 반대한다", "언론, 출판, 집회의 자유를 쟁취한다"는 강령을 만들었다. 이들은 달마다 두 번씩 날짜를 정하여 모임을 가지고, 사회과학 책을 돌려 읽고 토론하였다. 그러다가 모임의 보안을 위해 1927년 2월에 위장해체를 선언하였다. 성진회는 비밀리에 활동을 계속하면서 광주고보, 광주사범학교, 광주농업학교, 광주여고보에 조직을 만들었다. 이러한 성과를 바탕으로 1928년 6월 광주고보 동맹휴교에 개입하여 '동맹휴학중앙본부'를 결성하였다. 뒤이어 '독서회중앙부'를 결성하고, 각 학교에 독서회를 만들었다. 독서회중앙부는 철저하게 비밀을 지키면서 의식이 앞선 학생들을 조직하였다. 이런 과정을 거치면서 성진회는 차츰 광주학생운동을 지도하는 조직으로 성장해 나갔다.

"센징노 쿠세니(조선놈 주제에)"

1929년 10월 30일, 광주고보의 조선인 학생과 광주중학교 일본인 학생 사이에 뜻하지 않은 충돌이 일어났다. 통학열차가 나주역에 다다랐을 때, 광주중학교의 일본인 학생이 광주여고보에 다니던 박기옥의 댕기를 잡고 놀렸다. 이에 항의하는 박준채 등에게 일본 학생들은 "센징노 쿠세니(조선놈 주제에)"라는 모욕을 주었다. 급기야 조선인 학생과 일본인 학생 사이에 패싸움이 벌어졌다. 그러나 일본인 순사는 조선 학생만을 다그치고 일본 학생을 감쌌다. 이 사건이 발단이 되어 11월 3일에 광주

학생운동이 일어났다.

　1929년 11월 3일은 일제의 4대 국경일 가운데 하나라는 명치절이자, 음력으로는 10월 3일로 조선의 개천절이었다. 또 이날은 공교롭게도 성진회 창립 3주년이 되는 날이었다. 이날 오전 명치절 행사를 마친 광주고보 학생들은 항일시위를 벌였다. 편파 보도를 일삼은 광주일보사를 습격하고, 오전 11시에 광주중학교 학생들과 시내 곳곳에서 충돌하였다. 이날 오전의 시위는 지난 10월 30일의 사건에 흥분해 있던 광주고보 학생들이 전체 학생이 모인 행사에서 주도한, 치밀한 계획 없이 벌인 시위였다.

학생들의 충돌 소식을 전하는 〈조선일보〉 기사

　이 소식을 전해 들은 장재성 등 독서회중앙부 사람들과 전남 지역 청년운동 지도부는 모여 운동 방침을 정하였다. 이들은 "우리의 투쟁 대상은 일제이기 때문에 투쟁 방향을 일제로 돌릴 것, 광주중학생에 대한 적개심과 투쟁을 독립투쟁으로 바꿀 것, 광주고보생을 광주고보로 모이게 하여 식민지정책 반대시

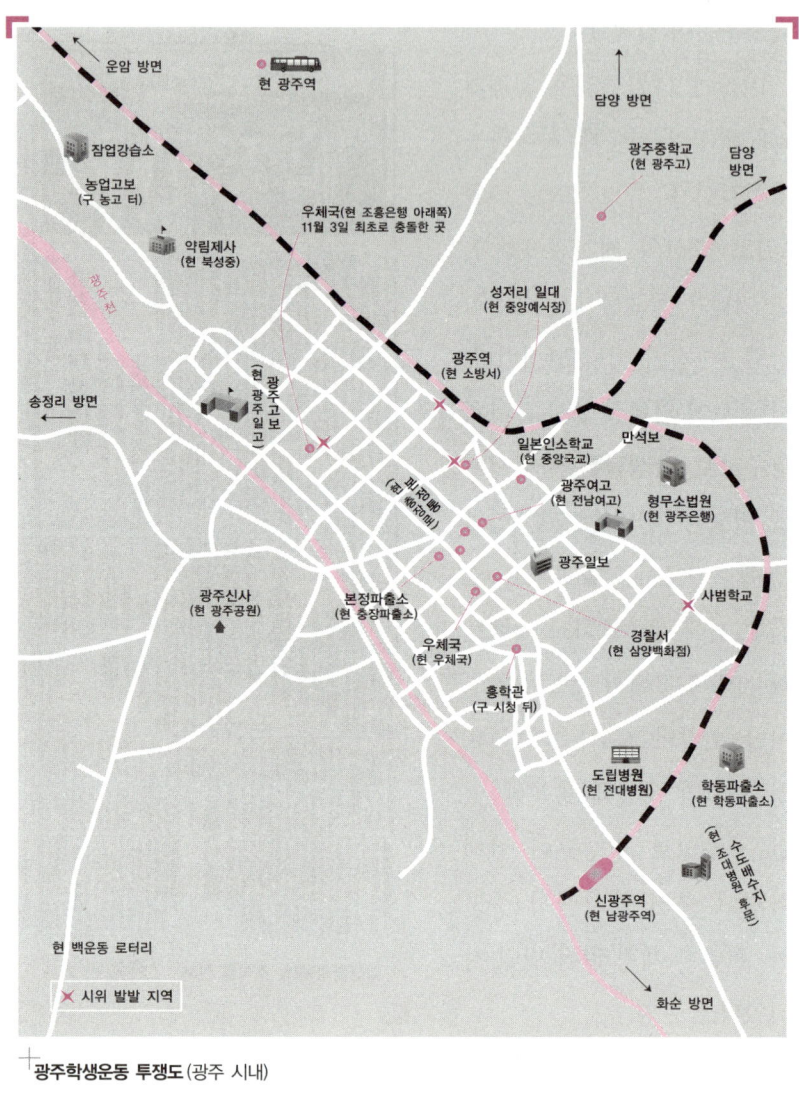

광주학생운동 투쟁도 (광주 시내)

위로 돌릴 것" 등을 결정하였다. 오후가 되면서 학생들이 광주고보 강당에 모였다. 시위를 벌이던 재주 좋은 한 학생이 행진가를 지었고, 다른 학생들은 그 노래를 익혀 따라 불렀다.

> 신천지에 뻗어 가는 우리 동포야
> 길이길이 기다리던 오늘 왔구나
> 무등산서 길러 낸 힘 힘껏 써 보세.

이제 학생들의 시위는 일본인 학생을 상대로 한 것이 아닌 반일운동으로 발전하였다. 11월 3일, 1차 시위를 계획대로 끝맺은 뒤에 장재성 등은 '학생투쟁지도본부'를 결성했고 여러 사람이 역할을 나누어 맡았다. 학생투쟁지도본부는 학생뿐만 아니라 광주 지역 노동자와 전남 지역 청년조직과도 연결하였다. 11월 7일부터는 서울에서 내려온 운동가들과 협의하여 운동을 전국으로 퍼뜨리는 방법을 논의하고 저마다 할 일을 나누었다. 이때부터 앞장서서 일을 꾸려 나간 사람은 장석천(광주와 전국 학생의 행동 지도), 장재성(광주 학생의 행동 지도), 국채진(전남 각 지방 학생의 행동 지도), 박오봉(노동자와 노동단체의 지도), 임종근(전남 각 공립보통학교 교사와의 연락), 강석원(다른 지역 단체와의 연락), 나승규(운동 자금 조달) 등이었다.

학생투쟁지도본부는 11월 11일 밤에 2000매 남짓한 격문을 곳곳에 뿌리며 2차 가두투쟁의 불씨를 지폈다. 이때 모두 네 가지 격문이 만들어진 것으로 알려져 있다. 학생들을 대상으로 한 격문의 내용은 다음과 같다.

> 1. 검거된 학생들을 즉시 우리 손으로 탈환하자.
> 2. 경찰의 교내 침입을 절대 반대한다.

3. 교우회 자치권을 획득하자.
4. 언론, 출판, 집회, 결사, 시위의 자유를 획득하자.
5. 직원회에 학생 대표를 참가시키자.
6. 한국인 본위의 교육제도를 확립하라.
7. 식민지적 노예교육제도를 철폐하라.
8. 사회과학 연구의 자유를 획득하자.
9. 전국 학생대표자 회의를 개최하라.

또 일반 민중을 상대로 한 격문에는 "조선 민중아 궐기하라", "일본 제국주의를 타도하자", "피억압민족 해방 만세" 등의 내용을 적었다. 학생투쟁지도본부는 학생들이 학교생활에서 느끼는 불만을 밑거름 삼아 학생운동을 일제에 반대하는 반제국주의 투쟁으로 발전시켜야 한다는 생각을 가지고 있었다.

드디어 11월 12일, 광주고보, 광주농업학교, 광주여자고보, 광주사범학교 학생들이 참가하는 제2차 가두투쟁이 일어났다. 그때의 상황을 《동아일보》는 다음과 같이 전하고 있다.

> 아침 조회를 하려고 운동장에 총집합할 때, 돌연히 400여 명의 고보생이 학교 창고 속에 있는 괭이와 장작 등을 하나씩 가지고 5열로 열을 지어 가지고 "용감히 싸우라 학생 대중아"라는 격문 등 세 종류의 격문을 살포하며 시중으로 나왔다. 형세가 험악하여 경찰의 저지는 아무런 효과가 없었고, 혁명가를 고창하며 행렬을 한 후 시위를 마친 학생들이 다시 학교로 돌아가자, 준비하고 있던 경찰대가 그들을 포위하고 조선 학생 280여 명을 일시에 검거하여 무덕진에 수용하였다. 동 행렬에 농업학교 학생과 사범학교

학생도 일시에 가담하였고, 여자고보생도 일시에 나가다가 경찰과 학교 당국자에게 감금을 당하여 방성통곡을 하며 혁명가와 '강강술래'를 병창하였다.

《동아일보》, 1929년 12월 28일자 호외

광주여고보 기숙사생들은 학교에서 '독립가'를 합창하며 만세를 외치고, 사감실에 돌을 던져 유리창을 깨는 등 격렬하게 항쟁하였다.

광주의 불씨, 전국으로 번지다

11월 3일 광주에서 시작한 반일 학생시위는 목포, 나주로 퍼졌다. 광주 학생시위에 가장 먼저 호응한 것은 목포상업학교였다. 목포상업학교에는 광주고보 등과 마찬가지로 독서회가 결성되어 있었으며, 광주 지역 학생과도 유대가 깊었다. 목포상업학교 지도부는 "무산계급 해방 만세" 등 격렬한 정치 구호를 내걸고 11월 19일과 22일에 시위를 벌였다. 나주에서는 나주농업보습학교 학생이 중심이 되어 11월 27일에 시가를 행진하는 시위운동을 하였다.

이어 12월에는 서울을 비롯하여 전국으로 투쟁이 번지기 시작하였다. 서울 지역 1차 학생시위는 12월 4일 경성 제2고보를 시작으로 13일까지 계속되었다. 처음에는 학교마다 따로 시위운동을 했지만, 9일부터 여러 학교가 함께하는 '연합 시위투쟁'을 하였다. 연합 시위투쟁에는 조선공산청년회와 학생전위동맹의 지도를 받아 각 학교에 조직된 '투쟁지도부'가 큰 역할을 하였다. 시위와 동맹휴학 투쟁에는 연인원 1만 2000여 명의 학생이 참가하였다. 이 시위에서는 광주학생의 투쟁에 호응하고 그들을 지지한다는 내용과 함께 "타도 일본 제국주의", "식민지 노예교육 철폐", "언론, 출판, 집회, 결사의 자유 획득" 등의 내용을 담은 격문이 뿌려졌다. 학생들의 연합시위에 놀란 일제는 휴교조치를 내리고 서둘러 겨울방학에 들어갔다.

일단 소강상태로 들어간 학생시위는 1930년 1월 6일 개학과 함께 다시 활기를 띠기 시작하였다. 서울의 2차 시위는 1월 15일부터 20일까지 일어났다. 이때는 1차 시위 때와 달리 여학생들이 많이 참가하였다. 1차 시위투쟁을 이끈 남학생들은 일제에 검거되었지만, 여학생 지도부는 아직 남아 있었기 때문이다. 서울의 2차 시위에서는 동맹휴학과 가두시위를 함께 벌인 일이 많았다. 학생들이 잇따라 시위를 일으키자 곧바로 무기 휴교조치가 내려졌다. 아직 휴교하지 않은 학교에서는 학생들이 수업을 거부했고, 시험 때 빈 답안지를 내어 항쟁하는 '백지동맹'도 일으켰다. 21일에는 서울 중등학교 교직원 모임인 친화회 회원 30여 명이 진명여학교에 모여 구속된 학생들의 석방을 주장하며 여학생들의 시위를 지원하기도 하였다. 서울의 2차 시위는 1차 때보다 규모가 더욱 커졌다. 15일에 일어난 시위만 하더라도 5000명 남짓한 학생이 서울 거리를 메우며 시위를 벌였다. 이날의 시위에서는 사회주의를 뜻하는 붉은 깃발이 나타나기도 하고, 격문과 구호도 1차 때에 견주어 계급 성향이 뚜렷해졌다. 이화여고보에서는 "무산계급 해방 만세", "피압박민족 해방 만세", "제국주의 타도 만세", 중동학교에서는 "야만적 제국주의를 타도하자" 등을 쓴 붉은 깃발을 앞세우고 시위를 벌였다.

서울에서 일어난 두 번에 걸친 학생시위투쟁은 광주학생운동이 전국으로 번지는 계기가 되었다. 학생투쟁은 대도시에서 중소도시로 퍼져

광주학생운동이 일어난 국내 주요 지역 광주학생운동은 전국으로 번져 나갔다.

나갔을 뿐만 아니라 보통학교 학생들도 참여하였다. 보통학교 학생들의 시위에서도 "민족독립", "민족해방"이라는 구호가 자주 나왔다. 곳에 따라서는 학생이 아닌 일반 민중도 참여하였다. 학생들은 시위, 동맹휴학, 격문 살포, 백지동맹 등 여러 방법으로 투쟁을 하였다. 학생들이 내건 구호는 학내 문제나 식민지 노예교육 문제에 그치지 않고 일본 제국주의를 타도하자는 단계로까지 발전하고 있었다. 서울에서는 1월에 시위가 거의 마무리되었지만, 지방에서는 3월까지 이어졌다. 3·1운동 11주년인 1930년 3월 1일을 앞뒤로 해서는 3·1운동 기념시위라는 새로운 모습을 보이기도 한다.

광주학생운동은 나라 밖으로까지 전파되었다. 재일 동포가 궐기한 데 이어 만주 곳곳과 중국에서도 떨쳐 일어났다. 한인 사회가 일찍부터 발달해서 한인학교가 많았던 북간도에서는 학생들이 20회 남짓 시위를 일으켰다. 상해에서는 각 단체 연합회를 결성하여 1930년 1월 11일에 군중대회를 열기도 하였다. 그 밖에 러시아 연해주와 미주 지역에서도 광주학생운동의 진상을 글로 알리거나 일제의 탄압을 비판하는 대회를 여는 등 큰 관심을 보였다.

1930년대를 연 광주학생운동

1929년 11월, 광주 학생들은 사회운동 세력과 결합해 교육 현장에서 느끼는 민족 차별에 대한 저항의식을 반일투쟁 차원으로 발전시켰다. 전국 곳곳의 학생들이 이에 호응함으로써 광주학생운동은 전국 범위의 운동이 되었다. 전국 194개 학교에서 5만 4000명이 참여하였는데, 퇴학

징계를 받은 학생이 582명, 무기정학을 당한 학생이 2330명이었고, 경찰에 검거된 사람은 1642명이나 되었다. 광주학생운동은 3·1운동, 6·10만세운동과 함께 3대 민족해방운동 가운데 하나로 꼽힌다.

학생들은 교육 문제를 해결하는 데서 한 걸음 더 나아가 일제의 식민지 지배정책에 반대하고 민족을 해방시키려는 싸움을 벌였다. 광주학생운동은 그저 학생운동에 그친 것이 아니었다. 사회주의 진영이 광주학생운동에 적극 개입하였고, 학생운동 지도 세력은 각계각층의 민중을 반일전선으로 모으려 하였다. 광주학생운동이 온 나라로 퍼질 수 있었던 것은 학생비밀결사, 학생운동단체, 청년운동단체가 큰 역할을 했기 때문이다. 다만 전국에서 항일의 불길이 타오르기는 했지만, 통일된 투쟁을 벌이지는 못하였다. 학교와 학교, 지역과 지역을 연결하여 공동투쟁을 벌일 만큼 학생 조직이 발달하지 못했기 때문이다.

광주학생운동이 일어났던 1920년대 말에서 1930년대 초는 원산 총파업을 비롯해 노동자, 농민의 투쟁이 크게 터져 나오던 때였다. 광주학생운동은 그러한 대중투쟁에 힘을 불어넣는 역할을 하였다. 뿐만 아니라 학내 문제나 교육 문제를 정치운동과 결합하여 추진함으로써 민족해방운동에 큰 영향을 미쳤다.

광주학생운동은 1930년대 초 농촌에서 활발하게 일어난 혁명적 노동조합운동이나 혁명적 농민조합운동과 깊은 관계가 있다. 광주학생운동 때 투쟁에 나선 학생들 중 혁명적 노동조합과 혁명적 농민조합운동에 뛰어든 사람이 많았다. 광주학생운동에서 단련된 학생 활동가들은 뒷날 생산 현장과 직접 결합해 새로운 민족해방운동의 텃밭을 일구었다.

5 격동의 현장

+ 학살과 항쟁의 섬 제주 – 4·3항쟁
  4월혁명과 마산
  죽음을 넘어 어둠을 넘어 우뚝 선 '해방광주'
  6월항쟁의 구심, 명동성당

역사의 현장
관덕정(제주도 제주시 삼도1동)
다랑쉬굴(제주시 구좌읍 세화리)
이덕구 산전(제주시 조천읍 교래리)
백조일손지묘(서귀포시 대정읍 상모리)

제주도는 한국 현대사에서 오랫동안 금기의 땅이었다. 얼마나 많은 사람이 어떻게, 왜 죽었는지를 말하는 사람은 곧 빨갱이였고, 4·3을 기억하는 것조차 죄가 되었다. 그러나 제주도의 역사는 지워 버리고 입을 틀어막는다 해서 사라질 수 있는 것이 아니다.

수많은 사람이 경찰과 군, 서북청년단에게 목숨을 잃었고 살아남은 사람도 50년 남짓 침묵해야 했지만, 차츰 그 학살과 항쟁의 역사가 오롯이 살아 우리 속으로 돌아오고 있다. 제주도의 살육과 항쟁의 역사를 찾아보기로 한다.

학살과 항쟁의 섬 제주 – 4·3항쟁

분단의 길목에서 타오르는 봉화

일제가 망하자 민족해방운동에 몸담았던 세력들은 건국준비위원회와 인민위원회를 구성하는 등 해방된 국가를 세우기 위해 나섰다. 제주도에서도 1945년 9월 10일에 건국준비위원회를 결성하고 9월 22일에 인민위원회로 개편하였다. 도인민위원회 간부들은 대부분 민족해방운동에 앞장섰던 항일독립운동가들이었다. 인민위원회는 제주도에서 사실상 정부 역할을 하였다.

그해 11월 10일 제주도에 들어온 미군이 일제시대의 도청 건물에 군정청을 설치하고 무너진 일제의 통치기구를 되살리기 시작하였다. 미군정은 일제시대의 관료와 경찰을 다시 그 자리에 앉혀 민중을 실망시켰다. 그럼에도 미군정 첫해 동안에 인민위원회는 섬에 주둔하고 있던 미군과 그다지 큰 갈등을 일으키지 않았다. 미군정은 제주도를 관할하는 데 인민위원회를 이용하였고, 인민위원회는 치안과 자치교육 활동 등 비교적 온건한 활동을 하면서 주민들 사이에 뿌리를 내리고 있었다.

1946년 8월 제주도를 행정구역상 전라남도에서 분리하여 도제道制를 실시하면서 미군정이 우익 강화정책을 펼치기 시작하였다. 미군정은 경찰기구를 확대하고 경비대를 창설하는 등 물리력을 강화하였다. 그렇지만 인민위원회 산하 단체는 이때까지도 일정한 영향력을 가지고 있었다. 육지의 인민위원회는 미군정의 탄압으로 1946년에 거의 무너졌지만, 1945~1946년의 제주도는 여전히 인민위원회가 통제하고 있었다.

1946년 9월의 총파업과 10월의 대구인민항쟁 등 격렬한 항쟁이 벌어지고 있었던 육지와는 사뭇 다르게 제주도는 자율적인 공동체 질서를 유지하고 있었다. 그런데 1947년 3·1절 기념행사 때 제주를 들끓게 만드는 사건이 일어났다. 이날 기념집회에는 제주 역사상 가장 많은 사람이 참여하였다. '3·1절 28주년 기념 제주도 대회'가 열린 제주북국민학교 주변에만 3만 명 남짓한 사람들이 참여하였다. 이렇듯 큰 집회에서 경찰이 시위군중도 아닌 일반 군중에게 총을 쏘아 6명을 죽이고 8명에게 중상을 입히는 사건이 터졌다.

이 사건은 경찰을 곱지 않은 눈으로 바라보던 제주 민중을 자극하였다. 민중의 저항을 두려워한 미군정은 3월 1일에 야간통행금지를 실시하고, '3·1절 기념대회 준비위원회' 간부들을 검거하기 시작하였다. 이에 맞서 제주 민중은 미군정과 경찰의 만행을 폭로하며 희생자 구호금 모금에 들어갔다. 그리고 3월 10일 제주도청을 첫 출발지로 하여 '민관 총파업'을 벌였다. 도청 파업에 이어 모든 관공서와 은행, 회사, 학교, 교통·통신기관 등이 파업에 들어갔고, 장사를 쉬는 상인도 많았다. 제주 출신 경찰관을 중심으로 현직 경찰관들도 파업에 동참하였다.

'3·1발포사건'과 '3·10민관 총파업'을 계기로 인민위원회와 미군정은 날카롭게 맞서기 시작하였다. 응원경찰과 서북청년단이 육지에서 파견되어 오면서 여러 차례 검거 바람이 일었다. 미군정은 드세게 탄압하였다. 1948년 3월에는 경찰이 체포한 사람들이 고문을 받다가 잇따라 죽음에 이르렀다. 민심은 크게 흔들렸다. 미군정의 탄압이 계속되자 섬 밖으로 몸을 피하는 사람들이 생겼고, 일부는 산에 들어가 무장항쟁을 준비하였다.

드디어 1948년 4월 3일 새벽 1시쯤, 한라산 오름마다 봉화가 붉게 타오르면서 무장항쟁이 시작되었다. 이날 새벽, 무장대는 제주도에 있는 24개 지서 가운데 11개 지서를 공격하였으며 경찰과 서북청년단, 대동청년단 등 우익단체 간부들의 집을 습격하였다. 또 "탄압이면 항쟁이

제주도 갈등의 전개 과정

국면	국면 전환의 계기	제주도 상황	육지 상황
제1국면 (1945. 8~1947. 2)		지역좌파의 주도 아래 자율적 지역공동체 질서의 유지	미군정·우파블록과 대민중·좌파블록의 대립 격화
제2국면 (1947. 3~1948. 4. 3)	← 3·1발포사건	제주도 갈등의 본격화	미군정·우파블록의 통제력 강화: 반공경찰 국가화
제3국면 (1948. 4. 3~1948. 10)	← 4·3항쟁 발생	4·3항쟁과 1차 진압	단선단정 갈등
제4국면 (1948. 11~1949. 5)	← 여수 14연대 반란사건	2차 진압과 대량 학살	게릴라 투쟁의 시작

† 정해구, 〈제주 4·3항쟁과 미군정 정책〉, 《제주 4·3 연구》, 역사비평사, 1999, 184쪽 인용.

다", "나라 망치는 단독선거 반대", "조국의 통일독립" 등의 내용을 담은 호소문과 전단을 뿌리기도 하였다.

제주 4·3항쟁은 이렇게 시작되었다. 미군정은 처음에는 이 사건을 제주도 치안이 잠시 어지러워진 것쯤으로 여겼다. 이즈음 5·10총선거를 앞두고 나라 곳곳에서 선거를 강행하려는 세력과 반대하는 세력 사이에 무력충돌이 일어났기 때문이었다. 미군정은 1700명의 응원경찰대를 더 투입하여 해결해 보려 했지만, 항쟁이 걷잡을 수 없이 번져 가자 정규군인 경비대에 출동 명령을 내렸다.

항쟁 도중 무장대와 경비대는 '4·28평화협상'을 통해 서로 평화롭게 사건을 해결하려고도 하였다. 그런데 '오라리 방화사건'이 이러한 노력에 찬물을 끼얹었다. 오라리 방화사건이란 5월 1일, 제주 읍내에서 2km 남짓 떨어진 오라리 연미마을에 정체를 알 수 없는 청년들이 나타나 10여 채의 집을 불태운 일을 가리킨다. 따라서 이 사건의 범인이 바로 협상을 깬 쪽일 터였다.

협상 당사자인 9연대 김익렬 연대장은 현장 조사 결과 경찰의 지원을 받은 서북청년단 등 우익 청년단체들이 저지른 짓으로 판단하고 그 내용을 미군정에 보고하였다. 그러나 미군정은 이런 조사 보고는 묵살하고 "폭도들이 저질렀다."는 경찰 쪽 보고만 받아들였다. 평화적 해결을 바라지 않은 쪽은 미군정과 경찰, 우익단체였다.

미군정의 정책은 군정통치를 총괄하는 행정수반이었던 미군정 장관 딘 소장이 제주도를 방문한 뒤 더욱 분명해진다. 미군정은 협상을 바라던 김익렬 연대장을 해임하고 무장대 무력진압에 나섰다.

무장대가 5·10선거 저지 투쟁을 벌이면서, 제주도에서는 3개 선거구 가운데 북제주군 갑, 을 두 선거구 선거가 무효가 되고 남제주군 선거구만 간신히 선거를 치렀다. 5·10선거는 좌익 진영은 물론 김구, 김규식을 비롯한 일부 우익과 중도 진영에서도 보이콧을 하는 가운데 치러진 그야말로 "피투성이의 선거"였다. 그리고 제주도는 남한에서 5·10선거를 거부한 유일한 곳이었다.

 미군정은 무장대 습격과 민중의 보이콧으로 선거 무효가 된 제주도에 대해 선거가 끝나자마자 토벌정책을 더욱 강화하였다. 미군정은 경비대뿐 아니라 경찰 병력도 크게 늘렸다. 경찰과 서북청년단원들은 곳곳에서 예사로 사람을 죽였으며 강간, 방화, 폭행, 고문 등 사람으로서는 차마 할 수 없는 일을 수없이 저질렀다. 1948년 10월로 접어들면서 토벌대는 초토화 작전을 펼쳤고, 이에 따라 인명 피해가 크게 늘었다. 경비대는 해안을 봉쇄한 뒤 해안선에서 5km 넘게 떨어진 중산간지대를 '적성지역'으로 한다고 포고령을 내렸다. 그런 다음 주민소개령과 함께 마

4·3항쟁 때 학살이 크게 일어났던 곳

을을 불태우고 사람들을 마구 죽였다. 토벌대는 "산을 빗질하듯 쓸어내려 무장대를 몰아가는 작전"을 펴면서 수많은 사람들을 살상하였다.

1950년 한국전쟁이 일어난 뒤에는 보도연맹 가입자와 입산자 가족 등을 수시로 '예비검속' 해서 처형하였으며, 밧줄에 묶은 채로 제주 앞바다에 수장하기도 하였다. 또 육지 형무소에 갇혀 있던 4·3 연루자들을 '즉결처분' 하였다.

1954년 9월 21일, 한라산 '금족지역'을 모두 개방하면서 4·3항쟁이 일어난 지 만 6년 6개월 만에 이러한 유혈사태는 막을 내렸다. 그리고 1957년 4월, 마지막 유격대원 오원권이 구좌면 송당리에서 생포되었다.

제주 역사의 앞마당, 관덕정

관덕정은 1901년 '이재수 난' 때 민군民軍이 제주성에 들어와 원망의 상징이었던 천주교도들을 처형한 곳이다. 그리고 1949년 6월에 무장대 사령관 이덕구의 시신이 전시된 곳이다. 관덕정 광장에서는 정치집회가 많이 열렸다. 1947년 2월 10일에는 제주 시내 중학생 수천 명이 이곳에 모여 "조선을 식민지화하는 양과자를 먹지 말자."는 시위를 하였다. 이어 1947년 3월 1일에는 4·3항쟁의 도화선이 된 3·1절 발포사건이 관덕정에서 일어났다.

1947년에 미군정은 더욱 드세게 남한의 좌익 세력을 탄압하였다. 1947년 2월 들어 미군정은 전평과 민전 간부를 비롯하여 좌익계 인사들을 체포하였다. 또 미소 공동위원회를 다시 열 것을 촉구하는, 전국 곳곳에서 일어난 3·1절 기념시위에 강력하게 대응하였다. 이는 제주도에서도 다르지 않았다.

3·1절 28주년 기념식 때 비상경계에 들어간 군정경찰은 미제 카빈 총으로 무장하고 제주 읍내 곳곳을 지키고 있었다. 이날 오전 11시쯤 대회장인 제주북국민학교와 관덕정 주변에는 탐라 역사에서 가장 큰 인파인 3만 명이 모였다. 이 기념식에서 안세훈은 "3·1혁명 정신을 계승하여 외세를 물리치고 조국의 자주통일 민주국가를 세우자."는 개회사를 하였다. 오후 2시쯤 기념행사가 끝나고 일부는 가두시위를 하였다. 그런데 이때 관덕정 광장에서 한 어린아이가 기마경관의 말에 채였다. 기마경관은 아무런 응급조치도 하지 않은 채 그냥 지나치려고 하였다. 이에 일부 군중이 흥분하였으며, 말한테 돌을 던지는 사람도 있었다. 기마경관은 급히 말을 몰아 경찰서 쪽으로 달려갔다. 그 순간 총소리가 났다. 관덕정 앞에서 경계를 서고 있던 무장경관들이 총을 쏘기 시작하자, 이어서 경찰서 정문 안쪽에 있는 망루 위에서도 총을 쏘았다. 경고성 위협 사격이 아닌 조준 사격이었다. 모두 6명이 숨지고 8명이 중상을 입었다.

이때, 태어난 지 석 달 된 젖먹이를 업고 있던 박재옥 여인도 경찰의

관덕정 관덕정 광장은 주요 사건이 많이 일어났던 '제주도 역사의 앞마당'이다. 해방 뒤에 관덕정 주변에는 미군정청을 비롯해 인민위원회, 도청, 경찰서, 법원 등의 행정기관이 자리 잡고 있었다. (제주도 제주시 삼도1동)

총격에 숨을 거뒀다. 그 모습을 사람들은 다음과 같이 증언하였다.

> 박재옥 여인은 젖먹이 아기를 안은 채 식산은행 철문 앞에 쓰러져 있었습니다. 병원에 옮겨 온 뒤에도 몇 시간은 목숨이 붙어 있었습니다만, 끝내 운명하고 말았지요. 총알은 그 여인의 오른쪽 옆구리를 관통, 왼쪽 둔부 쪽으로 빠져나갔습니다. 망루처럼 높은 곳에서 쏜 총탄에 맞은 것 같았습니다.
>
> 하두용 증언, 《4·3은 말한다》 1권, 전예원, 1994, 277쪽

발포사건으로 억울한 희생자가 생기자 제주도 민심이 들끓었다. 육지에서 들어온 응원경찰이 총을 쏘았다는 것, 그리고 희생자들이 시위대가 아니라 그저 구경을 하던 사람이었다는 사실이 알려지면서 분노는 더욱 커졌다. 경찰은 "시위군중이 경찰서를 습격할 태세를 보였기 때문에 어쩔 수 없이 총을 쏘았다."고 발뺌하면서 3·1절 시위 주동자를 검거하는 일에 힘을 쏟았다. 이러한 경찰의 태도는 불난 집에 기름을 부은 꼴이 되었다. 제주도 민중은 3월 10일 '민관 총파업'으로 3·1발포사건에 항의하였다.

> 일본놈한테 쫓겨 다니다가 해방이 되었으니 이젠 잘살아지겠구나 생각했었는데, 시국이 어수선해서 그런 분위기가 아니었습니다. 그런데 경찰이 총을 쏘아 사람을 죽여 놓았으니 제주도가 떠들썩하게 된 것이지요. 남로당이 선동했다고 하나, 너 나 할 것 없이 경찰의 발포에 공분을 느끼고 있었던 것은 사실입니다.
>
> 4·3 증언

나아가 희생자에 대해 마을 장을 치르고, 사상자 유가족 돕기 조의금 모금운동을 하였다. 사상자 유가족 돕기 운동은 총파업 못지않게 제주도민의 큰 호응을 얻었다.

도민의 저항이 드세어지자, 3월 14일 급히 제주도에 온 미군정 경무부장 조병옥은 곧바로 파업 주동자 검거 명령을 내렸다. 그는 총파업이 "북조선 세력과 공모하여 미군정을 전복하고 사회 혼란을 일으켜 자기 세력을 키우려는 운동 가운데 하나"이고, "관공서를 비롯한 교육, 산업, 교통 각 기관이 총파업을 일으켜 일상생활을 마비시켜 30만 제주도민의 생활을 위협하고 있다."면서 총파업을 무산시키는 데 앞장섰다. 이즈음 초대 경기도 지사인 박경훈은 공권력의 횡포에 항의하여 3월 14일 사표를 냈다.

3·1발포사건과 민관 총파업 뒤에 휘몰아친 경찰의 검거 바람과 탄압으로 민관 총파업이 흩어지기 시작하였다. 3월 16일부터 일부 관공서가 파업을 풀기 시작하였다. 미군정은 "3월 19일, 학생들을 제외하고 제주섬에서 일어난 파업은 거의 끝났다."고 말하였다. 300명에 이르는 사람들이 감옥에 갇혔으며, 그보다 더 많은 사람들이 수배되었다. 제주도 총파업은 큰 불씨를 안은 채 1947년 3월 말로 어느 정도 진정되었다. 이때까지만 해도 더 큰 항쟁과 학살이 있을 것이라 생각한 사람은 아무도 없었다.

관덕정은 3·1발포사건이 일어나 4·3의 도화선이 된 곳이기도 하지만, 1949년 4월 이승만이 제주도에 왔을 때 국민회 도지부 주최로 환영대회를 연 곳이기도 하다. 이승만은 이 자리에서 토벌정책을 계속 펼칠 것임을 거듭 분명하게 말했다.

정부를 수립하는 사이 대구폭동과 여순반란 등 공산당의 파괴 활동을 몇 번 경험했지만, 제주도의 폭동과 같은 대규모의 반민족적 행위는 일찍이 없었다. 나는 한 사람도 남김없이 역적도배를 절멸하라고 군경 수뇌에 지시하고 있다. 폭동 진압은 시간문제이다.

어둠에 묻힌 학살, 다랑쉬굴

군과 경찰은 1948년 11월 중순부터 해안선을 틀어막고는 유격대와 주민을 분리시킨다면서 이른바 '초토화 작전'을 펼쳤다. 초토화 작전은 제2차 세계대전 때 일본군이 중국과 만주에서 항일 유격군을 토벌하면서 쓴 작전으로 악명이 높은데, 만일 유격대가 부락에 들어오는 것을 묵인하거나 그들을 숨겨 주고 몰래 지원하면 남녀노소 가릴 것 없이 주민을 모두 죽이고 집을 불태워 말 그대로 마을을 '초토화'하는 것이다. 이 작전은 근대전에서 국제법상으로 엄격하게 금지되어 있다. 이 작전을 명령한 지휘관은 비전투원을 학살했다는 죄목 아래 전범으로 규정하여 국제법에 따라 처벌을 받게 된다. 그런데 이 금지된 작전을 군과 경찰이 제주도에서 편 것이다.

토벌대는 1948년 11월 중순부터 1949년 3월까지 4개월 남짓 중산간 마을을 불태우고 수많은 사람들을 죽였다. '다랑쉬굴' 사건은 '민간인 대량 살육작전'이 벌어지고 있던 바로 그 무렵에 일어났다. 광기가 넘쳐흐르던 1948년 겨울, 다랑쉬 마을에도 소개령이 내려졌다. 밭농사를 짓고 가축을 기르며 10가구 남짓이 옹기종기 모여 살던 다랑쉬 사람들은 소개령에 따라 해안가로 내려갔기 때문에 목숨을 잃지는 않았다. 아

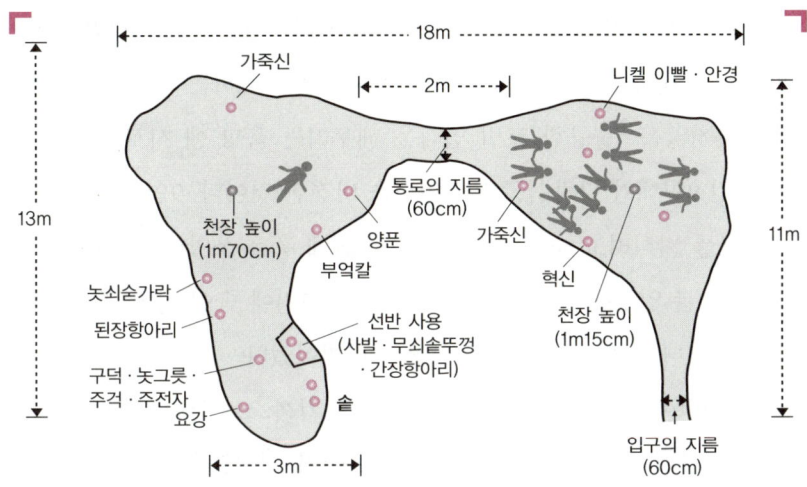

다랑쉬굴 내부 모습 (《4·3은 말한다》 2, 전예원, 1994, 416쪽 인용)

무런 생계대책도 없이 빈손으로 내려와 엄청난 고통을 겪어야 했지만, 학살을 모면했다는 것만으로도 어쩌면 행운이었다.

그런데도 4·3항쟁과 제주도를 이야기할 때면 다랑쉬를 빠뜨릴 수 없다. 마을 가까이에 있는 다랑쉬 동굴에서 일어난 학살 때문이다. 동굴은 마을 중심지인 폭낭(팽나무)에서 동남쪽으로 300m 정도 떨어진 곳에 있다. 이곳에서 1992년 3월에 4·3항쟁 희생자의 유골 11구가 발굴되면서 많은 사람에게 큰 충격을 주었다. 몰래몰래 소문처럼 전해 오던 4·3항쟁의 현장을 다랑쉬 동굴이 그대로 보여 주었기 때문이다.

다랑쉬 동굴에서 희생된 사람들 가운데는 어린이와 여성도 있었으며, 그곳에서는 무기가 아닌 생활유품들만 발견되었다. 이는 토벌대가 학살을 피해 산에 몸을 숨긴 민간인을 마구잡이로 죽였음을 증명해 준다.

다랑쉬 동굴 학살은 함덕에 주둔하고 있던 제9연대 2대대가 1948년

12월 18일에 저지른 것이었다. 이즈음 9연대는 여순사건을 진압한 2연대와 곧 교체하기로 되어 있었는데, 마지막으로 나서는 군사작전에서 2연대 못지않은 '훌륭한 토벌 업적을 세우려는 욕망'에 사로잡혀 있었다. 그런 9연대가 다랑쉬굴에서 인적을 발견한 것이다. 9연대는 다랑쉬굴 입구를 넓히려고 수류탄을 터뜨리고 굴에 총을 쏘았다. 그래도 성과가 없자, 굴 입구에서 불을 피워 사람들이 연기에 숨이 막혀 죽게 하였다. 너구리나 오소리를 사냥할 때 쓰는 방법이었다.

다랑쉬굴에 있다가 다른 굴로 몸을 피해 가까스로 참변을 면한 한 증언자는 "사건이 일어난 다음 날 굴로 들어가 시신들을 가지런히 눕혔다."면서, "희생자들은 고통을 참지 못한 듯 돌 틈이나 바닥에 머리를 박은 채 죽어 있었고, 코나 귀로 피가 흐르는 등 참혹한 모습이었다."고 말하였다. 그에 따르면 1992년 발굴 때처럼 11명이 숨진 것이 아니라 20명 넘는 사람들이 희생되었다고 한다. "눈물마저 죄가 되던" 시절에 일부 가족이 남몰래 시신을 수습했던 것이다. 다른 유족들은 음력 11월 18일에 죽은 것을 전해 들은지라, 매해 하루 전인 음력 11월 17일에 제사를 지내고 있다 한다.

다랑쉬 동굴의 진실이 알려지자 제주 지역신문은 사설에서 다음과 같이 주장하였다.

> 반세기에 가까운 44년 동안 그들은 비좁고 음습한 동굴 바닥에 누워 해방되는 날을 기다리고 있었다. 무엇으로부터의 해방인가를 헤아리는 것이 4·3 치유를 위해 우리 산자들이 내디딜 수 있는 첫걸음일 것이다. 무엇보다도 이들은 어두운 동굴에서 해방되는 날을 고대해 왔을 것이다. 이들의 떼죽음은 40여 년이 지나도록 동굴 밖 햇빛을 보지 못해 왔었다. 이 죽음들이 세상

✝ 1992년 다랑쉬굴 발굴 때의 유해들 (제주도 제주시 구좌읍 세화리)

사람들에게 은폐되어 온 것처럼 4·3의 진상 또한 40여 년 동안 은폐되어 왔다. 이제 비로소 이들의 죽음은 동굴의 어둠으로부터 해방될 수 있게 되었지만, 4·3 진상의 대부분은 아직도 은폐와 망각의 어둠 가운데 방치되어 왔다. 이 진상의 전모를 덮어 둔 채 4·3 치유는 가능치 않을 것이다.

'사설—다랑쉬굴 유해의 증언', 《제민일보》, 1993년 4월 3일

그러나 노태우 정권은 유골들이 양지바른 곳에 묻히고 다랑쉬굴이 생생한 역사의 현장이 되는 것을 바라지 않았다. 구좌읍 다랑쉬굴 희생자 유해 11구는 발견 45일 만에 유족들에게 넘겨졌다. 그리고 유골을 매장하여 다랑쉬굴의 참상을 역사에 남기려는 사람들의 뜻을 저버린 채, 화장하여 바다에 뿌려졌다. 뿐만 아니라 노태우 정권은 중장비를 동원하여 서둘러 다랑쉬굴 입구를 막아 버렸다. 이때에는 구좌읍장과 구좌 파

출소장 이름으로 된 "허가 없이 출입을 금함. 1992. 4"라는 팻말과 겹겹이 두른 철조망이 있었다. 그러나 그 뒤에는 이마저 없애서 모든 흔적을 깨끗이 지워 버렸다. 2002년 발굴 10주년을 기념하여 이곳에서 큰 굿도 하고 표석도 세워 놓았지만, 누군가가 또 없애 버렸다. 잊히기를 강요당하는 4·3항쟁, 그리고 끝나지 않은 4·3항쟁의 역사를 다랑쉬굴은 그렇게 보여 주고 있다.

덕구! 덕구! 이덕구!

제주시 터미널에서 제1횡단도로로 20분 남짓 버스를 타고 가면, '수장교'를 지나게 된다. 여기서 조금 더 내려가면 동쪽으로 숲길이 보이고, 이 길을 따라 1시간 정도 걸어가면 Y자 모양으로 '안새왓내'와 '밧새왓내'가 합쳐지는 상류에 밋밋한 분지가 나온다. 이곳이 바로 '이덕구 산전'이다.

제주 사람들은 산에 나무가 없이 평평한 곳을 산전山田(산밭)이라고 부른다. 본디 근처 봉개마을 사람들은 이곳을 '안시앗마루'라고 불렀지만, 이덕구 부대가 이곳에서 '토벌'된 뒤부터 이덕구 산전이라고 불렀다. 이덕구 산전은 깊은 산중에 있는 큰 분지로 주변에 내가 흐르고 있어 물을 구하기 쉽고, 뒤로 높은 봉우리가 있어 멀리 조천의 중산간 부락까지 내려다보인다. 또한 계곡의 깊은 절벽은 천연의 성 역할을 하고 있어서 토벌대가 접근하기 쉽지 않은 천연의 요새이다. 예전에는 나무가 없고 억새밭만 있었다는데, 지금은 촘촘하게 나무가 자리를 잡았다.

이덕구는 제2대 유격대장으로 군사부 총책임자를 맡아 이곳에서 마

이덕구 산전 이덕구 부대가 머무르면서 마지막 항쟁을 했던 곳. 그때 쓰던 솥단지와 항아리, 깨진 그릇들이 아직 그대로 남아 있다. (제주도 제주시 조천읍 교래리)

지막으로 주둔하면서 게릴라 전술로 토벌대에 맞서 싸웠다. 이덕구의 교묘한 전투 능력과 곰보자국이 있는 얼굴을 보고 유격대원들은 다음과 같이 노래하였다.

손에 권총을 들고 전투에 나가는구나
누구인가 그 이름은 무섭다고
좁쌀 같은 곰보자국 그 곰보는 이! 이! 이덕구!

이덕구는 일본 리쓰메이칸[立命館]대학 경제학과 4학년 재학 중 학병으로 일본 육군에 들어갔고, 8·15광복과 함께 소위로 제대하였다. 그 뒤 고향인 북제주군 조천면에 있는 조천중학교에서 역사와 사회를 가르쳤다. 그는 열정적인 선생으로서 학생들에게 인기가 높았다. 학생들은 이덕구를 두고 노래를 만들어 부르기도 하였다.

박박 얽은 그 얼굴

덕구 덕구 이덕구

장래 대장가심(대장감)

그는 4·3항쟁이 일어나자 산으로 들어갔다. 남로당 제주도당 군사부장이며 인민유격대 사령관이었던 김달삼이 1948년 8월 해주에서 열리는 인민대표자회의에 참석하려고 제주를 떠나면서, 이덕구가 그 뒤를 이어 유격대장이 되었다.

1948년 10월, 여수 제14연대는 "제주도 학살 반대", "미군 즉시 철퇴"를 내걸고 '여순사건'을 일으켰다. 무장대 쪽에서 본다면, 진압군으로 출동 명령을 받은 군인들이 반란을 일으켰다는 것은 매우 반가운 일이었다. 이덕구는 10월 24일 정부에 선전포고를 하고, 토벌대에게 미국과 이승만에게 총부리를 겨누라는 호소문을 발표하였다. 무장대는 10월 23일 제주읍을 공격하고, 이동 중인 경비대 차량을 공격하는 등 공세를 강화하였다. 23일 저녁에는 제주도 북쪽 지방을 중심으로 50개 남짓한 봉화가 올랐다. 곳곳에서 대중집회가 열리고 인공기가 올랐다. 이러한 무장대의 활동으로 이미 초토화 작전을 굳히고 있던 토벌대는 강경 진압에 더욱 속도를 냈다.

이덕구가 지휘하는 주력부대는 1949년 1월에 새로 배치된 대대급 토벌대를 포위하여 기습 공격했으며, 제주읍을 공격하고 관음사 전투 등을 치렀다. 그러나 좁혀 오는 토벌대의 포위망과 쏟아지는 공격 앞에서 유격대는 항쟁의 막바지 단계로 접어들 수밖에 없었다. 이덕구에게는 600만 원의 현상금이 걸렸다. 이덕구는 자신이 지휘하던 유격대를 해산하여 많은 대원을 마을로 내려 보낸 다음, 일부 결사파를 이끌고 마지막까지 전투를 치렀다. 1949년 6월 7일, 이덕구의 부대는 봉개 전투에서 패배하였다. 그리고 이덕구는 토벌대에 포위된 채 격렬한 싸움을 벌이다 사살되었다. 토벌대는 긴 막대기에 마치 멧돼지를 묶듯 이덕구의 팔과 다리를 묶어 어깨에 메고 산을 내려왔다.

경찰은 이덕구의 부인과 다섯 살짜리 아들, 두 살짜리 딸도 죽였다. 이 모습을 지켜본 주민들은 "다섯 살 난 이덕구의 아들이 울며 살려 달라고 하자, 경찰관이 '아버지가 있는 산으로 달아나라'고 해 산 쪽으로 뛰어가는 것을 뒤에서 쏘았다."고 전했다. 경찰은 그 밖에도 이덕구의 친인척을 거의 모두 찾아내어 죽였다.

1949년 6월 8일, 이덕구의 시신이 십자형 틀에 묶여 관덕정 광장에 전시되었다. 민란의 장두가 효수되어 내걸리던 바로 그곳이었다. 이덕구의 시신은 군 작업복에 고무신을 신고 있었으며, 윗도리 주머니에는 수저가 꽂혀 있었다. 경찰은 시신을 여러 날 전시했다가, 다시 목을 베어 관덕정 경찰서 앞에 있는 전봇대에 걸어 두었다.

한편 김달삼은 해주에서 열린 인민대표자회의에 참석하여 김일성, 허

이덕구 시신 1948년 6월 8일, 이덕구의 시신은 관덕정 광장에 전시되었다.

헌 등과 함께 49명의 조선민주주의 인민공화국 헌법위원으로 뽑혔다. 그는 1949년 8월에 인민유격대 태백산지구(제3병단) 사령관이 되어 유격대를 지휘하다가 1950년 4월 삼척 전투에서 죽었다.

여러 할아버지의 한 자손, 백조일손지묘

4·3항쟁의 불길이 꺼지고도 학살은 멈추지 않았다. 1950년 6·25전쟁이 터지자 보도연맹에 들어간 사람과 입산자 가족이 '예비검속'에 걸려 처형되었다. 이들은 주로 제주비행장, 모슬포비행장, 사라봉에서 학살되었다. 밧줄에 묶인 채 바다에 수장된 사람도 많았다. 육지형무소에 갇혀 있던 4·3항쟁 연루자들은 '즉결처분' 되기도 하였다.

6·25전쟁 때 예비검속으로 희생된 사람 가운데 일부가 묻힌 무덤이 바로 '백조일손지묘' 이다. 제주 모슬포경찰서는 7월 초부터 예비검속으로 붙잡은 347명을 양곡창고에 가두어 두었다. 그리고 1950년 8월 20일, 이들 가운데 250명 남짓을 창고에서 끌어내어 해병대와 경찰이 합동으로 송악산 한 봉우리인 섯알오름 기슭에서 총으로 쏘아 죽였다. 희생된 사람은 한림 지역 출신이 63명, 대정 지역 출신이 132명으로 알려져 있다.

섯알오름에서 학살된 사람들의 시신은 한동안 그대로 놓아둘 수밖에 없었다. 군과 정부가 시신 수습을 못하게 했기 때문이다. 1956년 5월이 되어서야 유족들이 겨우 시신을 수습할 수 있었다. 옷가지 등으로 겨우 구별해 낸 시신은 가족들이 따로 무덤을 만들었다. 그러나 도무지 누구의 시신인지 알 수 없는 경우는 척추뼈 하나에 두개골 하나씩을 맞추어 무덤을 만들었다. 그렇게 만들어진 무덤이 모두 132기였다. 이것이 바로 "여러 할아버지의 한 자손이 묻힌 무덤"이라는 뜻을 가진 '백조일손지묘'이다. 어느 것이 자기 조상 무덤인지 모르므로, 후손들은 마땅히 이 모두를 자기 조상의 묘처럼 받들라는 뜻이 담겨 있다.

　4·3항쟁 앞뒤에 희생된 사람의 시신을 크게 묘역을 만들어 안장시켜 놓은 곳은 이곳이 유일하다. 1959년에 유족들이 이곳에 비석을 세웠지만, 5·16군사쿠데타가 일어나면서 비석은 부서지고 강제 철거되었다. 5·16군사쿠데타 세력은 비석만 부순 것이 아니다. 군사정부는 공동묘역 해체 명령까지 내렸다. 이러한 압력을 견디지 못한 일부 유족은 아무 무덤이나 파서 옮겨 갔다. 그렇게 이장된 묘가 23기였다. 그 뒤 2002년 4월에 7기가 다시 제자리로 돌아왔다. 오늘날에 볼 수 있는 위령비는 1993년에 다시 세운 것이며, 부서진 옛 비석 조각은 유족들이 보존하고 있다가 1999년에 다시 꺼내어 전시하고 있다. 위령비에는 "백서른둘 뼈가 엉켜 한 자손이 됩니다."라고 적혀 있다.

|백조일손지묘| 1959년에 건립되어 1961년 강제 철거된 깨진 비석이 묘역 중앙에 전시되어 있다(오른쪽). 1993년 세운 비석에 새긴 무궁화와 태극기가 눈길을 끈다. (제주도 서귀포시 대정읍 상모리)

그토록 잔인한 세월

한국 역사에서 이토록 짧은 시간에 한 곳에서 3만이 넘는 사람이 죽은 사건은 일찍이 없었다. 4·3항쟁을 그렇게 오랫동안 망각의 늪에 묻어 둘 수 있었던 것도 놀랍다. 1960년 4·19혁명에 힘입어 진상규명운동이 일어났지만, 5·16군사쿠데타로 물거품이 되고 말았다. 그러다가 1978년에 소설가 현기영이 〈순이삼촌〉을 발표하면서 4·3항쟁의 참혹한 모습이 조금씩 역사에 실체를 드러내기 시작하였다. 1980년대 중후반에는 민주화운동 속에서 4·3항쟁의 본모습을 되찾으려는 움직임이 나타났다. 그 뒤에 적지 않은 연구 성과가 나와 4·3항쟁의 실체에 더 가까이 다가갈 수 있었고, 영상물과 문학, 음악, 미술 등을 통해 4·3항쟁의 응어리를 엿볼 수 있게 되었다. 2000년 1월에는 '4·3사건 진상규명 및 희생자 명예회복에 관한 특별법'이 제정되었고, 2003년에 노무현 대통령은 국가 차원에서 4·3사건을 사과한다고 말했다.

그러나 아직도 많은 사람들이 4·3항쟁이 있었는지조차 모르고 있다. 또 어떤 사람들은 4·3항쟁을 '제주도 폭동사건' 쯤으로 기억하고 있다. 그들은 "북한공산당의 사주 아래 제주도에서 무장폭도가 봉기하여 국정을 위협하고 질서를 무너뜨린 남한 교란작전"으로 여긴다.

왜곡되고 숨겨진 역사를 제대로 복원하지 못한 채 역사의 현장마저 하루가 다르게 사라지고 있다. 제주 곳곳에 흩어져 있는 불타 없어진 마을과 학살 터, 은신처 등 4·3항쟁 유적지 대부분이 훼손되었다. 하루라도 빨리 유적지를 보존해야 한다. 요사이에는 '인권과 평화의 시대'를 위해 희생자들의 명예 회복과 위령 사업 등을 펼쳐야 한다고 주장하는 이들도 많다. 그러나 그보다 더 중요한 것은 4·3항쟁의 진실을 밝히는 일이다.

1948년 4월 3일, 한라산 주위와 오름에서 봉화가 오르면서 시작된 4·3항쟁은 1957년 4월 마지막 유격대원 오원권이 생포될 때까지 만 9년 동안 이어졌다. 그러나 거의 모든 전투와 항쟁, 그리고 살육은 1948년과 1949년에 집중되었다.

4·3항쟁이 일어난 직접적인 계기는 "탄압이면 항쟁이다."라는 짧은 말에 잘 담겨 있다. 유격대는 경찰과 우익 청년단의 탄압에 맞서 싸웠으며, 여기서 한 걸음 더 나아가 '단선단정'을 반대하고 '조국의 통일독립'을 요구하였다. 유격대가 '반미구국투쟁'을 내세운 것에서도 알 수 있듯이, 4·3항쟁은 미국의 점령정책에 무장봉기로 직접 반기를 든 것이기도 하였다.

5·10선거를 통해 38선 남쪽에서 반공국가를 세우려는 미군정과 단독선거 지지파들은 유격대의 활동을 그냥 보아 넘길 수 없었다. 미군정과 단정 세력은 탄압과 학살로 대응하였다. 5·10단선이 끝나고 미군정과 군경토벌대가 강경 진압을 펼치자, 유격대는 방어 차원에서라도 무장투쟁을 할 수밖에 없었다. 남북한에 단독정부가 수립된 뒤 벌어진 제주도 초토화 작전으로 항쟁 세력은 크게 약화되었다. 그리고 1949년 봄 대토벌을 거쳐 1949년 중반에 이르면서 무장투쟁은 거의 끝이 났다.

제주에서 일어난 지속적이고 계획적인 대규모 민간인 학살이 '국가테러리즘'의 사례를 보여 주었다면, 제주 4·3항쟁을 역사에서 지운 것은 '기억의 폭압'이라 할 수 있다. '끝나지 않은 역사' 4·3항쟁은 깊은 상처를 간직한 채 아직 우리 옆에 남아 있다.

역사의 현장
3·15기념탑(경남 마산시 자산동)
국립 3·15묘지와 3·15기념관(마산시 구암동)
김주열군 시체 인양 표지판(마산시 중앙부두)
국립4·19묘지(서울특별시 강북구 수유4동)
2·28기념탑(대구광역시 달서구 두류동)
김주열 묘역(전북 남원시 금지면 옹정리)
김영준·김용실 민주의거 추념비(경남 마산시 완월동 마산고등학교 교정)

무학산 자락에 위치한 마산은 저 아래로 합포만을 바라보고 있다. 1899년에 군산항, 성진항과 함께 개항된 마산포는 러시아와 일본 등 열강들에 있어 이권 침탈의 각축장이었다. 이러한 역사적, 지리적 특성은 1919년 3·1운동 때에도 마산 민중의 항거가 거세게 분출한 배경이 되었다.

대구 2·28항쟁에서 시작된 이승만 정권에 대한 민중의 분노가 3·15부정선거를 계기로 마산에서 폭발한 데에는 일제시대부터 누적된 이러한 역사적 배경이 자리하고 있었다. 그러나 4월 11일 2차 마산항쟁으로 이어져 전국적인 4월혁명으로 확산된 가장 중요한 계기는 마산 중앙부두 앞바다에서 발견된 김주열 군의 참혹한 주검이었다. 마산상고 시험을 치르고 입학을 기다리던 17세 학생의 주검은 15만 마산 시민과 학생, 나아가 전 국민을 이승만 정권에 분노하게 만들었다. 그리고 마침내 국민의 힘은 이승만 정권을 무너뜨렸다.

4월혁명과 마산

백만 학도여, 피가 있거든 일어서라!

해방 이후 1950년대 미국의 경제원조는 한국의 사회 구조를 재편하는 가장 중요한 요소였다. 무상원조는 허울뿐, 사실상 미국의 원조는 이승만 정권을 유지하고 육성하는 자금원이자 한국을 미국의 잉여농산물 처리장으로, 미국 군수산업의 무기 시장으로, 대공산권 방어기지로 만드는 재원이었다. 이에 따라 한국 사회는 정치·경제·군사적으로 미국에 의존적인 사회로 변모되어 갔다. 특히 6·25전쟁 이후 전쟁 복구라는 이름 아래 들어온 미국의 잉여농산물은 한국 경제의 중심인 농촌 경제를 황폐화시켜 농민들은 더욱 가난해지고, 자작농은 파산하여 도시로 몰려와 도시빈민층과 임금노동자가 되었다.

그런데 1950년대 말에 미국이 경제원조를 삭감하였다. 관료자본은 독점적 초과이윤의 주된 기반을 상실하고 위기에 봉착하였다. 이들에게 이승만 정권은 이제 초과이윤을 얻을 수 있는 새로운 원천을 보장해 주지 못하는 '무능한 권력'으로 비쳐졌다. 한편 이승만 정권은 세금을 늘리는 등 위기에 따른 부담을 민중에게 떠넘김으로써 광범한 계급, 계층으로부터 커다란 저항을 불러일으켰다.

이처럼 1950년대 말 이승만 정권은 남한 자본주의가 더 이상 기존의 사회 구조만으로는 유지될 수 없다는 의미에서, 그리고 모든 사회 세력으로부터 어떠한 형태로든 새로운 재편을 요구받고 있었다는 의미에서 남한 자본주의 체제상의 위기를 맞았다. 이러한 위기가 집약적으로 표출된 것이 바로 3·15마산항쟁과 4·19이다.

3·15에서 4·19로 이어지는 항쟁의 시발이 된 사건은 2·28대구 시위였다. 1960년 2월 28일 일요일 낮 1시, 대구 경북고생 등 800여 명이 "학원의 자유를 달라", "일요 등교 웬 말이냐"고 외치며 시위를 벌였다. 사실은 이날 오후 2시에 수성천에서 열릴 장면 민주당 부통령 후보의 선거 유세를 앞두고 선거 전략에 부심하던 자유당 경북도당이 일찍이 고교생 일요일 등교 지시를 내렸었다. 정치에 민감한 고교생들이 유세장에 참가하지 못하도록 하기 위한 것이었다. 2·28대구 학생시위는 바로 이러한 부당하고 불법한 처사에 대한 항의였다.

> 인류 역사 이래 이런 강압적이고 횡포한 처사가 있었던가. 근세 우리나라 역사상 이런 야만적이고 폭압적인 일이 그 어느 역사책 속에 끼어 있었던가. 우리는 배움에 불타는 신성한 각오와 장차 동아東亞를 짊어지고 나갈 꿋꿋한 역군이요, 사회악에 물들지 않은 순결한 청춘이요, 학도이다. 백만 학도여! 피가 있거든 우리의 신성한 권리를 위하여 서슴지 말고 일어서라.

> … 우리는 일치단결하여 피 끓는 학도로서 최후의 일각까지, 최후의 1인까지 부여된 권리를 수호하기 위하여 싸우련다.
>
> 경북고등학교 학생 일동, 〈결의문〉, 1960년 2월 28일

2·28대구 시위를 계기로 이승만 정권의 독재와 부정에 항의하는 시위가 전국에서 봇물처럼 터져 나왔다. 3월 5일 서울에서는 민주당 선거강연회에 참석한 시민, 학생 1000여 명이 "학생은 궐기하라", "민주주의 만세" 등의 구호를 외치며 가두시위를 벌였다. 3월 8일에는 대전고 1000여 명, 3월 10일에는 대전상고 300여 명, 수원농고 300여 명, 충주고 300여 명이, 3월 12일에는 부산 해동고와 청주 청주고 등 300여 명, 3월 13일에는 오산고 100여 명, 3월 14일에는 원주농고, 동래고, 부산상고, 항도고, 북부산고, 데레사여고, 포항고, 중동고, 배재고, 대동고, 보인상고, 인천의 송도고 등 전국에서 학생시위가 일어났다.

대구 2·28시위를 시작으로 대전, 수원, 부산, 원주, 서울 등 전국에서 학원의 정치도구화 반대와 공명선거를 요구하는 중고교 학생들의 시위가 계속되는 가운데 자유당 정권은 3월 15일의 정·부통령선거를 유례없는 부정선거로 치를 준비를 하고 있었다. 이에 민중의 분노는 3·15 1차 마산항쟁으로 폭발하였고, 김주열의 죽음을 계기로 4월 11일 2차 마산항쟁으로, 다시 4·19혁명으로 이어졌다.

베꼬니아의 꽃잎이 흩뿌려진 마산 — 제1차 항쟁

남성동파출소에서 북마산파출소로 가는 대로상에

너는 보았는가…… 뿌린 핏방울을

베꼬니아의 꽃잎처럼이나 선연했던 것을……

1960년 3월 15일

너는 보았는가…… 야음을 뚫고

나의 고막도 뚫고 간

그 많은 총탄의 행방을……

남성동파출소에서 시청으로 가는 대로상에서

또는

남성동파출소에서 북마산파출소로 가는 대로상에서

이었다 끊어졌다 밀물치던

그 아우성의 노도를……

너는 보았는가…… 그들의 앳된 얼굴 모습을……

뿌린 핏방울은

베꼬니아의 꽃잎처럼이나 선연했던 것을

김춘수, 〈베꼬니아의 꽃잎처럼이나—3·15 마산사건에 희생된 소년들의 영전에—〉,

《국제신보》, 1960년 3월 28일

3월 15일 전국 각지에서 3인조·5인조 공개투표, 대리투표, 표 바꿔치기, 투표함 바꾸기 등 사전에 철저하게 계획된 부정선거가 실시되었다. 시내 각 투표소마다 자유당 요원들이 이승만과 이기붕의 이름 밑에 도장을 찍은 투표용지를 투표함에 미리 넣어 두는 파렴치한 행위를 하였다. 오동동에 자리한 민주당 마산시당은 투표가 시작되는 시간인 오전 7시 투표소에 들어가 40퍼센트 사전 투표를 확인하고 선거 포기를

1960년 3월 9일 무학초등학교 교정에서 열린 자유당 선거강연회 벽보 연사에 이은상, 박종화, 조연현 등이 있다. (3·15기념사업회 제공)

결정하였다. 민주당 마산시당 간부들의 주도로 시작된 이날의 시위는 저녁 7시 30분쯤 마산시청 앞에 1만여 명의 군중이 집결해 경찰과 대치하면서 고조되었다.

시위는 15일 오후 3시 30분부터 시작되었다. 정남규 등 민주당 간부들과 학생, 시민 1000여 명이 뒤따른 시위대열은 오후 4시 20분, 정남규를 포함해 민주당 간부 6명이 경찰에 연행될 즈음에는 5000여 명을 헤아렸다. 이들은 자진해산하였다가 7시 30분쯤에 그 두 배나 되는 1만여 명으로 늘어서 마산시청 부근에 집결하였다. 8시쯤 시위대가 "부정선거 다시 하라", "투표의 자유를 달라" 등의 구호를 외치며 시청으로 접근하자, 소방차가 소방호스로 물을 뿌리며 진압하였다. 시위대는 돌팔매로 소방차를 저지하였고, 운전사가 뛰어내리면서 소방차가 자산동에 위치한 무학초등학교 정문 앞 전봇대를 들이받았다. 이로 인해 마산 시내가 정전되었다.

이때부터 경찰은 시위대를 향해 무차별 발포하였고, 이는 시가전을 방불케 하였다. 경찰의 실탄에 맞은 최초의 희생자 김영호가 길바닥에 쓰러졌다. 총상을 입은 사상자가 길에 나뒹굴고, 학생들은 그 긴박한 순간에도 부상당한 동료들을 도립마산병원으로 운반하였다. 한편 경찰은 시위대의 중심부를 향해 최루탄 발사를 명령하였다. 이때 김주열이 완월동 남전南電(지금의 한국전력) 마산지점 앞에서 경찰의 최루탄에 맞아 산화하였다. 격렬해진 시위대는 밤 9시 30분경부터 파출소를 불태우기 시작하였으며, 허윤수의 집, 자유당 당사, 서울신문 마산총국, 국민회 마산지부, 남성동파출소 등을 차례로 공격하였다.

마산 시민들을 분노로 몰아간 데 영향을 미친 요인으로는 민의원 허윤수의 변절도 있다. 1960년 1월 마산 출신의 민주당 의원 허윤수가 민주당을 탈당하여 자유당에 입당하는 일이 일어났다. 허윤수의 자유당 입당은 자유당 정권의 세도가였던 이기붕 계열의 국회의원 이용범의 매수공작에 따른 것으로 알려졌다. 이용범이 허윤수에게 변절의 대가로 동양주정 운영권을 주겠다고 약속했던 것이다. 이 무렵 양조업은 마산의 대표적인 산업으로 마산 경제에서 중요한 비중을 차지하고 있었으며, 동양주정은 무학주정과 함께 중서부 경남 일대에서는 쌍벽을 이루는 주정업체였다. 이용범과 허윤수, 3·15학살 발포 명령자인 서득룡 검찰지청장, 세무서장 서복태 등이 적극 개입한 이 정치파동은 자유당 정권의 정경유착과 부패를 집약적으로 보여 준 사건이었다. 마산 시민은 특히 허윤수의 변절에 분노했으며, 이는 3·15항쟁에서 기폭제의 하나로 작용하였다.

3월 16일 이승만 정권이 "마산 데모 관련자를 형법과 국가보안법으로 엄벌"한다는 방침을 밝힌 데 이어, 17일에 치안국장 이강학이 "마산 소요 사건은 공산당의 수법에 의하여 이루어진 증거가 있어서 배후에 공산당 개재 여부를 조사 중"이라고 발표하였다. 그러나 언론 보도와 민주당 및 대한변호사협회의 조사 활동, 일부 검사들의 공정 수사 등으로 공산당 개입설은 곧 거짓으로 드러났다.

3월 23일에 정부는 내무장관 최인규의 사표를 수리하였으며, 25일에는 구속자 가운데 정남규 등 6명을 제외한 나머지를 석방하고, 박종표 경위 등 경찰관 5명을 발포 혐의로 구속하였다. 이어 28일에는 치안국장 이강학을 문책 해임하고, 30일에 대검찰청 소진섭 차장검사가 "마산 사건에 공산당 배후조종의 증거가 없다."고 발표하는 것으로 3·15학살을 마무리 지으려 하였다.

한편 마산 시위 소식이 전해지자, 서울을 비롯한 전국에서 시위가 이어졌다. 3월 16일 서울에서 고교생 500여 명이 "독재정치 배격하자",

민주당 사무실 3·15부정선거 때 민주당사가 있던 건물의 현재 모습과 옛 모습. (경남 마산시 오동동)

"마산 동포 구출하자" 등의 구호를 외치며 안국동 민주당사 앞에서 시위를 하였다. 이어 17일에는 전남여고, 진해여고, 서울 성남고, 24일에는 부산고, 부산상고, 25일에는 부산 동성중, 데레사여고, 경남공고, 혜화여고 등에서 각각 시위가 벌어졌다. 또 4월 4일에는 전북대생 300여 명이 대학생으로는 처음 시위를 벌였다.

1960년 3월 28일, 대한변호사협회는 "금번 마산 사건은 국민의 정부 시책에 대한 평소의 불신이다 3·15 정·부통령선거에 있어서의 부정 사실과 연일 접종接踵하여 각지에서 일어나는 폭행, 구타, 살인 등의 불법행위가 민중의 감정을 극도로 자극하여 자연발생적으로 야기된 민중봉기의 성격을 띤 사건"이라는 성명서를 발표하기도 하였다.

참혹한 주검에 다시 들끓는 마산 ― 제2차 항쟁

1960년 4월 11일 오전 11시 30분쯤, 마산시 신포동 중앙부두에서 한 어부가 시체 한 구를 인양하였다. 3·15 1차 마산항쟁 때 행방불명된 김주열 군이 경찰이 발사한 최루탄에 눈에서 뒤통수까지 관통당한 채 27일 만에 바다 위로 떠오른 것이다.

김주열 군을 사망에 이르게 한 최루탄은 마산경찰서 경비주임 박종표가 지급한 것으로 직경 5cm, 길이 20cm에 탄피가 알루미늄으로 된 미제 고성능 원거리 최루탄이었다. 더욱이 이 최루탄에는 꼬리 부분에 프로펠러가 달려 있어서 건물 벽을 뚫고 들어가 폭발하는 무장폭도용 무기로 쓰이는 것이었다.

김주열 군이 참혹한 모습으로 죽었다는 소문은 삽시간에 마산 시민들

ᚻ도립마산병원 앞 마산 시민들과 학생들이 김주열 군의 시신이 안치되어 있는 병원 앞에 운집하였다.

에게 전해졌다. 김주열 군의 시체가 옮겨진 도립병원에 몰려든 시민들은 참혹한 주검을 확인하고 시위대를 이루었다.

분노한 시위대는 1960년 4월 11일 오후 6시경쯤 3만여 명으로 불어나 자유당과 관련이 있는 건물과 인사의 집을 부수어 나갔다. 남성동파출소에 이어 마산시청, 마산경찰서, 자유당 허윤수 의원의 집, 북마산·오동동·중앙동·신마산파출소를 휩쓴 성난 군중은 창원군청, 허윤수가 경영하는 동양주정과 무학주조공장을 부수고 다시 마산경찰서 앞으로 몰려갔다. 애국가, 전우가, 해방가를 부르며 마산경찰서 앞에 모인 시위대는 경찰서 마당에 세워 놓은 서장의 지프차에 불을 질렀다. 그런 다음 경찰서 무기고를 부수고 수류탄 13개를 들고 나와 그중 1개를 경찰서 건물에 던졌다.

밤 9시 30분쯤 경찰들에게 카빈총이 지급되었고, 이때부터 경찰과 시위대의 공방이 계속되었다. 쫓기던 시위대는 자유당 사무실, 서울신문 지국, 국민회관, 마산경찰서장 관서, 마산소방서, 마산시장 박영수의 집 등을 부수고 12시쯤에 해산하였다. 이날 경찰의 발포로 노동자 김영길(19세)이 현장에서 즉사하였으며, 마산고등학교 학생 강융기(18세)는 중상을 입고 3년 뒤인 1963년 4월에 세상을 떠났다. "학살경관 처단하라." "이승만 정권 물러가라", "이기붕을 죽여라", "정·부통령 선거 다시 하라"는 격렬한 구호를 외치며, 시위대 수만 명은 인산인해를 이루어 마산 시가를 진동시켰다.

시위는 12일에도 이어졌다. 마산공고 500명, 창신고 300명, 마산여고 400명, 마산고 500명, 마산상고 1000명이 오전 10시쯤 다시 시위에 나

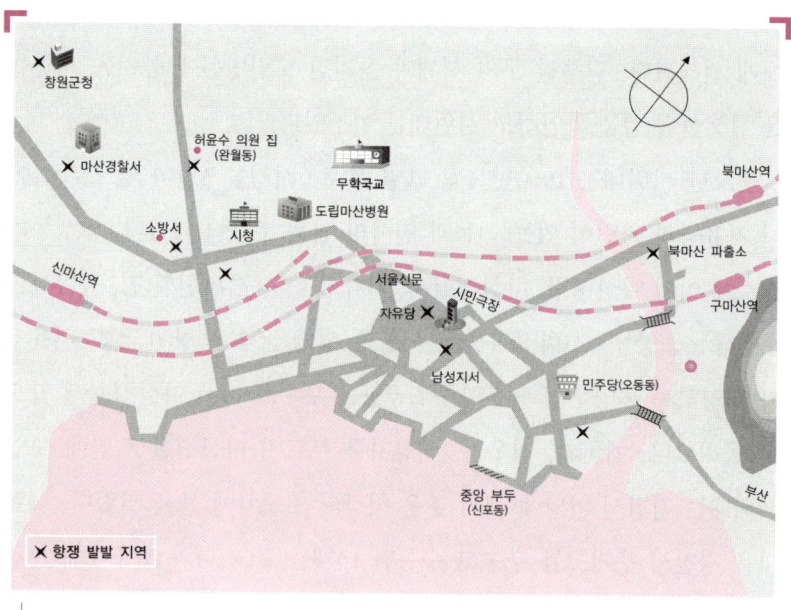

마산항쟁 중요 발발지

서자 수천 명의 시민이 합세하였다. 이들은 김주열 군의 시신이 있는 도립마산병원 영안실로 행진해 가서 김주열의 주검에 숙연하게 묵념을 올리고는 스스로 해산하였다. 그러나 경찰이 전날 시위의 주동자를 색출한다며 학생들과 시민들을 연행해 가자 다시 시위가 벌어졌다. 1만여 명의 시위대가 경찰서에 돌을 던졌다. 밤 9시쯤부터는 경찰이 발포를 시작하여 밤 11시쯤 시위대가 해산할 때까지 총성이 계속되었다.

　4월 13일 아침, 해인대학(지금의 경남대학교) 학생 100여 명은 시청 앞에 집결하여 도립마산병원까지 행진한 다음 "민주제단에 생명을 바친 주열 군의 정신을 우리들 학생은 영원히 기억하며, 그의 죽음을 헛되지 않게 우리는 무저항으로 투쟁을 계속할 것이다."라는 선언문을 낭독하였다. 이어서 비가 내리는 가운데도 10시부터 성지여중고, 마산여중고, 제일여고 1000여 명이 마산상고 앞에 집결하여 김주열에게 바칠 조화를 앞세우고 시가행진에 돌입하였다. 이에 경찰이 소방호스로 붉은 물감을 탄 진화용 물을 퍼부었다. 경찰은 소방차를 동원하고, 최루탄 등을 터뜨리며 시위를 진압하였고, 오후에 빗줄기가 폭우로 바뀌자 시위대도 잠잠해졌다.

　이승만 정권은 1차 마산항쟁 때와 마찬가지로 이 사건을 공산주의자들의 책동에 의한 것으로 몰아가려 하였다. 이승만은 특별담화에서 "이 난동은 배후에 공산당이 있다는 혐의도 있어서 지금 조사 중인데, 난동은 결국 공산당에 좋은 기회를 주게 될 뿐이니 극히 조심해야 할 것"이라고 말하였다. 그러나 4월 17일 한옥신 부장검사가 국회조사단에게 "공산당 개입은 속단할 수 없다."고 하였고, 2차 조사에서도 "공산오열은 개재하지 않았다."고 말함으로써 이승만 정권의 음모는 무산되고 말았다.

한편 경찰은 김주열 시신의 검안을 마친 뒤 4월 14일 새벽 1시에 야음을 틈타 남원의 생가로 시신을 이송해 버렸다. 마산상고 입학을 앞둔 김주열 군의 주검이 마산 시위의 커다란 원인이 될 것을 두려워한 조치였다. 그러나 다음 날 이 사실을 알게 된 학생들과 시민들은 분노하여 경찰서와 도립마산병원에 돌을 던져 유리를 박살냈다. 3월 15일 밤, 최루탄이 박힌 김주열의 시신을 바다에 유기한 사람은 마산경찰서 경비주임 박종표였다. 그는 일본 헌병 출신으로, 민족을 팔아먹은 일제의 앞잡이 노릇을 하다가 이승만 독재 정권에 기생하더니만 결국 김주열을 죽음에 이르게 하였다.

4월 11일에서 13일까지 3일에 걸친 2차 마산항쟁은 1차 마산항쟁 때보다 규모나 싸움의 격렬성, 시민의 참여도가 훨씬 크고 높았다. 2차 마산항쟁에 이어 4월 15일에는 마산상고와 동래고에서, 16일에는 청주공고에서 시위가 있었다. 그리고 17일에는 진주, 창녕, 하동 등지에서 시위가 있었다.

> 전국의 학도여, 눈을 떠라. 그대들 가슴에 진정한 선열의 피가 흐를진대, 눈에 총알이 박혀 참살당한 내 형제가 대낮에 표류하는 마산을 생각하라. 평화적인 데모는 우리의 자유다. 마산 사건에서 총부리 앞에 민주주의를 목이 메도록 외치다가 쓰러지고 행방불명이 된 내 종족들의 살상에 책임지라.
>
> 〈동래고등학교 선언문〉, 1960년 4월 18일

4월 18일에는 고려대 학생 3000여 명이 국회의사당으로 향하였다. 이들은 "1. 행정부는 대학의 자유를 보장하라. 2. 행정부는 이 이상 민족의 체면을 망치지 말고 무능정치, 부패정치, 야만정치, 독재정치, 몽둥이정치, 살인정치를 집어치워라. 3.행정부는 명실상부한 민주정치를 실현하라. 4. 행정부는 이 이상 우리나라를 세계적 후진국가로 만들지 말라."는 대정부 건의문을 결의하였다. 그런데 학교로 돌아가는 도중 그들은 80여 명의 정치깡패한테 테러를 당하여 200여 명이 부상을 입었다.

　4월 18일의 고대생 시위 피습사건은 시민들과 학생들을 더욱 격분시켰고, 이는 마침내 서울의 시민, 학생 20만여 명이 경무대와 시내에서 시위를 하다 경찰의 무차별 사격에 쓰러지는 4·19로 이어졌다. 대구의 2·28항쟁에서 시작되어 마산의 3, 4월항쟁에서 불꽃을 피운 4월혁명은 서울을 중심으로 한 전국 항쟁으로 이어졌고, 마침내 이승만을 대통령에서 물러나게 하는 민중의 승리를 가져왔다.

4월혁명의 계승과 민주주의

　4·19는 결국 이승만 정권의 몰락을 가져왔고, 7·29총선을 앞두고 학생과 노동자, 농민 등 민중 진영은 큰 희망을 안고 진보적 사회단체와 대중 조직을 활발하게 조직하였다. 5월 7일에는 2·28항쟁이 있었던 대구를 필두로 교원노조가 결성되어 4·19혁명의 "피로써 싸워 얻은 이 권리를 우리들은 피로써 지켜 나가자!"는 성명을 내는 등 전국에서 교원노조운동이 활발히 전개되었다.

　대학에서는 5월 3일에 학도호국단이 해체되고 학생회가 조직되면서 6월부터 서울대 학생회가 '국민계몽운동', '신생활운동'을 전개하기로 결의하였다. 7월 6일에는 서울대 국민계몽대가 "4월혁명 정신의 보급,

국립4·19민주묘지와 4·19기념탑 2·28대구 학생시위, 3, 4월 마산항쟁, 그리고 4·19혁명에 이르는 역사와 민중의 정신을 기리고 있다. (서울특별시 강북구 수유4동)

국민 정치의식과 주권의식의 고양, 경제복지의 추구, 신생활 체제의 수립, 민족문화의 창조"를 강령으로 채택하여 7000여 명의 계몽대원들을 전국 각지로 파견하였다. 또 5월 11일 거창에서는 '양민학살사건'에 대한 피학살자 유족회를 결성하여 사건의 진실 규명을 위해 움직였다.

한편 혁신 세력은 '진보당사건' 이후 침잠해 있다가 7·29총선을 맞아 각기 독자적인 정치 세력화를 추진하여 한국사회당, 사회혁신당, 사회대중당 등을 결성하고 민주당에 맞서 총선에 참여하였다. 그러나 대중적 기반의 취약 등으로 참패하고 말았다. 그 뒤 혁신계와 진보정치 세력은 8월 중순부터 자주적 통일운동의 일환으로 민족자주통일 중앙협의회(민자통) 결성을 추진하여 이듬해인 1961년 2월 15일 정식으로 결성대회를 열었다. "민족통일역량의 총집결"과 "통일 유보 또는 선건설 후통일론 분쇄" 등을 주장하였다.

민자통은 학생 세력과 함께 2·8한미경제원조협정 반대투쟁과 3월에 공포된 2대 악법, 즉 '반공임시특별법'과 '데모규제법'에 반대하여 공동 투쟁을 전개하였다. 5월에는 민족통일 전국학생연맹(민통학련)이 결성되어 남북 학생회담과 "가자, 북으로! 오라, 남으로! 만나자, 판문점에서", "이 땅이 뉘 땅인데 오도 가도 못하는가"라는 구호를 내걸고 통일운동을 활발히 전개하였다. 그러나 4월혁명의 이 모든 투쟁의 성과는 5·16군사쿠데타로 한순간에 좌절되고 말았다.

그럼에도 4·19는 그 역사적 의의가 크다 하겠다. 한국전쟁 이후 정치적, 이데올로기적 지형의 협소함 속에서 '실종된' 민중운동을 부활시켰으며, 이후 1970~1980년대 사회민주화운동의 살아 숨 쉬는 투쟁의 기억으로 작용하였기 때문이다.

마산 시민들은 3·15항쟁의 숭고한 의미를 기리고자 1968년부터 마산 구암동에 3·15묘역을 조성하였고, 1993년에는 3·15의거 기념사업회를 구성하여 2003년 3월에 3·15국립묘지와 기념관을 준공하였다. 해마다 3월이면 많은 추모객이 이곳을 방문하여 3·15의 숭고한 정신을 기린다. 3·15민주주의 정신은 단지 그날을 떠올리는 데서 한 걸음 더 나아가 언제나 살아 숨 쉬어, 박제된 기념에 머물지 않아야 할 것이다.

역사의 현장
전남대학교 정문(광주광역시 북구 용봉로)
금남로 거리(동구)
전남도청 앞 광장
망월동 묘역(광주광역시 북구 망월동)
서울역 광장(서울특별시 중구 봉래동)
화순 5·18민중항쟁사적비(전남 화순군 동면 화순광업소 정문 앞)

한국 민주화운동에서 1980년만큼 희망과 절망이 엇갈린 해는 없었다. 1979년 박정희가 피살되면서 사람들은 이 땅에 비로소 민주주의가 실현되리라는 희망을 가졌다. 사람들은 1980년을 '서울의 봄', '민주화의 봄'이라고 불렀다. 그러나 그 희망은 그해 봄을 넘기지 못하고 폭력과 살인, 고문이 온 나라를 뒤덮는 '야만의 시대', '겨울공화국'으로 되돌아가고 말았다.
광주는 바로 그 희망과 야만이 엇갈리는 자리에 서 있었다.

죽음을 넘어 어둠을 넘어
우뚝 선 '해방광주'

현대사의 분수령, 광주민중항쟁

1979년 YH무역 노동조합원들의 신민당사 투쟁, 부마항쟁 등으로 위기를 맞이했던 유신체제는 중앙정보부장 김재규가 박정희를 살해한 '10·26사건'으로 하루아침에 무너졌다. 유신체제의 뼈대를 이루었던 국가기구는 그대로 남아 있었지만, 민주화운동 세력과 유신 세력 그 어느 쪽도 정치 상황을 움켜쥐지 못하는 권력 공백 상태가 생겼다.

이렇게 '독재자 없는 독재체제'가 이어지는 가운데 국군보안사령관 전두환을 중심으로 하는 신군부가 12월 12일 쿠데타를 일으켜 정승화 등 군부 안의 온건파 세력을 제거하였다. 미국은 이 쿠데타를 묵인함으로써 전두환을 중심으로 하는 새로운 지배체제를 인정하는 모습을 보였다. 그러나 민주화운동 세력과 야당은 '민간민선정부'를 앞두고 차츰 분열하였다. 군은 정치에 개입할 빌미를 찾고 있었고, 유신잔재 세력은 민주화로 나아가는 길을 가로막고 있었다.

민주화 기운이 움트던 '서울의 봄'에 짙은 안개가 밀려왔다. 전두환, 노태우 등 신군부 세력은 권력을 손아귀에 넣을 절차를 밟아 나갔다. 1980년 5월 15일, 한꺼번에 교문을 뛰쳐나온 학생과 시민 몇십만이 서울역 광장을 가득 메우고 "계엄 철폐! 유신 세력 퇴진!"을 외치며 민주화를 요구하였다. 이 서울역 집회를 끝내고 학생운동 지도부는 "우리의 뜻을 충분히 알렸으니 학교로 돌아가 다음 상황을 두고 보자."며 이른바 '서울역 회군'을 결정하였다. '서울역 회군'은 신군부에게 권력을 잡을 수 있는 결정적인 기회를 주었다.

학생들이 해산하자마자, 신군부의 꼭두각시 최규하 정부가 비상계엄을 전국으로 확대 실시하였다. 1980년 5월 17일 24시의 일이었다. 그날 밤 신군부는 주요 대학에 병력을 진주시켰다. 그와 함께 학생운동 지도부, 김대중을 비롯한 재야와 제도정치권 주요 인사들을 체포하였다.

계엄 확대 뒤에 밀어닥친 깊은 침묵을 깨뜨린 곳은 광주였다. 1980년 5월 18일 10시쯤, 전남대 정문 앞에서 200명 남짓한 전남대 학생과 공수대원 사이에 첫 충돌이 있었다. 이날 오후 시내 곳곳에 배치된 공수대원은 닥치는 대로 학생과 시민을 때리고 붙잡아 갔다. 신군부가 내린 작전명령 '화려한 휴가'는 광주에서 이렇게 시작되었다. 5월 19일 날이 밝자, 계엄군의 만행을 전해 들은 학생과 시민이 거리로 쏟아져 나왔다. 공수부대가 닥치는 대로 시민들을 살상하기 시작한 '화려한 휴가'에 맞서 일반 시민들은 적극 공세를 펼쳤다.

20~21일 오전부터는 일반 시민이 차츰 투쟁의 선두에 섰다. 20일 운전기사들이 벌인 차량시위는 항쟁을 새로운 단계로 진입시키는 계기가

되었다. 이 차량시위는 투쟁에서 조직이 얼마나 중요한지를 보여 주었고, 항쟁에서 노동자들이 주요한 역할을 맡게 하는 발판을 마련하였다. 5월 21일 1시, 계엄군은 도청에서 울려 퍼지는 애국가에 맞추어 집단 발포하였다. 본격적인 유혈극을 시작한 것이다. 이에 맞서 시위대중은 카빈총으로 무장하고 시가전을 벌였다. 광주 시민들은 무장시위대를 자연스럽게 '시민군' 이라 불렀고, 계엄군에 맞서는 자신들의 군대로 여겼다. 항쟁이 전남 지역으로 번지기 시작하면서 22일 오전 마침내 시민들이 도청을 점령하였다. 시민군은 도청을 본부로 삼고, 조직을 새로 정비하였다. 항쟁을 시작한 지 4일 만에 광주는 '해방' 을 맞이했지만, 5월 22일부터 26일까지 5일 동안 밖에서 들어오는 모든 물자 공급이 끊겼다. 그럼에도 광주에서 물건을 매점매석하는 일은 일어나지 않았다. 금융기관 도난사건이 단 한 건도 없을 만큼 광주 시민들은 질서를 잘 지켰다.

'외곽 봉쇄작전' 을 펴며 광주를 완전히 진압하려고 모든 준비를 갖춘 계엄군은 시민군에게 조건 없이 항복하라고 최후통첩을 보냈다. 5월 27일 새벽, 곳곳에서 총소리가 나기 시작하였다. 새벽 5시쯤, 신군부의 '폭도 소탕작전' 은 끝이 났다. 신군부는 이날 무려 2만 명 남짓한 병력을 동원하여 '광주시를 탈환하였다.'

10일 동안 벌어진 광주민중항쟁은 이렇게 장엄한 막을 내렸다.

타오르는 항쟁의 불씨, 전남대 정문

박정희 정권은 1975년 5월 13일 유신체제를 비판하는 모든 표현과 행위를 금지하는 것을 내용으로 하는 '긴급조치 9호'를 발동하였다. 1975년 중반에는 모든 학교에서 자율적인 학생회를 없애고, 현역군인이나 제대한 장교가 지도하는 '학도호국단'을 조직하였다. 또 그해 여름부터는 방학을 이용하여 일반 학생들에게도 병영집체교육을 실시하면서 학생들을 체제 안으로 끌어들이는 정치 교육을 강화하였다. 박정희가 죽은 뒤에 찾아온 1980년 '민주화의 봄' 때 학생들은 그동안 억눌렸던 열망을 터뜨리며 민주화를 위해 활발하게 움직이기 시작하였다.

다른 곳과 마찬가지로 광주에서도 학생회 부활투쟁과 학원 민주화투쟁을 거쳐 정치투쟁으로 나아가려는 움직임이 일어났다. 전남대 학생들은 광주에서 가장 먼저 총학생회를 만들고 박관현을 총학생회장으로 뽑았다. 전남대 총학생회는 신입생들의 병영집체훈련 거부투쟁과 5월 초 비상계엄 해제와 유신잔당 퇴진을 요구하는 투쟁을 벌이는 과정에서 일반 학생들의 투쟁 의지를 크게 북돋웠다.

전남대 학생들은 5월 14일 교문 밖으로 나가 대규모 집회를 열어 유신잔당 퇴진을 요구하는 시위를 벌이고 시민들의 궐기를 호소하였다. 서울역 집회에 몇십만이 모인 5월 15일, 광주에서도 전남대뿐만 아니라 조선대와 광주교대 학생들, 시민들까지 시위에 참가하여 도청 분수대 앞에 1만 6000명이 모였다. 다른 곳과 마찬가지로 이 집회에서도 "비상계엄 해제하라", "유신잔당 물러가라", "노동삼권 보장하라"는 등의 구호를 외쳤다. 학생회 지도부는 휴교령이 떨어질 가능성이 매우 높다고 보고, "만약 휴교령이 내려지면 그 다음 날 오전 10시에 일단 학교 정문 앞에 모여 시위를 벌이고 정오에 도청 분수대 앞에 모이자."는 투쟁 방침을 학생들에게 전달하였다.

5월 16일, 광주 학생운동지도부는 서울 학생들이 '서울역 회군' 뒤에 시위를 멈춘 것을 알면서도 도청 분수대 앞에서 대규모 집회를 열었다. 집회를 마친 뒤에는 길거리 행진을 하였다. 그리고 다시 도청 앞에 모여 오후 8시부터 횃불시위에 들어갔다. 400개 남짓한 횃불이 밤을 밝히는 가운데 시위대의 함성이 광주 시내를 뒤덮었다. 학생들은 '5·16 화형식'을 마친 뒤 해산하였다.

5월 17일에는 전국 어디에서도 학생시위가 없었다. 바로 이날 오후 11시 즈음, 광주에도 검거 바람이 불어닥쳤다. 신군부는 학생회 간부와 재야인사들을 일제히 체포하였다. 그리고 1980년 5월 17일 24시, 비상계엄을 전국으로 확대 실시하면서 대도시에 군대를 투입하였다. 자정 무렵 전남대를 점령한 공수부대원들은 학교에 남아 공부하고 있던 학생들을 무조건 체포하고, 진압봉과 군홧발로 초주검을 만들어 버렸다.

5월 18일, 휴교령이 내려진 것을 모르고 아침 일찍 학교로 들어가려

╋ **전남대 정문** 1980년 5월 18일 이곳에서 전남대 학생들과 공수부대원 사이에 첫 충돌이 있었다. (광주광역시 북구 용봉로)

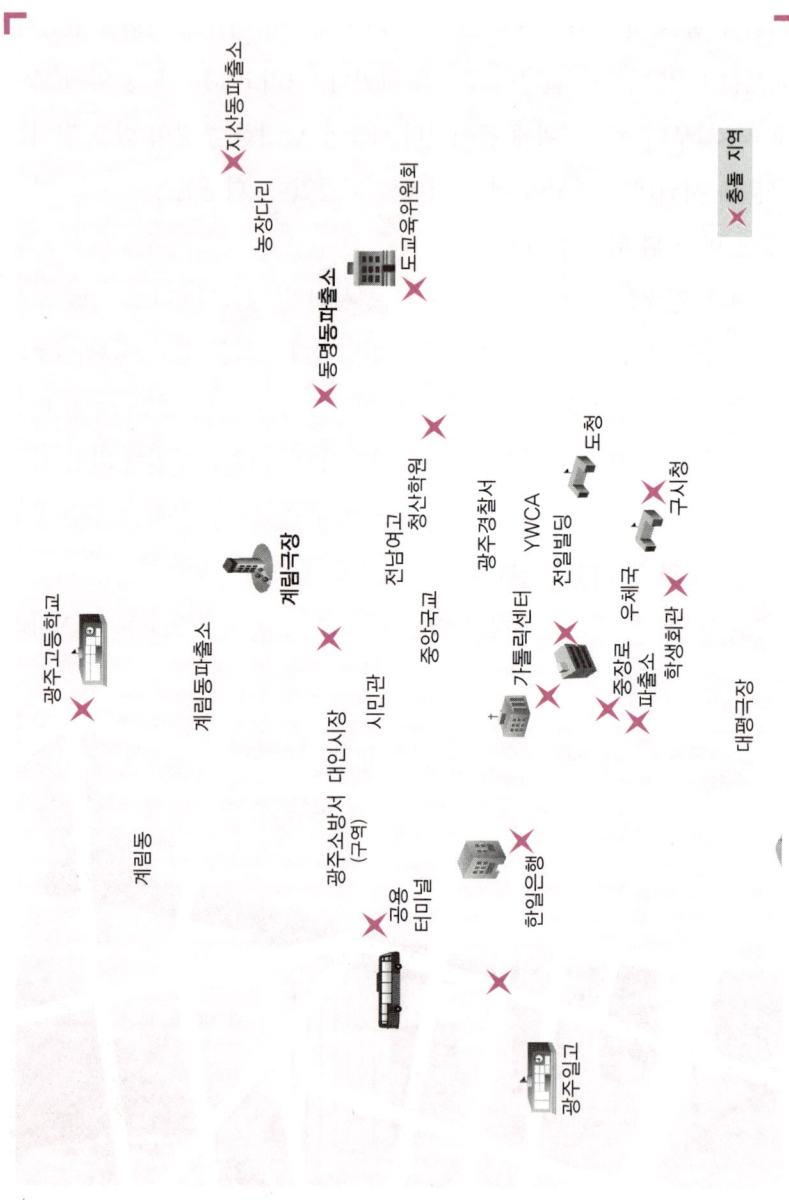

+ 5월 18일 전남대 학생과 계엄군이 충돌한 곳 (황석영 기록, 《죽음을 넘어, 시대의 어둠을 넘어》, 풀빛, 1985, 45쪽 인용)

던 학생들이 군인들에게 잡혀 맞거나 달아났다. 이 소식이 전해지자 두려움을 누르고 학생들이 하나 둘 정문으로 모여들었다. 휴교령이 내려지면 아침 10시에 정문 앞으로 모이라는 총학생회의 행동 방침이 있었던 터라 10시가 되자 200명 남짓한 대오가 형성되었다. 이 용감한 학생들은 수가 늘어나자 힘을 얻어 "계엄 해제", "휴교령 철회", "공수부대 물러가라" 등의 구호를 외쳤다. 10시 조금 넘어 공수부대원들이 학생들을 공격하였다. 학생들은 한꺼번에 달아났지만, 붙잡힌 몇몇은 진압봉에 맞고 군홧발에 차여 피투성이가 된 채 쓰러졌다. 학생들을 뒤쫓던 공수부대원들은 이를 말리는 시민들에게도 폭력을 휘두르고, 민가의 나무 대문에 대검을 찍는 등 위세를 한껏 뽐냈다. 이것이 첫 충돌이었다.

학생들은 이 첫 싸움에서 무참하게 패배했지만, 굽히지 않고 투쟁대열을 가다듬으며 도심으로 나아가 시위를 조직하였다. 학생들은 시민들을 투쟁으로 끌어들이려고 애썼다. 오후 3시쯤 시내에 들어온 공수부대는 곳곳에서 처참한 살인극을 벌였다. 그들은 진압봉과 군홧발, 대검으로 폭력을 휘두르며 광주에서 '화려한 휴가'를 보냈다.

가자, 도청으로!

광주에서 공수부대가 군사작전 '화려한 휴가'를 펼친 1980년 5월 18일은 '피의 일요일'이었다. 광주 곳곳에 핏물이 고이고 온 시내가 공포에 휩싸였다. 5월 19일 아침이 밝자, 군인과 경찰은 삼엄한 경비를 펴면서 학생처럼 보이는 젊은이를 보면 무턱대고 때리며 어디론가 끌고 갔다. 계엄군의 잔혹한 폭력을 직접 보거나 소문을 들은 시민들은 공포심을 밀치고 거리로 쏟아져 나왔다. 이로써 광주민중항쟁은 차츰 능동적인 저항으로 바뀌었다. 항쟁의 주체도 학생에서 광주 시민 전체로 옮겨 갔다.

　항쟁 사흘째인 5월 20일 오후가 되면서 10만에 이르는 인파가 금남로를 가득 메웠다. 이들은 목숨을 걸고 계엄군에 맞서 시위하였다. 시위군중과 계엄군이 밀고 당기는 공방전을 되풀이하던 오후 7시 즈음, 앞머리에 버스와 트럭을 앞세운 200대 남짓한 차량이 전조등을 켜고 경적을 울리며 금남로에 들어섰다. 차량시위대가 나타나자 시민들은 목이 터져라 환호하며, 차량에 올라타거나 차량시위대를 에워싸고 함께 행진하였다. 사기가 오른 시위대의 함성은 높아만 갔다. 시위대는 곳곳에서 공수부대를 포위하였다. 날이 어두워지면서 시위대는 계엄군을 밀어내고 광주 곳곳을 '해방' 시켰다. 광주의 상황을 단 1초도 보도하지 않아 광주 시민들에게 분노의 표적이 된 KBS와 MBC 방송국이 불탔다. 그리고 이날 오후 8시 즈음, 계엄군은 광주 신역에서 처음으로 시위대에게 총을 쏘았다.

　항쟁 나흘째인 5월 21일 새벽, 계엄군은 전남대와 조선대로 밀려났다. 공수부대가 남아 있는 곳은 도청 한 곳뿐이었다. 동틀 무렵, 광주 신역에서 계엄군이 미처 치우지 못한 시신 2구가 발견되었다. 시민들은 시신을 손수레에 싣고 그 위에 커다란 태극기를 덮었다. "도청으로 가자!"고 외치며 손수레를 앞세우고 수만 시민이 행진을 하였다. 21일 아침 10시, 일부 시위대가 아세아자동차 공장에서 가져온 장갑차를 앞세우고 금남로에서 계엄군과 대치하며 농성을 벌였다. 또 다른 시위대는 광주 소식을 알리고 동참할 것을 호소하고자 광주 바깥으로 나갔다.

　이날 시위군중은 시민 대표를 뽑아 도지사와 협상하려 했지만, 신군부는 오후 1시 정각에 느닷없이 애국가를 틀면서 시민들에게 총을 쏘았

+ 금남로에 모여든 시민과 차량 시위대

다. 눈 깜짝할 사이에 도청을 마주한 금남로는 피바다가 되었다. 5월 21일, 이날은 음력 초파일로 '부처님 오신 날'이었다. 이날 광주에서는 '초파일의 유혈극'이 벌어졌다. 광주 시내 대부분의 병원에서는 사망자와 부상자가 복도까지 넘쳐났다.

공수부대가 마구 쏜 총으로 엄청난 희생을 치른 광주 시민들은 스스로를 지키려고 무장을 하였다. 시민들은 예비군 무기고와 파출소 등에서 가져온 총과 탄약을 나누어 가졌다. 계엄군에 견주면 보잘것없는 카빈총과 M1소총을 들고 있었지만, 광주 시민들은 시민군을 환영하였다. 무장시위대는 스스로를 '시민군'이라 말했고, 광주 시민들은 그들을 자신들의 군대로 여겼다. 21일 오후 5시 즈음, 시민군은 계엄군 임시본부인 전남도청을 공격하였다. 계엄군은 허겁지겁 물러갔다. 이로써 항쟁을 벌인 지 4일 만에 교도소를 뺀 광주 전체가 '해방'을 맞이하였다.

'해방광주'에서 시민들은 날마다 시민궐기대회를 열어 항쟁을 조직화하고 강화하는 데 온 힘을 기울였다. 시민군은 도청을 본부로 삼고 조직을 새로 정비하였다. 5월 22일에는 관료, 변호사, 종교인 들이 중심이 되어 '5·18 수습대책위원회'를 만들고 계엄 당국과 협상에 나섰다. 그러나 신군부는 아랑곳하지 않았다. 신군부는 5월 23일 '폭도 소탕작전'을 세우고 무력으로 시민군을 진압하기로 결정하였다. 때를 맞추어 계엄 당국은 다음과 같은 전단을 광주 시내에 뿌렸다.

경고문

친애하는 시민 여러분!

이제까지는 여러분의 이성과 애국심에 호소하여 자진 해산과 질서 회복을 기대해 보았습니다. 그러나 총기와 탄약과 폭발물을 탈취한 폭도들의 행패는 계속 가열되고 있으며, 이러한 상황 하에서는 부득이 소탕하지 않을 수 없게 되었습니다.

시민 여러분!

소요는 고정간첩, 불순분자, 깡패에 의해 조종되고 있습니다. 지금 즉시 대열을 이탈하여 집과 직장으로 돌아가십시오.

계엄사령관 이희성, 1980년 5월 23일

수습대책위원회는 무장을 해제하고 협상하자는 '투항파'와 이를 반대하는 '투쟁파'로 나뉘었다. 마침내 5월 25일 3차 시민궐기대회에서 투쟁파의 주장이 지지를 얻어 김종배를 위원장으로 하는 새로운 집행부를 구성하였다. 한뜻으로 〈아리랑〉과 〈우리의 소원〉을 밤낮 불러 외치던 광주 시민들은 시민궐기대회에서 다시금 투쟁의지를 다졌다. 한 노동자는 다음과 같이 호소하였다.

광주 애국시민들에게

오늘도 진정한 민주주의를 위하여 투쟁을 계속하고 계시는 시민 여러분께 저는 광주동단에서 근무하고 있는 노동자입니다.

많은 우리 노동자들이 출근길에 그 잔인한 반란군에게 폭행을 당하고 수많은 학생과 시민들이 그들에게 연행되거나 폭행을 당했습니다. 하지만 그때까지 우리는 참고 있었습니다. 많은 작업 시간 때문에 낮에는 나올 수 없었으니까요. 하지만 사태가 악화되면서 우리들의 부모형제가 검붉은 피를 흘리며 하나하나 쓰러져 갈 때, 아무리 사회 정세를 모르는 노동자들이지만 어떻게 참고 모르는 척할 수 있겠습니까. … 그동안 우리 노동자들은 눈이 있어도 보지 못하고 입이 있어도 말을 하지 못하고 귀가 있어도 듣지 못하는 현실 속에서 살아왔습니다. 살인적으로 솟는 물가에 비해 형편없는 저임금으로 우리의 한 달 봉급은 생활비가 아닌 생존비로밖에 쓸 수 없었습니다. … 이번에 새로 조직된 광주시 민병대원을 믿고 의지하면서 우리의 권리를 찾고 원수를 갚기 위해서 투쟁을 계속해야 하지 않겠습니까.

계엄령을 즉각 철폐하라. 노동3권 보장하라. 어용노조 물러가라.

새 집행부는 투쟁과 협상을 함께하면서 시간을 벌려고 하였다. 그러나 외곽 봉쇄작전을 펴며 광주를 진압하기 위한 모든 준비를 마친 계엄군은 시민군에게 5월 26일 오후 6시까지 무조건 항복하라는 최후통첩을 보냈다. 항쟁지도부는 "우리 모두 계엄군과 끝까지 싸웁시다. 우리는 광주를 사수할 것입니다. 우리는 최후까지 싸울 것입니다. 시민 여러분, 계엄군이 쳐들어오고 있습니다."라는 가두방송을 하였다. '외로운 도시' 광주는 마지막 불꽃을 태우고 있었다. 5월 27일 새벽 4시가 지나면서 계엄군이 쏟아 내는 요란한 총소리가 광주를 울리기 시작하였다. 도청에 있는 시민군은 2층 복도에 몸을 숨긴 채 죽음의 문턱에서 절망적인 전투를 벌였다. 그렇게 4시간이 흐른 뒤 신군부는 '해방광주'를 완전히 점령하였다. 광주를 진압한 신군부의 대표자 전두환은 박정희 유신체제가 만든 '통일주체국민회의' 체육관 선거에서 2525명 가운데 1명을 뺀 2524명의 지지를 얻어 제11대 대통령이 되었다.

광주 밖에서 일어난 광주민중항쟁

5월 21일 도청 앞 발포사건을 계기로 항쟁은 광주를 벗어나 전남 지역으로 빠르게 번져 나갔다. 이는 전남 지역 경찰 대부분이 광주에 투입되어 광주 인근 도시의 경비가 상대적으로 취약했기 때문이다. 5월 20일 일어난 차량시위 이후 기동력을 확보한 시위대는 공수부대가 외곽봉쇄작전을 펴기 전에 광주를 빠져나가 광주 소식을 전하고 함께 궐기할 것을 호소하였다. 목포, 함양, 무안, 나주, 영산포, 영암, 강진, 해남 등에서 시위대가 경찰서 무기고를 부수고 무기를 손에 넣었다. 그러나 전남 동부 지역인 여수, 순천, 보성까지는 항쟁이 확산되지 못했다. 광주 차량시위대가 진출한 모든 곳에서 무기 획득을 시도하였다. 광주처럼 무자비한 진압 사태는 없었지만, 계엄군과 맞서고 있던 몇몇 곳에서 총격전이 벌어졌다.

이 가운데 '5·18 최대의 현장' 화순은 '광주를 지킨 다이너마이트'를 제공하였다. 1980년 5월 21일 오전 11시쯤, 너릿재 터널을 지나 광

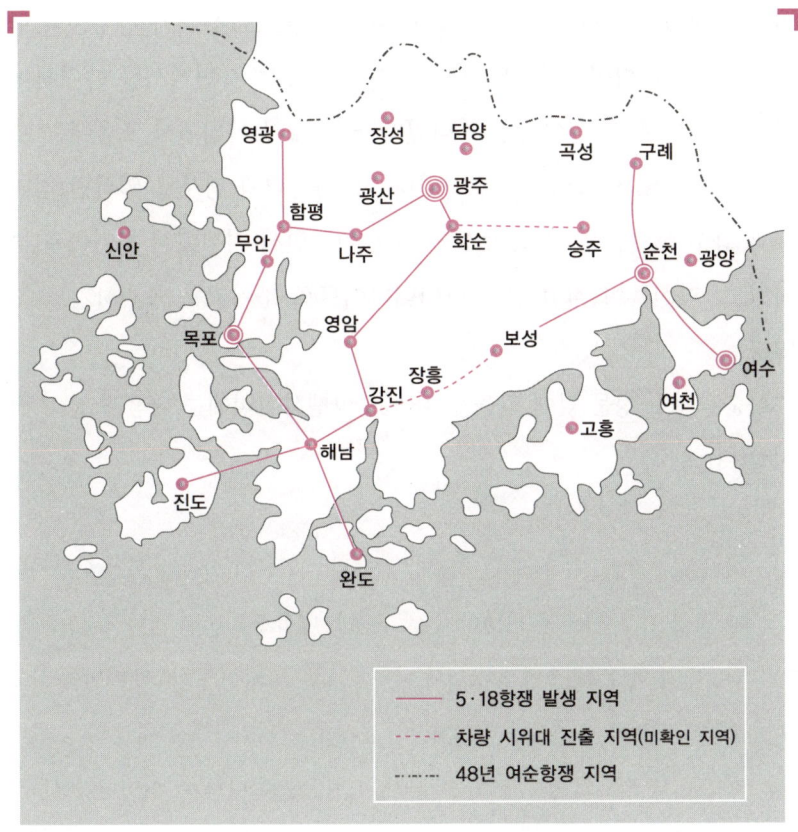

+ **전남권 일대로 번지는 광주민중항쟁 지도** (오유석, 〈외곽 지역의 항쟁으로 본 5·18민중항쟁〉, 《5·18은 끝났는가》, 푸른숲, 1999, 149쪽 인용)

주에서 온 200명 남짓한 시위대가 "계엄 해제", "노동삼권 보장" 등의 구호를 외치며 화순 일대에서 시위를 벌였다. 오후 2시 30분쯤, 광주에서 계엄군이 총을 쏘기 시작했다는 소식을 가지고 너릿재를 넘어온 시위대와 화순 사람들이 힘을 합쳐 동면지서를 급습하였다. 그리고 여기서 탈취한 무기를 광주로 실어 날랐다. 오후 3시 무렵에는 화순경찰서를 습격하여 많은 무기를 획득하였다. 시위대는 이날 밤 화순탄광으로 가던 길에 송광지서를 손에 넣었다. 이어 탄광으로 들어가 광부들의 협조 아래 많은 다이너마이트를 얻었다. 시위대는 북면지서를 습격하여 무기를 획득한 뒤 철야농성을 벌였다. 5월 22일 아침 6시 즈음에는 모든 무기를 광주도청으로 운반하였다. 또 화순탄광 광부로 일하던 청년들과 화순 청년들은 벌교, 보성 등지를 거치면서 지서에서 무기를 획득하였고, 자신들이 직접 만든 다이너마이트로 무기고를 폭파하기도 하였다.

화순광업소 정문 앞에 있는 5·18민중항쟁사적비에는 다음과 같이 적혀 있다.

> 여기 화순광업소는 1980년 민중항쟁 당시 계엄군의 학살과 폭압에 항거하기 위해 이성전 씨 등 화순군 출신 청년 13명이 5월 21일 밤 9시께 8톤 트럭 7대에 화약 2천 6백 49상자와 뇌관 355개, 도화선 4천 6백 미터를 싣고 광주로 출발하여 이튿날인 22일 7시경 광주시 지원동에서 대기 중인 광주시민군 측에 넘겨주게 한 5·18 최대의 현장으로 바로 이 다이너마이트가

5·18민중항쟁사적비 화순탄광 정문 앞에 조그맣게 자리한 이 비는 화순탄광이 광주항쟁 때에 큰 역할을 했음을 보여 준다. 화순탄광은 현재 대한석탄공사 화순광업소로 이름을 바꾸었다. (전남 화순군 동면 복암리)

전남도청에 들어가자 계엄군은 혼비백산 광주 외곽으로 철수했다.

광주민중항쟁 동안 화순을 비롯한 광주 바깥 지역과 광주는 서로 연결하려 했지만, 계엄군이 광주를 봉쇄하는 바람에 성공하지는 못하였다. 광주 밖에서 일어난 항쟁은 광주민중항쟁처럼 크게 확대되지 못하였다.

무장시위가 5월 21, 22일에 전남 서부 지역으로 번지면서 신군부의 부담도 커졌다. 공수부대는 도청에서 공수부대원을 철수시킨 뒤 곧바로 광주로 통하는 주요 도로를 막고 새로운 진압작전을 준비하였다. 광주 밖에 머무르던 계엄군은 광주봉쇄작전을 펼치면서 광주를 오가는 수많은 양민을 잔혹하게 살상하였다.

묻어 둔 광주, 살아오는 광주 — 구묘역과 신묘역

망월동 구묘역은 5·18광주민중항쟁 때 산화한 영령들이 묻혔던 곳이다. 광주민중항쟁 희생자 가족들과 친지들은 공포와 분노에 떨며 처참하게 훼손된 주검을 손수레에 싣고 와 이곳에 묻었다. 연고자를 찾을 수 없거나 5월 27일 도청 함락 때 희생된 주검은 청소차에 실려 와 이곳에 묻혔다. 그 뒤 망월동 묘지는 '민주성지'가 되고 광주민중항쟁의 정신을 기리는 역사의 현장이 되었다.

전두환 정권은 망월동에 묻힌 유해를 다른 곳으로 옮기도록 유족들을 회유하고 협박하였다. 1982년 광주에서 사업을 하는 사람들로 하여금 '전남지역개발협의회'를 조직하게 하고, 이들을 앞세워 끈덕지게 묘지

이장 책동을 펼쳤다. 이들은 먼저 광주 밖에 사는 사람에게 고향 선산으로 옮기라면서 돈을 건넸다. 유족들이 "옮길 만한 땅이 없다."거나 "바쁘다."고 대답하면, 전남지역개발협의회는 "허락만 하면 우리가 다 해 주겠다."고 말했다. 그래도 꿈쩍하지 않으면, "포크레인으로 싹 밀어 버리고 돈도 못 받게 하겠다."며 협박도 서슴지 않았다. 이런 회유와 협박으로 1984년 11월까지 모두 26기의 묘가 다른 곳으로 옮겨졌다. 그러나 뜻있는 유족들과 학생, 사회운동단체가 나서서 묘지가 이장되는 것을 막았다. 묘지 이장 책동에 맞서 싸운 제3대 유족회장 전계량 씨는 그때를 떠올리며 다음과 같이 말했다.

> 묘지 이장 책동은 전두환 정권의 잔학성을 그대로 보여 주고 있습니다. 망월동 5·18묘역이 성지로 부각되고 그것이 민중민주운동 결집의 상징이 되는 것에 대한 파괴 공작인 것입니다. 그것은 5·18정신을 파괴하는 것이고, 한 번 죽인 사람을 두 번 죽이는 행위였습니다. 학살한 시체까지 이용하는 독재권력의 잔학성은 생각만 해도 치가 떨립니다.

1994년부터 묘지성역화 사업을 추진하여 1997년에 새로운 5·18묘지가 완성되자, 이곳에 묻힌 영령들을 새 묘역으로 이장하였다. 그러나 망월동 묘지는 1980년 광주의 참상을 처절하게 안고 있고, 그동안 나라 안팎에서 수없이 많은 참배객이 다녀간 곳이므로 그대로 보존하고 있다.

망월동 묘지는 '민중민주운동'의 상징물이자, 1980년대 새로운 민중운동의 저수지가 되기도 하였다. 한 노동자 시인은 5월과 망월동을 다음과 같이 노래하였다.

우리의 자랑스런 투사들을
더 이상 망월동에 묻어 두지 말아다오
더 이상 상처로만 치유하려거나
지난 역사에 맡기지 말아다오
오월은 노동자, 농민의
영웅적 투쟁의 대열에
살아 있다
계속되고 있다

백무산, 〈오월은 어디에 있는가?〉에서

흔히 신묘역이라 부르는 국립5·18묘지는 '광주민주유공자법'이 만들어지면서 국립묘지가 되었다. 광주민중항쟁 뒤에 수많은 투쟁이 일어나고 민주화가 진행되면서, 1990년대에 5·18희생자 묘역을 '민주성지'로 바꾸자는 움직임이 있었다. 이에 정부는 광주광역시 북구 운정동 5만 평 정도의 부지에 국립5·18묘지를 만들었다. 1994년부터 시작한

망월동 묘지 1980년 5월의 영령들이 묻혀 있다. 또 민주화운동을 벌이다 사망한 김남주, 이한열, 강경대 등 민주열사와 노동열사가 안장되어 있다. (광주광역시 북구 망월동)

5·18묘지 성역화 사업이 3년 만에 완공되어 구묘역에 묻혀 있던 분부터 이곳에 안장하였다.

국립5·18묘지로 들어가려면 '민주의 문'을 지나야 한다. 1980년 '해방광주'라는 말에 익숙한 사람들은 '국립'이라는 말이 아직 낯설지 모르고, '민주'라는 말도 저마다 달리 해석할 수 있다. 그러나 이곳을 참배하는 사람이라면 누구든 추모탑으로 가는 길 양옆, 번듯한 자리에 김대중, 이회창, 고건, 김종필이 '기념식수'를 해 놓은 것이 '5·18정신'에 맞는 것인지 되물어 보아야 할 것이다.

'해방광주'는 무엇을 남겼는가

왜 1980년 광주에서 민중항쟁이 일어났는가? 먼저 이 지역의 경제적, 사회적 상황을 살펴보아야 한다. 광주, 전남 지역은 영남 지역과는 달리 거대독점자본이 들어서지 않아 산업 연관 효과가 적었다. 중소자본이 몰락하고 노동계급이 제대로 성장하지 못한 데에서 알 수 있듯이, 광주는 상대적으로 경제성장이 뒤쳐진 곳이었다. 호남은 '한국의 제3세계'였다. 이는 산업화 과정에서 탈농·이농 현상과 인구 유출이 이 지역에서 가장 심했던 것으로도 알 수 있다.

여기에 더하여 박정희 정권 때 사회적, 문화적, 정치적 차별이 많았던 탓에 호남 민중은 피해의식이 컸고, 그 어느 곳 못지않은 민주화 열망을 가지고 있었다. 그런 데다가 보수 집단이 꺼리던 야당 정치인 김대중이 이곳에 정치 기반을 두고 있었기 때문에, 영남 지역에 지역 기반을 둔 신군부는 자신들한테 저항하는 세력에게 본보기를 보여 정권을 손아귀에 넣을 계기를 마련할 수 있는 곳으로 여겼다. 마침 5·17 비상계엄 확대로 온 나라가 침묵에 휩싸여 있을 때 광주, 전남 지역에서만 시위와 투쟁이 이어졌고, 기회를 엿보던 신군부는 재빠르게 '화려한 휴가지'로 광주를 골랐다.

광주민중항쟁은 한국 자본주의의 모순이 1980년 5월에 광주, 전남 지역에서 터져 나온 것이었다. 군사작전 '화려한 휴가'는 신군부가 광주를 목표로 한 사전 계획이며 군의 선별 전략이었다. 그러나 20년 넘게 진실을 규명하려는 노력이 있었지만, 누가 광주 시민에게 총을 쏘라고 명령했는지, 전방의 국군부대를 광주에 투입하도록 승인한 미국이 어떤 역할을 했는지는 다 밝혀지지 않고 있다.

광주민중항쟁은 겉으로는 1970년대 반독재 민주화운동이 이어진 것이다. 신군부와 지배 세력은 자신의 뜻에 맞게 권력을 재편하면서 공세적으로 대응했지만, 민중은 1970년대와 마찬가지로 독재에 반대하고 민주주의를 되찾는다는 소시민운동의 틀 안에 머물러 있었다.

그러나 항쟁이 진행되는 과정에서 광주는 새로운 모습을 보여 주었다. 광주민중항쟁은 쉼 없이 일어나던 근·현대사 민중투쟁의 전통을 잇고 발전시킨 항쟁이었다. 또한 지배권력이 얼마나 폭력을 휘두르는지를 뚜렷하게 드러냄으로써 어떤 세력을 어떻게 극복해야 할지를 분명하게 보여 주었다. 뿐만 아니라 광주민중항쟁은 항쟁하는 과정에서 상황만 주어진다면 대중도 무장투쟁을 할 수 있음을 보여 주는 하나의 이정표였다. 나아가 광주민중항쟁만을 떼어 놓고 보면 반미의 성격을 지니고 있지 않지만, '미국에 대한 환상'을 깨뜨리는 계기를 마련하기도 하였다.

광주민중항쟁의 패배는 민중운동에서 엄청난 시련이었지만, 민중운동의 이념과 동력, 방법 등 사회 변혁에 대해 근본적인 문제 제기를 함으로써 그 뒤 운동이 발전하는 계기를 만들어 주었다. 1960년 4월혁명이 자유민주주의 의식을 확장시켰다면, 광주민중항쟁은 민주화운동을 사회변혁 인식으로 확대시켰다. 그런 점에서 광주민중항쟁은 민중운동의 분수령이자 민중투쟁의 전환점이었다.

1980년 죽음 속으로, 어둠 속으로 '해방광주'는 사라져 갔지만, 불사조처럼 다시 살아서 지금 우리 앞에 우뚝 서 있다.

> 우리들의 아버지는 어디로 갔나
> 우리들의 어머니는 어디서 쓰러졌나
> 우리들의 아들은
> 어디에서 죽어 어디에 파묻혔나
> 우리들의 귀여운 딸은
> 또 어디에서 입을 벌린 채 누워 있나
> 우리들의 혼백은 또 어디에서
> 찢어져 산산이 조각나 버렸나
> 하느님도 새떼들도
> 떠나가 버린 광주여
> 그러나 사람다운 사람들만이
> 아침저녁으로 살아남아
> 쓰러지고 엎어지고, 다시 일어서는
> 우리들의 피투성이 도시여
> 죽음으로써 죽음을 물리치고
> 죽음으로써 삶을 찾으려 했던

아아 통곡뿐인 남도의

불사조여! 불사조여! 불사조여!

김준태, 〈아아, 광주여! 우리나라의 십자가여!〉에서

역사의 현장 명동성당(서울특별시 중구 명동)
향린교회(중구 명동)
연세대학교 정문(서대문구 신촌동)
남영동 치안본부 대공분실(용산구 남영동)
성공회 대성당(중구 정동)

서울시 중구 명동에 있는 명동성당은 천주교 서울대교구 주교좌 성당으로, 1892년(고종 29)에 착공하여 1898년에 준공되었다. 명동성당은 한국 근대 건축사에서 가장 규모가 큰 첫 고딕양식 건축물로, 사적 제258호로 지정되어 있다. 또한 '3·1민주구국선언 사건(명동 사건)' 등을 거치면서 민주화운동의 발상지로서 시위와 집회, 피신 등의 장소로도 널리 알려졌다.

1987년 6월항쟁이 지속적이고 전국적으로 확산된 데에는 무엇보다 '명동성당 농성투쟁'이 있었다. 6월 10일 저녁 신세계백화점 본점 일대, 회현동 고가도로, 퇴계로, 명동 주변에서 치열한 가두투쟁을 전개하던 대규모 시위군중은 경찰의 무자비한 진압과 연행작전에 밀려 명동성당으로 집결하였다. 명동성당에 모인 시위군중은 자발적으로 집행부를 구성하고 투쟁 대오를 가다듬었다. 명동성당이 6월항쟁 '투쟁의 구심'이 되는 순간이었다.

6월항쟁의 구심, 명동성당

80년 광주항쟁에서 87년 6월항쟁으로

1980년 광주항쟁을 총칼로 짓밟고 등장한 전두환과 신군부 세력은 과거 유신 정권보다 더 엄격한 권위주의 지배체제를 구축하기 시작하였다. 국가보위비상대책위원회(국보위)를 실질적 권력기구로 앞세워 '숙정'과 '사회정화'라는 강압적 분위기 속에서 정치적 반대 세력을 모두 몰아내고 공무원, 언론인 등을 강제 해직시켰다. 그리고 순화교육이라는 이름 아래 민주노조 지도자들을 포함한 4만여 명을 '삼청교육대'에 집어넣어 신군부 세력에 순응하도록 만들었다.

한편 전두환 정권은 미국 레이건 행정부의 신자유주의, 신보수주의에 편승하여 자본 자유화와 상품시장 개방 등의 정책을 실시하였다. 이는 국민으로부터 부를 수탈하여 자본가에게 집중시키고, 새로운 외자外資

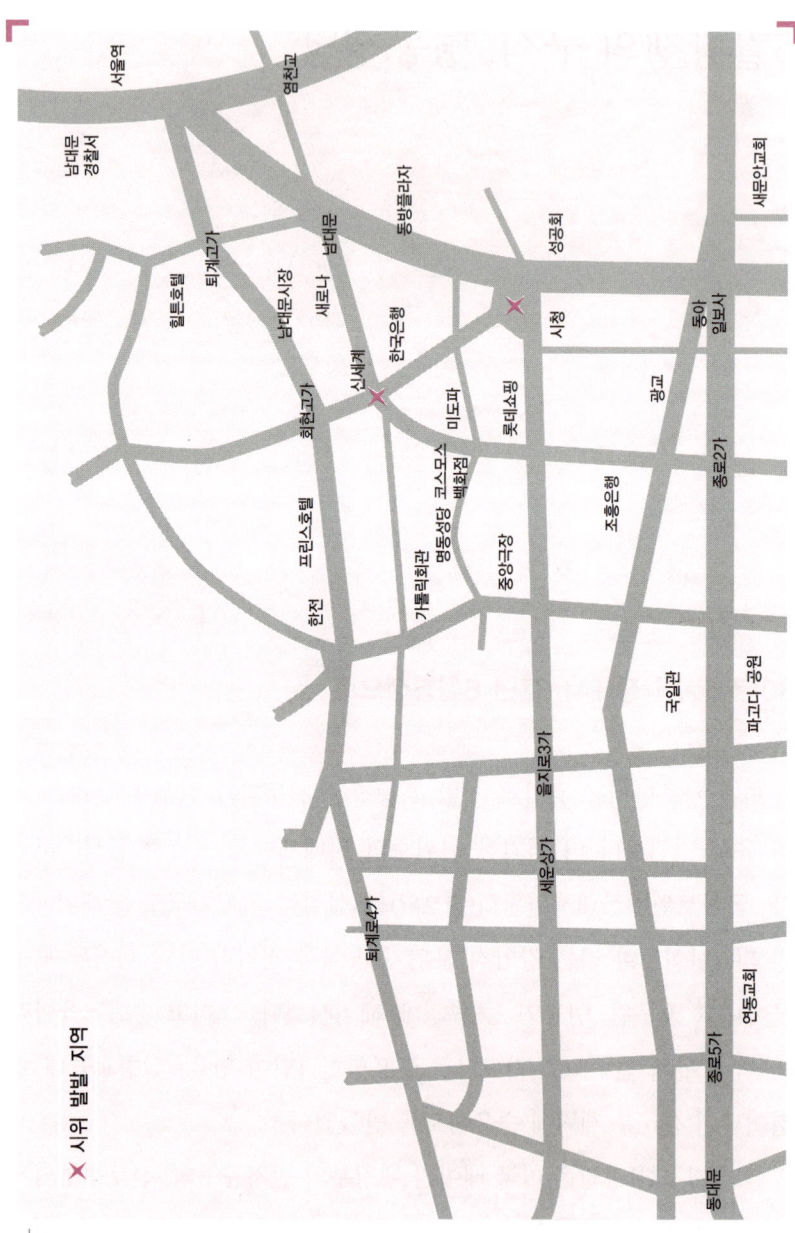

+ **1987년 6월 시위가 일어났던 서울의 주요 지역** 지도에 나타난 거의 모든 지역이 시위대로 뒤덮였었다.

를 도입하여 외채문제를 해결하려는 것으로 신식민지적 지배구조의 위기를 더욱 가중시켰다. 이 와중에 전두환 정권은 '제3자 개입 금지' 조항을 마련하여 민주 세력의 노동운동에 대한 지원을 막고 청계피복노조, 반도상사노조, 콘트롤데이타노조 등 민주노조를 해산시켰다.

전두환 정권은 1985년 12대 총선에서 다수 의석을 확보하여 정권의 장기적 안정을 도모하기 위해 1983년 말에 제적학생 복교 조치, 학원자율화 조치, 정치인의 해금 등 일련의 유화 조치를 단행하였다. 그러자 이를 계기로 여러 대학에서 학원자율화 추진위원회가 결성되는 등 학원민주화투쟁이 일어났다. 또 전두환 정권이 1980년 5·17 이후 해고노동자 1000여 명의 명단을 작성하여 사업주에게 배포한 블랙리스트가 이 무렵에 발견되면서, 노동자들은 블랙리스트 철폐투쟁을 벌였다. 이 투쟁은 한국노동자 복지협의회의 창립과 1984년의 노동법 개정투쟁으로 이어졌다.

1985년 2·12총선에서 신민당을 비롯한 야당의 득표율은 집권여당인 민정당을 훨씬 웃돌았다. 그런데 야당은 총선에서 나타난 민중의 민주주의에 대한 열망을 제도정치 세력인 야당에 대한 지지로만 평가하였다. 반면, 민중 진영은 이러한 정치지형의 변화 속에서 3월 민주통일민중운동연합(민통련)을 결성하여 노동자, 농민 등 민중이 주도하는 민주주의를 표방하였다.

1985년 4월 대우자동차 파업투쟁, 5월 전국학생총연합회의 결성과 미문화원 점거농성사건에 이어 6월에는 대우어패럴노조를 비롯하여 구로 지역의 10여 개 노조에서 구로동맹파업을 일으켰다. 그러자 전두환 정권은 유화정책을 철회하고 다시 강경노선을 취하였다. 이 무렵 신민당과 민주화추진협의회는 대통령 직선제 개헌론을 전면에 내세우며

'1000만 개헌서명운동'을 벌였고, 종교계와 재야단체, 야당, 지식인 등은 '시국선언'으로 군사독재 퇴진과 민주헌법 쟁취를 주장하였다. 이러한 움직임은 1986년 5월 3일 신민당 개헌추진위 인천·경기지부 결성대회를 계기로 폭발적인 대중집회를 가져왔다.

1986년 5·3인천투쟁 이후 전두환 정권은 이데올로기 공세와 물리적 탄압을 노골화하였다. 특히 1986년 아시안게임 이후에는 '전국노동자연맹추진위사건', '마르크스 레닌주의당(ML당) 결성사건' 등을 조작하여 민중 세력을 탄압하였다. 뿐만 아니라 1986년 10월 28일에는 '애국학생투쟁연합' 결성집회를 원천 봉쇄하고, 이를 건국대 농성사건으로 몰아 무려 1274명 구속이라는 사상 최대의 구속 사태를 연출하였다. 그런가 하면 언론을 매개로 북한의 금강산댐 건설을 대대적으로 선전하는 허구적인 반공이데올로기 공세를 통해, 민중 세력을 자유민주주의체제

┼**연세대 정문 앞** 6월 9일 이곳에서 학생 이한열이 시위 도중 최루탄을 맞고 사망하였다. 이 사건은 6월 항쟁이 걷잡을 수 없이 격해지는 계기가 되었다. (서울특별시 서대문구 신촌동)

를 무너뜨리려는 좌경용공 세력으로 매도하고 강경 탄압을 일삼았다.

이러한 사회적, 역사적 배경과 1987년 1월 14일 경찰의 고문이 만들어 낸 서울대생 박종철의 죽음, 1987년 12월 대통령선거를 여전히 '체육관 대통령'으로 뽑을 것을 선언한 4·13호헌조치, 5월 18일 천주교 정의구현사제단 김승훈 신부의 '박종철 고문치사 은폐, 조작 실체에 대한 폭로'와 6월 9일 연세대 교문 앞에서 시위를 하다가 최루탄 피격으로 죽은 이한열 사건 등은 민중의 분노를 폭발시켜 마침내 1987년 6월의 거대한 불꽃으로 타올랐다.

거대한 민중의 저항, '6·10국민대회'

1987년 5월 27일 새벽 5시 30분. 아직 잠에서 깨어나지 않은 서울 도심의 종로통을 축으로 인사동 입구, 수협중앙회 건물, YMCA호텔 등지에 삼삼오오 모여 있는 사람들이 있었다. 이들에게 서너 명의 청년이 돌아가며 작게 접은 쪽지를 건네주었다. 전령이었다. 쪽지를 건네받은 사람들은 잠시 후 향린교회로 속속 집결했다. 경찰의 추적을 따돌리기 위해 감쪽같이 벌인 비밀작전이었다.

오전 8시, 구속되어 있는 민통련 의장 문익환을 대신하여 민통련 부의장 계훈제의 사회로 '호헌반대 민주헌법쟁취 국민운동본부(국본)' 발기인대회 겸 결성대회가 진행되었다. 개회사, 경과 보고 등에 이어 천주교 정의 구현 전국사제단 대표 김승훈이 '민주헌법 쟁취하여 민주정부 수립하자'는 선언문을 낭독하기까지 걸린 시간은 불과 1시간 남짓밖에 되지 않았다.

〈실록민주화운동─6월항쟁의 서막〉, 《경향신문》, 2004년 12월 20일

국본은 6월 10일 성공회 대성당에서 '박종철군 고문살인 은폐조작 규탄 및 호헌철폐 범국민대회(6·10국민대회)'를 거행하면서 다음과 같이 결의하였다.

> 이 땅에 진정한 민주헌법을 확립하고 진정한 민주정부를 수립하기 위해 온 국민이 참여할 수 있는 평화적인 모든 수단과 방법을 총동원할 것. … 우리는 위와 같은 국민들의 민주화에 대한 열망을 일방적으로 짓밟고 정치군부세력의 몇몇 핵심자들끼리 독재권력을 무슨 사유물인 것처럼 주고받으려는 음모에서 비롯된 이른바 4·13호헌성명이 무효임을 선언하며, 앞으로 현행 헌법에 의거한 현 정권과 민정당의 일방적 정치 일정의 진행을 철폐하기 위한 범국민적 운동을 더 한층 가열화할 것임을 결의한다.

6·10국민대회의 1차 집결지인 성공회대성당은 경찰이 원천 봉쇄하였다. 그럼에도 6·10국민대회는 서울을 비롯한 전국 22개 주요 도시에서 40만여 명의 학생들과 시민들이 참가하여 동시다발적 시위투쟁으로 전개되었다. 이날 전국에서 총 3831명이 경찰에 잡혀 갔다.

"호헌철폐, 독재타도", "직선제 쟁취하여 군부독재 타도" 구호가 온 거리에 울려 퍼진 이날, 잠실체육관에서는 노태우를 전두환의 후계자로 공식화하는 '민정당 제4차 전당대회 및 대통령후보 지명대회'가 열렸다. 이 자리에서 전두환은 "평화적인 정부 교체를 방해하는 행동은 일체 불용"할 것이라고 말했으며, 노태우는 "내각제 합의 개헌을 추진하겠다."고 밝혔다. 이는 지난 몇 년 동안 계속되어 온 민주화의 흐름을 정면으로 거부하는 것이었다. 전두환 정권은 군부독재를 계속하고자 획책하였으며, 그 결정판이 바로 6월 10일에 열린 제4차 민정당 전당대회였

대한성공회 서울주교좌성당 '6·10국민대회' 장소였다. 6월 10일 정오에 광복 42년을 상징하는 42번의 종소리가 울려 퍼지자 수백 대의 차량이 일제히 경적을 울리고 시민들이 함성을 질렀다. (서울특별시 중구 정동)

다. 그러나 이들의 음모는 6월항쟁의 거대한 민중 저항에 직면하면서 사실상 무효화되었다.

명동성당 농성투쟁

6·10국민대회에서 6·29선언이 발표되기까지, 20여 일에 걸친 6월항쟁은 크게 3단계로 구분된다. 1단계는 6·10대회에서 6월 18일 '최루탄 추방 결의대회' 이전까지의 기간, 2단계는 '최루탄 추방 결의대회'에서 6월 26일 '국민평화대행진'까지의 기간, 3단계는 이후 6·29선언이 발

표되기까지의 기간이다.

　이와 같이 6·10국민대회 이후 6월항쟁이 지속적이고 전국적으로 확산된 데에는 무엇보다 '명동성당 농성투쟁'의 힘이 컸다. 6월 10일 저녁 경찰에 밀려 명동성당에 집결한 시위군중은 자발적으로 집행부를 구성하고 투쟁 대오를 가다듬었다. 바야흐로 명동성당이 6월항쟁 '투쟁의 구심'이 되는 순간이었다.

　다음 날인 11일, 명동성당 농성자들은 명동에 진출한 시민들과 학생들의 농성 지지 가두시위와 격려에 힘입어 농성 해산을 시도하는 경찰에 맞서 치열한 최루탄-투석 공방전을 전개하였다. 12일에는 "학생들의 민주화투쟁을 적극 지지, 동참한다."는 신부들의 주장에 따라 성당 입구에 설치한 바리케이드를 철수하였다. 그러자 서울 도심 30여 곳에서 농성에 동조하는 시위가 잇따랐으며, 시민들이 나서서 성당 안으로 식량, 의류, 약품, 성금 등을 보내 주었다.

　6월 13일에는 전국에 '비상계엄설'이 유포되어 농성의 긴장을 고조시켰으나, 별다른 상황 없이 농성이 계속되었다. 그러나 한편에서는 무계획적인 농성 운영의 문제점이 드러나 농성자들의 투쟁의지에 균열이 생기기도 하였다. '명동성당 농성자' 일동은 이날 다음과 같은 성명서를 발표하여 군부독재 정권의 종식과 연대투쟁을 호소하였다.

> 명동성당에서 농성 4일째를 맞이하는 우리 민주시민, 학생은 군부독재 정권의 작태와 음모를 규탄하며, 군부독재의 완전한 종식과 호헌철폐를 위해 끝까지 투쟁할 것을 다시 한 번 더 천명한다. 그리고 우리의 농성투쟁자들은 정당한 6·10대회와 명동성당 농성투쟁 중 불법연행, 구속된 국민운동본부 관계자와 민주시민, 학생들의 즉각적인 석방을 요구하며, 이 요구가

+ **명동 거리를 점거한 시민들** 어깨동무를 하고 호헌철폐 시위를 하고 있다. 뒤쪽으로 명동성당 청탑이 보인다. (서울특별시 중구 명동)

관철될 때까지 끝까지 이곳에서 투쟁할 것을 결의한다. … 시내 곳곳에서 벌어지고 있는 민주시민, 학생들의 지지시위는 바로 이 땅 4천만 민중의 군부독재 정권의 완전한 종식과 호헌철폐를 위한 열망의 표출임을 직시하고 계속적인 연대투쟁을 촉구하는 바이다.

명동투쟁 민주시민·학생 일동, 〈성명서〉, 1987년 6월 13일

6월 14일에는 일요 미사를 보기 위해 명동성당에 들어온 신자들과 시민들, 학생들이 함께 모여 열띤 시국대토론을 벌이기도 하였다. 15일 저녁에는 시민, 학생 등 1만 5000여 명이 명동 거리를 가득 메운 가운데 천주교 정의평화사제단이 주최하는 '나라와 민주화를 위한 특별미사'를 여는 등 평화적인 농성을 하였다. 이때 천주교 정의구현사제단은 전

두환 정권의 퇴진을 요구하면서 '시민불복종운동'의 지속적인 실천을 제창하였다.

그러나 명동성당 농성은 집행부와 사제단의 설득, 내부 토론, 세 차례에 걸친 찬반투표 끝에 15일, 결국 해산하였다. 이날 전국 59개 대학 9만여 명이 교내시위를 감행하였고, 11개 시·읍에서 10만여 명이 격렬한 가두시위를 벌였다.

6월 10일 밤에 시작하여 15일 해산하기까지 6일 동안 계속된 명동성당 투쟁은 사전에 치밀하게 준비하고 계획한 것은 아니었다. 그러나 전 국민의 관심을 집중시켰으며, 6월 10일 국민대회 이후에 투쟁 방향을 구체화시키지 못했던 민주화운동 진영으로 하여금 전열을 가다듬게 하여 6월항쟁의 열기를 전국적으로 확대시켰다.

전국으로 확대된 6월항쟁 — '최루탄 추방대회'와 '국민평화대행진'

국민운동본부는 6월 18일을 '최루탄 추방의 날'로 정하고 전국 16개 도시 247개소에서 최루탄 추방을 위한 범국민대회를 전개하였다. 서울을 비롯하여 전국에서 150만여 명이 참가한 이날 대회는 특히 부산 시민 30만~40만 명이 참여하여 투쟁이 정점에 이름으로써 정국을 극도의 위기 상황으로 몰아갔다. 그리고 이날을 기점으로 광주 지역의 투쟁이 새롭게 확대 전개되었다.

전국에서 진행된 이 대회에서 경찰력은 상당히 무력하였다. 그러나 밤이 깊어지고 시위대의 수가 줄어들면서 인천, 대전, 수원 등지에서는 경찰이 무자비한 구타와 연행을 하였다. 전국 16개 도시에서 총 1487명이 경찰에 연행되고, 수십여 명이 중경상을 입었다. 반면 경찰 측은 시위군중이 던진 화염병으로 파출소 21개소, 경찰 차량 13대가 불타거나 파손되었다. 이제 경찰력이 부족한 중소도시에서는 경찰이 시위를 통제하기 어려운 상황이 되었다. 이로써 정부는 군 투입이냐, 대폭적인 양보냐의 기로에 놓였다.

한편 통일민주당은 20일 4·13조치를 철회하고 영수회담을 개최할 것을 촉구하였다. 같은 날 국민운동본부는 4·13조치의 철회, 양심수 석방, 집회·시위·언론의 자유 보장, 최루탄 사용 중지 등 4개항 실시를 정부에 촉구하였다.

사태가 긴박해지자, 미국은 공개적으로 한국에 개입하였다. 19일에는 레이건의 친서가 전두환에게 전달되었고, 20일에는 더윈스키 국무차관이 방한했으며, 23일에는 한국 문제의 실무 책임자인 시거가 급히 내한하였다. 이 과정에서 미국의 공식적인 태도는 "군부 개입을 반대하고 한국 사태가 평화적으로 해결되어 민주 발전이 이룩되기 바란다."는 것이었다. 이러한 미국의 태도는 적어도 1980년의 군부 개입 방식과는 다른 방법을 모색하고 있음을 뜻하였다. 아마도 이는 '6·29 선언', 즉 양보를 통해 야권을 비롯한 민족민주 세력을 분열시키고, 그 속에서 새로운 친미 정권을 창출해 내기 위한 준비였으리라 판단된다. 24일에는 전두환·김영삼의 청와대 회담이 열렸다. 그러나 4·13조치의 철회만 확인하였을 뿐, 김영삼이 요구한 선택적 국민투표와 직선제 개헌이 분명하게 수용되지 않아 회담은 결렬되었다.

항쟁은 6월 18일 최루탄 추방대회 이후 3일간의 절정기를 거쳐 '정치적 협상'의 시기 동안 잠시 소강상태에 접어들었다. 그러다 협상 결렬로 동요하던 통일민주당이 마침내 국민운동본부의 '평화대행진'에 동참하기에 이르렀다.

6월 26일의 '국민평화대행진'은 이제까지의 투쟁을 총결산하는 대규모 투쟁으로 전개되었다. 국민운동본부의 주도 아래 서울의 25만여 명을 비롯하여 광주 20만 명, 인천 2만 5000명, 부산 5만 명, 대구 4만 명, 대전 5만 명, 마산 2만 명 등 전국 34개 시, 4개 군, 270여 개 지역에서 140만 명 남짓한 시민들이 참여하여 군부독재 타도를 외쳤다. 또 차량 경적 참여가 6·10대회 때보다 세 배나 늘고 거리에 붙인 스티커와 대자보도 훨씬 늘어났다. 물론 이에 비례하여 경찰의 최루탄 발사로 인한 부상자도 적지 않았다. 치안본부가 6·10대회 이후 경찰 측 부상자를 3000여 명으로 집계했는데, 부상을 입은 시민과 학생은 15일간 수천 명에 이르고 중상자만도 200여 명에 이르는 것으로 집계되었다.

경찰은 10만여 명의 시위 진압병력을 곳곳에 배치하였으나 시위대를 감당하기에는 역부족이었다. 이날 시위로 서울에서는 2139명, 전국적으로는 총 3467명이 연행되었다. 또 경찰의 무차별 최루탄 난사와 폭력에 분개한 시민들과 학생들이 돌과 화염병으로 대응하여 남대문경찰서, 안양경찰서, 파출소 29개소, 경찰 차량 20대, 이리시청, 천안시청, 안양·이리·대구·청주 등지의 민정당사 4개소, 마산 88선전탑 등이 불태워지거나 파손되었다.

6월 27일 국민운동본부는 성명을 발표하여 "우리는 6·26국민평화대행진으로 현 정부에 대한 국민의 도덕적 심판은 이미 끝났으며, 이 정부는 더 이상 사태를 수습할 능력이 없음도 증명되었다."며 폭력행위 사과, 시위 진압 시 동원한 잔혹한 체포조의 정체를 밝힐 것, 시민 피해 보상, 연행자 전원 석방 등 4개항을 요구하였다.

6·26국민평화대행진에서 분출된 민중의 힘은 결국 노태우에게서

6·29선언을 쟁취하였다. 전두환 군사 정권이 시민, 학생 등 민중의 민주화투쟁에 굴복하여 4·13호헌조치를 철폐하고, 민중의 열망인 대통령 직선제를 수용하기에 이른 것이다.

그때 명동엔 닫힌 문이 없었다. 땅 한 평에 기천만 원을 호가하는 가게의 주인들과 상인들도 자본의 족쇄에 묶여 있던 노예들이 아니었다. 넥타이를 맨, 선글라스를 쓴 늘씬한 각선미의 여인들도 모두 자신의 불온함을 벗어 던진 채 함께 노래하고 함께 그 눈 따가운 페퍼포그를 향해 걸었다.
그때 명동에서 우리는 스스로를 '나'라고 부르지 않았고 그저 '우리'라고 불렀으며, 서로가 서로에게 타인이 아니었다. 명동성당 철거민들이 라면을 끓이던 그때에 전 천막 그늘 밑에선 노래가 끊이지 않았으며, 그 자리에 서면 노래보다 더 먼저 가슴이 더워 오던 지상의 한 중심이 보였다. 그 비좁은 대지 위에 발 딛는 것만으로도 저절로 상스러워져 스스로의 부끄러움과 비겁함을 털어 낼 수 있었으며 남몰래, 정말 남몰래 모두를 껴안고 세계 속에 내 육신을 소신공양하고 싶어졌다.
그날 우리 모두는 영원한 미래의 기획자들이요 새로운 시간의 씨앗들임을 믿어 의심치 않았다. 살인과 살육으로 이어진 권좌, 아니 그 문화가 되어 버린 삶의 양식을, 그 비참이 지어 올린 모든 천한 죄를 씻어 내리기 위해 피를 흘린 제의와 제의의 날들을 향해 들끓는 비참과 욕망에서 스스로가 구원되는 헌신의 시간을 체험하고 있었다. 누구를 위해서도 아닌 스스로를 위해 새로운 시간의 지평에 서는 자들, 그들은 자신이 익혀야 할 사람의 규범을 깨달아 가고 있었다.

이영진, 〈다시 서울이 바다가 되기 위해〉에서

정치적 민주화를 향한 민중의 소리

1987년 1월 14일, 남영동 대공분실에 연행된 서울대생 박종철의 고문·살인사건을 계기로 불붙기 시작한 반독재 민주화투쟁은 '4·13호헌조치'에 맞서 군부독재 종식과 직선제 개헌을 위한 6월 민주화대항쟁으로 발전하였다. 6월항쟁에서 분출된 시민, 학생의 가열찬 투쟁은 박정희의 5·16쿠데타에서 시작되어 전두환에 이르기까지 30년 가까이 지속되어 온 군사독재를 무너뜨리고, 마침내 대통령 직선제를 쟁취하였다.

1987년은 실로 민주화를 이룩하기 위한 각계각층의 민주화운동이 줄기차게 전개된 한 해였다. 1987년 6월항쟁은 전국 34개 시, 4개 군에서 연인원 400만~500만 이상의 국민이 참여하여 무려 20일 동안 투쟁을 계속하였다. 1980년대의 사회운동은 "광주의 기억을 환기시키려는 세력과 그 기억을 지워 버리려는 세력 간의 역사적 고지를 점령하기 위한 투쟁"이었고, 6월항쟁은 바로 '광주의 전국화'였다.

6월항쟁에 이어 7~9월에는 6·25전쟁 이후 가장 큰 규모의 노동자 대투쟁이 전국에서 장기간에 걸쳐 격렬하게 전개되었다. 한국 자본주의의 고도 축적 과정 속에서 억눌려 왔던 노동자 대중은 6월항쟁이 열어 놓은 정치적 공간에서 "임금 인상", "근로조건 개선", "민주노조 건설"을 외치며 역사 속으로 진출하였다. 노동부 통계에 따르면, 3개월 동안 노동자 쟁의는 3311건에 달했고, 1122만 5830명이 참가하였다. 특히 8월에는 총 발생 건수의 74.6퍼센트인 2469건의 노동 쟁의가 일어났다. 이는 하루 평균 83건으로, 1986년의 노동 쟁의가 하루 평균 0.76건이었던 것에 비하면 무려 108배나 증가한 것이다. 뿐만 아니라 6·29선언 이전에 2725개였던 전체 노동조합 수가 4000여 개로 두 배

가까이 늘어났다.

  6월항쟁이 정치적 민주화 요구에 갇혀 있다는 한계를 지녔다면, 7~9월 노동자 대투쟁은 경제적 민주화 요구를 폭발적으로 제기한 것이었다. 그리고 역사는 정치적 민주화 요구와 경제적 민주화 요구가 투쟁 과정에서 결코 분리될 수 없음을 보여 주었다.

  그러나 6월항쟁의 직선제 개헌 요구를 중심으로 한 '선거혁명론'은 1987년 12월 대통령선거에서 야당의 분열로 또다시 군부독재의 재편으로 귀결되고 말았다.

참고문헌

1 | 건국의 현장

● **고구려, 웅장한 역사가 시작되다**
고구려연구재단,《다시 보는 고구려사》, 고구려연구재단, 2004.
국사편찬위원회 편,《한국사 5: 삼국의 정치와 사회 1-고구려》, 국사편찬위원회, 1995.
김기홍,《고구려 건국사》, 창작과비평사, 2002.
서길수,《고구려 역사유적 답사》, 사계절, 1998.

● **백제는 마한을 누르고, 신라는 진한에서 일어나다**
국사편찬위원회 편,《한국사 6: 삼국의 정치와 사회 2-백제》, 국사편찬위원회, 1995.
국사편찬위원회 편,《한국사 7: 삼국의 정치와 사회 3-신라》, 국사편찬위원회, 1998.
김기섭,《백제와 근초고왕》, 학연문화사, 2000.
신형식,《신라사》, 이화여자대학교 출판부, 1997.
이형구,《백제의 도성》, 주류성, 2004.
한국문화유산답사회 편,《경주》, 돌베개, 1998.
| 관련 홈페이지 |
신라문화유산조사단 http://www.kjsilla.re.kr

● **서울, 600년 역사의 시작**
박계형,《잊혀진 각석을 찾아가는 서울 성곽의 역사》, 조은, 2008.
원영환,《조선시대 한성부 연구》, 강원대학교 출판부, 1990.
이상백,《이조 건국의 연구》, 을유문화사, 1949.
이존희,《조선시대의 한양과 경기》, 혜안, 2001.
한영우,《조선 전기 사회경제 연구》, 을유문화사, 1983.
홍순민,《우리 궁궐 이야기》, 청년사, 1999.

| 관련 홈페이지 |

경복궁 http://www.royalpalace.go.kr
종묘 http://jm.cha.go.kr
창경궁 http://cgg.cha.go.kr
창덕궁 http://www.cdg.go.kr

● 대한제국의 성립과 경운궁

김용섭, 《증보판 한국근대농업사연구 – 농업개혁론 · 농업정책》, 일조각, 1984.
김태웅, 〈대한제국기의 법규 교정과 국제 제정〉, 《김용섭교수정년한국사학논총》, 지식산업사, 1997.
서영희, 《대한제국 정치사 연구》, 서울대학교 출판부, 2003.
이민원, 《한국의 황제》, 대원사, 2002.
이태진, 《고종시대의 재조명》, 태학사, 2000.
한영우, 《명성황후와 대한제국》, 효형출판사, 2001.

| 관련 홈페이지 |

덕수궁 http://www.deoksugung.go.kr

2 | 전쟁의 현장

● 멸망과 통일의 기로, 황산벌과 매초성

국사편찬위원회 편, 《한국사 8: 통일신라》, 국사편찬위원회, 1998.
서인한, 《나당전쟁사》, 국방군사연구소, 1999.

| 관련 홈페이지 |

고구려군은 '호로고루' 성에서 어떻게 싸웠을까
http://www.ohmynews.com/NWS_Web/view/at_pg.aspx?CNTN_CD=A0000971177
안시성과 주필산 전투
http://www.ohmynews.com/NWS_Web/View/at_pg.aspx?CNTN_CD=A0000417020

● 몽골에 맞선 고려의 민중

국사편찬위원회 편, 《한국사 20: 고려후기의 사회와 대외관계》, 국사편찬위원회, 2003.

이승환, 《고려무인이야기》 3, 푸른역사, 2003.

| 관련 홈페이지 |

디지털충주문화대전 http://chungju.grandculture.net

● 조선 최대의 사건, 임진왜란

박해일 외, 《이순신과 그의 일기》, 서울대학교 출판부, 1998.
유성룡, 《징비록》, 서해문집, 2003.
육군사관학교 한국군사연구실, 《한국군제사 - 근세조선 전기편》, 육군본부, 1968.
육군사관학교 한국군사연구실, 《한국군제사 - 근세조선 후기편》, 육군본부, 1976.
이민웅, 《임진왜란 해전사》, 청어람미디어, 2004.
이순신, 《난중일기》, 서해문집, 2004.

| 관련 홈페이지 |

해군사관학교 박물관 http://museum.navy.ac.kr/bor/bor_01.jsp
거제닷컴 http://www.koje.com/views/public.htm?id=B&sid=d&pcode=02

● 서양 오랑캐, 강화에 총을 들이대다

국방부 전사편찬위원회, 《병인 신미양요사》, 국방부 전사편찬위원회, 1989.
권희영·이원순·장동하·조광, 《병인양요의 역사적 조명》, 한국정신문화연구원, 2001.
김원모, 《개화기 한미 교섭관계사》, 단국대학교 출판부, 2003.
이형구, 《강화도》, 대원사, 1994.

| 관련 홈페이지 |

강화군청 http://www.ganghwa.incheon.kr
강화역사관 http://ghm.incheon.go.kr
전등사 http://www.jeondeungsa.org
절두산순교박물관 http://www.jeoldusan.or.kr

3 | 민중운동의 현장

● 1862년 진주, 농민의 분노가 폭발하다

김준형, 《1862년 진주농민항쟁》, 지식산업사, 2001.

망원한국사연구실 편,《1862년 농민항쟁: 중세 말기 전국 농민들의 반봉건투쟁》, 동녘, 1988.
송찬섭,〈18962년 진주농민항쟁〉,《진주지역의 농민운동》, 역사비평사, 2004.
| 관련 홈페이지 |
강동욱 기자의 경남문화사랑방
http://kdo.gnnews.co.kr/technote/main.cgi?board=inmul
디지털진주문화대전 http://jinju.grandculture.net
옥천사 http://www.okcheonsa.or.kr

● 고부, 변혁의 들불로 타오르다
김양식,《근대한국의 사회변동과 농민전쟁》, 신서원, 1996.
박태원,《갑오농민전쟁》1~8, 공동체, 1989.
신용하,《동학과 갑오농민전쟁연구》, 일조각, 1993.
역사학연구소,《농민전쟁 100년의 인식과 쟁점》, 거름, 1994.
정창렬,〈갑오농민전쟁연구〉, 연세대학교 박사학위논문, 1991.
한국역사연구회,《1894년 농민전쟁연구》4, 역사비평사, 1995.
| 관련 홈페이지 |
고창-동학농민혁명 http://www.gcdonghak.or.kr
동학농민혁명기념관 http://donghak.go.kr
동학농민혁명기념사업회 http://www.donghak.ne.kr
정읍시청 http://www.jeongeup.go.kr/01kr/index.html
정읍시청 동학농민혁명 http://donghak.jeongeup.go.kr/index.html

● 작은 섬 암태도의 저항
박순동,《암태도소작쟁의》, 이슈투데이, 2003.
송기숙,《암태도》, 창작과비평사, 1981.
역사학연구소,《우리역사를 찾아서》3, 심지, 1994.
조동걸,《일제하 한국농민운동사》, 한길사, 1979.

● 평화시장에 타오른 불꽃, 전태일
민주화운동기념사업회,《시대의 불꽃-전태일》, 2003.

박광수 감독, 영화 〈아름다운 청년 전태일〉, 1995.
이원보, 《한국노동운동사 - 경제개발기의 노동운동(1961~1987)》, 고려대노동문제연구
    소, 2004.
전태일, 《내 죽음을 헛되이 말라》, 돌베개, 1988.
조영래, 《전태일 평전》, 돌베개, 1991.
한국민주노동자연합 엮음, 《1970년대 이후 한국노동운동사》, 동녘, 1994.
|관련 홈페이지|
전태일기념사업회 http://www.chuntaeil.org

4 | 독립운동의 현장

● 유생과 머슴새가 쌍봉을 날다
권경안, 《보성을 말한다》, 학연문화사, 2003.
문병란, 《동소산의 머슴새》, 일월서각, 1984.
전남대학교 박물관·화순군, 《화산 쌍산의소와 5대 산성》, 화순군청, 1998.
조동걸, 《독립군의 길 따라 대륙을 가다》, 지식산업사, 1995.
홍순권, 《한말 호남지역 의병운동사 연구》, 서울대학교 출판부, 1994.
홍영기, 《대한제국기 호남의병 연구》, 일조각, 2004.
화순군·광주대학교, 《화산 상산의소 개발 기본계획》, 화순군청, 2005.
|관련 홈페이지|
보성군청 http://www.boseong.go.kr
화순군청 http://www.hwasun.go.kr

● 안성, 3·1운동의 기억
국사편찬위원회 편, 《한민족독립운동사》3, 국사편찬위원회, 1989.
동아일보사, 《3·1운동과 민족운동》, 1989.
이정은, 〈안성군 원곡·양성의 3·1운동〉, 《한국독립운동사 연구》, 독립기념관, 1987.
이정은, 《안성 3·1운동사》, 안성문화원, 1997.
한국역사연구회, 《3·1민족해방운동》, 청년사, 1989.
|관련 홈페이지|

국가보훈처 http://www.mpva.go.kr
독립기념관 http://www.i815.or.kr
안성3·1운동기념관 http://41.anseong.go.kr/index.php

● '빼앗긴 들', 서울의 6·10만세운동

김호일, 〈일제하 학생단체의 조직과 활동〉, 《일제하 식민지시대의 민족운동》, 풀빛, 1981.
윤석수, 〈조선공산당과 6·10항일시위운동〉, 《역사비평》 봄호, 역사비평사, 1989.
장석흥, 〈6·10만세운동〉, 국민대학교 박사학위논문, 1995.
장석흥, 〈1920년대 후반 국내 민족해방운동과 사회주의의 역할〉, 《내일을 여는 역사》 18호, 서해문집, 2004.
정세현, 〈6·10만세운동〉, 《한국근대사론》, 지식산업사, 1977.

● 학생운동의 고향, 1929년 광주

정세현, 《항일학생민족운동사연구》, 일지사, 1975.
최성원, 《11·3운동》, 대한교과서주식회사, 2004.
한국역사연구회, 전남사학회 공편, 《광주학생운동연구》, 아세아문화사, 2000.
한국역사연구회 근현대청년운동사연구반, 《한국근현대 청년운동사》, 풀빛, 1995.

| 관련 홈페이지 |
광주학생독립운동기념관 http://gsim.gen.go.kr/2006

5 | 격동의 현장

● 학살과 항쟁의 섬 제주 - 4·3항쟁

김백일, 〈역사기행 - 수난과 항쟁의 땅 제주도〉, 《역사비평》 25호, 1994.
양정심, 〈제주 4·3항쟁에 관한 연구〉, 성균관대 석사학위논문, 1995.
역사문제연구소 등 편, 《제주 4·3연구》, 역사비평사, 1999.
이영권, 《제주역사기행》, 한겨레신문사, 2004.
제민일보 4·3취재반, 《4·3은 말한다》 1~5, 전예원, 1995.
제주4·3연구소 편, 《제주항쟁》, 실천문학사, 1991.

제주4·3연구소 편, 《무덤에서 살아나온 4·3 '수형자'들》, 역사비평사, 2002.
제주4·3 제50주년 학술·문화사업추진위원회, 《잃어버린 마을을 찾아서》, 학민사, 1998.

| 관련 홈페이지 |

디지털제주시문화대전 http://jeju.grandculture.net
제주4·3연구소 http://www.jeju43.org

● **4월혁명과 마산**

3·15의거기념사업회 편, 《3·1의거사》, 2004.
4월혁명연구소편, 《한국사회변혁운동과 4월혁명》 1·2, 한길사, 1990.
박현채 편, 《청년을 위한 한국현대사》, 소나무, 1992.
역사학연구소, 《함께 보는 한국근현대사》, 서해문집, 2004.
이재오, 《해방 후 한국학생운동사》, 형성사, 1984.

| 관련 홈페이지 |

2·28민주운동기념사업회 http://www.228.or.kr/
3·15의거기념사업회 http://www.masan315.net/main/main.asp
국립3·15민주묘지 http://315.mpva.go.kr
국립4·19민주묘지 http://419.mpva.go.kr
민주화운동기념사업회 http://www.kdemocracy.or.kr

● **죽음을 넘어 어둠을 넘어 우뚝 선 '해방광주'**

박호재·정명섭, 《오월의 아픔을 통일의 환희로》, 동광출판사, 1989.
역사학연구소, 《함께 보는 한국근현대사》, 서해문집, 2004.
정상용 외, 《광주민중항쟁》, 돌베개, 1990.
정해구 외, 《광주민중항쟁연구》, 사계절, 1995.
학술단체협의회 편, 《5·18은 끝났는가》, 푸른숲, 1999.
한국기자협회 편, 《5·18 특파원 리포트》, 풀빛, 1997.
황석영, 《죽음을 넘어 시대의 어둠을 넘어》, 풀빛, 1985.

| 관련 홈페이지 |

5·18기념재단 http://www.518.org
국립5·18민주묘지 http://518.mpva.go.kr

민주화운동기념사업회 http://www.kdemocracy.or.kr

- **6월항쟁의 구심, 명동성당**

기쁨과 희망 사목연구원 편, 《암흑 속의 횃불: 7, 80년대 민주화운동의 증언》 제7권, 기쁨
　　과 희망사목연구원, 2000.
김동춘, 〈1980년대 민주변혁운동의 성장과 그 성격〉, 학술단체협의회 편, 《6월민주항쟁
　　과 한국사회 10년 I》, 당대, 1997.
사계절 편집부 편, 《전환 - 6월투쟁과 민주화의 진로》, 사계절, 1987.
6월민주항쟁 10주년사업 범국민추진위원회 편, 《6월항쟁 10주년 기념자료집》, 사계절,
　　1997.
정해구 외, 《6월항쟁과 한국의 민주주의》, 민주화운동기념사업회, 2004.
조희연, 〈87년 6월민주항쟁과 시민운동〉, 민주화운동기념사업회, 《기억과 전망》 제1호,
　　2002.
한국기독교사회문제연구원 편, 《기사연리포트 2: 6월민주화대투쟁》, 민중사, 1987.
한국역사연구회 현대사연구반, 《한국현대사 4: 1980년대 한국사회와 민족민주운동》, 풀
　　빛, 1991.

| 관련 홈페이지 |

대한성공회 서울주교좌성당 http://www.cathedral.or.kr
명동성당 http://www.mdsd.or.kr
민주화운동기념사업회 http://www.kdemocracy.or.kr
향린교회 http://www.hyanglin.org

찾아보기

ㄱ

감포 52, 86
갑곶 168
갑곶돈 182
갑오동학혁명기념탑 226, 227
강릉 86
강무형 87
강용언 272, 273
강용언 부대 272
강진 223
강진군 277
강화도조약 207
강화부 168, 169
강화전적지정화기념비 182
강화해협 168, 171~172, 174~175
개신교 162
거란족 121, 123
거서간 48, 52
거제 145~147, 149~161
거제도 145~146
거제부 145
건양 89
검모잠 112
견내량 152~154
경복궁 65
경상우병영 190

경성의정서 83
경운궁 86, 97~98
경주 37, 46~48, 50~54
경효전 98
계당산 267
계룡산 63, 146
계루부 집단 20~21
계림 50~51
계백 106
고간 114
고광순 269, 271
고군산도 165
고부 208~227
고원근 289
고종 81~84, 86~97
고창 220
곡성 223
공민왕 57~58
《공법회통》 92
과전법 59~60
관덕정 344~345, 347, 355
관창 108
광개토대왕릉비문 20, 22
광성돈 182
광성진 174, 176~178
광주 321, 331

광주성 128~129
구례 223
구로동맹파업 401
구본신참 85, 90
구주성 124~126
구주성 전투 133
구태 38
국군기무처 77
국내성 23~26, 32
국립5·18묘지 393~394
국민평화대행진 410
권재형 92
권준범 199
균전사 208
근우회 323
금구 217, 222~223
금구 원평리 208
금구 집회 208
금구현 219
금산 217
금성 53
기벌포 전투 108, 113, 116
기삼연 269, 271, 272
기우만 271
김개남 218~220, 223, 225
김경손 124
김규홍 91
김덕명 219
김도삼 213
김문현 214~215, 223
김병시 86
김알지설화 50

김영수 91
김유신 104, 106, 108
김윤식 82
김윤후 129~130, 136~137
김제 214, 220, 222
김제군 219
김주열 366, 368~372
김창석 209
김춘추 104~105
김홍륙 82
김홍집 83
김홍집 내각 79, 97

ㄴ

나가사키 174
나那 18
나당연합군 106, 108, 110~111
나정 48
나주 321~322, 331
나폴레옹 3세 167
난징조약 162
남길우 291
남별궁 91
남영동 대공분실 412
남원 222
남한 대토벌 작전 277
남한산성 112, 128
내평촌 191~192, 197
노동자 대투쟁 413
노비변정 사업 58
노현재 269
능주 222, 267, 269, 271

ㄷ

다랑쉬굴 348, 350~352
다이 79, 81
단발령 79~80
담양 222
당산마을 217
대림산성 138
대원군 82
대원사 276
대한제국 90, 94, 97
덕봉리 289
덕산장시 195
덕진돈 182
덕진진 177
도교산 224
도립마산병원 336, 371~372
도마재 271
도모 38
도제道制 340
도초도 소작쟁의 243
도평의사사 64
《독립신문》 88
독서회 중앙부 326
독일 79
돌무지무덤 16, 20, 30, 43~44
동복 전투 274
동소산 267, 274
동항리 288, 290

ㄹ

러시아 79
러시아 공사관 82~83, 86

로

로드 암허스트호 165
로우 174
로저스 174, 176, 180
로즈 165, 168, 170, 172
류병식 224
류수근 224
리델 168, 174

ㅁ

마립간 52
마산상고 370~372
마한 35~37, 41
만경 222
만국공법 91
만석보 209, 213
말목장터 214
망월동 구묘역 391
매교 223
매초성 115, 117
맥족 14, 32
명동성당 406~407
명성왕후 79~80, 84
모노카시호 174~176
모란공원 257
목지국 37
목포경찰서 238, 240~241
몽골족 121
몽촌토성 44~46
무남영 223
무단통치 283~284, 305
무악 63
무안 222

무장 211, 217~218, 220, 225
무장기포 219
무장현 211, 217, 220
무주 222
무학초등학교 365
문병란 281
문수산성 171, 181
문익환 403
문재철 231~232, 240~241
문화통치 303, 305~306
미국 164, 166~167, 174
미추홀 38
민영준 86
민영환 84
민족자결주의 284
민족자주통일 중앙협의회(민자통) 374
민주의 문 394
민주통일민중운동연합(민통련) 401

ㅂ

바보회 245, 253~254
박규수 166
박복영 233~236, 241
박서 124~126
박수익 190~191
박씨족 50~51
박영효 78~79
박원명 215~216, 225
박정희 377~380, 388, 394, 412
박종철 403~404, 412
박혁거세설화 48
반굴 108

배들 213
백경찬 224
백낙신 190
백산 213~215, 219~220, 223
백산대회 220
백제 21, 36~38, 41~44
백제국 37, 42~46
백조일손지묘 356~357
법화촌 277
벨로테 167
변한 35~37
병인사옥 167, 181
병인양요 170, 180~181
병자수호조약 181
보성 223, 267, 272, 274~275
보은 집회 208
보책조성소 94
복내장 267, 276~277
봉덕 275
부안 214, 217, 220, 222
부여 15~16, 20
부흥역 223
북촌 223~224
비류국 20
비류 37~41
비류설화 38~39

ㅅ

사로국 37, 46~47, 49~52, 54
사바틴 79
사발통문 209
사시봉 224

사전私田 58
사직단 69, 89, 91, 94
사포 219
4·3항쟁 342, 344, 349~359
산정리 289~290
살리타 122, 124, 126, 128~129
삼각산 254
삼국통일전쟁 118~119
삼동친목회 245~246, 256
삼례 216
삼림 벌채권 85
삼정이정청 189
삼한 35~36, 54
3·10민관 총파업 341
3·15 1차 마산항쟁 363, 368, 371
3·15국립묘지 375
3·15마산항쟁 362
3·15의거 기념사업회 375
3·1발포사건 341, 346~347
3·1운동 283~287, 301~303
상품화폐경제 187
서울역 회군 378, 380
서장옥 215
서태석 233, 237, 243
석어당 98
석탈해설화 48~49
설인귀 114~115, 117
성공회대성당 404
성은고개 287, 292~294, 302
성저십리 73
성진회 324, 325~327
소노 집단 20, 22

소정방 106, 108, 110
소촌역 200~201
손돌목 171, 174~175
손돌목돈 182
손화중 211, 215, 217~220, 223
송곡 275~276
송문주 133, 135
송양왕 20
송희옥 220
수곡도회 192~195
수곡장시 192~193, 195, 197
수청가회의 195
순무영 170
순창 222
순천 223
슐레이 178
시민군 379, 385~386, 388, 390
10월유신 228
신간회 319, 323
신관호 170
신돌석 266
신동엽 228
신라 46~48, 50~52, 54
신라의 건국설화 48
신흥사대부 59
신흥유신 58~59
심남일 272, 276
심남일 부대 276
심상훈 82
심순택 88
십제 38
쌍봉 267

쌍봉사 267
쌍산 267
쌍산의소 267, 269~272, 274, 279
쌍치 267

ㅇ

아관파천 83, 85, 97
아사동맹 240
아편전쟁 164, 180
안경수 82
안골포 151, 154, 156
안규홍 272~273
안규홍 부대 273~277, 279
안성 285
안승 111~112
안시성 105, 111~112, 114
안찬재 269
알렌 81
암태도 231~232
암태도 소작인회 237
암태도소작인항쟁기념탑 242~243
암태청년회 233
압록강 16~21, 25
양궐 체제 69
양성면 286~292, 300~301
양열묵 269
양주 287
양한규 270
양헌수 170, 172
양호초토사 223
양화진 158, 170, 173
양회일 267, 269, 272, 277

어윤중 82
어재연 176~178, 180~181
언더우드 81
엄상궁 82
여순사건 350, 354
여우사냥 79
역성혁명 58~59, 61
연개소문 104, 110
연세대 교문 앞에서 시위 403
연합의병 206
염재보 277
염창항 168, 171
영광 138, 222, 233
영암 223, 388
오녀산성 22~23
오릉 49
오시영 220
오원권 344
오주일 273
5·16군사쿠데타 357~358, 375
5·16혁명 228
5·3인천투쟁 402
옥구 222
옥천사 200, 202
옥포 143, 146, 149, 151
옥포진 146
옥호루 79
온조설화 38~40
온조 37~38
외규장각 169, 173
용두돈 182
용산 311

우금재 동학혁명군위령탑 227
우왕 58
운산 금광 85
운요호 181
운학동 213
원곡면 286~289, 291~296, 300, 302
원곡초등학교 298
원구단 91
원균 148~149, 158~159
원평 222
월성 47, 53
위례국 43, 54
위례성 38
월슨 284
유계춘 192~194, 203~204
유기환 92
유리왕 22, 24, 29, 51
유병순 272
유회군 271
6·10만세운동 306~307, 309~311
6·29선언 405, 411~412
윤근수 158
윤두수 158
율포 146, 149, 151
을미사변 79~80, 97
을사조약 265, 267, 269
의궤 169
의병전쟁 226, 265, 267, 275, 279
의병촌 270
이경하 169
이경호 224
이광선 269

이근행 114
이기조 179
이덕구 344, 352~355
이덕구 산전 352
이덕순 288, 291
이도철 82
이렴 176
이명윤 192~193, 198
이방원 65
이범진 82
이병화 269
이사금 52
이세화 128
이소선 249, 260
이양면 증리 267
이양선 164
이억기 149, 159
이완용 82
이용태 215
이용희 170
이원희 169
이유석 289, 291, 298
이윤용 82
이은승 224
이재섭 224
이천 106
이한열 402~403
이희룡 289, 291, 293, 298, 300
2·28대구 시위 362~363
2차 마산항쟁 363, 372
인곡 222
일죽면 301

일진회 279
일진회원 275~276
임노복 269
임병찬 269
임창모 269
임최수 82
입헌군주제 88

ㅈ

자위단 279
자은도 소작쟁의 243
작약도 174, 179
장성 222, 269
장성 의병 271
장수 222
장흥 222
전남대 정문 378~379
전두환 377~378, 388
전등사 171
전봉준 208~211, 213~215
전운사 208, 215
전운소 216
전운영 209, 215
전제 개혁 58
전조선 노농자 대회 237
전주 223
전창혁 213
전태일 245~247, 249~255
전해산 276
절두산 173
정발 144, 146
정백한 220

정읍 214, 220
정일서 213
정족산성 171
정종두 291~292
정창권 224
제2의 만세운동 317
제2차 조선공산당 309
제너럴 셔먼호 166, 174, 181
조병갑 208~213, 215
조병세 88, 93
조선공산당 임시상해부 306, 309, 315
조선 주차군 297
조세 187~188, 204, 207, 213
조필영 209, 215
졸본 15, 19~21
종묘 65, 67~69, 89
주몽 15~16, 19~20
주몽설화 21
죽산리 송두호 210
죽수서원 267
죽주 133
죽주성 133
죽주성 전투 133~134
줄포 220
중앙부두 368
중화전 94, 98
즉조당 89, 94, 98
증리 산 12 280
지안시[集安市] 16, 23~25, 33
진관제 144
진안 222
진영교 224

진주농민항쟁 190, 199
진주농민항쟁 기념사업회 205
진한 35~37, 48

ㅊ

차차웅 52
창의문 69
창평 222
처인부곡 126, 128
처인성 128~132
처인성 전투 129, 132, 134, 136~138
척왜양창의 208
척화비 180
천도 23~24, 60, 62, 64~68
천도교 청년동맹 310
천성 115
천주교 163~166, 170
철도호텔 98
철령위 58
청계천 261
청계피복노조 260
청일전쟁 77
초지돈 182
초지진 176~177
최경선 220
최씨 정권 139~140
최영 58
최은식 288, 291, 293, 298~300
최이 정권 127~128
최익현 86
최혜국 조항 85
축곡면 191~192

춘생문 81
춘생문 사건 82
충주산성 137~138
충주성 135~136, 138
충주성 전투 135, 138
칠천량 158~160
7·29총선 373~374
칭제건원 87

ㅋ

코커릴 80
콜로라도호 174

ㅌ

태극기 94
태극전 92, 94
태양력 79
태인 217, 220, 269
태인 의병 269
태인현 220, 223
태조대왕 28
태조왕 23, 28~31
태종 65~68
토번 114
토지조사사업 283~284
통진 171
통진부 170~171

ㅍ

파리 외방전교회 165
파청 전투 276
팔로스호 176

팔왕보 209
페리 제독 178
평양성 209
평화시장 245~247, 250, 253~257
포함외교 178
포함외교정책 174
포흠 190, 199
풍납토성 44~45
프랑스 79
'피의 일요일' 383

ㅎ
하륜 63, 66
하의도 소작쟁의 243
학생투쟁지도본부 329
학익진 153
한러은행 86
한산도 145, 152~155, 157
한성 112
함녕전 98
함열 215
항일의병운동 284
해남 223
'해방광주' 386, 394, 396
허윤수 366, 369
헐버트 81
현도군 18
호공(瓠公) 49
호남창의대장소 220
호로하 114
호헌반대 민주헌법쟁취 국민운동본부(국본) 403

혼강 16~17, 20, 32
홍건적 57
홍계훈 223
홍찬섭 286, 289, 291, 293, 299
'화려한 휴가' 378, 383, 395
화순 5·18민중항쟁사적비 390
환곡 189~190, 200, 204
환구단 87, 89, 91
환구제 89, 91
환궁운동 86
환렌시(桓仁市) 16, 20, 22
활빈당 265~266
황궁우 91
황산벌 106, 108
황지지 93
황천상제 93
황토재 224~225, 227
황하일 208
황현 227
회사령 283
후포 219
홍덕 220
흥선대원군 166
흥양 223

지은이 소개

임기환 | 서울대학교 국사학과를 졸업하고 경희대학교 대학원 사학과에서 석사와 박사 학위를 받았다. 현재 서울교육대학교에서 학생들을 가르치고 있다. 지은 책으로 《우리 역사 속 왜》, 《동북아시아 선사 및 고대사 연구의 방향》, 《온달, 바보가 된 고구려 귀족》, 《부여사와 그 주변》, 《고구려 왕릉 연구》(이상 공저), 《고구려 정치사 연구》 등이 있다.
(이 책에서 1부 첫 번째, 두 번째 장, 2부 첫 번째, 두 번째 장을 집필하였다.)

송찬섭 | 서울대학교 국사학과를 졸업하고 같은 대학원에서 석사와 박사 학위를 받았다. 현재 한국방송통신대학교 문화교양학과에서 학생들을 가르치고 있다. 지은 책으로 《한국사의 이해》, 《조선 후기 환곡제개혁연구》, 《농민이 난을 생각하다》, 옮긴 책으로 《난중일기》 등이 있다.
(이 책에서 1부 세 번째 장, 2부 세 번째 장, 3부 첫 번째 장, 4부 두 번째 장을 집필하였다.)

김태웅 | 서울대학교 역사교육과를 졸업하고 같은 대학원 국사학과에서 석사와 박사 학위를 받았다. 현재 서울대학교 역사교육과에서 학생들을 가르치고 있다. 지은 책으로 《뿌리 깊은 한국사 샘이 깊은 이야기 6》, 《우리 학생들이 나아가누나》, 옮긴 책으로 《역사 화해는 가능한가》 등이 있다.
(이 책에서 1부 네 번째 장, 2부 네 번째 장, 3부 두 번째 장, 4부 첫 번째 장을 집필하였다.)

전명혁 | 한국외국어대학교 말레이인도네시아어과를 졸업하고 성균관대학교 대학원 사학과에서 석사와 박사 학위를 받았다. 현재 한국외국어대학교 대학원에서 학생들을 가르치고 있다. 동시에 진실화해를위한과거사정리위원회에서 일하며 역사학연구소에서 한국근현대사 연구를 하고 있다. 지은 책으로 《한국 민주주의와 사회 운동의 동학》, 《사회운동가들과 함께 세상 읽기》(이상 공저), 《1920년대 한국사회주의 운동연구》 등이 있다.
(이 책에서 3부 세 번째, 네 번째 장, 5부 두 번째, 네 번째 장을 집필하였다.)

최규진 | 성균관대학교 사학과를 졸업하고 같은 대학원에서 석사와 박사 학위를 받았다. 《함께 보는 근현대사》, 《역사속의 미래, 사회주의》, 《한국현대사와 사회주의》, 《근대를 보는 창 20》 등의 책을 여럿이 함께 지었고, 식민지 시대 민족해방운동사에 대한 논문을 몇 편 썼다. 대중 역사교육에 큰 관심을 가지고 있다.
(이 책에서 4부 세 번째, 네 번째 장, 5부 첫 번째, 세 번째 장을 집필하였다.)